费孝通

(1910—2005)

著名社会学家、人类学家、民族学家、社会活动家，

中国社会学和人类学的奠基人之一。

曾任全国人大副委员长，全国政协副主席，民盟中央主席。

费孝通

张冠生 著

群言出版社
Qunyan Press

做人的最崇高基础是求学
求学的最高旨趣是做人
爱家庭 爱师友 爱社会 爱人类
是做人与求学的中心基础
对社会事业有了解
对人类文化事业有贡献
是做人与求学的向往目标

——钱　穆

前　言

中国民主同盟成立于1941年3月，正值抗日民族统一战线遭到国民党独裁统治破坏的危难之际，民盟以贯彻抗日主张、实践民主精神、尊重思想自由、提倡依法治国为政治纲领。民盟凝聚了当时绝大多数进步知识分子和社会精英，可谓群贤毕集。在不同的历史时期，黄炎培、张澜、沈钧儒、杨明轩、闻一多、李公朴、梁漱溟、史良、胡愈之、楚图南、吴晗、费孝通……这些民盟前辈精英们纵横捭阖、开阔放达，本着知识分子的人文良知和社会责任“奔走国事”，在政治、经济、军事、外交、教育、社会等领域都提出了明确的纲领和主张，将平等、民主、自由的思想播撒在中国的土地上。

在那苍黄翻覆、陵谷变迁的大时代，在那风云变幻、波澜壮阔的动荡岁月里，历史的浪潮将中国民主同盟，将有志于民族振兴的贤良才俊推上了风口浪尖，他们在改变中国命运的同时，也改变了自己的人生轨迹。他们为历史的进程，为国家富强、民族振兴和民主政治的进步做出了卓越的贡献；他们将自己的荣辱与民族存亡紧紧地联系在一起，为中国的民主、繁荣奋斗了一生，为后人留下了许多宝贵的精神财富；他们关于新民主主义社会的探索，至今仍具有巨大的影响和现实意义。

在和平盛世的今天，为了保存这珍贵的历史财富，为了让后人记住先辈们的独立之精神、自由之思想以及他们为国为民、励精图治的奋斗事迹，我们通过多年的精心准备和积累，出版了《民盟历史人物》和《民盟历史文献》丛书，这不仅仅是追忆往昔、缅怀先贤，也不仅仅是为了从学术研究的角度去厘清历史、臧否人物，更重要的是：通过回顾那段曲折的历史，传承民盟与中国共产党肝胆相照、荣辱与共的真挚感情；纪念民盟先贤为新中国做出的巨大贡献；呈现近现代中国社会的嬗变和进步知识分子的爱国情怀；同时也是为了民盟薪火相传、与时俱进的需要；为了那些隽永传奇的人物和可歌可泣的历史再现后人的眼前。

路漫漫其修远兮，吾将上下而求索。《民盟历史人物》与《民盟历史文献》丛书的出版，是对先贤们多党合作历史的尊崇和传承。

《民盟历史人物》
《民盟历史文献》编委会

叠印的背影

一

这是一部全景式的传记，分阶段呈现了传主一生的历程。

我不用“传记文学”四字来定义此书，乃出于我对此书“传”性品质的敬意。

倘言文字水准表明所谓“文学性”水准的一方面；那么我觉得，此书的文字水准是上乘的——一种避免炫丽，直取简朴的文字风格。

文字炫丽的传记之书我是读过一些的，每有种印象那就是——“传”性的“真”与“实”，往往被文字的“华”与“采”所稀释了，“炫”宾夺主。最终，只能认为自己读的是“文学”，非严格意义上的“传记”。

而本书作者不然。

分明的，他为费老写传，“尽力求真”遂成宗旨。

故我读到的一行行文字，传性及史性含金量高，客观组合言事，摈弃主观臆测。故，“真”多也，水份少，无杂质。至于感悟，被视为思想权力，谦恭地留给了读者。

而这一点，依我看来，正是严格意义的“传记”与“传记文学”的区别。

本书作者深谙此理，克己而为，证明了他之目的无私，纯洁。

故敬之。

二

诚如作者在自序中所言，费老“是一部已载入史册的无字大书，其生命几乎跨越一个世纪”。

写这样一位继往开来的人物，无角度不能成书，且足成厚重之书。

而本书作者所选的角度，乃是“尽量还原传主的文化生命史，以及与其相伴的一段社会变迁”。

每一个人都有生命史。

却非每一个人都有堪称“文化生命”的生命史；尽管不论有文化的还是没文化的人，大抵也皆活在不同的社会文化中。

有文化的人都未必有什么“文化生命”可言；因为也许他或她的生命只不过被不同的文化不同程度地所“化”，却对文化无所回报。

而费老却是一位生命过程不但被古今中外之文化精要“化”透彻了，而且对文化的回报也是丰富优质的。

对于这样一位已经逝去的文化垂范者，“尽量还原传主的文化生命史”，体现出本书作传者对费老“文化生命”价值的真诚仰慕；也是对读者最有意义的奉献。

在文化乱象丛生的当下，如此这般的写作理念，是一种庄严的态度，亦需具有深厚的情怀。

我据此点认为，费老生前所一再倡导的“文化自觉”，起码深深地“化”了作传者。

是以，又敬之。

三

也诚如自序中所言，此书着实地反映了与费老之文化生命“相伴的一段社会变迁。”

近来我时常感叹许许多多当下人的视域之窄，视线之短。

“回顾”一词在中国当下成为了黑色幽默。

究竟还有多少人保持回顾的本能和自觉？

仿佛人人都大瞪双眼气急败坏地往前猛冲——如同对人最重要的东西只在无目标的前边，并且所剩无几。后别人半步的话，这世界上的好东西自己就一点儿也捞不着了似的。

对于一个人也罢，一个国家也罢，“好东西”确实只在“前边”吗？“后边”就真的是一片虚荒，什么值得宝贵的东西也没有吗？

文化在人所未至的“前边”吗？

如果“前边”连文化尚且还不存在，那么真正的“一无所有”岂非恰在盲目的“前边”？

即使在某些还肯于“回顾”一番的人士中，那视线往往达至

80年代便中断了。在中国,太多的人连对70年代、60年代、50年代也不甚了了。有时简直一无所知。或者,越过新中国前三十年的史,上世纪二三十年代的史,一下子兴趣浓厚地“回顾”向清明元宋唐……去了。

又有几多人,愿以文化的眼,而非以洞察改朝换代之权谋手段的眼,对一个人物、一些人物、乃至我们国家的并不久远的史作回顾式的,文化解读式的瞭望呢?

多乎哉?不多也。

现在,我们有理由欣慰了——因为又增加了这样一部传记书。

此书足以延长当下人太短的回顾视线;对于那些习惯了“跳跃”回顾的人,是一种必要的视域补充。

我个人认为,就近100年的历史而言,文化之化人的魅力,在费孝通那样的人物们身上,才体现得尤为动人。

让此书引领我们回顾吧。

领略吧!

四

由费孝通而联想到了潘光旦。

师生二人,五七年都成了“右派”,“文革”中自然都被划入“另册”,饱受身心摧残与凌辱。

在那种邪恶的年代,老师潘光旦死在学生费孝通怀中……

其情形是令人唏嘘不已的,此不赘言。

仅想叩问一问——当别人被宣布为“政治 SARS”传染者了，只因为他曾是自己的老师，我们会否将他一整夜地搂在怀中以减轻他死前的痛苦；全不顾天亮了以后，我们自身又会罪加一等？

这种叩问，也包括是对我自己的。

一个人只有被文化“化”到了此境，才配是一位大写的文化知识分子。

我随此书的文字而回顾——但见一些发出着文化光辉的背影，仍在并不久远的史中前行，前行……

他们似乎离我们越来越远了。

我忧伤。

他们的背影，于自信的前行中重叠，重叠……

最终在我的回顾中叠印为一个我很熟悉的背影——费孝通的背影。

我明白，对于他那一代中国知识分子，他的背影是他们自然生命的休止符。那光是他们的“文化舍利子”所发的。

我悲欣交集。

因为毕竟，回顾之际，那光照耀到了我——和我的思想；我的灵魂……

梁晓声

2011 年 5 月 6 日

于北京

自序

一

本书所述，尽力存真。

动笔前，一次谈话中，费先生说：我想听听你打算怎么写。

即表如下大意：写人及史，最要紧处是真。一位学者，一门学科，一段历史，一个时代，一层层背景铺开。述而不作，是怎么样就怎么写。能说真话的地方说真话，不能说真话的地方不说假话。把您的故事、心思、来路和去向，如实记录下来，为社会和后人留一些可信的史料。按我理解，您是在记录大时代的变化，我要做的是记录您的记录过程。您说过，社会学要讲故事。您用一辈子讲了中国从贫弱到小康的故事，您的传记应该是讲您用知识为社会进步服务的故事。

费先生说：我正在看我的美国老师的传记。你的想法，大概和这本传记（指 *Robert E. Park: Biography of a Sociologist*）的写法接近，叫“自然史”写作法，natural history。这样的写法不错。我不干涉你怎么写，所以不能帮你。我能做的是不催你、慢慢来，尽量放开写。我现在就等着看你怎么写我了，骂我都可以，只要骂得有道理。

费先生的超脱，让我想起他的一篇文章《我看人看我》。

这是时常跳出现实作壁上观的费孝通。

二

人物传记，应尽量还原传主的文化生命史，以及与其相伴的一段社会变迁。如传主有广泛的社会影响，还应注意其与社会的互动关系和过程。

最真切、最传神的"费孝通传记"，作者只能是费先生本人。这是一部已经载入史册的无字大书，其生命几乎跨越一个世纪。这部大书，经百年历史变局，山重水复，柳暗花明，风云际会，不仅好看而且引人遐思。

一个世纪中国社会的发展变迁，影响着费先生的生命过程。从 20 世纪初到 21 世纪初，费先生的思想和活动，也影响了中国当代学术、思想、政治、文化和社会史某些篇章的书写。尝试着写下这些文字，实际上是在有限的视野、有限的时段中，观看并记录下这个互动过程的实时笔记。相对于费先生自己写入历史的无字大书，这点笔记充其量只能算一个索引，为有心了解费先生一生行迹的读者朋友，提供一些文字说明。

在这本书中，费先生所思、所言、所行，或来自有关史料，或出自传主口述，或是作者亲历，皆真实，无虚假，更不事演义编造。

这是负载着丰厚的中华文化和历史信息的费孝通。

三

曾有朋友劝说费先生，趁着脑子清楚，应该写本自传。

费先生表示，自己性喜写作，每个时期都留有文字，包括“反右”时的认罪，“文革”中的检查，其中自有历史。与其老来去回忆什么时候碰上什么样的人、说了什么样的话、做了什么样的事，不如把自己各个时期的文字放在一起看，这样更真实。

又有朋友建议，既然不愿作自传，那就找人写一本您的传记。

费先生表示，不打算找人写，因为没有人知道我心里想什么。

一语惊心！闻此话，想及多年随费先生作田野调查的一些经历。他本是作为学者走访，轻装简从，更利于接触实际，却因被官场作为“首长”的身份，每出行，到地方后，常前呼后拥。省、市、县、乡、村、街道、居委会、社区等，皆有陪同。接风、洗尘、宴请、饯行，占去大量时间，不堪其累。某年，费先生去中部地区一个少数民族聚居的村庄访问农户，他乘坐的中巴车竟有七辆警车开道。

一个老教授走访乡村农户，弄成如此场面，他心里并不舒服。一次在南方，他问：那些警车“呜哇呜哇”叫，不是扰民吗？

这是人前热闹、内心孤寂的费孝通。

四

“冯唐易老，名位累人”，费先生在一本著作序言中写下这样的感慨。

面对出行中不胜其烦、又推脱不掉的接待场面，费先生说，我去看他们，是诚意，想帮忙出点主意，让地方发展得快一点。人家接待我，是好心，不能慢待客人。所以，宴请的饭我不能不吃，还要表示吃得很高兴，吃过了才能去看农户。没有酒席上的客套应付，就没有实地访问的机会，我这是“认真地逢场作戏”。

一次调查途中，费先生在谈到跟随自己当学生、做助手的难处时说，我太厉害，对人的要求很高，很难做啊！我提个要求给人家，人家做不到会失望，心里也是很苦闷的。所以，我劝人家不要做我的学生。打击一个人，最厉害的就是让他自己失望。我说这话，都是有实际例子的。我要培养一个人，他承诺要达到要求，实际上却达不到，他痛苦，我也很痛苦。所以，最好不要跟我做学生，还是无心插柳柳成荫最好。不是我找他，也不是有责任培养他，可他却学到了东西。我撒出去种子，让它自己发芽开花。假定我在那里干涉它，那就不合规律了，种子也许反而发不了芽。

这是善解人意、推己及人的费孝通。

五

1935 年，为到广西作实地调查，费孝通写出“广西省人种及特种民族社会组织及其他文化特性研究计划”。他在计划中说，“择其与省行政上有密切关系之问题为主，并拟以客观态度贡献对待特种民族之意见，以备采纳”。

研究现实问题，保持客观态度，拿出具体意见，以备决策采纳，这是费孝通进行学术工作的初衷。

费孝通在《江村经济》前言中写道：“在社会变革的过程中，

为组织集体行动，对社会情况需要有一个多少为大家所接受的分析和定义以及一个系统的计划。……对人民实际情况的系统反映将有助于使这个国家相信……真正需要的是一种以可靠的情况为依据的常识性的判断。”

费孝通认为，这个国家的发展需要许多务实、勤勉、清醒的大脑，了解民生实情，善于找到办法，作出正确判断，向决策者提出建议。改革开放以后，他主张广开才路，广开言路，动员知识分子为国家建设“出主意，想办法，做实事，做好事”。时间过去半个多世纪，初衷依旧。

这是起步就将学术研究功能清楚定位且一生不改初衷的费孝通。

六

推进“草根工业”发展，是费孝通毕生心愿之一。

早年，他在江村看到乡村工业萌芽，萌发希望；昆明时期撰写《乡土重建》，再三论证；1957年重访江村，重申主张；改革开放后再提乡村工业，大声疾呼。费孝通利用各种机会观察乡村工业发展实况，凭借调查到的第一手资料，顶住压力，苦口劝说。

在费孝通一步接一步的追踪调查中，草根工业从星星之火变为燎原之势。草根工业的发展，增强了地方经济实力，提高了综合国力，改善了农民生活水平。目睹草根工业在各地蓬勃发展，费孝通一路不停，从家乡苏南追到浙江温州，从长江三角洲追到珠江三角洲，从东南沿海追到西北山区。《故里行》、《温州行》、《南岭行》、《闽东行》、《包头行》、《甘肃行》、《临夏行》……费孝通边走边看、边思边写，向读者讲见闻、述感悟。一篇篇行程报告集结起来，编成了一本书《行行重行行——乡镇发展论述》。

费孝通一生著述等身，这是他字数最多的单本著作。该书给人最强烈的印象，就是“行”者意象的回环往复。从 70 岁到 93 岁，费孝通每年用于实地调查的时间都在三分之一以上。“行行重行行”成为其晚年生活和工作的重要方式。

这是总觉人生苦短、夸父追日般追踪中国社会变革的费孝通。

七

曾有不少朋友问，费老一年跑那么多地方，不累吗，他怎么那么喜欢跑啊？

费孝通的确跑了很多路，若说他就是喜欢这样，则未必。

1945 年，费孝通写《初访美国》。开篇就说，我还是在乡下往来，还带传统的性格和成见，对于上海的嚣尘，香港的夜市，生不出好感。苏州长大的人，生活的理想似乎走不出：绸长衫、缎子鞋和茶馆里的懒散。

1985 年，时隔 40 年还是本性难移。他在《社会调查自白》中写到，我是小镇上生长大的人，还是很喜欢镇上的茶馆。到那里坐着，喝一碗茶，下一盘棋。

1996 年，到山东考察时来到泰山脚下，费孝通谈到自己向往的生活方式。他说，如果能选择，我宁可回到农民的世界，享受和平的心境、稳定的生活和友好的环境。我会生活在一个熟悉的世界里，在宁静的环境、熟悉的人中找到和平和安全。

这才是费孝通天性中真正喜爱的生活。他看似好动，实则好静。他明白，生逢大时代，一介书生怎么个活法，不是个人定位而是时代定位，正所谓“头顶星空，心中律令”。

这是一生向往田园生活而终未如愿的费孝通。

八

“我怎能不心急呢？我们这一代处在这一代历史的考验里！”这是费孝通1945年在《初访美国》一书中写的最后一句话。

“我怎么能安心在茶馆里吃茶呢？时代变了，时代对我们的要求也变了。”这是费孝通1985年在《社会调查自白》的演讲中所说的话。

“中国的生产力还不高，底子还不够厚，还有几千万农民处在温饱线以下，世界上还不安宁，有战争，有难民，想到这些，就坐不住了。”这是费孝通1993年在泰山脚下说的话。

心志如此，便不再去想“悠然见南山”的生活了。费孝通的晚年，当过一届全国政协副主席、两届全国人大常委会副委员长，新闻语言中称此职为“国家领导人”。要说晚年享享清福，条件再好没有。一次聊天，他说：“我的好处是没有把副主席、副委员长当成个官儿。有的人就真的有当官儿的感觉了。我是利用可以到处走走的条件搞我的研究，而且还有点劲道。虽然看不深入了，走到地方去看看，总比不看强。”

这是心忧天下、常恤民情的费孝通。

九

1980年，费孝通的“右派”问题得到“改正”时已年届七十。

他用“最先下水,最后出头”表达了解脱感,同时也透出了紧迫感。

他还有一句流传更广的话“还有十块钱”。意思是,还有十年时间可以做事情。语气虽轻松,其中的紧迫感却异常强烈。来日无多,说不定上帝什么时候就发请帖了。十块钱怎么用,须慎之又慎。费孝通的打算是,不能零花,要整体换一件东西。这件东西就是中国农民的丰衣足食、中国社会的小康局面。他的支付方式是实地调查,即力所能及的“行行重行行”。

费孝通原本只指望“十块钱”,所以拼命与时间赛跑,日复一日,年复一年。善有善报,上天奖励的寿数超过“十块钱”。10年追回了20年。费孝通及身见梦,看到了中国百姓丰衣足食,看到了梦境中的小康局面。这是他一生中最大的安慰。

“慎终”一语出自《论语》。依钱穆先生解,终指丧礼。死者去不复返,且曰远。若送终之礼有所不尽,将无可追悔,故当慎。本文作者的理解是,“终”为暮年,是个过程,指生命的最后一段时光。费孝通的临终之礼,非他人能送,必亲为,乃近如意。

这是以晚年事功表达“慎终”情怀的费孝通。

十

人老容易怀旧,费孝通也不例外。在“行行重行行”紧张忙碌的旅途中,他除了一篇接一篇写行程报告,还陆续写出不少怀念师友亲朋的文章。

吴文藻、王同惠、杨开道、潘光旦、吴景超、费达生、郑辟疆、闻一多、曾昭抡、储安平、顾颉刚、梁漱溟、吴泽霖、汤佩松……费孝通最关注的是他们身上共有的传统知识分子的人文情怀。他读钱穆，读陈寅恪，把《论语》带在身旁，随时翻阅。

费孝通在谈他读《柳如是别传》的感想时说，“看这本书，主要是想知道那个时代的知识分子的心情。那是一个过渡的时代，变革的时期。陈寅恪写这本书，我体会有很深的用意。他是借柳如是的心情说自己的心思。他们都是前朝人物，都有追求自由的心志，都要找到文化上的归宿。我读这本书，想到了三个字，叫‘归宿感’。我觉得，陈寅恪有找归宿感的意思在里边。这种归宿感是文化的归宿感，有很深的感情寄托。柳如是的归宿是前朝。有的人的归宿是后朝。‘各领风骚数百年’，就是各有归宿。哪里是我的归宿呢？”

“追远”一语也出自《论语》。依钱穆先生解，远指祭礼。死者去我曰远，能时时追思不忘，而后始有祭礼。从费孝通的著述看，他内心始终对自己景仰的前辈存着默默的祭礼。

这是因对现实人文精神失望而不断“追远”的费孝通。

十一

既“慎终”，又“追远”，更有“内省”。

费孝通的内省意识和能力，在其学术生命的各个阶段都有表现，老而弥笃。

在 1994 年的一次学术演讲中，费先生说：“我过去有关社会学的研究工作最大的缺点是见社会不见人。我费了不少笔墨来描写社会结构……而没有讲过一个个人怎样在这套规矩里生活。人的生活是有悲欢、有喜乐、有爱恨、有希望又有懊悔等极为丰富的内容……”

费先生也有懊悔。“几个老师的东西都没有吃透，更没有学到家。”他认为，此生躬逢盛世，时代对得起自己，自己却有点辜负了时代。这个盛世为自己提供了富有意义的很多题目，大多数却从手边溜走了，最多只能说是捞到了一点影子，原因是心有余而力不足。

补课，成为费孝通临近90岁时的强烈愿望。

他要回到老师那里，回到中国古籍那里，回到先秦哲学思想那里。通过反思和补课，他提出了“文化自觉”的前瞻性课题。这应该是其暮年最重要的思想成果，是其“第二次学术生命”力图使一生研究格局有所突破的成功尝试。

这是在不断自省中走向文化生命高度自觉的费孝通。

十二

1935年，费孝通初访广西瑶山，开始实地调查。2003年，他第七次访问甘肃定西，实地调查谢幕。其间跨越69年，衔接两个世纪。

费先生在这段时间里的遭际，随着历史起伏，被分为三个段落，每段大约在23年上下。

1935年到1957年，为其学术早年，始入学界，走到学科前沿，声名鹊起，成果迭出。

1957年到1980年，为其学术中年，从著述角度看，是一段可悲、可叹的空白。

1980年到2003年，为其学术晚年，自称“第二次学术生命”。

晚年的费孝通恢复实地调查，以老迈之躯追踪中国社会变迁步调，提炼改革发展在其大脑中不断激荡出的命题——苏南乡镇企业（“草根工业”）、温州小商品经济、珠江发展模式、小城镇建设、城乡协调发展、区域经济发展、生态与环境保护、农村基层直选（“草根民主”）、城市社区建设、中华民族多元一体格局、现代化与中国文化、洲际经济、地缘政治、学术反思、文化自觉……对这些问题，费孝通皆予以追踪观察、思考和阐发，留下了丰富的著述。

这是自认为“得分不高”，希望在晚年“努力增加几分”的费孝通。

十三

费孝通为潘光旦所译《人类的由来》写“书后”，介绍潘先生凭借才能和韧性，花费了十年时间翻译了达尔文的这部巨著。他问道，现在还有多少学者能为一项学术工作坚持不懈达十年之久呢？

费孝通的问题，是一位学者对后学的发问，也是上一代人对下一代人的发问。作者属于被问的一代。既然被提问，及时作答，是应有的基本礼貌。也许答得不好，却不能假装听不见，冷漠，无反应。写出这本书，算是交上一份答卷。

这本书的资料准备，可从 1987 年算起，动笔始于 1997 年。作者不是学界中人，无力承担学术工作。只因费孝通是学者，这份答卷便与学术有了关联。这一点，颇让作者有临深履薄之感。这份答卷是否及格，作者并无把握。但有一点可以肯定，写作的过程是认真的、负责的，也是尽力的。对费先生而言，书中的文字可以浓缩为一句话：后学中还有人愿意学习前辈，像他们那样去做人做事。才学有限，却绝不敷衍。

这是素来善意待人、也需要他人以善意回报的费孝通。

十四

动笔前，偶尔翻看明代学者王阳明的《传习录》，开卷便觉古今相通。书中有这样一段话："朝夕炙门下，但见先生之道，即之若易，而仰之愈高；见之若粗，而探之愈精；就之若近，而造之愈益无穷。十余年来，竟未能窥其藩篱。世之君子，或与先生仅交一面，或犹未闻其謦咳，或先怀忽易愤激之心，而遽欲于立谈之间，传闻之说，臆断悬度，如之何其可得也？从游之士，闻先生之教，往往得一而遗二，见其牝牡骊黄而弃其所谓千里者。"

写下这段话的，是王阳明的门人徐爱。作者本无学力成为费孝通先生的门生，但因工作关系，十多年里常有机会随费先生"行行重行行"，就用心把工作过程当作流动的田野课堂。在实地调查现场，随时随处留神费先生望、闻、问、切的内容、方法、过程和效果；在旅途中，常听其微言大义的闲谈、妙趣横生的"旁白"，多少有点"朝夕炙门下"的类似经历。同时，也有机会见到一些"从游之士"，与费先生有"立谈"之遇，见骊黄而弃千里，居然大写其文，努力营造"我的朋友"之感。读徐爱，看眼前，时隔四五百年，世象如此相似，让人无语。

费先生曾说，有些人把我当成肥肉，想咬就咬一口，也不管人家疼不疼。

这是时常感到被人当作金字招牌却又无可奈何的费孝通。

十五

书稿接近完成时，费先生已看过大半。他还是那句话，慢慢来，不催你。

一次调查途中聊天，费先生把“不催”的心思说得更加透彻，也更有历史感。

他说：开始动笔的时候，说不催你，主要是不能给你压力，不该干涉你，这是顺其自然的事情。不是我找你，也不是你找我，是事情到了这一步。历史到了一定时候，总要找点人，找支笔，写出点东西，这叫“鸿蒙借君手”。可是，要把我这个人表达出来，很不容易啊。你现在就是把我的传记写完，也还不是结束。人还在，还在活动，还在思考，还不是盖棺论定的时候。我最近在想中国的事情，想得很多，可是很难表达。比如，对‘文革’这样的大事，还讲不出它的道理来。也许讲这个事情深层道理的时候还不到，讲得也还不都是真话。真话总是要讲出来的，不是谁要讲，是历史要求要讲。我这样一个人、一支笔，也是历史里边出来的。我的传记，也许将来还要写，到时候再补充不迟。

这是日常工夫在当下、眼光落点在数十年、百年之后的费孝通。

十六

费孝通曾说，我这个人一生超前，所以我只能清唱一生。

浙江文艺出版社出版《费孝通散文》，他写序，题为“圈外人语”。1998年秋，费孝通与作者聊天说时说，我写的东西都是“圈外人语”，我一辈子没有进圈子。唱戏要有台子，我没有。我只是清唱，清唱一生。不在圈子里，就没有人为我搭台子，我自己搭。搭来搭去，快搭好了，别人就拿去了，或是被人拆掉了。所以我说我是清唱一生。

又是一语惊心！“清唱一生”，苦辣酸甜都在其中。

由此想到费先生另一句话：要别人都懂得你，哪里可能啊，有几个人识货啊？

对这样一位通达至人，用《传习录》的话说，“即之若易，而仰之愈高；见之若粗，而探之愈精；就之若近，而造之愈益无穷”，作者居然胆敢下笔，十足不知天高地厚。不过，“事情到了这一步”，没有怕出丑而推卸的理由。好在“逝者如斯而未尝往也”，作为生物体的费孝通虽已逝去，文化意义的费孝通“还在活动”，还在推动着更多人的思考和活动。好在这本书也属“圈外人语”，是圈外作者写给圈外读者的。

最真切、最传神的费孝通传，已由其本人如椽大笔写进历史。本书仅是费先生一生的真实索引。素材尚多，民间高人更多，传主的丰神，不是能写出的，是众人读出来的。

这是由无数读者的会心理解和深度领悟汇聚起来的费孝通。

作者　2005年12月19日

于京西北厢黄旗

目 录

第一章

早年时光

……我想起了十岁前住在吴江县城里时的事。那时候，我们晚上出门，还没有手电筒，总得提个灯笼。灯笼两面贴着两行红字，一行是“江夏费”三个字，另一行是什么堂，堂名我已记不得。我也问过妈妈，江夏是什么意思。她回答我说，这是你这家费姓的郡名，就是你这家姓费的祖先曾是江夏的望族。

费孝通:《寻根絮语》(1993)[①]

一、古镇世家

费孝通，江苏吴江人。

从地图看，吴江位于江苏省东南端。

老话说：上有天堂，下有苏杭。吴江就在苏州、杭州之间。很能代表吴江历史经济特点的盛泽、震泽两大名镇，几乎就处在苏杭两地的中间地段。这个地理位置，使吴江天然处在人间天堂之“中”，得天独厚。吴江自古以来的别名，如青草滩、松江、松

① 费孝通著:《逝者如斯》，苏州大学出版社 1993 年版，第 331～332 页。

陵、笠泽、枫江、鲈乡……个个都可以入画，实在是上好意境。

蚕桑丝织，历来是吴江民众丰衣足食的传家宝。盛泽镇的先蚕祠，震泽镇的蚕王殿，专门供奉蚕神。当年一般乡镇的寺庙，也都在偏殿或旁座供蚕神像。即便村头巷尾的小土地堂，也供着蚕神。富有的蚕户家里也砌神龛，自供神像。

1910 年 11 月 2 日，费孝通出生在吴江县城松陵镇富家桥弄的一个士绅家庭。他是费玄韫（字璞安，以字行世）、杨纫兰夫妇的第五个孩子。

更早些时候，费家不在县城居住。其祖居在同里镇。同里属吴江七大镇[①]之一，是江南名镇。当地盛产稻米，水路四通八达。从宋代开始，同里已有米市。到清代，米行林立，形成方圆数十里的粮食贸易中心。

稻香之外，也有书香。同里一座古桥上有石刻楹联："一泓月色含规影，两岸书声接榜歌"。"耕读传家"之类的字样刻写在老式民居院门上，斑驳之中，至今清晰可辨。

吴江自古人文荟萃、人才辈出。远有陆龟蒙、洪祖烈、杨廷枢、柳如是，近有陈去病、费树蔚、柳亚子、杨天骥、郑辟疆、孙本文……据《吴江县志》（1994）记载，仅同里一镇，从宋淳化三年（992 年）到清嘉庆十五年（1810 年），先后出过 38 个进士，80 个文武举人。

---

① 吴江七大镇分别为松陵、同里、盛泽、震泽、黎里、平望、芦墟，皆为古镇。其中松陵建于唐，同里、震泽兴于宋，平望、黎里成于明，芦墟、盛泽始于清。七大镇分布均匀，规模相当，与周围众多小集镇形如众星拱月。吴江集镇这一格局及发展过程，至今仍引发国内外有关研究者的浓厚兴趣。

费孝通的祖父和外祖父，都是同里镇上有名望的读书人。费、杨两家，是镇上的大户人家。费家有田产和当铺，杨家有碾米厂和榨油行。费孝通的祖父和外祖父都考取过生员①，外祖父还在每12年一次的乡试中考中拔贡②。费、杨两家，门当户对。

费家到费孝通祖父这一代时，家道中落。家人晚上出门时还提着“江夏费”的灯笼，望族遗风犹在，却已开始变卖田产。相比之下，杨家景况更好一些。费孝通的祖父临终之前，把幼子费璞安托付给好友杨敦颐（即费孝通的外祖父）抚养。到1900年，费璞安22岁时，杨敦颐把女儿杨纫兰嫁给了他，还带了几十亩田产作陪嫁，意思是女儿到费家以后可以靠自己的田产生活，经济上能够独立。杨纫兰进入费家后，果然“很有地位，说话算数”（费孝通语）。

费杨两家联姻，为费孝通成长的“庭训”阶段预备下了重要的激励因素。

当时镇上有“杨、柳、松、柏”的说法。“柳”指柳亚子，有“人中麟凤”之称；“松”指金松岑，曾与蔡元培共事于中国教育会和爱国学社；“柏”指陈去病，（因其字为“伯儒”而谐其音为“柏”）当过孙中山护法军政府参议院的秘书长；为首的“杨”，即是杨敦颐。

---

① 唐代国学及州、县学规定学生员额，故称“生员”。明、清时代，凡是经过本省各级考试取入府、州、县学的，统称生员，也就是习惯上所说的秀才。

② 清制，初定每6年一次，乾隆中改为每12年一次，每府学2名，州、县学各1名，由各省学政从生员中考选，保送入京，作为拔贡。经过朝考合格，可以充任京官、知县或教职。

杨敦颐曾在1904年慈禧太后70大寿时特意加试的甲辰恩科考试中取得举人功名,被朝廷派到江苏当学政①。他后来放弃了当官这条路,选择了自由职业,在苏州十全街开纺织厂,兴办实业。杨敦颐的中国传统文化学养很好,尤其是小学、训诂方面,造诣较深。后来他迁居上海,在商务印书馆当编辑,是当时《辞源》的编纂者之一。

杨敦颐的11个子女都是自幼受过传统文化熏陶,后来接受西方文化影响,在学业和个人发展上纷纷表现出背离传统仕途的倾向。费孝通印象较深的一个舅舅是杨天骥。他才思敏捷,写文章极快,"拉泡屎的工夫就能写出一篇文章"(费孝通语)。杨天骥幼承父教,学诗词书法,写得一手好字,又师从吴昌硕治印,后在上海教学、办报,曾两任吴江县长,最后官至国民政府行政院代秘书长。

费孝通说,他出生的最初几年里,对他影响最大的并不是父母亲,而是祖母和奶妈。当时,他父亲在外边事情很多,办学,教书,争民主,搞议会……不常在家。母亲也是女界先进,放脚,束发,写文章,办蒙养院……没有足够的时间照管小儿子,就从乡下请了个奶妈来哺养费孝通。

从小就常抱着费孝通叫"宝宝"的祖母对他的影响,在慈爱与亲昵之外,更有文化启蒙。他时常看见祖母收集字纸。每一

---

① "学政"是学官名,"提督学政"的简称。清中叶以后,派往各省,按期至所属各府、厅考试童生及生员。学政均由侍郎、京堂、翰林、科道及部属等官由进士出身者简派,三年一任。不问本人官阶大小,在任学政期间,与督抚平行。1906年改提学使,辛亥革命后废。

张有字的纸都收拾起来,聚在火炉里焚烧。祖母边烧纸边说,要“敬惜字纸”,好好读书。费孝通耳朵里听进了老祖母的话,脑筋里并不明白话里的意思。再长大一些的时候,还曾笑话祖母迷信。直到暮年,费孝通说:我也长到了老祖母的年纪,才真正明白了“敬惜字纸”的文化意义,也才真正理解了祖母的行为和遗教。

来自祖母的教诲,往往话语不多,却致终身受益。比如,每逢除夕晚上吃年夜饭,祖母端上的最后一道菜总是鱼,同时总要当着大家的面,指着盘里的鱼,说一声“岁岁有鱼”。费孝通对这四个字一直不明其意,又很想知道。有一次,他要祖母说出道理来。祖母又说出四个字:“留有余地。”这一来,费孝通更觉得高深莫测。直到祖母又加上一句“做人做事不要做尽了”,他才意识到,祖母要表达的意思实际上是后面这句。

二、父母贤达

费孝通的父亲费璞安,小时候曾接受私塾式的教育。在中国历史上最后一次科举考试中,他考得生员资格。1905 年,清政府废除科举制度,设立学部,兴办新学,命各省送人出国深造。费璞安于当年东渡日本留学。在“教育救国”思想影响下,他读了教育专业。学成回国后，从在家乡办学[①]开始，直到年迈离开公职，他把相当多的心血用于教育事业，人称"江苏省近代教育史上一位著名的教育家"。

费家的一位好友张謇，是光绪年间状元，清末民初的著名改良派实业家和教育家。1903 年，张謇在家乡南通创办中国第一所师范学堂——通州民立师范（即今江苏省南通师范学校），延请王国维等十多位学界贤达做教员。费璞安留学回国后，也曾应张謇邀请，于 1909 年 1 月到这所学校执教。费孝通的名字，与父亲这段通州执教经历有关。

据费孝通说，费家与张謇交情很深。张謇的儿辈属"孝"字辈。为纪念父辈友情，纪念在通州教书这段生活，父亲为他取名"孝通"。

1911 年 9 月，根据清政府颁布的地方自治章程和县会选举法，吴江县选民选举成立了县议会，议员 47 名，费璞安入选。他

---

① 费孝通在《学历自述》（1981）中说："我父亲曾是由吴江县的公费到日本去学教育的留学生。返国后即提倡新学，闹革命。在吴江县城开办第一所中学"。语见《费孝通学术精华录》，北京师范学院出版社 1988 年 6 月第 1 版，第 605 页。另据费璞安回忆，上海、吴江等地光复后不久，他曾和杨千里、徐怡堂、冯瑞生一起创办"民国法律学校"。"校址是借上海北四川路离外白渡桥不远的一座巨厦，推伍廷芳为校长，聘请当时名法学家如钱崇固、章士钊等为教员"，学员 300 多名，各省籍贯都有。此事见费孝通《爱我家乡》一书中《先父遗稿——吴江光复前后回忆》一文。文中提到的校长伍廷芳，是民国初期要人之一。孙中山曾于 1917 年 9 月 11 日颁《军政府公报》第一号《大元帅令》，"特任伍廷芳为中华民国军政府外交总长。"事见《孙中山全集》第 4 卷，中华书局 1985 年 5 月第 1 版，第 141 页。

当时在通州任教，未回吴江投票，结果不仅当选议员，还被选为议长。

10月10日，武昌新军起义，辛亥革命爆发，费璞安心向往之。不久，他由通州到上海，与史量才一起筹备由张謇发起、行将在沪举行的全国农务联合大会。

11月5日，苏州光复，费璞安回到吴江，以县议会名义召开民众大会，商议光复吴江之事，又赶赴苏州都督府，商定光复日期。

11月15日，费璞安在县城隍庙召开民众大会，并以县议会议长身份就主席位。据记载，当时号鼓齐鸣，百姓欢呼，吴江、震泽的知县抱着内装官印的箱子，恭恭敬敬放在主座桌上。费璞安将官印取出，让大家验明，交革命军司令吴嘉禄执行销毁，同时正式宣布吴江光复，声明今后政权改为民主，议会是人民的代表，一切政事取决于人民，并举行了宣誓仪式。

此时，费孝通刚满周岁，费璞安刚过"而立"之年。

此后，费璞安立足的民主政治舞台不断扩大。当时的吴江县议会确有实力，凡是县政的预算决算以及地方兴革诸事，均须由议会议决通过，并且确能根据定章切实办事，这使费璞安感到大有可为。在民国成立、各省议会成立、国会成立的局势下，他联合吴县、上海、常熟、如皋四县议会，共同发起成立了江苏省的县议会联合会，在上海"也是园"设立机构，"深能反映当时的民众呼声"。后来，吴江、吴县、上海、常熟、如皋五县议会又倡议，联合全国县议会组织全国县联会，并推费璞安为江苏省晋京请愿总代表。费璞安到京后，借吴江同乡会为会所，定期开会。各省代表又推举他晋见段祺瑞，代表全国人民呼号请愿。费璞安在当时社会进步力量中的影响，可由此想见。

由于多种历史因素的交织，当时的民主政治进程受到挫折。连续三次席卷全国的立宪请愿浪潮，“一鼓作气，再而衰，三而竭”。半个世纪后，费璞安忆及当年情景，这样写道：

> 政变突起，段祺瑞召开督军会议，黎元洪出走天津，国会被解散，民主政治顿受摧残，地方自治之议深沉海底。当时我们情绪之沮丧，不言而喻。我目睹军阀割据，大局混乱，自此以后即一心从事教育，迄今已八十三岁虚龄矣。[1]

在当年社会风潮中，费孝通的母亲杨纫兰是女界先进。她从小承教于家学，后来毕业于上海务本女学，受到良好教育。在19世纪末叶的中国，这样的知识女性不多。

20世纪初，妇女解放的思潮激荡中国思想界，激励着仁人志士。杨纫兰也发生了强烈共鸣。无论在杨家还是费家，她都不曾有过受压迫的个人经历，但她凭着同情心和良好教养，体察平民姐妹在非人性清规戒律之下的身心苦楚；凭着知识分子良知，为解除妇女精神枷锁奋身呼号。

金松岑是杨纫兰的同乡同仁，曾在上海爱国学社与邹容、章太炎、蔡元培一起鼓吹革命。1903年，金松岑的力作《女界钟》刊行。据说这是中国最早阐发妇女解放的论著。书中用天赋人权、民主、自由的新观念论述妇女问题，以男女平等为主旨，主张

---

① 费孝通著：《爱我家乡》，群言出版社1996年版，“卷前”第8页。

从入学、交友、营业、管财、出入、婚姻等六个方面恢复妇女的自由权利①。该书刊行之前,金松岑有意请费璞安、杨纫兰夫妇作序。费璞安让妻子独执大笔,一抒胸臆。

杨纫兰酣畅淋漓的《〈女界钟〉序》,如晨钟轰鸣,震响在清王朝气数将尽的沉沉暗夜:

> 溺于社会之人不知世界,溺于现在社会之人非独不知未来世界,并不知已往世界,男子且然,而况于女子哉。女子者居社会之半部分,以平权之理论之,女子亦居国民之半部分。国民者何也,有国家思想政治思想者也。悲哉,我女子乃闺阁之外无思想乎!悲哉,中国男子乃功名富贵之外无思想乎!虽然,男子我不论,我论女子。方今女权堕地,女学不昌。顺从之外无道德,脂粉以外无品性,井臼以外无能力,针绣以外无教育,筐筥以外无权利。胶蔽耳目,束缚形骸,无论未来之新国民如罗兰夫人、批茶女士、苏菲亚若安之流,言之适遭怪异,即中国已往人物如班昭、谢韫、木兰、冯夫人、梁红玉、聂隐娘之流,亦不过低头咋舌,以为不可及,而如其奋发投袂,起而效之,则一以为魔怪,一以为风狂。群聚而哗,不见容于社会。宜乎蠢蠢须眉,尘尘巾帼,两俱沦于黑暗世界,以有今日之时局也。同邑金君著《女界钟》约三万言,掊击现在之社会,而提倡新中国、新国民,将以警醒我同胞,出之于奴隶之陬,而登之于平权自由之乐

① 参见《国事全书》(全4卷),团结出版社1997年版,第3卷第2677页。

土。其文章则流丽芬芳，语长心重，其议论则惊心动魄，一字千金。

虽以锡纶之愚读之犹且感动，何况世不乏聪明才智之姊妹，苟开卷熟复，其必有奋发投袂而起，以逐诸女杰之后尘者，则我谓此书为美利坚之自由钟可也，为批茶之五月花亦可也。①

杨纫兰写于1903年的这篇序言，对于体察费孝通早年的精神成长环境十分重要，可供后人从当时整个社会心理状况一直看到杨纫兰的胸襟、见识、抱负。这是一个在大时代中对社稷沉

---

① 费孝通著:《爱我家乡》，群言出版社1996年版，“卷前”第9~10页。引文末句所说的“批茶之五月花”，是指一人一书。1907年，秋瑾在《中国女报》发表《感时》诗章，其中一首如下:炼石无方乞女娲，白驹过隙感韶华。瓜分惨祸依眉睫，呼告徒劳费齿牙。祖国陆沉人有责，天涯漂泊我无家。一腔热血愁回首，肠断难为五月花。此处所说的“五月花”，与杨纫兰所谓之“五月花”，指的是同一部美国名著，“五月花”是书名，“批茶”是该书作者，即美国女作家Harriet Beecher Stowe(1811~1896)。对这位作家，现在的中国读者较为熟悉的称呼是“斯托”(夫人)，即Stowe的音译。“批茶”则是其父姓Beecher的音译，在清末民初时较为流行。这位作家于1852年出版的另一部著作Uncle Tom's Cabin(汉译名为《黑奴吁天录》或《汤姆叔叔的小屋》)，是一部对美国废奴运动的成功具有决定意义的巨著。1902年6月的《选报》第18期有《批茶女士传》，开篇就说:“当十九世纪，美洲有名女子，以一枝纤弱之笔力，拔无数沉沦苦海之黑奴，使复返于人类，至今欧美人啧啧称之为女圣者，则批茶女士是也。”对批茶其人和《五月花》其书，夏晓虹有专文考辨，即《批茶女士是谁?——晚清翻译文学误读之一》，可参考，该文发表于《东方》(双月刊)1996年第2期。

浮、同胞命运怀有热切关注的母亲。这样一位母亲，在费孝通出生后的哺乳期中，在清王朝寿终正寝之后，投身于妇女解放、兴办教育等社会活动，无暇对爱子多加抚爱，可以从这篇序言里得到合情合理的解释。

三、家教肃正

费璞安和杨纫兰夫妇养育了四子一女[①]。按年龄大小排，长子费振东，独女费达生，次子费青，三子费霍，幼子费孝通。

作为知识分子，费璞安、杨纫兰夫妇在投身社会进步活动之时，以教育安身立命。丈夫办学教书，妻子创办蒙养院，各有天地，同开风气，实为视教育为最根本、最长远的进步动力。国家如此，族群如此，家庭亦如此。他们对儿女生活上管得不多，教育上却有全盘计划，要使儿女都有机会接受良好教育。

费孝通幼年时期，费璞安上有母亲和姨母，下有妻子儿女。一家九口人的生活靠他一人工资供养，家境并不宽裕。据《吴江光复前后回忆》一文可知，辛亥革命爆发后，费璞安曾参与发起组织红十字会。当时要筹款制备担架药品，发起人中有人捐1000元，有人捐2000元。费璞安记载自己认捐时的情况说："我是穷汉，亦竭力写捐50元。"

捐50元已是"竭力"之举，费璞安家中境况可想而知。费孝

① 杨纫兰病故后，费璞安续弦与李权结婚，又有六个子女：费开、费定、费球、费中、费璇、费奇。

通上小学前后，父亲任职于江苏省教育厅，一心从事教育工作，工资不多，甚至“微薄”①。家境如此，杨纫兰经之营之，年复一年，既要维持全家日用，更要保证儿女们的教育费用，确实花费心思。

为了让儿女们懂得教育的分量，一次病重时，杨纫兰把孩子们叫到床头，让费孝通的几个哥哥根据历年的家庭日用帐目作出统计，按各项支出画成曲线，并列在一张表上。结果，用红线表示的教育费用高高居上。杨纫兰指着这张表对孩子们说，自己的理财原则是量入为出，教育优先。在家中所需的各项支出中，首先扣除教育费用，后以余钱安排其他，这就是“教育优先”。母亲病床前这幕情景和母亲的话，给费孝通留下了终生不灭的印象。

杨纫兰有心让儿女们都受到正规教育，家庭收入却承受不起供养五个大学生的负担，她的办法是，按孩子的排行顺序，一个上大学，一个读专科，交叉安排，利用专科学校不用花钱的条件，省出费用，确保每个孩子都受到正规教育。

按照这个办法，费振东就读于上海南洋大学（交通大学的前身），成为南洋一带著名的华侨教育家；费达生毕业于江苏省立女子蚕业学校，后留学日本，成为国内知名的蚕丝业专家；费青由东吴大学法学院毕业后，留学德国，成为当代中国著名法学

① 1994年，费孝通写有《我的第二次学术生命》一文，文中说：“一家九口的生活全靠父亲微薄的工资来供养。母亲在家以有限的收入经营管理这个小集体。”语见《费孝通学术文化随笔》一书，中国青年出版社1996年6月第1版，第324页。

家；费霍进入苏州工业专科学校，成为一名建筑工程师；费孝通从母亲创办的蒙养院开始，小学、中学、大学，直到清华研究院毕业后留学英国伦敦，取得博士学位，经历了正规教育从基础到顶端的全过程，接受了严格而充分的学术训练，且有幸在清华和伦敦先后师从人类学名师 Shirokogorov① 和 Malinowski②，为日后在学术上取得卓越成就奠定了深厚基础。

费璞安在江苏省教育厅担任的视学一职，相当于后来的教育督导员。他不再执教鞭于讲台，但通过视学工作的促进，可以使更多学子得到更高质量的教育。这个时期，他也许常想起张謇所做所书、挂在通州师范学校教员室的那幅对联：

求于五洲合智育体育　愿为诸子得经师人师③

---

① Shirokogorov 是国际著名的俄罗斯籍人类学家，是费孝通 1933 年至 1935 年在清华大学社会学及人类学系攻读体质人类学的导师。汉译通用名字是史禄国。费孝通说："这个汉名是否由他自己起的，我不清楚。但是至少是他认可的。""他所出版的著作署名时名尾不用 v 而用 ff。"Shirokogorov 生平与学术的有关情况，可参看费孝通《学术自述与反思》一书中《人不知而不愠——缅怀史禄国老师》和《从史禄国老师学体质人类学》两篇文章。该书由三联书店于 1996 年 9 月出版。

② Malinowski 是国际著名的波兰籍人类学家，是费孝通在英国伦敦经济政治学院攻读博士学位时的导师。汉译通用名字是马林诺斯基。本书第五章有对 Malinowski 较为集中的介绍，此处从略。

③ 见《南通张季直先生传记》，中华书局民国十九年九月初版，第 93 页。张謇还做有一副挂在通州师范学校礼堂中的对联：

极东西万国推崇为教育大家，先圣亦云；吾学不厌，诲不倦。

合周秦诸子受裁于狂狷一体，后生有志；各尊所闻，行所知。

费璞安兢兢业业于“为诸子得经师人师”的公职。他每年有一多半时间在省内巡视各地学校，作教育情况调查。在家期间，则忙于写调查报告。每当此时，家里书桌上就堆满了他从各地搜集到的材料和巡视笔记。对于这些，费孝通自有孩童式的好奇。趁父亲不在家，他就翻看这些材料和笔记。材料多是各校情况介绍，有很多数据。费孝通更感兴趣的，印象更深的，是父亲的笔记。笔记中有随班听课的现场记录，还有评语。某某老师讲得很好，好在什么地方，并对教师的教法、特点作出评价。这些十分生动、具体而富于现场感的笔记，融进了父亲的调查报告，也融入费孝通对父亲的早期印象。

从现在可见到的费璞安遗墨看，他的毛笔字相当见功力。但他每写出一篇调查报告，都要郑重其事地请本乡一位书法更端正的先生抄写出来。抄出以后，费孝通的二哥三哥就被父亲指定作校对，一人念原文，一人对抄本。费孝通年纪还小，“只配在一旁陪坐”。他后来写《乡土教材和社会调查》(1991)一文回忆当时的情景说：

这也许是我父亲有意教我们这几个孩子怎样认真写作的方法。校对过后他自己还要阅读一遍，如果发现有未校对出来的错字，就要责备我两位哥哥，说他们校对得不够认真。看来我哥哥后来自己写文章时，字迹清楚，反复审读的习惯是这样训练出来的。而我这个陪坐的孩子却没有学到这一手……在旁边听他们校对，对我也有教育，我后来喜欢写文章，写调查报告，不能说与此没有关系。[①]

费孝通曾回忆，他在吴江小学里读书时，父亲在南京当视学，每年都去访问许多学校，回来后就写报告。费孝通当时识字不多，在旁边看，不大懂父亲做这些事情的意义，但是记住了这些事情。后来，费孝通学术活动有两个特点，一是搞调查，二是写文章，很明显跟父亲的影响有关。不是言教，是身教。

对费孝通影响更深远的“身教”，是费璞安每次外出调查都要带回沿途搜求的地方志书，逐渐积满了整整一个书架。这些记载各地方地理、历史、名胜、人物、民俗等的志书，费孝通时常翻看。虽不是都能懂，但开卷有益，影响日深，他后来在燕京大学写毕业论文时，就是利用全国各地志书中有关婚姻风俗的资料，在吴文藻等指导下，写出了《亲迎风俗的地理分布》(1933)。1938 年，费孝通在英国伦敦经济政治学院完成博士论文 *PEASANT LIFE IN CHINA* [②]时，把它看成“实际上是一本开弦弓的乡土志”[③]。1996 年，费孝通在接受一次采访时，把自己 60 多年的学术成果概括为“现代乡土志”。

从出生之日起，“乡土”就伴随着费孝通，融进了他 95 个春

---

① 费孝通著:《爱我家乡》，群言出版社 1996 年版，“代序”第 3 页。

② 这篇博士论文是用英文写成，1939 年由英国 Routledge 书局出版。原书扉页印有“江村经济”中文书名。1986 年江苏人民出版社首次出版汉译本，即沿用此名。

③ 费孝通著:《爱我家乡》，群言出版社 1996 年版，“代序”第 4 页。所说“开弦弓村”即“江村”的本名，“江村”是费孝通起的学名。

秋的生命历程。费孝通的一生，是他的热情、智慧、劳动与乡土中国水乳交融的一生。要了解费孝通，离不开对乡土的了解；要理解费孝通，离不开对乡土的理解；要体验费孝通的生命感受，离不开对乡土内涵的体验。多年来，费孝通多次用 From the Soil① 为题旨讲述自己对中国社会和文化的理解。这既可看成他对中国社会和文化的注解，也不妨看成是他对自己生命所系、思想所系、梦想所系、忧乐所系的注解。

四、师德温润

1916 年到 1920 年，费孝通在吴江初等小学读书。这所初小的校址，是原先供奉雷神的雷震殿，通常叫雷震殿小学。当时的课程有国文、算术、地理、修身、作文、理科、体操、乡土志、历史、图画②。在这些课程中，费孝通最喜欢听的课是乡土志。

费孝通回忆自己喜欢听这门课的原因时说：

> 讲这门课程的老师是这个小学的校长。我记得他是姓沈，名天民。我很敬重他，不怕他。他不像有些老师那样老是背着脸流露着讨厌我们这些孩子似的。他会拍拍我的小脑袋，微微带着笑容问我这一阵身体可好些了？原因是我

---

① 费孝通所著《乡土中国》是其代表作之一。该书的英译本书名即 FROM THE SOIL。

② 参见《吴江县志》，江苏科学技术出版社 1994 年版，第 659 页。

这些年常常生病请假，大概在他的眼中我一直是个怪可怜的病娃娃。他对我的关心抚慰使我感到亲切温存，每一想起还是音容宛在。

我敬爱沈校长，也喜欢听他讲的乡土志。他在课堂上讲给我们听的，都是些有关我们熟悉的地方，想知道的知识。他讲到许多有关我们常去玩耍的垂虹桥和舻香亭的故事。至今我每每想起"松江鲈鱼肥"这句诗时，这些桥亭的画面，悠然在目，心旷神怡；同时浮现着沈校长那样摇头吟诵的神态，更引人乡思难收。①

和"乡土志"比起来，有些功课可能呆板一些。费孝通说，在课堂上，他经常有小动作，不能始终安心听讲。算术课上做习题时，他往往定不住心思，总想着课后去操场和走廊玩"捉逃犯"游戏。手上写着习题，脚下跃跃欲试。题目做得飞快，时常急中出错，把"6"写成"8"，把"2"写成"3"，过后也不再看一遍，转眼间人已飞出教室。每逢课堂小测验或是正式考试，都是费孝通争先的机会，总要抢着第一个交卷。

老师曾要求同学们学写日记。费孝通用8个字就写完了一天的生活："晨起，上课，游戏，睡觉。"在起床和睡觉两端之间，除了上课就是游戏，连吃饭都忽略，可见游戏对于幼年费孝通的吸引力。

费孝通活泼好动，身体却羸弱多病，时常因病请假，缺课在

---

① 费孝通著：《逝者如斯》，苏州大学出版社1993年版，第7~8页。

家。伙伴们给他起了个绰号，叫"小废物"。有一次，他病在床上，拉住母亲的手问："为什么我要姓费？为什么人家叫我小废物？"

对这样多病却又爱动的小儿子，母亲为之操心费神的程度不难想象。活跃多动的性情，容易使他和顽皮好斗的孩子玩到一起。一旦在游戏中发生冲突，矮小病弱的费孝通难占优势。为此，1920年费家从吴江搬到苏州后，杨纫兰不敢把他送入普通的学校。

事有凑巧。费家住在苏州十全街132号，这条街上有一所很出名的振华女校①，校长是杨纫兰的一个朋友，名叫王季玉。费家住址距振华女校较近，费孝通入学不仅有地利之便，而且女生一般不像男生那样顽皮，也不像有些男孩子喜欢欺负人，至少欺负时不大动用武力。于是，杨纫兰把最小而多病的儿子领到了王季玉面前。

费孝通成了振华女校的少数男学生之一。

他的同班同学中有后来成为著名作家、钱锺书夫人的杨绛。

进入振华女校之前的四年初小课程中，除了沈校长的乡土志以外，给费孝通留下好印象的教学方法似乎不多。有的老师从私塾沿袭下来的体罚方法，给不足10岁的费孝通留下了"可

---

① 振华女校是当时苏州的一所知名学校。校址是过去的苏州织造府，是《红楼梦》作者曹雪芹居住过的地方。据说《红楼梦》里的大观园就是以织造府作蓝本而描写的。费孝通在《学历自述》（1981）中说："这个学校在苏州是有名的。现在我国著名的女物理学家何怡贞、何泽慧姊妹，就是我在振华女校时的上下两班的同学。女作家杨绛是我的同班同学。"

怕”的印象。记忆当中，打手心的是老师，罚站墙角的也是老师。

费孝通在振华女校高小班遇到的沈骊英，却是一个拉着他的小手，满面笑容，手里不拿戒尺的老师。往后的日子里，无论费孝通怎么顽皮，怎么冒失，沈先生从没有打过他的手心，也没有关过他的禁闭。看着他匆匆的神色，忙乱的步伐，沈先生只是微微地摇头，轻声地问:“你什么时候才会定心做一个算题?”

沈骊英不光和蔼可亲，循循善诱，而且人格高尚，急公好义。离开讲台后，她到当时的中央农业实验所工作，专心改良麦种。从南京逃难出来时，自己的衣服什物都没有带，却把所里的麦种全部运到了重庆。这种做人做事的风范，对早年费孝通的精神成长具有很大影响。虽然他初见沈骊英时还只有10岁，但他天资聪颖，观察细致，感觉敏锐，尤其是对人格因素，似有一种与生俱来的敏感。匆匆的神色，忙乱的步伐，醉心的游戏，冒失的奔突，没有耽误他对周围人与事的感知，尤其是对能够提升人格的人与事的心仪神会。出自费孝通之手的下面这段文字，说明他对老师的功德具有深刻领悟：

> 天上的雨，灌溉了草木，人家看到苍翠，甚至草木也欣然自感茂盛，雨水已经没入了泥土，没有它的事了。多少小学里的教师们，一天天，一年年把孩子们培养着。可是，培养了出来，向广阔的天地间一送，谁还记得他们呢？孩子们的眼睛望着前面，不常回头的。小学教师们的功绩也就这

样被埋葬在不常露面的记忆中了。[①]

王季玉，这位被孩子们亲切地称呼为“三先生”的蔼然长者，是让费孝通铭记终生的又一位早年老师。作为振华女校的校长，她主持全校校务，还每天给学生上课。这是一位20世纪初留学归国[②]、一心从事小学教育、充满爱心的女性。

苏州的冬天很冷，学校没有保温设备。费孝通描述说，同学们穿得厚厚的，偎着课桌，袖着手，私语着盼望老师不叫他们上台写黑板字。王季玉懂得孩子们的心思，不让他们作板书，自己在黑板上写字给他们读。

一天，费孝通发现校长的黑板字写得特别大，而且明显没有往日里整齐。再看她的手，竟然肿得“像一只新鲜的佛手”。

生着冻疮的手总在费孝通眼前晃动。他平时体弱多病，可能要比别的同学更能体察老师的病痛之苦，也就更深一层感受到老师对学生的爱心。

费孝通写于1946年的一段纪实文字，使人们至今仍能感受到当年萦绕在振华女校师生间的融融暖意：

25年前，我和几个小朋友在操场角里，浪木旁的空地上

---

① 费孝通著：《逝者如斯》，苏州大学出版社1993年版，第20～21页。

② 费孝通所写《念振华母校》一文中有“她留学回来”一语；David Arkush 所著 *Fei xiaotong and Sociology in Revolutionary China* 的董天民汉译本说王季玉“获伊利诺大学植物学学士”（第5页）；该著原版书写入而董氏汉译本未译出的一句说她 had been graduated from Mount Holyoke in 1916(P.7)。

闲谈。……这些孩子们中间有人这样说："我将来总要做一番惊天动地的事业。我不喜欢张良，项羽才是英雄。"

"我不稀罕这些，我要发明个飞机，一直飞到月亮上去探险。"

另外一个孩子却说："我是想做三先生。"(我们那时称王季玉先生作三先生，因为她在家里是老三。)

很快的有人笑了："教书？教孩子们书？我不干！有什么意思？""可是三先生为什么不去发明和探险，不去做项羽和张良，而在教我们书呢？"我就说："她该去做大事业，留了学回来，在这小学校里看着孩子们拼生字，真是——""你真的愿意她离开我们么？"有位小朋友急了。

没有人再说话了。……但是谁都感觉到一种悟彻：看孩子们拼拼法似乎比到月亮上去探险更值得我们的爱好。谁也说不出这是什么原因，可是这悟彻却使他们靠近了人性。①

五、手笔初试

1923 年，费孝通从振华女校高小毕业，升入该校附中。

1924 年，他转入苏州东吴大学第一附属中学，并且跳级升入

① 《〈爱的教育〉之重沐——振华女校四十周年纪念献给校长王季玉先生》，载《上海文化》第 10 期，1946 年 11 月 1 日出版。

初中三年级。这一年对费孝通具有特别意义。他第一次在刊物上发表作品,写作生涯从这年开始。

成为中学生以后,费孝通的一位长辈亲戚为他订了一份商务印书馆编辑发行的《少年》杂志。《少年》为费孝通打开了一片新天地。他天性里爱好文学,对这杂志一见钟情。每一期来到手上,都是从头读到尾,一篇也不放过。

几期读下来,少年费孝通已不满足于只当读者。他开始尝试写作,在自幼听来的各种故事中选出比较有意思的,写成稿件,投寄给《少年》杂志社。

一个新年里,第一期《少年》照例送到了费家。这本杂志成了费孝通最好的新年礼物。他后来回忆当时和以后的情形说:

> 我照例按篇章次序读下去,直到最后的"少年文艺"栏,突然惊呼起来,一时不知所措。原来我发现寄去的那篇《秀才先生的恶作剧》已用铅字印在了白纸上。这种深刻的激动,一生难忘。它成了一股强烈的诱导力,鼓励着我写作又写作。我写给《少年》杂志的稿子,在该刊的地位,从此也逐步从书末向前移动,直到开卷第一篇。写作就成了我抑止不住的爱好。[1]

如今费孝通已记不清"少作篇的开始"是哪年所写,但对那一期《少年》的封面图案还有记忆。他说:"我最早向《少年》投

---

① 《忆〈少年〉祝商务寿》,见《逝者如斯》,第 24 ~ 25 页。

稿是鼠年,因为我记得开始登载我文章的那本封面上画着几只老鼠,推算起来应是甲子年,即1924年。”①

1926年,费孝通发表《一根红缎带》。红缎带是一只名叫“鼠虎”的小猫脖颈上的饰物。这只可爱的小猫给大家带来很多快乐,后来被误认为偷吃了小鸡而被赶走。当大家发现小猫是受了冤枉的时候,手边只有那根红缎带了。在故事末尾,费孝通写道:“唉!鼠虎,你受了不白之冤了。使我的心中怎样的难过!”②

文字中流露的同情心,以及少年费孝通对世道人心的敏感、易感和对不幸人事的伤感,在他同时期写下的许多篇章中,都可以见到。人间生死,草木枯荣,心中哀乐,梦里甘苦,母亲的针线,清明的纸灰……都是他留意、感受、思索、叙写的内容。

> 新年的快乐,本来不是少数人的,应该使得全人类都快乐。尤其是穷人和老人,因为他们辛苦了一年,在一年的开始,应该特别的使他们快乐……
>
> ——《新年的礼物》(1925)③
>
> 桥下正横着一条船,穿船上安放着一口没有漆漆的棺

---

① 费孝通著:《山水·人物》,江苏人民出版社1987年12月第1版,“自序”第4页。

② 费孝通著:《山水·人物》,江苏人民出版社1987年12月第1版,第191页。

③ 费孝通著:《山水·人物》,江苏人民出版社1987年12月第1版,第196页。

材，一个老人，把一捆一捆的柴盖上去，右边立着一个大约十岁左右的女孩子，垂着蓬松的发辫……这现象击上我受了伤的心上，使我十分不愿意那些天下最悲惨的事情，会不断的呈现在我眼前。

——《死》(1928)[①]

……早晨太阳初上的时候。寂静的云雀虽想鼓翼来欢迎光明，但是嘶了声，哑了喉的鸟们，实无力的歌噪了。只是很凄惨的回忆春天，对着太阳坠泪。

——《冬》(1928)[②]

我很怕提起过去的事。过去的事究竟是悲多乐少，这是人人都能体会的。大凡悲哀事是易于深刻脑筋，而不易磨灭；欢乐的事，就不同了。即使记忆到今，而一加回味时，就会引起现在孤独的惆怅了。

——《年终》(1928)[③]

费孝通后来说过，自己一向是心中怎样想，笔下就怎样写。从他这个时期的作品中不难察觉的那种落寞、萧索、低沉和压抑的气氛，分明是那个时代和社会民生现实的镜像。由少年向青

---

① 费孝通著：《山水·人物》，江苏人民出版社 1987 年 12 月第 1 版，第 202～203 页。

② 费孝通著：《山水·人物》，江苏人民出版社 1987 年 12 月第 1 版，第 206 页。

③ 费孝通著：《山水·人物》，江苏人民出版社 1987 年 12 月第 1 版，第 220 页。

年过渡的费孝通，已经萌生了通过具体生活现象观察社会本质的自觉意识。他在 17 岁上写出的《圣诞节续话》(1927)中，表达了这样一种担心："我很怕在我'为人'的最后一刻时仍和现在一般的未认识人类究系何物，因为我实在为了人类的行为双目已眩了。"①

费孝通在一篇文章中写了一件真实的故事。1928 年初的一天黄昏，学校已放了寒假。费孝通离开铺满枯黄杂草的操场，想着刚刚病逝的母亲，想着"一年来灰色多于亮色"的日子，没有一点玩的心思，低着头，一步一步踱向家去。快到关帝庙的时候，满腹心事低头走路的费孝通突然被一阵哄笑惊醒。抬头看去，四五个"小土棍"正在捉弄一个挑剃头担的小工。小土棍们的哄笑声中，剃头担子已半翻在地。孤单无援的小工无力抵抗，含着两眼热泪，极力平静自己，惟恐泪水的掉落惹来更大的羞辱，但是泪珠还是滚下两颊。小土棍的哄笑声果然更加狂放，就连路旁闲坐和干活的女人们也随着笑了。小工自知孤弱无援，默默地尝着泪水的滋味，挑起担子走了。在他一跛一荡的身影后，追随着那群小土棍……

费孝通说，他耳闻目睹这一幕闹剧，气得浑身战栗，内心沸突，双拳紧攥，可是面对着力量大得多的压迫势力，他同那个小工一样孤弱无助，只有寄予无限的同情。他写道：

① 费孝通著：《山水 · 人物》，江苏人民出版社 1987 年 12 月第 1 版，第 214 页。

我很凄怆的推想这小工的身世，他的母亲或者也和我的一般的去世了罢，否则或不致如此幼小的儿童，做这工作。仿佛记得在我回头的一瞥好像见他也穿上白鞋，虽则污秽得和黑鞋差不多。——不过，我再转念一想，即使他有母亲，也如何有力来反抗这种社会的压迫呢？我也曾见过多少母亲把儿子交给凶恶的人去当徒弟。我也见过多少母亲把女儿卖给人家作婢作妾。她们不住的挥泪交割，但是她们在经济的压迫下，制度的压迫下，不能不如此，虽则她爱她的子女百倍于他人……①

这段文字写于1928年1月24日夜晚。此前不久，“在床褥上周旋了四年”的杨纫兰，于1月1日病逝。母亲去世，费孝通心中蒙上了沉重的阴影。他面对生死界限，思考生的意义；面对生者与死者的继替，思考写作的意义。他经历着自己的悲恸，也同情于他人的哀痛，更感受到了社会的病痛。这一番思考，引发了费孝通写作动机的一次意义深远的变化。

---

① 费孝通著：《山水·人物》，江苏人民出版社1987年12月第1版，第221～222页。

费孝通生命历程中一个十分引人注目的主题——寻找意义[①]，也许就是在这次变化中得到他的自觉确认，渐次展开。

费孝通曾经自问过“少作”频频发表时期热衷于投稿的动机，他排除了“好名”和挣稿费的因素。当时的投稿，他是保密的。在家里，兄长们都不知道。在学校，同学也不知道。当时的稿酬是书券，可凭券向商务印书馆换书。费孝通觉得这只是一种奖励，说不上是有力的物质刺激。他认为自己当时的写作动

① “寻找意义”，这是作者希望读者在本书中给予较多注意的一个话题。也许可以说，费孝通自执笔入世以来，一直都在寻找意义。大到人类和平，一国一族，小到农夫种田，一桑一蚕，他都在寻找意义，并且把自己找到的意义用明白晓畅、深入浅出的语言讲给有心人听。举凡宇宙的进化，国家的交往，族群的凝聚，个人的梦想，工人农民的劳作，知识分子的文章，社会的剧烈变化，农民的离土和离乡……有心者都可以从他对其意义的讲述中领悟到更多的道理。实际上，对“意义”的了解是每一个人的生活所必需的。只是由于一部分人意识不到这一点，不知寻找意义；另一部分人被种种欲望泯灭了慧根，不再寻找意义；还有一部分人虽有意识，也未泯灭，却因回避思想的劳动而不愿寻找意义，这些人的生活和思想因此会缺少意义的支撑。当这样的人达到一定数目的时候，整个社会的某一部分也会缺少意义的支撑，这当然是不利于社会的健全和发展的。费孝通也许是想带动更多的人来寻找意义，也许并不认为自己一定有带动他人的能力，而只是表达一个善良的愿望，事实上他在很多场合讲过同一句话：我们要明白我们所面对的事情是什么意思，它有什么意义；我们要明白我们身处的这一番变化背后的意义，它从哪儿来，要到哪儿去……费孝通在晚年用相当密集的系列性长篇学术反思文章提出了“文化自觉”的命题，也许可以理解为是对一生“寻找意义”的过程和体会的总结，或是理解为揭示出了“寻找意义”的目的。“寻找意义”之所以为每个人的生活之必需，就在于每个人都想获得较高的生活质量和生命价值，而这实在是取决于其“文化自觉”能否达到较高程度。“寻找意义”正是通向“文化自觉”的桥梁。

机也许是出于少年的创作欲和成就感。

就在1928年1月24日夜晚，刚过17周岁生日不久的费孝通在为1927年作结。他想：一年又过去了，今年今日的我，和去年今日的我有什么不同？“迂阔的性子，随处不能迎合他人，去招社会的忌刻，小小的人，已蒙了社会的毒刺了。”[①]这段心理活动，说出了他因为不乖巧圆滑所招致的痛苦，也标出了他感觉“悲多乐少”的部分原因。他已走进18岁年轮，进入青年阶段。当年费孝通在振华女校操场上说三先生“该去做大事业”，何尝没有流露自己的心思？在踏上青年行程的当口，费孝通说：“我哪有这许多心情来回味酸苦！……人们本来有多少岁月供你不尽地虚空的回忆的消磨呢？”[②]再说，过去无论怎样的“悲多乐少”，都无法与发生在1928年元旦的丧母之悲相比一二。费孝通写作动机的重要变化，也许就发生在这一时刻。

暗夜沉沉，他挥笔疾书：

> 过去的过去罢！不住的勇敢向着坟墓奔去，就是人们惟一的道路。在这荆棘蔓蔓的人生道上，随处都给你看见许多值得留意的事情，同时启示了你宇宙人生的意义。我这愚蠢的笔，固不能在道上随处记出一些给后面很努力赶来的同类们作一些参考，但是我却又不愿这许多值得留意

---

① 费孝通著：《山水·人物》，江苏人民出版社1987年12月第1版，第220~221页。

② 费孝通著：《山水·人物》，江苏人民出版社1987年12月第1版，第220页。

的东西，在未经人注意的时候，随着无名无声的浪花流星般的息灭。我自己认为这是我惟一的责任。[1]

这段文字表明，费孝通在此时已经自觉地把写作目的定位于“随处记出”“许多值得留意的事情”，在尚未引人注意的时候，领悟出其中所启示的宇宙人生的意义，给后面赶来的同类作参考。在这里被明确表达出的责任感，蕴涵其中的历史感，相当自觉的记录意识，安身立命的定位意识，传达着青年费孝通的心志，预示着一支史笔的诞生。

这段文字的产生，是这个世界上“许多值得留意的事情”之一，也是费孝通一生中许多值得留意的事情之一。这是他从早年到暮年漫漫文化自觉之旅的启程。

六、兄姐上进

费孝通曾写道：“回忆我自己儿童少年时的生活，至今我还记得的，对我思想行为最有影响的‘样本’是我的几个哥哥。他们的一举一动我都看在眼里，一有条件就学着做。”[2]

三个哥哥当中，对费孝通影响较大的是费振东和费青。

费振东在上海南洋大学读书期间，热心于进步的政治活动。

---

① 费孝通著：《山水·人物》，江苏人民出版社 1987 年 12 月第 1 版，第 220 页。

② 费孝通著：《杂写戊集》，天津人民出版社 1993 年版，第 158 页。

他是1925年五卅运动的积极参加者，也是南洋大学游行活动的组织者。游行队伍冲出校门的时候，费振东是走在最前边的人物之一。据说当时南洋大学的学生领袖人物有7个人，包括费振东和后来成为中国共产党领袖人物之一的陆定一。[①]

费振东在“文化大革命”期间写的一份检查交待材料中说：在上海交大“读铁路管理科四年毕业时已24岁了。按交大章程，交大毕业生统由交通部分派到铁路局工作，工资每月40元。可是我和另六位毕业生却不得分配工作。当时由教务长（校长凌宏勋不在上海）通知我们：江苏督军孙传芳命令我们7人不得在铁路上工作，原因是由于我们参加了毕业前一年在上海发动的‘五卅’运动。可见我们几个比较露面的学生已在北洋政府注意之中，只好自谋出路。”

费孝通曾在晚年的一次回忆中说：“大哥在外面闹革命很能干，回到家里做事情也很在行。他的手很巧，手工很厉害，让我们跟着做，有意识地培养弟弟。他每次假期回家都有新花样，让我们学簿记，做手工，增长本领，将来好做事情。”

费青就读于东吴大学的时候，中国共产党的早期领袖人物

---

① 据费孝通在1996年6月30日的回忆谈话，陆定一临去世前曾告诉费孝通，陆在上海与费振东同校上学时，费振东已是共产党员，陆是费的助手。费孝通说：“我相信他说的是真的。”费振东在1959年2月4日因反右运动而写过一篇《对我自己的罪恶的再认识和今后改造意见》，其中说“1926年我加入了中国共产党，受过党的教育”。（此件现由费振东之子费皖保存）

恽代英、萧楚女也都在东吴大学,他们之间来往相当多。[①] 据《吴江县志》记载,1926 年底,吴江县第一个共产主义青年团小组在松陵镇成立,费青是组长。据费孝通回忆,费青当时的一些政治思想同共产党十分接近,甚至是一致的,例如他主张走工农道路,依靠工农进行革命。为此,他办起了面向工农大众的"平成义务普及学校",并且带动了费孝通积极参与此事,协助办学工作。

费孝通深受两个哥哥的影响,对带有爱国色彩、革命色彩的政治活动,表现出那个时代一个正直知识青年应有的热情。他曾说,当时不知道马列主义,但知道要革命。在他 1928 年 1 月号的《少年》杂志上发表的童话《龙怪》里,出现了"人民公敌"的词汇。1928 年秋,他从东吴大学附属一中毕业,入东吴大学医预科就读。促使他选择学医的原因,可能主要有两点。一是当时政治形势的变化,二是他已经形成的益人益世的志向。

中学毕业前,费孝通是同学当中进步倾向较鲜明的一个。他曾担任苏州《民报》的编辑,表示欢迎共产党人,欢迎国民革命

① 据《中国各民主党派史人物传》第 1 卷(华夏出版社 1991 年 7 月第 1 版)第 69 页内容,作者以费青和恽代英、萧楚女有"共同活动"为根据,认为费青"也是共产党员"。据费孝通 1996 年 6 月 30 日的回忆谈话,未确认费青是共产党员,只说"他要走工农道路,和共产党一致。""跟共产党走得很近。解放前在北平那一段,共产党有什么事不便出面的时候,常找费青去帮忙。"费孝通所说的"帮忙"之事,已知的较重要者包括 1946 年末到 1947 年初因 2 名美国兵强暴北京大学女生沈崇事件而引发的北平抗暴运动。详见本书第七章"鸡鸣不已"的第七节"讲坛内外"。

军北伐，反对军阀。但他的家世、家学、家教和他自己逐渐明确的人生定位，决定了他的发展方向不大可能是职业革命家。

1927 年，大革命进入低潮时期。白色恐怖中，苏州有许多进步人士被关押或杀害，费孝通熟悉的朋友中也有被腰斩和砍头后扔在水中的，十分惨烈。较远的地方也不时传来令人震惊的消息，四一二政变，李大钊殉难，萧楚女就义，国共内战开始，广州起义失败，康有为辞世，王国维沉湖……费孝通在这个时期的多篇作品中，反复出现死亡的场面与梦境（如《死》、《圣诞节的话》），时常萦绕着苍凉、肃杀的氛围（如《冬》、《年终》、《雪花》），应是那个时代在他心灵中的折光。作为中学生的费孝通，没有机会和条件去实地记录历史现场，但他用文字记录下了时代的特征与气氛。在这种气氛中，他选择了医学专业，希望自己“学成个医生为人治病”[①]，救死扶伤。

在《雪花》一文中，费孝通写了一只在树枝与风雪的“混战”里濒临死境的乌鸦——

“披满雪白的外衣的乌鸦，从屋角里跌了下来……它！它不是战地的灾民么？来！我还存有一口生气，尚余一些热在。来！来！到这里来！它果真扑到我的怀里来了，它冷得比冰还冷。冷气透过了我的胸部到我的心中。冷！好冷！冷得爽快！爽快的冷！勇敢的冷！痛彻心肝的冷！”字里行间，语气的急促，语调的激切，是费孝通一向从容不迫的文字中十分罕见的。这段文

① 《学历自述》，见《费孝通学术精华录》，北京师范学院出版社 1988 年版，第 606 页。

字写于他进入东吴大学医预科的前半年，不仅是他所感知的世象一景的浓缩，也流露出了他希望治病救人的一些心思。

费孝通由政治斗争退隐到了学业当中，专心于医学科学的基础训练。很久以后，他在一次回忆谈话中说：我早年有过热衷于政治、很革命的一个时期，跟着大哥、二哥，受他们的影响，闹革命很有劲道。这一段往事，进北京之后就没有向别人提起过，封存到脑筋里边了。

姐姐费达生对费孝通具有终身影响。在费家从吴江县城迁往苏州那一年，费达生赴日本留学，专攻缫丝和蚕丝业技术改革。留学期间，她看到日本政府扶助农桑，实行科学养蚕，新法缫丝，推动了日本蚕丝业的蒸蒸日上。回顾祖国，却是政治腐败，蚕丝业衰退，令人忧虑至深。1923 年，费达生学成归国。她回到曾经就读的江苏省立女子蚕业学校，立志把毕生心力用于家乡和中国蚕丝业的改革、振兴。这一年，费达生还不到 20 岁。

在吴江一带的考古发掘中出土的纺轮、骨针、丝带、绸片和蚕纹陶罐等器物，证实吴江养蚕、缫丝、织绸的历史可以上溯到 4700 年前。春秋后期，曾发生吴楚争桑之战，说明蚕桑对当时诸国的重要。从唐诗中“尽趁晴明修网架，每和烟雨掉缫车”（陆龟蒙）的诗句看，其时吴江蚕户已用缫丝车作生产工具。清末时期刻在盛泽白龙桥头的“风送万机声”、“晴翻千尺浪”是当时丝业规模和染业兴旺的写照，仍有泱泱丝国之风。但是到 20 世纪初，日本丝业借政府扶持之力扶摇直上，中国丝业相形见绌。

> 清宣统元年（1909）日本生丝出口量已超过我国。至民

国15年(1926)华丝输出已不及日丝之三分之一。在当时最大的生丝市场——美国,日丝占80%以上,而华丝仅占6%,且降为杂用丝(制作丝线及排须用),更有甚者,纽约生丝交易所不许华丝加入拍板(卖)。纽约丝业公所来华调查员陶蒂博士在其《论中国丝业之改良》一文中为中国丝业之落后而惋惜:“以制丝发明最早,古代丝业最发达之国,至于今日,丝业衰遏,相形见绌,竟至屈伏日本欧洲之下,此何以故,则以人民保守旧法,未知科学之研究,机械之利用。”①

费达生就是在这种局面下发愿终生致力于家乡丝业改革的一位热血青年。

据《吴江丝绸志》记载,1923年冬,费达生所在蚕校校长郑辟疆首次组织该校师生,雇船两艘,满载改良的蚕织用具,下乡巡回宣传丝业改革。每到一地,郑辟疆皆站在船头,向岸上群众演讲,用通俗浅显的例子对比科学养蚕和土法养蚕的优劣。费达生以指导员的身份,配合郑辟疆的演说,在一旁用改良丝车作缫丝表演。岸上群众围观如堵,啧啧称羡。

1924年,在费孝通为自己第一篇作品的发表而惊喜不已的时候,费达生带着改良蚕种和养蚕新技术,到达开弦弓村,提出“蚕病可以毁家,消毒可以丰收”的口号得到蚕农响应。吴江的蚕业改良运动于此开始萌动,开弦弓村村长说:“改革工作从1924年春天开始了。”

---

① 《吴江丝绸志》,江苏古籍出版社1992年版,第52页。

1925年,费达生等五人每人入股500元在吴江合办友声蚕种场,生产五星牌蚕种。

1926年,费达生接任学校推广部主任。她带领师生又到开弦弓,蚕农闻讯,把他们团团围住,争相购买良种。当年,震泽镇举办制丝改良传习所,费达生撰写《制丝改良传习所开办前之一言》表达希望说:“得为丝业之砥柱,挽回将倒之狂流。”

其时,日本报界载文惊呼:“中国有一批身穿学生装的女子在农村指导蚕农,促进蚕丝改革,势将成为日本之劲旅。”①

正当费达生投身的丝业改革如火如荼时,母亲不幸病故。临终前,母亲的心思仍是孩子们的教育,她说:“除了最小的一个外,我对子女的教育是尽了力的,结果也能使我放心。”费达生接下母亲遗愿,从此当家做主。一边继续进行丝业改革,一边管理家务,并帮助“最小的一个”费孝通完成中学学业,进入大学。

1929年1月5日,费达生等筹划创办的开弦弓生丝精制运销合作社正式成立。同年5月,该合作社的机器丝厂开工投产。“开弦弓丝厂是我国历史上第一个农村合作丝厂。”②时为国内外同行所瞩目,被日本学者称为“现代中国极有价值的试验”。③

这场对于现代中国极有价值的试验,对于费孝通一生的学术道路,也具有特别重要的意义。费达生无意中为弟弟准备下了“一个公民对自己的人民进行观察”,“一个土生土长的人在本

---

① 《吴江丝绸志》,江苏古籍出版社1992年版,第54页、55页。

② 《吴江县志》,江苏科学技术出版社1994年版,第299页。

③ 《吴江丝绸志》,江苏古籍出版社1992年版,第59页。

乡人民中间进行工作”[①]的调查基地，对费孝通在学术上立身、成名发挥了关键作用。7 年以后，费孝通听从姐姐的建议来到开弦弓村，本是“无心插柳”（费孝通语），却长出了人类学领域中一棵常青树。

① 这两句话是费孝通的英国老师 Malinowski 所说。其中所指的工作，在国际人类学领域具有开创性意义，标志着人类学研究方向的一个重要转折。Malinowski 为此而进行的充分阐述见他为费孝通的博士论文《江村经济》所作的“序”（载江苏人民出版社 1986 年版《江村经济》一书。）

第二章

从燕园到清华

我在上大学时，先是想当个医生，好为人治病，免除人们的痛苦，于是我进了医预科。后来我觉得人们最痛苦的不是来自身体上的疾病，而是来自社会所造成的贫穷。于是我改学社会学。学一门学科总得有个目的。我是想通过学社会学来认识社会，然后改革社会，免除人们的痛苦。在学社会学的过程中，我明白了必须联系实际，到社会实际生活中去观察、分析、思考。可巧我在大学时遇到从芝加哥大学到中国来讲学的派克教授，他带我们这些学生到北京的各种居民区去参观访问，最后他说这种实地调查的方法是从人类学里学来的。我才认真地去找人类学家学习，进了清华大学研究生院，师从史禄国教授。

费孝通：《关于人类学在中国》(1993)[①]

① 《费孝通选集》(华人著名人类学家丛书)，海峡文艺出版社1996年版，第6～7页。

一、对国家的关心又复活了

费孝通童年曾受父命背诵《滕王阁序》、《岳阳楼记》等古文名篇,对这类文字衷心喜爱。中学时期,他表现出明显的文学才华。父亲费璞安有心让他深造,引他到同乡大学问家金松岑门下,拜师习文。

在金松岑指导下,费孝通圈点《庄子》、《史记》,阅读、背诵更多的经典文章,对自己偏爱的苏东坡、龚自珍、魏源等大家手笔也下了不少工夫。费孝通的中学国文老师马介之是金松岑的学生,他要费孝通多读龚自珍诗文。1927 年夏,费孝通荣获学校评出的"国文猛进奖"第一名,他的名字被刻在了一个象征策马猛进的银镫上。这使他在接连发表作品之外受到了又一份鼓舞。费孝通产生了倾向于文学的志向。

在文学上,费孝通表现出创作才能,也表现出研究潜力。1928 年东吴大学附属一中的毕业纪念刊《水荇》,载有费孝通多篇文章,如《杜鹃与杜甫》、《植物学家龚自珍》、《文人的自杀》和《关于曼殊的诗》等,涉及到的中外文学家有杜甫、徐志摩、济慈、龚自珍、芥川龙之介、屈原、苏曼殊、郁达夫等。这些文章可谓殊题同归,无一不表现出费孝通在文学批评方面的敏感与眼光。

从杜甫诗中的杜鹃啼声里,他听出了杜甫怀才不遇的浩叹、放声一唱的沉雄;从龚自珍游记写到的麦、稻、松、棠、芙、渠、玉兰、文杏……他发现"没有一处不在百忙里夹述二句关于植物的记载,而且用他植物学家的眼光来分析";芥川龙之介的自杀,使他想到屈原的“宁赴常流”,表现出了难能可贵的比较研究意识;《关于曼殊的诗》更是相当道地的比较文学研究篇章。①

《水荇》刊载的费孝通上述文章,依时序,先后写于1927年11月28日、11月30日、12月1日、12月3日。六天中写了四篇文章。文中的文学话题不时被费孝通引向相应的社会问题加以讨论。

费孝通在《圣诞节续话》等文章中明确表达过他对社会本质、人类本性的研究兴趣,这与他的文学理想合辙并道。在其兄、姐影响下,他不断增加着对社会的了解和参与程度,革命热情高涨。大革命失败的现实则使他意识到,历史力量对于个人

---

① 费孝通非常喜爱龚自珍的诗文,亦“很爱曼殊的作品,尤爱他的诗”。在《关于曼殊的诗》一文中,费孝通表达观点说:苏曼殊和龚自珍的诗的确很像,苏龚诗作最大的相同点是体格和声调,次为取材和选字。他列举了如下12个供读者对比阅读的例子:

1. 江南重遇李龟年(龚)	江南谁得似,犹忆李龟年(苏)
2. 一帆冷雨过娄门(龚)	暮烟疏雨过阊门(苏)
3. 尚拈罗带不开门(龚)	自拈罗带淡蛾羞(苏)
4. 脆弱芝兰笑六朝(龚)	烟雨楼台梦六朝(苏)
5. 肯骂无情燕子飞(龚)	不见僧归见燕归(苏)
6. 渡江只怨别蛾眉(龚)	何处蛾眉有怨词(苏)
7. 避卿先上木兰船(龚)	涉江同上木兰舟(苏)
8. 漠漠郁郁香在臂(龚)	臂上微闻菽乳香(苏)
9. 不似云屏梦里人(龚)	梦里依稀认眼波(苏)
10. 阻风无力倍消魂(龚)	同乡仙子独消魂(苏)
11. 付与维南织女愁(龚)	来岁双星怕引愁(苏)
12. 临风递与缟人衣(龚)	缟衣人不见,独上寺南楼(苏)

命运的决定作用之巨大，非个人愿望所能抗衡。在失望、压抑的心境中，他的想法发生了变化——

> 革命的潮流激起了像我一样的许多青年们的热情和憧憬。但是昙花一现，革命失败了。许多朋友，抓的抓，走的走，散了。我在乡间呆了一个假期，再回学校时，生活孤独，心情懊丧。青年人受不起打击，感到世道这么复杂，有点泄气。当我进大学时，心里想，做人只要能洁身自好、于人有益就是了。于是选了医预科，打算将来学成了当个医生，替人治治病。[①]

两年医预科，费孝通虽置身读书声里，社会上的风声雨声仍是声声入耳。他成为东吴大学学生会秘书，是社会活动的组织者和积极参与者。东吴大学是一所教会学校，身处教会学校的进步学生们关注祖国命运，有着强烈的民族意识和反帝国主义强权的情绪，这导致他们和学校当局时有矛盾与冲突。

1929年，一次个人间的冲突引发了学生与校方冲突，酿成学潮。大体过程是，费孝通同宿舍的一个好友孙令衔去校医院看病，被某校医打了一拳。学生们为此表示抗议，学校当局袒护校医。最终导致学生罢课。

校方要开除罢课活动中的“闹事者”，费孝通也在名单上。由于他平时学业成绩优异，一向被教师们称许和爱护，他受的处

① 费孝通著：《从事社会学五十年》，天津人民出版社1985年版，第1～2页。

分较为温和，免遭开除，只是被令转学。这一转，费孝通终止了学医，转向社会学。

当时的行医场面，费孝通见过不少。病人去找医生，医生往往是就病问病，开个方子完事，不会去问病人家里生活得怎样，疾病是怎么发生的。费孝通认为，一个人生了病，不单是受了细菌或病毒的感染，更重要的是他生活贫困，营养不良，许多恶劣的社会环境因素侵蚀他，使他生病。所以，要从根本上医治防治疾病，须着眼于病毒、细菌，还须懂得人类社会和人的因素，由病见人，由人见社会。从这个意义上讲，要治病人，先得治理社会。

这样的想法，使费孝通在1930年由东吴大学转学到北京的时候，放弃了协和医学院，进入燕京大学。谈到当时的考虑，他说：

> ……我对国家的关心又复活了。我不再满足于仅仅帮助个人，治疗身体上的疾病的这个目标。人们的病痛不仅来自身体，来自社会的病痛更加重要。所以我决心不去学医为一个一个人治病，而要学社会科学去治疗社会的疾病。①

进入燕京大学之前，费孝通尚不知有社会学这门学科。他最初考虑过心理学，为此给当时的心理学系主任陆志韦写了封信。后来，他得知学校有社会学系，有社会学学科。在入校第一周里，费孝通决意拜访各系的系主任，和他们充分交谈后再确定自己要选的学科。

---

① 费孝通著：《城乡和边区发展的思考》，天津人民出版社1990年版，第196页。

社会学系主任许仕廉的谈话对费孝通产生了特别的吸引力。费孝通在17岁上曾经表达过一种忧虑，担心自己在"为人"的最后一刻仍然不能"认识人类究系何物"。许仕廉的谈话，使费孝通看到了自己的前瞻之忧得到化解的前景。他感到，社会学可能是对自己最为相宜的学科。社会学的对象那么广泛，很适合兴趣广泛的费孝通纵横其间。于是，他怀着很大的希望和心劲，当场填写了表格，注册进入了社会学系。

二、倾听学术改革的号角

在费孝通的社会学启蒙时期，吴文藻是对他产生重要影响的第一个老师。

费孝通是幸运的。他初进燕京大学社会学系读书时，赶上一股学术新风的兴起。他是有幸见证吴文藻初次用中国话讲授"西洋社会思想史"的学生之一。对于费孝通，对于中国的社会学乃至整个社会和人文科学，这一课非同寻常。

燕京大学是一所教会学校，1919年在中国北京创办，首任校长是后来成为美国外交官的司徒雷登(John Leighton Stuart，1876～1962)[①]。由于燕京大学的经费和行政管理都是由美国控制，致使学校许多方面都非常美国化。校园建筑由纽约建筑师设计，

---

① 司徒雷登出生于中国杭州，父母都是美国在华的传教士。他于1905年开始在中国传教，1919年起任燕京大学校长、教务长。1946年任美国驻华大使。1949年8月离开中国。

并以美国捐款人名字命名;一部分教职员是美国人;许多中国教职员是在美国受的教育;较多的课程用英语讲授。

20 世纪初,东西方文化广泛接触,社会学从西方传到中国。始而译介出书,继而设系开课。从 1906 年京师政法学堂在章程中列入社会学科目,到费孝通进入燕京大学社会学系的 1930 年,北京大学、厦门大学、燕京大学、清华大学、复旦大学、大厦大学、中央大学等 11 所高等院校设立社会学系。燕京大学始于 1922 年设立社会学系。这一时期,各大学社会学课堂上都是外国的内容。外国的理论,外国的材料,讲课也是用外语。开始是由外国教师用外语讲课,后来是中国教师用外语讲课,始终未脱“舶来”做派。流风所及,学生的语言也受到影响。费孝通说,当时北大、清华、燕京三个学校的学生见面,不用介绍,一张口就知道是不是燕京的人。燕京大学的学生三句话离不了几个英文字。

费孝通从中学起就在教会学校,对外语授课的场面当然熟悉。因此,当他目睹吴文藻初次上台讲授“西洋社会思想史”,课堂上响起的是中国语音,他被深深地触动了。

这是过去教会学校里没有的事情。中国大学里的社会学讲坛,由此吹进新风。

这一课对于中国学界所具有的深长意味,也许不是费孝通一下子就能悟透的。他当时甚至觉得这事有点奇怪——“这位从哥伦比亚大学得了博士回来,又是从小我就很崇拜的冰心女士的丈夫，在课堂上怎么会用中国的普通话来讲西洋社会思想？"[1]

吴文藻的开风气之举，让费孝通终身难忘。六十五年以后，他这样写道：

> 65 年前在燕京大学讲台上有人用中国语言讲西方社会思想是一个值得纪念的大事，在中国的大学里吹响了中国学术改革的号角。
>
> 如果置身于65 年前的历史条件里，要想把当时的学术怪胎改造成一门名副其实能为中国人民服务的社会学，却并非一项轻而易举的工作，吴老师当时能做的只是用本国的普通话来讲西洋社会思想史。这一步也不容易，因为西洋社会思想所包含的一系列概念，并不是中国历史上本来就存在的。要用中国语言来表达西方的概念，比起用中国衣料制造西式服装还要困难百倍。[2]

当时的燕京大学，像是一个远离尘嚣、专供清读的世外桃源。同学们的生活范围局限在未名湖畔，偶尔走出校园，也是乘坐校车来往，基本上接触不到外边的世界。在一些学者的描述中，燕京大学是个与周围社会迥异的孤岛，有迷人的校园，装备精良的实验室，藏书丰富的图书馆，漂亮的体育馆，来自西方的

---

① 潘乃谷、马戎主编：《社区研究与社会发展》(上)，天津人民出版社 1996 年版，"序"第 3 页。

② 同上。

和受过西式训练的教授。少数出身上层阶级、西方化的学生,在这里接受先进的教育。这样的环境,与费孝通发奋读书的心情吻合。进入燕京大学之后,他心思集中于刻苦学习每一门功课,争取最好的考试成绩。费孝通说,那个时候,他“变成了一个书虫”。与他同住一室的好友杨庆堃曾对 Arkush① 说:“那时候他是政治上最不活动的动物。”②

燕大三年,费孝通大部分时间用来读书,读自己要读的书。他不喜欢由张东荪任教的哲学课,在哲学课堂上也在看自己有兴趣的书。这使得费孝通的哲学课成绩只得了 70 分。除此之外,他的大学课程全得高分,都在 80 分以上。

政治上“最不活动”,并不意味着内心不保有政治热情,它只是在特定时期中转化了表现形式。Arkush 在对燕京大学所作的描述中也承认:这个“孤岛”也充满为国家服务的精神。这种精神中不排除有基督教益世信仰的因素,更主要的还应该是学生们已经意识到,他们正在为改变祖国积贫积弱的落后面貌接受必需的知识训练。眼前有所不为,正是为了将来大有作为。

尽管如此,1931 年日本侵占中国东北的“九一八”事变爆发后,燕京大学的学生仍然积极地参加了爱国运动,汇入到席卷全国的反日浪潮当中。费孝通在一次游行示威中受寒得了肺炎,

① Arkush,美国哈佛大学博士,师从费孝通的一位朋友、著名汉学家 John King fairbank 。Arkush 曾专题研究费孝通生平和学术思想,并以此为博士论文题目,写出 Fei Xiaotong and sociology in revolutionary China,由哈佛大学东亚研究中心于 1981 年出版,哈佛大学出版社发行。

② Arkush:Fei Xiaotong and Sociology in Revolutionary China(1981),P. 14.

住院一个多月。这个偶然事件,使他未能得到当年的学分,不得不延长一个学年。

这个偶然事件,演化成了设定费孝通此后学术方向的一个必然因素。

这一年,费孝通有更多机会接触吴文藻、理解吴文藻的心思,吴文藻也有更多时间了解费孝通、谋划费孝通的发展。后来,他把费孝通引至两位大师级的人类学家 Shirokogorov 和 Malinowski 门下,领他走上通往国际人类学前沿地带的一个又一个阶梯。

这一年,费孝通有幸听到美国芝加哥大学社会学系 Robert Park 教授①的游学讲座,并跟随 Park 从课堂和书本走向真实的社会生活。费孝通从此钟情于社会学实地调查。从 1935 年初访广西瑶山,到 2003 年第七次访甘肃定西,他用于实地调查的时间跨

---

① Robert Park(1864.2.14～1944.2.7),美国著名社会学家,以研究少数民族(特别是美国黑人)、城市 社会学和人类生态学而闻名,是美国社会学界芝加哥学派的主要代表人物。汉译通用名称为"派克"或"帕克"。他曾在许多大城市当新闻记者达 11 年,对社会问题有浓厚兴趣。后来到哈佛大学和密歇根大学做研究工作,并赴德国进修,毕业后曾在哈佛大学、芝加哥大学等校任教,在芝加哥大学当教授的时间为 1914 年到 1936 年。其间他和同事进行了人类生态学和城市的实证主义研究工作,对发展城市社会学做出了重要贡献。Park 的主要著作有《人类行为原理》(1915)、《社会学入门》(与 E.W. 伯吉斯合著,1921)、《城市》(与 E.W. 伯吉斯合著,1925)、《人类生态学》(1936)等书。他还担任过美国黑人领袖 B.T. 华盛顿的秘书。(资料来自《简明不列颠百科全书》第 6 卷和《社会学由来与发展——各国〈百科全书〉社会学条目释文集》)

度在国内外同行中独树一帜。

费孝通初读社会学时，Park 是对他产生终身影响的又一位启蒙老师。

有了这延长的一年，费孝通有了与王同惠在燕京大学同系不同班的一年同学时光。两人由相识而相知，由相知而相爱，由相爱而结合，相随相伴地走进大瑶山，结成了对费孝通一生具有长远影响的人生姻缘。

费孝通在晚年曾不止一次地谈到偶然因素对一本著述、一段人生、一个局面所具有的巧合作用，并以自己的亲身经历来印证。他注意到的“偶然因素”，最迟在燕京大学时期已进入费孝通的人生经历。

当时，燕京大学“孤岛”式的环境，固然为学生们静心读书求学提供了相宜的条件，费孝通也确实读了很多书，但是大多数是外国书。在中国的社会学还处于译介、引进阶段时，这自然难免，读外国书也是必要的学术训练，但费孝通的求学目的是要认识中国社会。课里课外接触不到中国的东西，他觉得不满足。时间久了，甚至苦闷。

这种苦闷心情，当时很多人都有。费孝通后来为《花蓝瑶社会组织》一书所写的“编后记”中说：

现在中国念社会学的学生免不了有一种苦闷。这种苦闷有两方面：一是苦于在书本上，在课堂里，得不到认识中国社会的机会；一是关于现在一般论中国社会的人缺乏正确观念，不去认识，话愈多而视听愈乱。①

费孝通在燕京大学的宿舍坐落在未名湖畔。他常和同学们临湖而谈，在苦闷中摸索出路。他很健谈，和系里同学如杨庆堃、林耀华等谈起来可以持续几个小时。费孝通说他曾在一次讨论中第一个发言，他认为社会学不应离开社会的实际，中国的社会学课堂上应该有中国社会的内容。这两句话所包含的道理，若是放到几十年之后来看，是何其明白。可在当时，又是何其难哉。课上课下都是外国书，虽说吴文藻已经开了用中文讲课的风气，但社会学理论里的不少英文概念，在当时的中文里找不到对应的词汇。既然连一些基本概念译成中文都是问题，指望课堂上讲中国的东西，并要求讲得清楚、正确，难免失望。

当时，有两个英文词，community 和 society，意思都是“社会”，用起来并无分别，大家也习以为常。Park 教授到燕京大学

① 费孝通、王同惠著：《花蓝瑶社会组织》，江苏人民出版社 1988 年版，第 64 页。当时的中国社会状况，正值军阀混战，天下大乱，赤地千里，民不聊生。孙中山 1917 年曾著《中国存亡问题》，对民间之疾苦和政府之失策皆有所察。所察之状移至费孝通进入燕京大学就读前后的社会现实，仍然可见一斑。孙中山写道：“内地米价值必见飞腾，贫民所入不加，食料骤贵，饥馑之祸即在目前。……而使数十万人置身虎口，数千万人饥馑穷困……”“为一国之政府，而以趋利忘恩号召国中，人既知我为惟利是视之国矣，可以利动者比可以不利劫之，不知报恩者人将莫不失之以恩。今后有外侮来，吾知其必烈以今日……政府尚有何颜发号施令，以奖人赴国家之急，报国家之恩。”语见《孙中山全集》第 4 卷，中华书局 1985 年版，第 50 ~ 51 页和 97 页。

社会学系讲学时，讲了一个观点：Community is not society。这样一来，只用“社会”一词就无法翻译这句话，不能不另找新词。费孝通和同学们根据 Park 的具体释义，把“社会”一词留给 society，为 community 另请高明。在讨论中，费孝通偶然想到，把“社”和“区”两个字组合起来，也许可以表达 community 的确切涵义。“社区”一词得到了大家的赞同和援引，慢慢流行开来，成为后来中国社会学研究领域的一个通用术语。[①]

这使费孝通受到鼓舞。只要用心思，中国人应该搞得出自己的东西。他这样写道：“要靠书本去找这些问题的现成的答案，大概希望不大。于是我们又得下决心自己去观察、调查、分析、研究自己的社会了。”[②]

事实上，早在费孝通进入燕京大学之前，许仕廉就曾在《社会学杂志》（第 2 卷第 4 号）撰文陈说当时国内社会学教学中的流弊，提出了改进办法。1926 年起他开始主持系务，即实施改进主张，其中就有“注重社会调查，使学生明了中国社会现实”，“课程设置和教材搜集要结合本国的实际，要多用‘国货’，不尽用‘洋货’，要符合中国现实社会的需要”等要求。这不妨理解为“社会学中国化”主张的先声。

吴文藻关于“社会学中国化”的鲜明口号和改革主张，是在费孝通进入燕京前后提出来的。并与费孝通学社会学的目的一

---

① 此事见费孝通所写的《二十年来之中国社区研究》，载《社会研究》第 77 期，1948 年 10 月 16 日。

② 费孝通著：《从事社会学五十年》，天津人民出版社 1985 年版，第 2 页。

致。作为对吴文藻学术改革主张的积极响应，在燕京大学三年中，费孝通几乎读遍了吴文藻书架上所有的书。

实现"社会学中国化"必不可少的初步工作，是把中国社会的事实充实到社会学的内容当中。费孝通说，30 年代初期的中国社会学界，在这项工作上有两种办法，"一种是用中国已有书本资料，特别是历史资料填入西方社会和人文科学的理论，另一种是用当时通行于英美社会学的所谓'社会调查'方法，编写描述中国社会的论著。在当时的教会大学里偏重的是第二种倾向。"①

吴文藻对这两条办法都表示怀疑。他认为，无论是利用既有书本上的中国史料去填写西方的理论，还是借用西方的问卷去搜罗中国的社会资料，都不能充分反映中国社会的实际。这时，燕京大学请来了美国芝加哥大学社会学系的 Robert Park 教授到校讲学，他向燕京大学的师生们介绍了研究者深入到现实生活中进行实地调查的方法。吴文藻相当敏锐地意识到，Park 讲的方法可能对"社会学中国化"大有助益。他又得知，这种方法来自社会人类学，美国一批学者已经运用所谓"田野调查"方法开创了美国社会学界的芝加哥学派。对于吴文藻，这个消息犹如鼓帆之风。他抓住这个机遇，决心跟着进入社会人类学这个学科，谋取"社会学中国化"的起航和加速。

---

① 潘乃谷、马戎主编：《社区研究与社会发展》（上），天津人民出版社 1996 年版，"序"第 4～5 页。

三、领悟人类生活的真相

Robert Park 应邀到燕京大学讲学，是在 1932 年。这一年夏天，Park 离芝加哥经檀香山、日本来到中国，于 9 月初到 12 月中旬在燕京大学社会学系授课，主要讲授“集合行为”和“研究指导”两门课程。

Park 当年 68 岁。他在教学过程中的热情、认真和勤奋，给费孝通和燕京大学社会学系同学们以深刻印象。他本是带着自己的研究题目来中国的，是年事已高的知名教授，又是客座身份，一般来说，这种讲学应是驾轻就熟，顺手拈来。Park 显然不是这样轻松。据费孝通说，Park 常站在图书馆书架前，参考图书资料，预备教案，半天都不落座。平日上课，他非常守时。一天，该 Park 上头一堂课，严冬大雪当中，他迟到了十几分钟，一进门就向学生深深地道歉，像是欠下了无法偿还的债。每个星期，他都要为每一个学生修改二三十页不通畅的英文卷子，不厌其烦，且乐此不疲。一次，Park 带着同学去参观中国的法庭现场。他看到法官们懒洋洋的做派，回身对学生们说：“要是光阴值钱的话，中国是世界上的首富了。”费孝通记得，同学们“听得耳热脸红，滋味难言”。

Park 对同学们的最大影响，是领着他们跳出了未名湖畔的狭小生活圈子，进入真实、生动、丰富的社会实际生活。他鼓励同学们把北京当成一个社会学的实验室，启发大家，社会学要研究活生生的社会实际生活。社会是个有机体，经常处在变化当中。要了解社会，了解人性，就不能光读书本，而要具体经历不同的社会生活。

Park 带着同学们到北京永定门内的天桥，在地摊、戏棚、店铺、流浪艺人、贩夫走卒的市井社会中观察实际生活。他还把同学们带到监狱，去看高墙内的囚犯生活。费孝通第一次给犯人测量体质的时候，看到有的犯人浑身上下一个一个的黑点，得知那是扎针吸毒留下的疤痕，他感到触目惊心。面对着自己过去不曾接触过的生活现象，费孝通意识到，过去自己寄身和体验的生活圈子太小。从小是家庭，后来是学校，是振华女校、东吴大学、燕京大学。现在要研究社会学，就要接触更广阔的社会生活。

为了让同学们和社会接触得更广一些，Park 还带他们去过北京的贫民窟，也去过当时的风月场所八大胡同。

这位美国教授的教学方法，在社会学系的同学中兴起了一股 Park 热。六十多年后，费孝通在一次“北京大学社区研究奖颁奖大会”上回忆当时的情况说：

> 我们接受 Park 的建议，直接去看生活，越看越有意思。研究人的生活内容是我们人类学和社会学的任务。相对地说这要容易些，因为我们自己就在生活里边。但是往往会因为太熟悉了，反而熟视无睹，就像吃饭用筷子那样，我们自己用惯了就不觉得希奇了，不会想法去理解它了。我们要从自己熟悉的生活里边跳出来，来理解我们为什么这样生活，那么首先就是看到我们有不同的生活，看到以后就有

了启发，想一想它为什么同我不一样呢？这样就出来了人类学和社会学。①

1933年，费孝通和同学杨庆堃合作翻译了Park教授论述中国的一篇文章。完成校订工作之后，费孝通为这篇文章写了按语。在按语中，他谈了自己对Park本人的印象和对其学术贡献的理解——

> 他所给予他学生的印象决不单是一个诲人不倦的教授，亦不单是一个学识渊博的社会学家。……他所给予人们的不是普通的知识而是生命，一种能用以行动的知识。
>
> 他生平尚没有任何惊人的巨著行世，就是那一本用以授课的Introduction to the Science of Sociology还是多以参考资料汇集而成，大半又假手于他的同事Burgess。他所以能享受着芝加哥社会学派正宗的尊荣，实是因为他有一种魔力能把他的学生从书本上解放出来，领到一个活的世界中去领悟人类生活的真相。这是他在社会学界树下的百年基石的工作。②

站在这块百年基石之上，费孝通没有满足于随着Park的左右指点观察一个个形态迥异的社区生活。他思索着天桥、监狱、

---

① 《费孝通文集》第14卷，群言出版社1999年版，第307～308页。

② 《费孝通文集》第1卷，群言出版社1999年版，第125页。

贫民窟等社区的实际生活向他展示出的意义，同时也对脚下这块基石的形成发生了兴趣。他由此而去留意 Park 学术思想的师承与来源。在他为 Park 论述中国的文章写的按语中，可以看到一些初步介绍。

据费孝通说，Park 在哈佛大学期间，适逢 John Dewey①、Santayana② 和 William James③ 几位大师联合开帐讲学。Park 躬

---

① John Dewey(1859.10.20～1952.6.1)，美国哲学家、心理学家和教育学家，实用主义哲学学派创立者之一，也是美国最著名的教授之一和最出色的评论家之一。他长期任教于美国的著名大学(如霍普金斯大学、密歇根大学、芝加哥大学和哥伦比亚大学等)，并关心时事，经常向各刊物投稿，发表见解，在第一次世界大战后的"消除战争"运动中起过重要作用。Dewey 曾应邀到许多国家讲学，也曾到过中国讲学。汉译通用名字是"杜威"。

② George Santayana(1863.12.16～1952.9.26)，独树一帜的西班牙哲学家，用极为优美的散文表达他的哲学思想，对人类经验中的伦理、宗教、艺术及社会等方面作出透彻分析，把这些现代哲学已经分开的领域巧妙地编织在一起。他于 1872 年移居美国，1886 年在哈佛大学毕业，后在实用主义哲学家 William James(见下条注释)指导下完成博士论文。1907 年任哈佛大学教授，后因母亲去世，辞去此教职，离开美国，定居罗马，晚年仍致力于写作。主要哲学著作有《美感》(1896)、《理性生活》(1905～1906)。汉译通用名字是"桑塔亚那"或"桑塔耶那"。

③ William James(1842.1.11～1910.8.26)，著名的美国心理学家、哲学家，实用主义哲学学派的创始人之一。他 19 岁进哈佛大学学医。1867～1868 年在德国跟随一些著名科学家学习物理、病理、生理等课程。1872～1876 年在哈佛大学任生理学教师，1890 年出版《心理学原理》，提出了心理学的功用观点，论证了思维和知识在生存中的工具作用。1898 年在加利福尼亚大学讲学时，系统地阐述了实用主义的理论。1907 年发表《实用主义：旧的思维方法之新名称》，此时他的哲学在英语国家中已处于主导地位。汉译通用名字是"詹姆斯"。

逢盛事,如沐甘霖,转益多师,兼收并蓄,从 James 那里得到的精神营养尤多。James 的哲学思想在传播过程中有个很能发人深思的有趣现象,一方面,被认为由于太难捉摸,而不能成为一个学派的教义,另一方面,又确曾在英语国家中广泛流传,成为主流思想。也许,不去构筑体系正是其活力所在。“这种哲学的作用与其说是建立了供他人模仿的标准的旧体系,不如说是向他人灌输了新的思想。”[①] Park 更喜爱 James 学说的原因,应该说就在这里。在华讲学期间,他曾对班上的同学郑重地说:“所谓科学,并不是什么了不得的东西,只是能讲得出来,讲了人家懂得,可以试试的一种个人经验罢了。”对如此不循规蹈矩地为“科学”所作的解释,费孝通听得入耳入心。他没有辜负这位可敬可爱的美国老头儿的善意点拨。此后的几十年间,费孝通写出了一批又一批“能讲得出来,讲了人家懂得”的文章,受到许多读者的衷心喜爱。1991 年,在费孝通为自己的《行行重行行》一书所写的“前言”中,可以清晰地听到 Park 这句话穿越六十年时空之后的历史回响:

> 我所看到的是人人可以看到的事,我所体会到的道理是普通人都能明白的家常见识。我所写的文章也是平铺直叙,没有什么难懂的名词和句子。而且,又习惯于想到什么就写什么,下笔很快,不多修饰……至多不过起些破题和开

---

① 《简明不列颠百科全书》第 9 卷,中国大百科全书出版社 1986 年版,第 362 页。

路的作用罢了。[1]

Park 的学术主张,来自于他在 James 那里呼吸到的让思想重返自由的空气。他懂得这种空气对于学术发展的重要,他把这种空气从西方带到东方,从美国带到中国,从芝加哥大学带到燕京大学,从自己的课堂带到吴文藻的课堂,为正在寻找出路的学生们启发了思路,为"社会学中国化"启发了现实方法和具体途径。Park 来华讲学时间不足半年,却对中国社会学的进步产生了重要的推动作用。

1932 年 12 月 16 日,为 Park 离华返美而举办的欢送会在燕京大学临湖轩进行。这位美国老人屡次提到他的老师 James 的话,希望同学们展开生动活泼的社会学研究,并对中国社会学的发展和社会学对国家进步应能作出的贡献寄予厚望。他说:"我在中国的时候,的确认识了很多学生。……我在他们中间所见的,不是昨日的中国,也不是今日的中国,而是明日的中国,是将来的中国。……中国已经生活在它过去中这样的长久了,现在可以开始生活在将来之中了。"[2]

在费孝通的燕京时期,Park 是继吴文藻之后对他产生终身影响的第二人。

---

① 费孝通著:《行行重行行》,宁夏人民出版社 1992 年 8 月第 1 版,"前言"第 1~4 页。

② 《费孝通文集》第 1 卷,群言出版社 1999 年版,第 123 页、125 页。

四、进入体质人类学的堂奥

1933年暑期，费孝通毕业于燕京大学社会学系，获得学士学位。他的毕业论文《亲迎婚俗之研究》发表于《社会学界》第8卷时，编者按语说："本文是费君用了三年的功夫，经过吴文藻，顾颉刚，潘光旦，王佩铮，派克（R. Park）及史禄国（Shirokogorov）诸位先生的指导及批评，五次易稿而成的，审慎经营，确值得向读者介绍。"①

这篇论文用文言文写成，其中运用大量的地方志资料，追究中国民间亲迎风俗形成的过程，用社会环境的眼光对风俗的传播及其与移民的关系予以解说。值得注意而且有趣的是，这篇文章近乎是戏剧性地埋下了费孝通日后进清华园师从Shirokogorov和到英国师从Malinowski的引线。他当时不可能预料到后来在这两位大师门下求学的前景，但他在这篇文章中所

① 见《社会学界》第8卷，第155页。

显示的对于 Shirokrgorov 有关著述的熟知①,以及在文化分析时所表露的功能主义倾向②,无不使人感到冥冥之中存在着对于费孝通此后求学生涯的两大法门。

当时,在吴文藻的感召和 Park 的启发下,燕京大学社会学系的学风为之一变。应和着社会上梁漱溟主持的乡村建设运动、晏阳初主持的平民教育运动、陈翰笙主持的农村社会调查,"燕

---

① 费孝通在《亲迎婚俗之研究》第6节"亲迎婚俗起源之假设"中写道:"北部之满洲及通古斯民族史禄国教授曾有详细调查。所述满洲民族及驯鹿通古斯 Reindeer Tungus 人民之婚俗颇类于本文所谓亲迎……史禄国教授讨论驯鹿通古斯之俗时,曾列举他族之风俗相比较。Khingan Tungus 之俗,订婚之后,男子即可常住女家。Udehe 之俗,凡男子非富有者,婚礼常于女家行之,当晚即宿女家。Goldi 婚俗中有谓 Sarin 者,亦在女家行之。……史氏更考满洲之历史,发现在 Mu-ki 人中,约当西历第六世纪,男子是夜亦宿于未婚妻之室。在 Yin-len,约当西历第三世纪,男子宿于女家常不止一夜。故史氏疑此种种不同形态可表现此俗屡次变化之方式。其变化方式大略可谓:最初男子举行婚礼于女家,宿于女家。其后宿于女家之时间减短,且将最后之婚礼留于男家举行,最后之婚礼未举行前,男女不得同床。吾人若依此变化之趋向再推一步,即可得中国之亲迎婚俗,即男子不宿于女家,当晚迎女回家举行婚礼。"(出处同[24],第171~172页。)

② 在《亲迎婚俗之研究》第5节"亲迎婚俗之传播"中,费孝通从婚俗传播进而申论文化传播说:"一地之文化并非为一堆不相关涉而独立之文化特质所聚成,乃一错综复杂,有整体性之结构也。……是故欲于一文化结构中,引入一新文化特质实非易事。以个人言,凡对于自己毫无功用者,多不加以注意,不愿学习个人如此,社会亦然。一风俗一习惯,欲于甲族甲地传入乙族乙地,必须其对于乙族乙地之民,有相当功用。且须与乙族乙地固有之文化,能相调适者。盖文化特质本身并不能发展及活动。其发展其活动俱有赖于人之应用及传授。而应用、授受又视其对于应用者、接受者有无功用,能否与固有生活方式相调适为断。"(出处同[24],第167页。)

大社会学系的‘社会学中国化’也有两方面的工作。一方面是参加平教会和乡村建设的工作，并且在北京郊区建立清河调查实验区；另一方面是在理论和方法上为以后的‘社区研究’作准备工作。”[①]费孝通参与了社区研究的准备工作。他和杨庆堃、林耀华、黄迪、廖泰初等同学加入了吴文藻主持的学术团体，从1933年起，在天津《益世报》办起了一个专业副刊《社会研究》。他们还分别自己下乡去进行“田野作业”，发现社会问题，展开社会学调查，一时蔚成风气。

1933年，费孝通写作了《人类学几大派——功能学派之地位》、《中国文化内部变异的研究举例》、《派克及季亭史二家社会学学说几个根本的分歧点》、《社会学家派克论中国》、《社会变迁研究中的都市与乡村》、《社会研究的程序》、《我们在乡村建设事业中的经验》等文章，翻译了《现代的迷大斯》、《季亭史社会学理论摘要》、《罗斯福的动议能免日俄于战争乎?》，另写有书评《杨宝龄的〈美国城市中俄籍摩洛根宗派之客民〉》、《蛮野人之性生活》等[②]。这些文章在一年当中的先后发表，标志着费孝通在“社区研究的准备工作”中的努力，显示出他当时的学力和多层面的学术兴趣。

当燕京大学社会学系的学生们纷纷下乡去搞“田野作业”时，吴文藻也在认真考虑怎样培养出一批能做“社会学调查”的

---

① 《社会学研究》，1994年第1期，第3页。

② 费孝通在1933年所发表的这些文章的出处及要点见《社区研究与社会发展》(下)“费孝通学术历程与著作提要”。

人才。恰逢此时，燕京大学社会学系从美国密执安大学得到一个奖学金的名额。费孝通符合推荐条件，杨庆堃也符合推荐条件。两人是系里成绩最好的学生，又是好朋友，费孝通不想为出国读书而竞争，决意报考清华研究院，继续在国内读书。如果在清华能保持优异成绩，以后仍有出国机会。

费孝通果然考取了清华研究院，杨庆堃则远赴美国读书。

费孝通留在国内继续读书的又一个原因，是他那时对来自人类学的实地研究方法已有相当兴趣。他知道杨庆堃对社会学更感兴趣，自己似乎应该更多地懂得一些人类学。

当时的中国大学中，只有清华大学能够提供人类学训练，它设有唯一的社会学及人类学系。费孝通希望在这个融会两门学科的理论和方法的环境里学习，使自己将来更好地运用人类学的方法去研究中国社会。

费孝通如愿以偿地考进清华以后，进入求学生涯的新阶段，开始师从 Shirokogorov，在名师门下接受严格的人类学训练。对于这位老师和自己接受其训练的一些情况，费孝通晚年有关文章中出现过动人的回忆。

Shirokogorov 是个杰出的俄国学者。他大学毕业那一年，正是费孝通出生的 1910 年。作为当年俄罗斯帝国科学院里一名引人注目的后起之秀，Shirokogorov 在 26 岁上当选院士，三次参加国家直接资助的人类学实地考察队。1912 年到 1917 年，他多次到西伯利亚、蒙古、和满洲作实地考察，是研究通古斯人的权威。1917 年的革命大潮汹涌之际，在俄罗斯国家人类学博物馆馆长的安排下，Shirokogorov 仍有机会赴西伯利亚进行科学研究。但是 1917 年以后,由于政治因素,他的命运突然逆转。

特殊的经历,加上天才人物异于常人的性情,使 Shirokogorov 流露出落寞寡合的性格。据费孝通说,俄国十月革命时,Shirokogorov 正在西伯利亚和中国东北研究通古斯人。他不愿回到革命后的俄国,在中国留了下来,进了当时的中央研究院。后来因为与同事们合不来,又转到清华大学教书。

清华园里的这位俄国学者,似乎是个孤僻难近、遗世独立的怪人。除去每星期到教室讲一两堂课之外,就是整日里闭门写作。傍晚出门,与夫人携手散步,绕清华园一周即返。每天如此,极少与人交往。费孝通能被他收作弟子,并非容易。为促成这一对师徒之缘,吴文藻下了一番工夫。据费孝通说,他先说服了清华大学社会学及人类学系,在 1933 年招收人类学的研究生。费孝通考试过关以后,吴文藻又特地带着他去 Shirokogorov 府上登门拜见,一番口试之后,得到首肯,这才入门。费孝通后来回忆说:"人类学在中国当时还少为人知,我投入他的门下,成了他所指导的唯一的研究生。"①

事实上,录取费孝通的是清华大学研究院社会学部。《清华大学史料汇编》第 2 卷下册 595 页有如下记载:社会学部于 1933 年度成立,录取研究生费孝通一名,在校研究两年,于 1935 年研究期满。该部于 1935 年暂停招生。"暂停招生"应与当时唯一能指导人类学训练的 Shirokogorov 在 1935 年离开清华大学有关。

---

① 费孝通著:《学术自述与反思》,生活·读书·新知三联书店 1996 年版,第 204 页。

表面上孤僻冷漠的 Shirokogorov，对学生有高度负责的热忱。他为费孝通制定了六年训练计划。前两年学体质人类学，中间两年学语言学，最后两年学社会人类学。

费孝通由东吴转学燕京的时候，告别了研究医学所需的生物实验室。师从 Shirokogorov 之后，又回到了研究人类学所需的生物学实验室，沿着这个螺旋式的上升，他进入了体质人类学的堂奥。在教材《人体的历史》(*History of humanbody*)中，费孝通要去熟悉其中对从单细胞生物发展到人类的过程中各种类的动物进行的典型解剖，理解生物的演化。熟习有关理论的同时，他还需要花上很多时间，解剖各种大小动物。然后开始学习测量人体，接受进一步的严格训练。

训练固然严格，Shirokogorov 却从不把着手教，他是要培养费孝通自己动手解决问题的本领。费孝通在《人不知而不愠》一文中谈到当时的情况说：

> 他从来不扶着我走，而只提出目标和创造条件让我自己去闯，在错路上拉我一把。他在体质人类学这一课程上从没有做过一次有系统的讲解……
>
> 他为我向生物系借了一间实验室，实验室的门有两个钥匙，他一个，我一个。他就让我独自在实验室工作，但是任何时间他都可以自己开门近来看我在做什么。我们在工作室里见面的机会并不太多。因为他这两年主要的工作，是在编写和刊印他的《通古斯人的心态》巨著。每天主要的时间是在他自己的书斋里埋头工作。可是每天傍晚总要和

他夫人一起绕清华园散步一周。当他经过生物馆时，就可以用身边带着的钥匙开门进入我的工作室。我这时大多已回宿舍去了。他正好可以独自查阅我堆在桌上的统计纸，看到错误时就留下“重做”的批语。我一看到这字条，就明白一个星期的劳动又得重来了。[①]

实验室中的训练告一段落后，Shirokogorov 开始安排费孝通去作实际人体的测量。他先为费孝通联系了驻扎京郊清河的部队，每周两次，由驻军派马队接送费孝通，在兵营对士兵进行人体测量，取得所需数据。士兵测量结束，Shirokogorov 又替费孝通接洽妥当，到北京监狱里测量犯人的体质。在为取得样本数据而进行的实际人体测量中，费孝通在兵营和监狱总共测量了 800 多人。这些数据为他作进一步的研究提供了基础。

对这些数据资料进行分析的时候，费孝通整天埋头于工作室，借助算盘和算尺做出计算。Shirokogorov 只准许他用这两件工具进行工作。费孝通曾经问老师，为什么不可以用比较先进而省时的计算工具？Shirokogorov 正色答道：“你得准备在最艰难的条件下，还能进行你的工作。”这句话给费孝通留下了极深印象。

Shorokogorov 对费孝通的文笔也有很高的要求。他曾让费孝通到他家里去，要费孝通把自己写的文章一句一句分析给他听，

---

① 费孝通著：《学术自述与反思》，生活 · 读书 · 新知三联书店 1996 年版，第 242 ~ 243 页。

一个字也不能含糊，搞得费孝通到半夜回不了宿舍。

随着接触时间的增加和相互了解的加深，费孝通发现，在这位俄国老师孤僻、抑郁的外表之下，有一个多才多艺、内心丰富的精神世界。Shirokogorov 除了具有深厚的学养，还很善于绘画。在他的《北方通古斯》一书中，就有两幅自己绘制的彩色插图。他曾特意对费孝通说，用绘画来写生，比用摄影手段更能突出主题。

二十年后，费孝通在《云南日报》1957 年 2 月 8 日至 9 日连载《大理历史文物的初步察访》长文时，配发有他自己临摹的剑川石宝山石钟寺石刻像的两幅素描。其中可见 Shirokogorov 的影响。

1935 年，费孝通结束了 Shirokogorov 为他安排的第一期训练计划。按照清华的惯例，教授工作五年后有休假出国一年的权利。1935 年正逢 Shirokogorov 的休假期，也许他的处境又有变化，他决定这次欧洲休假后不再回清华任教，因此他为费孝通作出了新的安排——1935 年暑假后到国内少数民族地区进行一年调查，1936 年由清华公费出国留学，直接到欧洲去进修文化人类学。

1935 年 5 月 9 日，费孝通通过了毕业考试。考试委员会委员为：陶孟和、吴文藻、吴景超、冯友兰、赵人隽、陈达、潘光旦、Shirokogorov。应考学科为：理论社会学、应用社会学、人类学。考试成绩为“上 +”。1935 年 6 月 6 日，费孝通通过了论文考试。考试委员会委员同上。论文题目为：*Anthropology of Korea* (*An Analysis based on T. Kubo's Anthropometric Material and a Preliminary Analysis of the Anthropology of Hopei Criminals*)。考试

成绩为“上”。[1]

1935年7月16日,清华大学校长梅贻琦向教育部呈报文件,陈明清华研究院当年应届毕业者有“社会学部研究生费孝通”等人,经“先后组织毕业初试委员会,暨论文考试委员会,分别举行考试。经受该两项考试,得有及格成绩,并由本校教授会审核,准予毕业……”[2]至此,费孝通正式毕业于清华大学研究院社会学部,获得了硕士学位。从《清华大学史料汇编》第3卷上册102页刊载的《清华研究院1933～1943年授予硕士学位人数报告》可知,费孝通是这十年当中从清华研究院社会学部获得硕士学位的唯一一人。

由于成绩优异,费孝通在获得硕士学位的同时,还得到了由庚子赔款的退款提供奖学金的出国留学名额。

---

① 见《清华大学史料选编》第2卷(下),清华大学出版社1991年版,第664～665页。第664页还载有费孝通在清华研究院社会学部的“历年选修学分”如下:

第一年			第二年		
学程	成绩	学分	学程	成绩	学分
初民社会	超	6	人类学	超	8
体质人类学	超	8	城市社会学	上－	3
	总计14		专题研究	超	3
			第二外国语考试:及格		总计14

② 见《清华大学史料选编》第2卷(下),清华大学出版社1991年版,第656页。

五、一生中难得的好时光

费孝通在晚年的一篇回忆文章中说，清华大学研究院的这两年学习生活，是他一生当中难得的最平静最恬适的生活。两年当中，他“两耳不闻天下事，一心关注是骷髅”，专注于体质人类学的堂奥。

那时，体质人类学是冷门学科，“清华园里知道的人不多，史氏作为一个世界级的学者，知道的人更少。他不但在清华里不知名，甚至全国全世界在当时知道他而能理解他的人也是很少的。”[①]这样一个老师，加上费孝通是清华园里唯一一个跟他专修体制人类学的研究生，“一师一徒”的圈子很小，孤寂之状不难想见。

对于热情、乐群的费孝通，孤寂能带来平静，却不足以造成恬适。使他感到恬适的，除了理想的学习条件外，还应该包括他在这个时期特有的无风无雨、单纯温馨的社会生活。当时，他的学籍虽从燕京改到了清华，社会关系却没有多大改变，社会生活还留在与清华园一箭之遥的未名湖畔。尤其是在燕京大学的最后一年结识的女同学王同惠，更牵惹他时常流连未名湖畔。

王同惠是河北省肥乡县人，1912 年出生在一个信奉基督教的家庭。她的父亲是一个受过高等教育的知识分子，曾任省议员和县长，母亲在她幼年就已去世。王同惠由外祖母抚养大，就

---

① 费孝通著:《学术自述与反思》，生活·读书·新知三联书店 1996 年版，第 234 页。

读于北京笃志女中，毕业后于1932年考入燕京大学社会学系，也在吴文藻门下求学。费孝通与她同系读书，相隔两班，同学一年，结下缘分。

在燕京的校园里，同一个系的男女同学在不少场合有许多接触机会，相互往来是寻常事。费孝通和王同惠相识之初也只是普通的同学关系，并非一见钟情式的男女相悦。直到费孝通考入清华，也还没有浪漫的故事或情意。事实上，维系着他们继续交往的，是一种求知治学上的共同追求。

1933年圣诞节前，在一次燕京大学社会学系的聚会上，费孝通和王同惠有一场关于人口问题的争论。费孝通希望能说服王同惠，就借当时燕京通行过节送礼的机会，在圣诞节送给王同惠一本讲人口问题的书作为礼物。这件礼物打动了王同惠，两人从此开始频繁交往。

当时，费孝通刚完成对英文著述《社会变迁》的翻译，这是他翻译的第一本社会学著作。王同惠则正在翻译一本法文著述《甘肃土人的婚姻》。这个巧合进一步密切了他们的往来。王同惠把费孝通的译稿要去阅读，费孝通建议她到图书馆借得原版书，边阅边校，日后作为两人的合译本出版。王同惠欣然同意，并提出了一个“对等原则”，要费孝通也像她一样，将她的译稿和《甘肃土人的婚姻》的原文一起阅校，将来也作为合译本出版。那个时候，费孝通的法文刚入门不久，进步较慢，正为研究生毕业时要考试第二外语发愁，刚好碰上这件事，既可享受两人合作译书的愉快，又是学第二外语的好机会。

费孝通回忆这段“平静恬适”的生活时，笔端流露着深情与快意：

> 1934年至1935年，在她发现我“不平常”之后，也就是我们两人从各不相让、不怕争论的同学关系，逐步进入了穿梭往来、红门立雪、认同知己、合作翻译的亲密关系。穿梭往来和红门立雪是指我每逢休闲时刻，老是骑车到未名湖畔姊妹楼南的女生宿舍去找她相叙，即使在下雪天也愿意在女生宿舍的红色门前不觉得寒冷地等候她。她每逢假日就带了作业来清华园我的工作室里和我做伴。这时候我独占着清华生物楼二楼东边的实验室作为我个人的工作室，特别幽静，可供我们边工作边谈笑。有时一起去清华附近的圆明园废墟和颐和园遨游。回想起来，这确是我一生中难得的一段心情最平服，工作最舒畅，生活最优裕，学业最有劲的时期。①

据《清华大学史料选编》第2卷下册记载，“生物学馆，位于园西河旁，碧瓦红墙……馆高四层，占地二亩有二……研究室及储藏室，多在第三、四层，实验室及讲堂，多在第二层。每一实验室，足够二十余人同时实验之用。”如此规模的一个实验室，平时费孝通一个人工作，王同惠来时两人做伴，有学业上的研讨切磋，有两情间的欣赏思慕，有追求上的志同道合，有费孝通的机智幽默和王同惠的聪颖爽朗，加上窗外“有乔木，有流水，有芳

---

① 见《读书》1997年第7期《青春作伴好还乡》一文。

草，有弦歌，校园广阔，水木清华”[1]的求学环境，“平静”与“恬适”实在是再自然不过的情景与心境了。

吴文藻可谓是一个有“得天下英才而育之”运气的老师。在他先后把李安宅送到美国加利福尼亚大学人类学研究院、把杨庆堃送到美国密执安大学社会学系、把林耀华送到美国哈佛大学人类学系、把费孝通送到清华大学社会学及人类学系的前后，王同惠又带着一个知识女性的抱负、灵气与勤奋出现在他的面前。从吴文藻下面这段文字中，可知他对王同惠的赏识与喜爱：

> 我得识王同惠女士，是在民国二十三年的秋季，我的“文化人类学”的班里。二十四年春她又上了我的“家族制度”班。从她在班里所写的报告和论文，以及课外和我的谈话里，我发现她是一个肯用思想，而且是对于学问发生了真正兴趣的青年。等到我们接触多了以后，我更发现她不但思想超越，为学勤奋，而且在语言上又有绝对的天才，她在我班里曾译过许让神父（La P. L. Schram）所著的《甘肃土人的婚姻》一书（译稿在蜜月中完成）；那时她的法文还不过有三年程度，这成绩真是可以使人惊异。[2]

作为老师的吴文藻，自然会更多地看到学生的成绩和潜力。

---

① 邓云乡著：《文化古城旧事》，中华书局 1995 年版，第 20 页。

② 费孝通、王同惠著：《花蓝瑶社会组织》，江苏人民出版社 1988 年版，“导言”第 1～2 页。

作为知己和恋人的费孝通,则不仅欣赏王同惠的才华和学识,更知道她心底更深一层与自己相通的梦想。

在合作翻译《甘肃土人的婚姻》时,她曾问费孝通:为什么我们中国人不能自己写这样的书? 这一突兀发问,是王同惠心底梦想的天机乍现,也是吴文藻"社会学中国化"的主张在她思想上的共鸣。为此,她和费孝通经常在一起讨论,他们觉得,既然自己受到了相当的社会学理论的训练,就应当把这套训练运用到实际中去,对真实的社会生活有切实了解,为要认识中国社会的人贡献一些材料,为研究社会的人提供一个观点。

对于当时的社会现象,费孝通和王同惠确已初步具有了作为社会学者应有的科学眼光和冷静思考。费孝通在为他们日后合著的《花蓝瑶社会组织》所写的"编后记"中,清楚地表达了这样"一个观点",值得予以特别注意——

> 我们所要贡献的是什么观点呢? 简单说来,就是我们认为文化组织中各部分间具有微妙的搭配,在这搭配中的各部分并没有自身的价值,只有在这搭配里才有它的功能。所以要批评文化的任何部分,不能不先理清这个网络,认识它们所有相对的功能,然后才能拾得要处。这一种似乎很抽象的话,却正是处于目前中国文化激变中的人所最易忽略的……
>
> 当然谁也不能否认现在中国人生活太苦,病那么重,谁都有些手忙脚乱。其实这痛苦的由来是在整个文化的处境变迁,并不是任何一个部分都有意作怪。你激动了感情,那一部分应该打倒,那一部分必须拆毁,这整个的机械却愈来

愈是周转不灵,生活也愈是不可终日。在我们看来,上述的一个观点似乎是很需要的了。在这观点下,谩骂要变成体恤,感情要变成理智,盲动要变成计划。我们亦明白要等研究清楚再动手,似乎太慢太迂,但是有病求艾,若是中国文化有再度调适的一天,这一个观念是不能不有的。①

---

① 费孝通、王同惠著:《花蓝瑶社会组织》,江苏人民出版社 1988 年版,第 64 ~ 65 页。这段话中,表现出了费孝通作为一个社会学者面对纷纭复杂的社会现象时所具有的科学意识,以及与这种意识相配合的基本学养。这是一种类似于自然科学家面对千变万化的自然现象时所具有的研究精神,是真正合格的人文学者所不可或缺的一种基本素养。事实上,由于中国在近代科学领域里的落后,导致科学理性的孱弱,实证传统的欠缺,使这种基本素养的获得显得尤其难能可贵,也尤其难以得到正确而恰如其分的理解和评价。这种素养使研究者在他的研究对象面前具有必需的冷静和理智。面对不公正、不合理甚至苦难深重的社会,他也许在他人眼中显得不够激昂,但是他绝对不缺乏真正的道义感和同情心,他甚至需要更加充沛的良知、理性和牺牲精神,才能守得住自己的价值定位和社会角色。他不是职业革命家,他是职业的社会科学家。他的职业使命要求他的不是振臂一呼或抬脚一踢,不是舞刀弄枪或冲锋陷阵,而是对需要改造的社会做出冷静的观察、忠实的记录和科学的解说,因此他必须具备这种素养。这种素养有益于人们在科学研究中避免情绪因素的干扰,避免简单的道德态度对于科学研究的不利影响,从而确立一种真正富于科学精神、富于建设性、富于人民性的学术尊严和道德态度。这并非个人意义上的尊严与态度,而是学科意义、学术研究意义上的尊严与态度。费孝通在青年、中年、晚年都自觉地持有并清晰地表达出这种尊严与态度,也在特殊的历史阶段上自觉不自觉地丧失过这种尊严和态度,使人们从他当时的文字中看到过"另一个费孝通"。在他走出清华园后的人生历史中,追随着其命运的柳暗花明,观察其科学意识的存废消长,去理解其一生文章的跌宕起伏,将会在一个变化多端、途程广阔的时代背景上,看到一个有代表性的中国知识分子曲折多艰的心路历程。

在费孝通即将走出清华园的时候，吴文藻促成了一次对其一生产生重要影响的社会调查活动，即广西特种民族实地调查。当时，广西省政府设立了研究特种民族（苗、瑶、侗、壮等）的课题，需要合适人选，费孝通正好需要出国前到少数民族地区调查，吴文藻设法接通了广西省当局，国民党桂系首脑李宗仁同意费孝通到大瑶山进行实地调查。费孝通把这个消息告诉了王同惠，王同惠“高兴得跳了起来……她情不自禁地认为这是一个实现她梦想的好机会”。[①] 当即表示要和费孝通一同去瑶山做调查。费孝通当然希望这样，两个人一起去做调查，比他一人去要好得多。在社会学调查中，有些男性不容易调查到的情况，女性出面就非常方便，这对做好调查十分有利。

他们把一同前往瑶山的愿望告诉了吴文藻和 Shirokogorov，两位老师都赞同和支持他们的想法。但是，如果以同学身份一道上路，社会上能否认可，一路上是否方便，有哪些难以克服的困难……两位老师还都有点疑虑。

面对这个必须解决的问题，费孝通和王同惠不谋而合地想到了同一个办法：结婚。结了婚再一起上路，就不会和社会习俗相抵触了。王同惠当时已经完成了燕京大学社会学系三年级的学业，可保留学籍，先去调查，待调查结束后再回学校续修四年级学业。

费孝通说：他和王同惠“两人相识时似乎并没有存心结下夫妻关系，打算白头偕老，也没有那种像小说或电影里常见的浪漫

---

① 见《读书》1997 年第 7 期《青春作伴好还乡》一文。

镜头。事后追忆,硬要找个特点,也许可说是自始至终似乎有条看不见的线牵着,这条线是一种求知上的共同追求。……牵住我们的那条线似乎比乡间新郎拉着新娘走向洞房的红绸更结实……”①

1935 年的暑假一开始,费孝通和王同惠的婚礼在燕京大学未名湖畔的临湖轩举行。

临湖轩是时任燕京大学校长的司徒雷登的住宅,庭中玉兰,门前修竹,十分雅静。据《燕大文史资料》第 6 辑(1992)记载,轩名是谢冰心早年为之所起;匾额上的字迹乃胡适手笔(224 页)。司徒雷登常将住宅借作校友或教职员的结婚大喜之所(294 页)。费孝通的恩师吴文藻和谢冰心的婚礼就是 1929 年的夏天在临湖轩举行的。六年以后,吴文藻十分喜爱的学生费孝通和王同惠又在这里举行婚礼。师生之缘、夫妻之缘都由临湖轩作了见证。

得知这个消息,费孝通的姐姐费达生特意从家乡赶到北平,参与主持弟弟的婚礼。时任燕京大学校长的司徒雷登为他们做证婚人。Shirokogorov 则在根据自己丰富的田野工作经验,仔细地为这对新婚夫妻准备上路须带的器具。他为费孝通和王同惠装备了全套的人体测量仪器,专门从德国订购了一套高品质的照相机,又特地为他们各自定制了一双长筒皮靴,用以防止西南山区一种专门叮人下腿吸血的蚂蟥的侵害。

两年多以前,费孝通在临湖轩的欢笑声中惜别 Park 老师,送他踏上返国之途。如今,他和王同惠在欢笑声中惜别师友,将要

---

① 见《读书》1997 年第 7 期《青春作伴好还乡》一文。

踏上 Park 老师启发之下的实地观察研究社区生活的漫漫旅途了。费孝通将因此而实现一生社区研究实地调查的破题，王同惠将因此而成为“现在中国作民族考查研究的第一个女子”[①]。吴文藻记述道：

> 她和费孝通由志同道合的同学，进而结为终身同工的伴侣。我们都为他们欢喜，以为这种婚姻，最理想，最美满。他们在蜜月中便应广西省政府的特约出发去研究“特种民族”。行前我们有过多次谈话，大家都是很热烈，很兴奋。我们都认为要充分了解中国，必须研究中国全部，包括许多非汉民族在内，如能从非汉民族的社会生活上，先下手研究，则回到汉族本部时，必可有较客观的观点，同时这种国内不同的社区类型的比较，于了解民族文化上有极大的用处，我们互相珍重勉励着便分手了。[②]

谁也没有想到，仅仅过了一百多天，当费孝通和王同惠的瑶山调查正在艰难当中乐观地推进，当北平的师友们正在盼望他们圆满结束这次田野作业、顺利返回燕京校园的时候，他们经历了一场生离死别的人间惨剧。

---

① 费孝通、王同惠著：《花蓝瑶社会组织》，江苏人民出版社 1988 年版，“导言”第 4 页。

② 费孝通、王同惠著：《花蓝瑶社会组织》，江苏人民出版社 1988 年版，“导言”第 2 页。

第三章

从瑶山到江村

我一生有两篇文章都是从三十年代写起，至今还没有写完。我1935年从清华研究院毕业时，才二十五岁，年华正茂，一股劲想搞社会调查。调查社会不那么容易，我想先从一个比较简单的社区开始，所以到广西大瑶山去调查。进行到一半出了事，这第一篇《少数民族的社会调查》文章没有做完。

1936年我回到家乡休养，家乡有个女子蚕业学校……把现代养蚕缫丝的科学技术送到乡下给农民。……我对周围发生的事觉得很有意义，问东问西，把材料记了下来。秋天我到英国去留学，就写了一本关于中国农民生活的书。这是第二篇文章的开始。

费孝通:《两篇文章》(1984)①

一、进入瑶山

从燕京到清华的求学生活，使费孝通逐渐形成了“自愿要做

---

① 《费孝通学术文化随笔》，中国青年出版社1996年版，第48~49页。

个发展中国人文学科的探路人”[①]的志向。

吴文藻的“社会学中国化”为他标定了探路的方向。

Park 的注重实际社会生活为他提示了探路的门径。

Shirokogorov 的体质人类学训练赋予他探路的本领。

王同惠在翻译《甘肃土人的婚姻》时对费孝通说的“为什么我们中国人不能自己写这样的书”，激发着他们共同的探路热情。

广西省政府关于特种民族研究课题的设立，为他们共同上路提供了现实机会。

时代、社会、学科、个人……诸多因素辐辏会合，形成费孝通、王同惠相伴进行瑶山调查的机缘。

婚礼过后，他们依从姐姐费达生的安排，离北平，到无锡。蜜月里，他们延续着燕园和清华园的恬适、安宁，在太湖鼋头渚整理完成了《甘肃土人的婚姻》的译稿。随后，他们就走上了艰辛、危险的瑶山调查之路。

夫妻俩离无锡，经上海，转香港，过广东，到达广西南宁之日，是 1935 年 9 月 18 日。

费孝通向广西省政府提交了他为这次调查拟订的研究计划书。计划书称：

人种研究之目的，除以正确数量规定人种体形类别外，

① 《费孝通选集》（华人著名人类学家丛书），海峡文艺出版社 1996 年版，第 52 页。

尚可借以明了中国民族扩张、迁移之大势，及各族分布交融同化之概况。其方法则赖人体测量术……无分汉、苗，均应搜集……至于特种民族社会组织及其他文化特性之研究，则拟首重行政组织，即省县政府治苗实况，与土司对苗之统治情形。因此次研究期限急促，不能不择其与省行政上有密切关系之问题为主，并拟以客观态度贡献对待特种民族之意见，以备采纳。方法除与相关政府询问调查考核外，并拟介绍诸可靠之瑶酋土司，俾得直接住其地，更以局内观察记录其人民，家庭，市集之组织，与夫风俗、习惯、美术、宗教及其他种种文化特性。[1]

这份计划书全称为“广西省人种及特种民族社会组织及其他文化特性研究计划”，如今已成历史文献。计划书中，有费孝通晚年提出“中华民族的多元一体格局”的早期思想苗头，有“不能不”选择某些课题的心情，有坚持“客观态度”的科学意识，有“贡献……意见，以备采纳”的科学研究功用定位。这些因素，从瑶山的民族调查到暮年的各地奔波，在延续了将近 70 年的田野工作中一以贯之。多年后，费孝通曾在一次谈话中申明，“我在去伦敦经济学院之前就是一个功能主义者”。[2] 1935 年成文的这份研究计划书便是证明。

① 《费孝通民族研究文集》，民族出版社 1988 年版，第 4 ~ 5 页。

② 费孝通著：《城乡和边区发展的思考》，天津人民出版社 1990 年版，第 203 页。

在南宁逗留期间，时任广西教育厅长的雷沛鸿邀请费孝通去参加一个讨论会。会址在南宁郊外一个村庄的实验小学里。费孝通描写那会址时，寄托心情说："旷野一片，独立着白色的小屋，很能表现它奋斗的精神。"①

10月8日晨8时，细雨中，费孝通和王同惠搭乘长途汽车离南宁，赴柳州。从柳州沿柳江南下到象县，从大瑶山西部进山。

大瑶山是柳江之东、桂江之西的一大片山区。山区的中心是海拔1900多米的圣堂山，山区周围是平川，分别隶属于其南部的平南、东部的蒙山、北部的修仁、西部的象县和西南的武宣。据费孝通当年进山沿途所写的《桂行通讯》记载：这片山区"十几年前，还是旅行隔绝，不受统治的区域。现在已经沟通，住在山中的瑶民，亦已受编制，加入全省行政系统，由旧有瑶头充作乡长村长。但是实际上还是一个自足自治的区域"。②

从柳州到象县，有柳江相通。费孝通、王同惠乘坐小火轮沿柳江而下，于10月10日上午11时离开柳州，当天夜里12时到达象县。费孝通记录了途中和抵达目的地时的情景：

> 由柳州到象县的水道极老，曲折甚烈，近弯处，山壁峭立，竟疑无路。河床不平，水花打旋，小船不易航行。
>
> 到象县正是半夜，月色千里，鸡犬声中抵埠。轮停江心，有渡船来接，但是为时已晚，仰望山顶城楼，已深睡紧

---

① 《费孝通民族研究文集》，民族出版社1988年版，第3页。

② 《费孝通民族研究文集》，民族出版社1988年版，第12页。

闭，所以只能借宿在码头上的大帆船中，"不知今夜宿何处"的内地旅行，从此开始矣。[1]

确切地说，费孝通和王同惠共同进行的这次广西特种民族实地调查，是从象县正式开始。他们从测量当地人的体格进入正式调查。靠着县政府和镇公所的帮助，他们进行沿街抽样测量，从一百多人的测得数据中，得出了这些人体高和头形指数的平均数和变量指数。费孝通所具备的体质人类学知识使他可以推知，当地人除原有土著外，大多是来自中原和沿海诸地的移民。在瑶区附近的县份进行人体测量，将有助于确知移民来源真相，并可断定移民与瑶民的混杂程度。

象县县城的人体测量结束后，费孝通和王同惠于10月18日启程进入大瑶山。广西省教育厅科员唐兆民、象县教育科科员张荫庭陪同他们入山。

瑶山距离象县县城百余里路程，既无公路，又无水路，只有崎岖的山路，只能挑担坐轿步行，要打算两天时间。

王同惠记述他们上路和途中的情形说：

> 我们上道坐了轿，在全巷注目中出了县城，向西进发，天阴，微雨。孝通笑向我说："结婚时没叫你坐轿，今天补上罢。天还代你挂灯。"
>
> 广西人口极稀，行路上很少经过村落，走了约莫有20里

---

① 《费孝通民族研究文集》，民族出版社1988年版，第11页。

光景，在 10 点 55 分到高巅，有 100 米突高……再往前，尽是难走的山路，我的一顶轿，走得快，当先赶过了后面的轿子和挑夫很远，天雨旷野，绝无人迹。四顾只是荒山，真使人提心吊胆，想不到还有回到人群里的一天了。[①]

当天傍晚，他们到达了离瑶区仅有 25 华里的百丈村。王同惠乘坐的轿子领先赶到。刚进村，一群孩子就把轿子给围住。他们一边跟着轿子跑，一边兴奋地嚷嚷着什么。待轿子停在乡公所门前，围观者已不仅是孩子。大大小小的村里人重重密密地围住轿子，要看看远方来客。小孩子们甚至把头伸进轿子去看王同惠。

等到费孝通一行人马聚齐，进入乡公所里的时候，场面更加热闹。乡公所同时也是学校，60 多个小学生跟着他们走进去，满院满屋都是人。

经过一天山路劳顿，费孝通和王同惠又累又倦，来到特地为他们准备的房间，打开行李，刚想躺下，一抬头，窗棂外、梁头上都是乌黑闪亮、好奇而静默的眼睛，友好地看着远来的客人，像是把他们围进了一场从未经历过的欢迎仪式。

百丈村离瑶区较近，又是周围逢墟赶集（彼时当地三天一墟）的一个流通中心，每逢墟期，都有瑶人前往做买卖。费孝通和王同惠到达百丈村的第二天，正逢墟期，他们在这里开始见到了穿瑶装、说瑶话的瑶人。

---

① 《费孝通民族研究文集》，民族出版社 1988 年版，第 15 页。

从百丈村向东南进发，过枫木界顶，即真正进入瑶区。10月20日，费孝通和王同惠完成了在百丈村的人体测量工作。当晚，他们在这个村的乡公所做上路的准备，烙了四张饼，煮了一锅鸡蛋，备下两顶轿子。第二天，经过一整天的跋山涉水，他们终于跨越了楚河汉界，走进了瑶民聚居的村寨，走进了瑶族同胞的日常生活。

从这一天起，王同惠就永远地留在了瑶山，她因参加这次考察而保留的学籍也永远地留在了美丽的燕园。费孝通详细地记录了这一天的行程和心情：

> 出百丈村东门行不到半里，就遇到一条约有20来丈宽的河，因为这河是从界岭流下，所以称为界岭河，河身极浅，普通只半公尺，水流极急，河底都是石块。我们就从桥上过去，桥是用石块堆成，高出水面半公尺，见方的十几个石柱，而两柱间又架上木排造成的。过桥之后，便沿着河走，起初还有路，后来只有田岸，再往前走，则只好在田中横越，那时正值秋收，所以尚不觉难走，近河，就在河边石子堆上慢慢地走，水顺着山势下流，每逢一曲，对水流的一边，就成了悬崖绝壁，无路可通。我们就得涉水到背水来的这一边，这些地方连简单的桥都没有了，幸亏我们坐了轿不致打湿。涉了两次水后，到达凤凰岭，岭上细草如茵，一丛丛冬青树点缀得竟像一个人造的公园。山顶有一个卖粥供人休息的小棚，我们就停了一回。
>
> ……

从象县入瑶区，王桑是第一站。过界顶东南行20里就到。我们坐轿尚觉辛苦万分，路程之险在瑶区中算是有名的。其实全因为这险恶的山岭，我们在今日尚能在这地方见到瑶人的村落。几千年来在汉人的压力之下辗转南迁，直到这些深山崇岭之中，瑶人才能维持他们的独立，没有这天险，哪里还有瑶区呢？

一路，我们但见山谷中一片片、一层层依着山势重重叠叠砌成一级级的稻田……在山上种田，最大的困难就是灌溉。不能解决这问题，就谈不上种稻。他们却从祖宗传下了一个极巧的办法，用竹管半片，接上泉源，一直连到田里。很多人以为汉人在文化上一切都比苗、瑶为高，处处用着“开化”二字，叫他们什么都学汉人，连服装发髻都觉得不如汉人，谁知道在瑶山中可以使汉人学的地方还多着呢？若是这种简单轻便又经济的灌溉制度学得了，一定能使很多广西的荒山，成为有出产的熟地。

在一片鸡鸣声中，我们到了王桑，已近黄昏时节。①

对于费孝通、王同惠一行的到来，村民用亲切的方式表示欢迎。他们带着米粮前往问候。当时天色已黑，村民点燃了松木条。松木条燃出光明的同时，也燃出一种特殊的香气，让人想起年节的气氛。

村民温了他们自酿的白酒。饮酒猜拳使气氛继续升温，主

① 《费孝通民族研究文集》，民族出版社1988年版，第19～20页。

客倾杯。瑶人豪爽善饮，费孝通却是三杯的量，再多就醉。搞人类学、民族学研究的人，要能喝酒才能适应田野调查工作。在清华时，老师 Shirokogorov 曾多次建议费孝通学会喝酒。对老师的一番用心，当时也是能理解的，如今，在实地进入瑶寨的当晚就不能不进入微醉境界的时候，费孝通显然是更深切地体验到了。

二、甘苦自知

到达王桑村的第二天，费孝通和王同惠就按照计划展开实地调查。从他们所作的记录中，可知他们当时进行研究工作的实况。费孝通在《王桑三日》一文写道：

> 这天早上，因为村长已通知全村，叫他们聚会，所以有很多人等着没有出去做工，我们就向他们说要检查身体，借以知道瑶汉的差别和瑶人普通的疾病，下次好带药来。瑶山中没有新式的医生，虽则靠着天然的空气和日光，使他们不致发生许多都市中常有的疾病，但是疟疾、沙眼和疮疖却很普遍，对他们的工作影响很大。他们知道我们有药，都来讨取，所以对于人体测量并不十分拒绝。但是没有成年的，他们不愿受检，因为他们说被我们测量过了就不能再长了。这一天我们量了 11 个人，全村壮丁不多，所以我们也算满意了。
>
> 自从我们入山以来，老是阴沉沉的天终日在云雾中，晴天在瑶山是例外。这也是他们能种稻的重要原因。但是天

阴雾大，照相机失去效用。出发前，史先生就教我学画，水彩、铅笔和图画簿都带着，所以我就在王桑写生，画了一张房屋的外形。在民族学的研究中照片很有限制，远不如笔画便利，照相不能立刻把结果拿出来给人家看，鬼鬼祟祟的，在黑匣子里不知装什么鬼，更不知你摄的什么魂，自然容易引起人家的误会来。图画是大家懂得的，而且也可以当时在众人面前公开的画，问他们像不像。爱美是人的天性，他们一样的能欣赏你的画。要研究民族学，在实地观察中最重要的精神是坦白和诚实，坦白和诚实能赢得同情，也可以避免危险。

……

抽烟也是一个获得友谊的方法。他们抽的是土烟，我带的是卷烟，味道自然比他们的强，每人敬他们一支，大家就笑逐颜开了。

这一天晚上，我们把行军床张起。从到广西以来总是在木板上过夜，虽然睡惯了，但是一睡到帆布床上，简直像是登天，同惠嚷着，舒服死了，舒服死了。[①]

费孝通和王同惠的瑶山调查工作，一步步艰辛推进。山中行路，艰难到无以复加的程度。王同惠生长在北方，吃不惯当地的饭，只能尽量适应。一路的住宿也不轻松，多数时候只有土屋栖身，住过的较为讲究的房屋是下面住猪、牛、鸡犬之类，上面住

---

① 《费孝通民族研究文集》，民族出版社1988年版，第25～26页。

人，往往要遭受蚊虫臭虱的攻击。当时瑶人忌客人夫妇同居，他们尊重地方风俗，虽是新婚，也只能各自将息。语言不通也是一关，好在王同惠凭着语言上的天赋，较快地学会了简单的日常用语。能和瑶人进行简单交流以后，又会碰到对方难以理解他们调查意图的问题。正如费孝通在上文所言，惟恐被测量后不能再长，又怕因为拍照而被摄去魂魄，等等。再加上水土不服、途中生病、受伤等因素，无不影响到调查进度。费孝通和王同惠是真正具有科学精神和献身热情的人类学、社会学工作者，他们在重重困难中平心静气、积极有效地逐步推进研究计划。王同惠在《门头瑶村》一文记录他们的发现和体验时，流露的情绪是乐观的：

> 瑶人住在山地，一年的粮食多不够吃，不得不向山外去买。买东西，拿东西去卖，而他们的生产很少。树木虽多，但是没有水路的地方就不能往外运。野味只够自己吃，卖不了好多钱，所以他们不能不限制人口了。方法是每对夫妇只许生两个孩子，若是一男一女，便男娶女嫁，两女便一嫁，一招赘，两男便一娶一出赘。生了两个孩子若再生子便请别人用绳勒死，或不给奶把小孩饿死，听说他们也有一种药可以吃了不再受孕。总之，他们总是使一家只有一对夫妇传下去，田地不致分散……
>
> 晚饭后，我们又坐在晒台上喝茶，远山里的火把忽出忽没，一起一伏，好像鬼灯一样神秘。这是瑶人由山野里回来时打的火把，有时他们回来得稍晚一些，家里人不放心便站

在晒台上遥望，呜呜地打哨，山里回来的人听见了也呜声相应。终天飘荡在山野里的游子，心还是系住在家里的。

次日，一早再继续量人，量了14个，一共连昨天有15个人，得到这一点材料是不容易了。天又下雨，一连两天，所以到28日才离开门头，向六巷进行。①

从百丈到王桑，从王桑到门头，又从门头走向六巷，都是些“对面看山跑死马”的路程。看着不算远，从一山走到另一山，人会累得筋疲力尽。

瑶族的村寨之间常隔一个到几个山头，其间有时有路，有时就是深山老林，野草蔓生，不辨路径，经常出现王同惠记录在《门头瑶村》中的类似场面——“前面的瑶人挑着我们的行李轻松的一步紧跟一步的往前走去，不肯稍停。我们又不认识路，生怕走迷了，死在山里，也没人知道，只好紧紧地跟着，心里却千后悔，万后悔，不该到这种地方来。不多时候，前面忽然没有了去路。这时我们已被丢下，连前面挑夫的影子都看不见了，山是陡得站不住人，下面是十几丈的山谷。山水从山顶上泻下来挡着去路。四下里听不到半点人声……”就这样跋山涉水，连走带滑、连摔带爬地用上一整天，往往只能从一个村寨走到下一个村寨。

日复一日。白天，费孝通进行人体测量，王同惠调查社会生活情况；晚上，他们讨论当天搜集到的资料和第二天的调查内容。除去直接的调查，他们还同瑶民一同聊天、做活，为瑶民看

---

① 《费孝通民族研究文集》，民族出版社1988年版，第30～32页。

病治病。费孝通和王同惠对瑶民风俗习惯的充分尊重，对瑶族同胞的同情关切，在调查工作中的敬业与乐观精神，受到瑶民的信任与喜爱。他们日餐淡饭，夜卧土屋，一边艰辛而快乐地推进着调查日程，一边不断向《北平晨报》发回总题为“桂行通讯”的实地调查报告。这些鲜活、生动、带着清新气息的田野调查文字，紧紧地吸引着师友们、同人们的注意力，报告着活跃在当时中国人类学先头分队中的学者在前沿地带的新发现。作为费孝通和王同惠共同的老师，吴文藻这样记述了自己读到这些报告时的心情：

> 常常得到他们的“桂行通讯”和报告，字里行间充满了快乐，勇敢，新颖，惊奇的印象，读完了总使我兴奋。社会人类学在中国还是一门正在萌芽的学问，一向没有引起国内学者的注意。我自己数年来在悄悄地埋头研究，常有独学无友，孤陋寡闻之感。这一对“能说能做”的小夫妻，真鼓起了我不少勇气。①

三、花蓝瑶调查

1935 年 10 月 28 日，费孝通和王同惠离门头村，赴六巷村，于当天到达。进村后，他们住进了六巷瑶头蓝公霄家里。

---

① 费孝通著、王同惠著：《花蓝瑶社会组织》，江苏人民出版社 1988 年版，“导言”第 2 页。

按照计划，王桑和门头两村都是路过，六巷才是一个选定的调查基地。选六巷作基地，主要是为进行花蓝瑶调查。在瑶山中，王桑、门头、六巷、大橙、古浦一带，是花蓝瑶的一个聚居地。费孝通和王同惠利用路过的机会，在王桑、门头调查收集了有关资料，然后再以六巷为圆心，调查六巷、大橙、古浦的花蓝瑶社区情况。从后来出版的《花蓝瑶社会组织》一书可知，他们对花蓝瑶的家庭、亲属、村落、风俗、族团及族团间的关系等，都做了相当详细的调查。为此，他们在六巷住了 25 天。

在调查中，费孝通主要做人体测量，王同惠侧重于社会生活。人体测量的用意不易被瑶民理解，属于社会内容的调查有时也不能等瑶民完全理解后再进行。王同惠记录了自己在六巷的这样一幕：

> 我们量人所在的庙，现在改为国民基础学校了……但是里面的神像，却还没有折去，向门贴墙搭了一条长木板，离地约四尺高，板上横排起来，挤了三十六个泥塑的神像，挤得很紧，排起来正与屋宽相等。神像背上写着神名，据说是不准用手动的，我们总想去抄来，但总不敢去。那天量人时，因为等得太久，无聊得很，我便想去抄神名，因为庙里人太多，孝通谨慎，惟恐被他们看见了，所以打着英文对我说："Don't do anything."但偷偷摸摸的，毕竟被我抄了七八个。又过了几天，孝通与张科员往大橙量人去了，我因为身体不好，所以没有去。次日我冒着险独自去抄神名，每抄两个时，便到门口去望望，看准近处没人时，再进去抄两个，如是

五六次，三十六个神名都被我抄完了。抄时浑身打战，好像在偷东西一样，惟恐有人走来。抄完了，将小本塞在袋里，头也不敢回，赶紧跑了回去。上山时，两腿还有点发软。[1]

王同惠在六巷的庙里心惊胆战地抄写神名的时候，费孝通正在大橙村里测量人体。待他返回六巷，可能是路途难走不慎落水的缘故[2]，连衣服带被褥都弄得透湿，第二天就病倒了。

在六巷，费孝通、王同惠逐渐和村民熟悉起来，和房东一家人更是亲切。《花蓝瑶社会组织》一书保留下了王同惠与房东蓝妹国的一幅合影，大概是站在蓝家门前，蓝妹国一身瑶装，赤脚，打着绑腿；王同惠西服长裤，着 Shirokogorov 特地为她定做的高筒皮靴。蓝妹国的左手握着王同惠的左手，王同惠的右手搭在蓝妹国的右肩，流露着依依亲情。王同惠曾写道：

蓝夫人是一个很和蔼，很好说话的人，只可惜她不会讲官话，我又不会讲瑶话，所以她见了我，总是拉拉我，拍拍

---

① 《费孝通文集》第 1 卷，群言出版社 1999 年版，第 331 ~ 332 页。

② 费孝通在《大橙之行》（“桂行通讯”之十三）一文记述了途中的艰难——“再往前走，山势越来越险，上山时还可勉力支持，下山时真是有如上天之难了。下山路是在山阴，古木参天，细竹遍地，这路终年不见太阳，阴湿湿地石块上都长着有一寸多长的青苔，不要说脚留不住，就是竹杖支下去，也是滑得树不牢。一百个小心，不见什么功，一个不小心，立刻见效，再加上已经走了三个钟头的路，两腿早已不能运用自如。于是前跌后滑，张科员在后面同我数，数到五十次也数累了。我心里想，上妙峰山回愿，一步一拜也不过这个滋味……”

我，笑嘻嘻的不说话。昨天孝通又到别处去了，这次要去十天，因为济君会讲官话，同时和我又像很熟的朋友一般坦白肯讲，这种机会难得，所以留我在这里，十天内，把花蓝瑶的社会组织弄清楚。蓝夫人每次在孝通离去的第一个晚上，临睡时都要来看看我，她虽然不讲话，（有时也和我讲瑶话，我和她讲官话，谁也不懂谁）但是站在我面前，向我笑笑，摸摸我，过一会便走了，去时还要把门给我关好。我明白她是来看看我平安不平安，闷不闷。①

“孝通又到别处去”的10天，是到古浦继续进行花蓝瑶的社区调查。在六巷、门头、古浦三路交汇处的一个空场上，费孝通第一次看到了瑶民召开“石牌”会议的所在——大树阴下的一圈石头。他在六巷就已经听说了瑶民的石牌组织和石牌会议的情况，知道了石牌头人作为仲裁者和执法者的权威。据说，瑶人中凡有要事要解决，就要开石牌头人会议，议定了办法，就刻在石牌上，具有法律的作用。谁若是犯了石牌的条律，就由石牌头人执行处罚。小到两家人的激烈冲突，大到两个村寨的纠葛调停，乃至抵御外族入侵，都要通过石牌来解决问题，维护秩序，所以有“瑶山石牌大过天”的说法。

生活在大瑶山的瑶族，分为五个支系，分别是花蓝瑶、茶山瑶、坳瑶、盘瑶和山子瑶。五个支系的瑶民虽然来路不同，语言各异，风俗有别，但他们依靠共同的石牌制度有效地维持着多元

---

① 《费孝通文集》第1卷，群言出版社1999年版，第333页。

一体的局面，保障了瑶山内社会生活的安定，生产的正常进行，也防御了山外盗匪的入山骚扰。石牌制度成了联结瑶族各支系的纽带。因此，“石牌大过天”是瑶山之中家喻户晓的道理。

去古浦调查之前，费孝通听过很多有关石牌制度的大小事情，却总没有机会亲眼见到石牌的实物真相。如今终得一见，对相关情况的调查就有了更具体的认识。后来，他把部分调查结果写进了《花蓝瑶社会组织》一书，其中有这样一段：

> 石牌的狭义虽是指那刻着法律的石牌，但是在他们的实际应用中却是指整个的法制和行政制度，甚至指着负行政责任的头目，这些头目他们就称“石牌头人”，或简称“石牌”。头目的产生是由于人民拥戴。村里有了纠纷，当事人相持不决，于是要去请第三者出来说句公道话，这第三者一定要是个“明白人”，他要能记住过去的事例，又要能迎合当时一般人的公意，同时又要是一个肯管别人家事情的人。若是村中有这样一个人，凡是有纠纷，大家去找他时，这人就成了这村的头目。若是他办不了事，说话不明白，当事人不能悦服，就去找旁人，到没有人去请教他时，他就失去了头目的地位了。所以一村中并没有终身，或世袭的头目，头目是根据人才，自然选择出来的。同时在村中办事并不是只有一个头目。有能力管事，肯管事，有事给他管的，他就是头目。当头目的并没有薪水。解决了一件争端，在罚金中他可以拿到一部分，但是为数很小。花蓝瑶中最重要的领袖，普通被称为瑶王的，依然要自己耕地，他的经济生活

一些也没有超出于一般情形之上。①

11 月 21 日，费孝通和王同惠的花蓝瑶调查暂告一个段落，他们告别六巷，跋涉到坳瑶聚居的古陈。按照计划，他们将在古陈一带工作一个月，再到茶山瑶的聚居区继续调查。预计到 1936 年 2 月，可结束这一次瑶山之行。此后，王同惠回燕京大学续修学业，费孝通将开始系统整理这次实地调查得到的全部资料，准备暑期出国留学，负笈英伦。

四、飞来横祸

1935 年 12 月 16 日，费孝通和王同惠完成了这次计划中对坳瑶的实地调查，开始向茶山瑶调查工作基地转移。这次转移既是离开古陈，又要走出象县。下一站是平南县的罗运乡。就在从古陈到罗运的途中，一场意外的不幸变故中断了这次调查。

一份信实详尽的文献记录了这个事件的始末——

这段山路崎岖曲折多险，唐兆民、张荫庭俩科员和古陈村帮挑行李的盘公谢、盘公柳、盘公检、盘公全等六人先行，费孝通和王同惠随后，行至五指山冲口一块大石板时，他俩停下休息，而唐兆民等向导先行不候。当他俩行至叫潭清

① 费孝通著、王同惠著：《花蓝瑶社会组织》，江苏人民出版社 1988 年版，第 52 页。

地名的岔路口时，便走错了路，误入一片竹林之中，林中荫暗，他们摸索着走到斗篷岭叫石八的地方，见一似门设备，便以为到了近村，费孝通便探身察看，不料那是古陈村瑶人盘公平装野兽设下的虎阱，机关一动，木石齐下，把费孝通压住。在危急的惊乱之中，王同惠奋不顾身把石块木头逐一移开，但费孝通局部受伤不能起立，她将丈夫移到安全地带后，奔出林中呼援。

费孝通独自在荒林里痛苦地熬过寒夜。次日天刚破晓，便忍痛往外爬行，当爬到意冲旧屋地，恰碰到古陈村一瑶族妇人盘妹暖找牛到这里，她见费先生带着一副眼镜，由于双方言语不通，费伸手招呼求救，而盘妹暖则以为他是两天前飞机经过五指山，空投下来的人，不但不敢近，反而急促跑回古陈尾，找到同看牛的盘公全、盘公货两人，讲明碰见戴眼镜生人状况，于是他们三人同到意冲旧屋地，同样由于语言不通费先生用手指着自己受重伤的腿，并伸手示意求援，作出恳请他们背他回村的姿态。盘公全、盘公货两人轮流背他回到古陈尾赵如清家。当时平南县小商张献南也在这里，费先生便与他用纸笔对话，大家这才明白费先生的身份和他迷路及其妻王同惠失踪情况。户主赵如清立即招呼费先生食宿，同时派人告知费先生在古陈村的住户盘公西。盘公全、盘公货两人则赶回上古陈，告知该村头人盘辉庭和盘少宗，这时，已到罗运的唐兆民、张荫庭和罗运石牌头人也来到下古陈盘公西家，共同商议寻找王同惠的办法。由盘公西传令："上、下古陈村凡十六岁以上男孩均出动四处寻找王同惠，不见生人，死人尸体也要找到。”同时派人将费先生由古陈尾抬回下古陈治疗。民众一连找六天还不见人，此时有古陈尾瑶民冯荣贤、赵成礼两人，上山找芒鼠，在古陈与罗运乡鸡冲屯交界处，发现有野藤断，似有什么东西跌下痕迹。回村后向众人讲了这一情况。第七天，盘公全、盘公货、张福明、覃二等五人，按冯荣贤讲的地点往下找，终于在罗运乡鸡冲村管辖的华冲尾一处山涧急流中，发现了王同惠女士的遗体。她与费孝通结婚才一百零八天。……当天王同惠遗体抬回下古陈村底大石头边，盘公西派人为她洗凉换衣，盘公西、盘妹暖拿出土白布十五丈包裹同惠遗体，村民们各户捐东毫2毫，按照瑶族风俗，为王同惠女士举行隆重的悼念仪式。在仪式进行前，盘公西及唐兆民等人陪同随人，背费先生到王同惠遗体前向王同惠告别。悲痛已极的情况下，盘公西等人将王同惠坠崖牺牲及发现过程，向费先生做了说明。悼念仪式后，盘公西、唐兆民等人，即筹划送费先生及抬送王同惠遗体出山事宜。次日，由盘公西、盘公卖、张亚芬、覃二抬同惠遗体，各发东毫一百毫；盘公谢、盘公申、张献南、张继士抬费先生，各发东毫五十毫。自下古陈经对面山，到平南县辖的花槽屯住宿，第二天经平南县鹏化乡到桂平县江口圩，即将同惠遗体装棺下船。护送费先生的人即回古陈。轮船到达梧州，王同惠遗体由友人华毕等人起岸，安葬在梧州市西山公园。费先生则换船直下

广州，由其二姐等人将他送入广州市柔济医院留医……[1]

横祸突降的瞬间，费孝通幸亏穿着 Shirokogorov 特为定制的坚固皮靴，小腿和脚才没有伤得更严重。尽管如此，下落的木石还是把他脚部的一根骨头纵向砸进了另一根骨头，并把他腰部砸成了重伤。

拖着当时已是半残的身体，伴着新婚妻子的亡魂，想着与同惠一起度过的日日夜夜，费孝通五内俱焚般的痛苦，旁人无从体会。瑶山里的实地调查，给了他俩多少甘苦！志同道合的夫妻，联手调查，密切配合，虽然路途艰难，生活困苦，但他们有追求，有希望，有成绩，总是在“极快乐的工作中过活”。直到王同惠遇难的前一天，她还笑着对费孝通说：“我们出去了会追慕现在的生活的。”可是，一场祸患，已是阴阳两界。

悲莫悲兮生别离……

为了求生，费孝通能身负重伤在荒岭黑夜的虎阱中彻夜等待，能在第二天无吃无喝的情况下负伤爬行终日。但他得知王同惠罹难之后，强烈的情感冲动使他不再顾惜自己的生命，要和爱妻同赴黄泉的愿望压倒了其他的一切。半年以后，他记下了这样的心情：

同惠死后，我曾打定主意把我们两人一同埋葬在瑶山

---

① 费孝通著、王同惠著：《花蓝瑶社会组织》，江苏人民出版社 1988 年版，第 123～125 页。

> 里,但是不知老天存什么心,屡次把我从死中拖出来,一直到现在,正似一个自己打不醒的噩梦!虽则现在我们分手的日子已经多过了我们那一段短促的结婚生活,但是一闭眼,一切可怕的事,还好像就在目前,我还是没有力量来追述这件事的经过。……让这一幕悲剧在人间沉没了罢。[①]

王同惠瑶山遇难的噩耗震惊了正在关注瑶山调查的每一步进展、逐篇追踪阅读"桂行通讯"的师友们,也震惊了所有关注中国社会人类学初期成长进度的人们。吴文藻写在《花蓝瑶社会组织》一书导言中的有关文字,从一个侧面反映出了这幕悲剧给中国学界带来的损失——

> 我们正在北平盼望他们工作圆满成功回来的时候,突然接到这不幸的消息,使我精神上受了重大的打击。我不但不知道所以慰孝通,也不知所以自慰。我们这些幼稚的子民,正在努力的从各方面来救护这衰颓的祖国,这一支从社会人类学阵线上出发的生力军,刚刚临阵,便遭天厄,怎能不使人为工作灰心,为祖国绝望?
>
> ……
>
> 同惠是死了,在研究民族社会生活中,女考察员的地位,是极重要的,因为家庭内部生活的种种,是必须由女考察员来

① 费孝通著、王同惠著:《花蓝瑶社会组织》,江苏人民出版社 1988 年版,第 64 页。

做局内的研究。同惠是现在中国作民族考察研究的第一个女子，而且在瑶山的考查中，她充分发挥了语言的天才，她竟为研究而牺牲了，后起尚未有人，这损失是不能计算的。[1]

香港文化传播事务所有限公司于1996年9月出版的《二十世纪中国全纪录》一书中，1935年12月的国事记述有"社会学者遇险于桂"一则，记载费孝通王同惠瑶山遇险的消息，近200字，占当月版面约十分之一，可见此事当时在国内的影响已超出社会人类学界乃至整个学界，也可见吴文藻的"绝望"诚非一己悲痛之极言。

在社会生活中，被他人理解，是一种正常的心理需要。陷入痛苦的人，比平时更需要理解。被置于至深至切的痛苦之中的人，尤其需要有切情入心的同情与理解。当时，能够在最大程度上理解费孝通内心悲痛的，在家人之外，就是同在一条学术道路上结伴而行的师友们了。因此，尽管他自感仍无力量追述悲剧的经过，还是在医院的病床上写下了一封感人至深的长信——

耀华，叔昭，景珊和其他的朋友们：

感谢你们给我的信，在枯鱼身上洒一些清水总比整天在烈日下暴晒好得多。我本应当早就写信给你们，因为我也明白看着人家受苦的人的心理，有时会比当事人更难受，

① 费孝通著、王同惠著：《花蓝瑶社会组织》，江苏人民出版社1988年版，"导言"第3~4页。

但是我几次没有写成。脚骨开刀后终天躺着，虽然不很痛，可是也怕惊动它，静躺着已有一星期了……

你们说同惠是没有死，我也是这样想。因为她的死亡来得太突然，使我永远不能相信是一件真的事实。至少她现在已经脱离了痛苦了，假如有上帝的话，她亦已与自然同化。做人本来不能太奢求的，若是爱是人生中最宝贵的，那么同惠没有白活，因为我们临别时，她对我说："我们是生死夫妻！上帝保佑着你！"若是事业是人生中最宝贵的，那么同惠已留下了一本在中国民族学上开创性的著作，若是我们所认定"认识中国来改造中国"是救民族的正确的大道，那么同惠所贡献给民族的不能说小了。同惠有灵当在微笑，那是我相信的。

同惠是离开我们了。剩下的我，怎么安置，真是令我踌躇。同惠早就见此，所以临别时，她还说："倒是你使我不放心罢了。"我愿意体悉她的意思来做人，使她，也许真有重聚的一天，能使她用着微笑来迎接我。可是这话说来是很好听，很容易的，做时，我还怕有一天我不能做使她满意的事。她对我的希望太高了。有她在旁我们的希望是不难达到的，没有了她，我真踌躇。在去广西之前，就有一位朋友说，孝通这次去能有结果么？另一位朋友却说，不怕，有同惠，她能说，也能做——真的我们到了山里，我说的话就没有人懂，可是同惠不久就学会了山里的普通话，没有她，这研究必然是要毫无结果。这不过是一端罢了。我在她面前常自己怀疑自己的能力，但是我不怯弱，因为我以为她会永远帮助我的，谁知道天会把我们拆散！

我们本已说好瑶山出来，我们要开始华北社会组织的研究。因为，该书所有材料都是现存的。我不知为什么常觉得这计划不易实现！结果真的，叫我如何着手呢?！她在临死前一天晚上，我们两人相对向着火，还说："孝通，什么时候我们那部《中国社会组织的各种形式》能够出版呢，那时，我们相对抽一会烟是多么有意思。"我说："再等二十年总有一些把握了。"耀华，同惠的野心你们也知道的，但是她的能力是出了燕京才使我发觉的。我不但为我自己悲痛丧失了我的同工，也为我们队伍发愁，要再得到像同惠一样的战士，真是件没有把握的事。

在六巷有一段时间，我又要到附近村落里去测量人体，所以常放她一人在那里，每次我回来她总微笑对我说："了不得，我都弄清楚了。"于是我总有一两天听她讲她所搜得的材料——这些材料我们在古陈时已经整理了一下，所以我都有底子，等我一能起身就可以写成出版。因为这些都是她辛勤的收获，我不能不珍视它，但愿同惠的灵能帮我把它写成一部值得流传的作品——《花蓝瑶的社会组织》，也是我们所说《中国社会组织的各种形式》中的第一部。

同惠是不能再为中国，为学术服务了，因为她爱我，所以使我觉得只有我来担负这兼职了。我愿意用我一人的体力来做二人的工作。我要在二十年把同惠所梦想所计划的《中国社会组织的各种形式》实现在这世界上。更希望爱她的朋友能一同努力。

最近才听到燕京有向民族学方面发展的计划——若是同惠迟死一月,她要多么快活呢!但是一样的,我相信是知道的,而且她会用灵感来促成这种工作。我在广州读到布朗氏的演说,这不就是同惠在一月前烤着火和我说的一样话吗?她更同我说:我们不要去做政治活动,除非我们明了中国的社会。

呀!耀华你是知道我是一个意志太活动的人。虽则我还相信自己不是一个太没用的人,但是我这个船已经把罗盘针掉到海里了。我的确是这样相信,同惠的死在我自己,在我们的队伍里是一个重大的损失。天意何在?这是永远不能使我明白的。

我和同惠一起到江口。我抛下她,一个人到梧州,又到广州,离她日远,在一两个月内我的脚还不能自由行动,所以不能安葬她。我这浮泊的生涯,本已泊住了港,狂风又把我吹入深海。不知又要吹到何处。所以我决定要把同惠葬在一个公共的场所,我明知这漂泊的生涯不会允许我的骨灰将来也附着她葬在一起,在她寂寞的孤坟上,只能让后世的同情者来凭吊了。省政府已下令让同惠葬在广西大学并立碑记事以示永久。若是朋友中有过梧州的,总望大家能去看看她。我总觉得她是没有死,不过睡着罢了,寂寞冷落的睡着罢了。

孝通于广州柔济医院

一九三六年一月二十一日[1]

---

① 《费孝通文集》第 1 卷,群言出版社 1999 年版,第 360 ~ 362 页。

经过治疗，费孝通的伤情逐渐好转，但是他在瑶山里被木石砸得错了节的脚骨却再也没能恢复正常。曾有一个外国名医和一个中国名医都为此做了尝试，他们对费孝通说了相同的话，意思是如果自己的尝试不成功，那就是真没有办法了，就别再找别人了。结果，两位名医都使尽了浑身解数，却都没能如愿。

随着伤情的好转，费孝通开始整理他和王同惠在瑶山调查中搜集的资料，撰写《花蓝瑶社会组织》一书。为着对同惠的纪念和师友们的期望，为着设想中的《中国社会组织的各种形式》破题之作，费孝通用出了全部心力。可是他心里清楚，“在这个哭笑不是的心境里，在这个颠沛流离的旅途中，写成一个满意的报告，是不可能的”。

也许从走向瑶山那一天开始，费孝通日后的人生就注定了将是“行行重行行”的漫漫羁旅。即使是心中载荷着极度的悲痛，身上还留着虎阱遇险的外伤，他也是宿命般地处在颠簸动荡之途。在广州的病房中，费孝通只来得及写出《花蓝瑶社会组织》的前三章。在广州到上海的船上，在沪上亲戚的客房里，他写出了第四章和第五章。直到从上海回到北平，才把全书写完。

师友们的真挚同情和安慰，恢复了费孝通治学理想与人生信念。想到中国社会人类学的新军刚刚出发就遇到挫折，他在《花蓝瑶社会组织》的“编后记”中特意写下了这样一段话：

> 本来，任何事业不能不以勇敢者的生命来作基础的。传说烧一窑磁器，也得抛一个小孩在里面。我妻的死，在我私人的立场之外来看，并不能作为一件太悲惨的事。人孰无死，尼采所谓，只怕死不以其时。同惠可以无愧此一生，我只是羡慕她。

我在此也得附带声明，瑶山并不都是陷阱，更不是一个可怕的地狱。瑶山是充满着友爱的桃源！我们的不幸，是我们自己的失误，所以希望我们这次不幸并不成为他人“前车之鉴”，使大家裹足不前。我们只希望同情于我们的朋友能不住地在这道路上走，使中国文化能得到一个正确的路径。[①]

---

① 费孝通著、王同惠著：《花蓝瑶社会组织》，江苏人民出版社1988年版，第67页。“使中国文化能得到一个正确的路径”——对于理解费孝通的学术实践、文化思想和人生追求，这一命题具有特殊的意义。它写在费孝通一生文章的破题之初，把他从事学术工作的主观愿望和可能具有的客观价值表达得十分清楚。他全力以赴要寻找的，他和王同惠付出鲜血和生命的代价去换取的，归根结底，就是中国文化发展的正确路径。他在瑶山里一笔一画地为瑶民绘制速写，一点一滴地积累人体数据，一事一物地询问石牌制度，一家一户地了解婚丧嫁娶……看似琐细，却都和他心里那个叫做文化的大题目有着千丝万缕的联系。费孝通在《花蓝瑶社会组织》后记中把这个意思表达得清楚明白，但在事实上的费孝通学术生命中，上述命题却像是就此埋下了伏笔。不是费孝通有意要“伏”，是历史使其伏了下去。此后数十年（到七十年代后期为止），中国历史的动荡与曲折，使上述命题无从得到充分展现其内涵和意义的时代条件。费孝通的读者中，能看透他那些没有学术外壳的文章和文化研究之间的深刻关系的人恐怕不多。他不曾成为一次次文化讨论热潮中众目睽睽的热点人物，正如他不曾成为中国作家协会会员一样，虽有其实，却无其名。直到八十年代初至九十年代中期，费孝通以其“行行重行行”的篇章忠实记录中国改革开放的进程和文化变迁的事实；再到九十年代后期，费孝通在国内外同行面前郑重提出“文化自觉”的命题，并将自己大半生的学术实践及体会注入其中，再三再四地予以阐述，才有越来越多的读者开始意识到，这位老先生原来是个一生以文化研究为职志的学者。费孝通在六十多年前提出的那个命题，与他晚年倾力思考并再三阐释的“文化自觉”一脉相承。“文化自觉”的命题绝非灵机一动，神思忽来，而是积六十多年人生感受与学术思虑的一个必然结果。

五、无心插柳

1936年初夏，费孝通从北平返乡休息，回到了苏州。他将在家乡继续养伤，度过暑期，于夏末秋初漂洋过海，到英国去留学。

这一年，费达生在开弦弓生丝精制运销合作社的蚕丝业改革，已经扎扎实实地进行了七年。若是从费达生1924年带着改良蚕种和养蚕新技术到开弦弓发动蚕业改良运动算起，则当地的蚕丝业改革已进行10年有余。据《吴江丝绸志》记载，1935年，中央合作研究班参观团到开弦弓做实地考察后，一篇报告称该合作社“份子健全，组织完密，自选种育蚕，至于缫丝，无不采用科学方法，以故业务发展，有蒸蒸日上之势，非独为一县一省生产运销合作社之楷模，抑亦全国之标榜也！”①

这一年，吴江震丰丝厂因经营不善而租赁给费达生所在的浒关女蚕校经营，改名为震泽制丝所，费达生出任经理。

费达生所从事的丝业改革，是对社会进步持改良思想的费孝通所感兴趣的。1934年5月10日，费达生在《大公报》副刊《乡村建设》专版发表署名文章《复兴丝业的先声》，谈到她和姐

---

① 《吴江丝绸志》，江苏古籍出版社1992年版，第59页。

妹们做事情的动机[1]和工作的进展。几天以后，费孝通即在5月16日的《北平晨报》《社会研究》专版以《宗教热忱》一文作出响应。[2] 当时，他还在清华园里读书。

如今，瑶山里的意外变故使他得有一段“余暇”，回到了家乡。费达生的丝业改革基地近在咫尺，他以前曾经多次访问过那里，只是向来没有像这一次时间如此宽裕。

费孝通并不是一开始就意识到那里可以成为自己的一个调查基地。费达生建议他到开弦弓村去小住一段时间，可以一边养伤、休息，一边看看村里丝厂的情况。费孝通离开苏州，到了开弦弓村，住进了村里的合作社丝厂。刚住下时，他仍然没有想到要搞调查。可是，一旦他亲眼看到了农民的劳动与现代缫丝机器的结合，整个的心思一下就被触动、被吸引住了。他为这个现代工业进入中国农村的场面而激动，觉得面前的事情大有意义，应该把它写出来，并为此迅速地形成了明确而系统的调查意向。根据费孝通此前形成的知识积累，他明确地意识到：

---

① 费达生说：“我们工作的意义，决不是限于使农民增加一些金钱上的利益。它是指向一种公平的社会组织，一种平衡的文化。或者有人会笑我们夸大，但是我们这一点信仰是必需的。在这信仰上，我们才能为我国家，为我同胞服务。我们曾说，在这一件小小的事业中，我们几十个人能放弃安闲的小姐生活，在烈日暴风中奔波，而觉得乐在其中的，这我个人看来，除了一种宗教性质的热忱之外是没有凭借的。”

② 费孝通说：“宗教热忱并不是单指拜神的意思，而是说一门心思，把意志整个儿着眼于其思想其行为所追踪的目标或人物，而全生命来为他服务。……这种宗教热忱是一种深刻成全人生和社会的态度，是一切常态的人民所同具是根本精神。”

开弦弓是中国国内蚕丝业的重要中心之一。因此，可以把这个村子作为在中国工业变迁过程中有代表性的例子；主要变化是工厂代替了家庭手工业系统，并从而产生的社会问题。工业化是一个普遍过程，目前仍在我国进行着，世界各地也有这样的变迁。在中国，工业的发展问题更有实际意义，但至今没有任何人在全面了解农村社会组织的同时，对这个问题进行过深入的研究。此外，在过去十年中，开弦弓村曾经进行过蚕丝业改革的实验。社会改革活动对于中国的社会变迁是息息相关的；应该以客观的态度仔细分析各种社会变迁。通过这样的分析，有可能揭示或发现某些重要的但迄今未被注意到的问题。①

意识到自己无意中遇上这样一个机会，费孝通顺其自然地跟了上去。但上述所言远远不是他研究开弦弓的动机的全部。1936年7月3日，他在震泽镇（当时的开弦弓是震泽辖区的一个乡村）为《天津益世报》《社会研究》专版写《江村通讯》的第一篇，其中写到了自己将要进行开弦弓调查的动机。

这次研究的动机有两个。一个是在我私人方面的。……我在广西没有死成，生命对于我自己已成了一个很重的负担。我觉得除了工作以外，再也得不到一些人生的乐趣。同惠为我而死，我是永难忘怀。但是我硬着心肠，忍着眼泪，还敢迈

① 费孝通著：《江村经济》，江苏人民出版社1986年版，第18页。

步入世，是为了我相信在工作上，我可赎我的罪。若是死后果能重逢，亦能絮叨着我们别后的情形，不觉得亏心。

……

第二个动机是出于有些人觉得民族志的方法只能用于文化较简单的“野蛮”地区，不能用于我们自己本地的“文明”社区的误解。在我们看来这是一种错误的见解，因为事实的本身无所谓“野蛮”和“文明”，这些名词不过是不同族团相互蔑视时的称呼罢了。在民族学中是不能成立的。但是我们却承认一点，就是研究者很不容易获得一个客观的态度来研究他们自己所生长于其中的文化。不容易确是不容易，但是并不是不可能的，而且一个有相当训练的研究者，在研究自己生长的地方时，亦有特别便宜之处，在语言上、访问及观察的机会上，都比一个外地人方便。……

说话总没有事实强，我觉得要打破上述的成见，只有由我来用研究花蓝瑶时所用的方法去研究一个本国的乡村。若是我能有相当的成绩，这成绩就可以证明我们的方法是可以用来研究社区性质的。[①]

对两个动机的陈述，是费孝通当时心情的正面袒露。

从第一个动机中，可以看到一个性情中人，一个重情、钟情、痴情、不惜殉情的费孝通，一个因为痛失爱妻、殉情未果而觉得此后除工作外了无生趣的费孝通。如果没有瑶山遇险、妻亡己

① 《费孝通文集》第1卷，群言出版社1999年版，第369～370页。

伤那样的偶然事件，人们也许永远都无从知道，费孝通能够徇情。

第二个动机可以有助于理解费孝通和他日后的英国导师Malinowski之间何以有那样深厚的学术缘分，何以结成那样幸运的师承关系，《江村经济》一书何以让Malinowski感到"十分钦佩"和"令人嫉妒"。这是后话。当时还不满26周岁、尚未走出国门、尚未修满学校课业的费孝通，其陈述第二个动机时的所思所想，事实上已经接通了当时国际上人类学界最前沿地带的课题思路，将要触动人类学由"野蛮"向"文明"过渡这一重大转折的历史机关，确是一件足以让同道为之赞叹的史实。

60年后，费孝通回首前尘，认为自己当时是"似乎毫不经心的跨过了这个'文野之别'的"[①]历史鸿沟。

在上述引文对第二个动机的陈述中可以看到，费孝通是相当自觉地想借助人类学历史上一向用以研究"野蛮"社区的方法来研究一个"文明"社区，事实上是"用研究花蓝瑶时所用的方法，去研究一个本国的乡村"，并希望"能有相当的成绩"，以证明人类学的方法对所谓"野蛮"和"文明"的不同社区都可适用，并且进一步证明事实的本身无所谓"野蛮"和"文明"。这次调查机会得之偶然，可谓无心插柳，插柳人希望长出一棵消弭文野之别的人类学之树，却是事实。后来，费孝通利用这次调查的材料写出了《江村经济》，成功地实现了人类学从"野蛮"社区向"文明"社区的第一步跨越。作为当事人，费孝通对这一步跨越之所以自觉到"毫不经心"，也许正是缘于他心目中"文野本无别"这一观点。

---

① 费孝通著：《从实求知录》，北京大学出版社1998年版，第389页。

在为期两个月的开弦弓调查之初，费孝通特别加以强调的一个与研究旨趣、学术道德有关的因素，亦值得充分注意。对于理解本色费孝通，这段文字有相当价值。

费孝通说：

我这次研究并不受任何机关的嘱托或津贴，完全是私人性质的。这里我愿意提出一点，研究者应有的态度，就是把研究兴趣作主，凡是一切关于名义、经济等等事务上的事情，永远应当看得很轻，看成我们的工具，不应成为我们的目标。我们的目标只有一个，就是增加知识。……

我记得有一次和李景汉先生谈话，他问起我，依我过去一年的经验，哪几点是实地研究者应当常常留心的，我的回答是研究者应常忘记研究的结果是要编报告出版的。我不是反对研究者编写专刊，只是在研究过程中不应专以编写为目的。社会研究不比其他一定有收获量的工作，而且从工作开始到完成又不能有一定的时间。若是一个研究者在有一定限制的时间中，一定要结束工作编写报告，诚实的，不能详细的校核自己所得到的材料，出版不成熟的作品；不诚实的，不能不牵强事实，或甚至制造事实，写成于社会研究有害的东西。所以一个实地研究者最好不负“报告”的责任，使他能够跟着自己的兴趣去获得充分的认识，等到所认识的已有了系统，有了可“报告”的时候，才编写他的报告。一个实地研究者时常会受累于名义、经济等事务上的事情，如何避免这种累赘，是社会研究者一个严重的问题。

我因为意外地得到了两个月的“余暇”，上天给了我一个作“除获得知识之外毫无其他目的及责任”的研究机会。于是我决定开始这次工作。[①]

费孝通在开弦弓村的调查工作十分顺利，这其中有费达生的功劳。

费达生在当地推广蚕丝业改革已有10年之多，众多蚕农都从这一改革中获得实际的收益。饮水思源，他们无不感激费达生为民众带来福利，费达生因此在当地享有很高的声望，村民们尊敬地称她为“费先生”。

---

① 《费孝通文集》第1卷，群言出版社1999年版，第370~371页。费孝通在这里提出社会研究者如何避免名义、经济等事务上的累赘这个问题，表现出科学工作者在选题意向上和研究过程中应具备的一个基本意识，表现出一种倾向于客观、中立的价值取向。费孝通提出的问题确是“一个严重的问题”，严重到20多年后的中国历史中曾形成一股“牵强事实，或甚至制造事实”的狂潮，使社会进步遭受严重挫折，多年以后仍有流风余响。韩少功发表在1998年第6期《读书》杂志（第40页）上的一段文字，可说明费孝通六十多年前自觉到应该避免的“累赘”，对20世纪末的一些社会科学从业者仍有相当的吸引力。韩少功说：“我们选择某个学术立场，可能是出于兴趣和良知出于人生体验和社会使命的推动，但在很多情况下，也可能仅仅是取决于知识生产的供求格局和市场行情，甚至是取决于符号游戏中一次次‘学术旅行’或者‘学术洗牌’。一个最烦传统的人可能攻了个古典文学学位，一个最愿意做流氓的人却入了法学专业，一个性格最为独断专权的人却可能碰巧写下了一篇关于自由和民主的论文。这真是有点不幸，但人与文的错位已司空见惯，不再让人伤肝伤肺……它们本身不再仅仅是游戏，而关涉到面子、聘书、职称、地位、知名度、社会关系、知识市场的份额、出国访问机会、在政权或商业机构的坐席——这些好东西已经供不应求。”

费孝通在村里的调查工作，从费达生为他准备下的良好人际关系中得到了非常多的便利。村民们爱姐及弟，称费孝通为“小先生”。他们像欢迎“费先生”一样欢迎“小先生”。费孝通毫不费力地得到了全村居民的通力合作，特别是村长们的大力帮助。费孝通认为他们往往更能理解他在村中的调查意图，不仅尽一切可能提供所需材料，而且还提出一些费孝通觉得有价值的建议和切实可行的办法。费达生也根据自己十多年里对村庄和村民的了解，不断地向费孝通介绍开弦弓的各种情况。

在费孝通这一边，“除获得知识之外毫无其他目的及责任”的松弛状态，使他享受着没有“累赘”、惟有“诚实”[①]工作本身所

① 费孝通当年所做的这一番诚实的工作，在半个多世纪之后，引起了青年学者王小波的赞叹。他专门写了《诚实与浮嚣》一文，其中说：“我念大学本科时，我哥哥在读研究生。我是学理科的，我哥哥是学逻辑学的。有一回我问他：依你之见，在中国人写的科学著作中，哪本最值得一读？他毫不犹豫地答道：费孝通的《江村经济》。现在假如有个年轻人问我这个问题，不管他是学什么的，我的回答还是《江村经济》——但我觉得这本书的名字还是叫作‘中国农民的生活’为好。它的长处在于十分诚实地描述了江南农村的生活景象，像这样的诚实在中国人写的书里还未曾有过。……中国的读书人有种毛病，总要把某些事实视而不见，这些事实里就包括了中国农民的生活。读书人喜欢做的事情是埋首于故纸堆里，好像故纸之中什么都有了。中国的典籍倒是浩若烟海，但假若没人把事实往纸上写，纸上还是什么都没有。《江村经济》的价值就在于它把事实写到了纸上，在中国这个地方，很少有人做这样的事。马林诺夫斯基给《江村经济》做序，也称赞了费先生的诚实。所以费先生这项研究中的诚实程度，已经达到了国际先进水平。……诚实不是学术界的长处，因为太诚实了，就显得不学术；像费先生在《江村经济》里表现出的那种诚实，的确是凤毛麟角。”（见《我的精神家园》，文化艺术出版社 1997 年版，第 262 ~ 264 页。）

带给他的愉悦。他虽然还伤痛在身,走路时仍须拄着手杖(《江村经济》一书中所保留下来的“作者和农村姑娘”在草垛前的合影,真实地记录着费孝通当时的病弱模样),但并不影响他在村里穿门入户,如鱼得水。

姐姐的引导,村长的帮助,村民的配合,自己的努力,所有这些,使费孝通这次田野调查获得了十分可观的工作效率。

费孝通这次对开弦弓所做的实地调查,是在1936年的7月至8月进行的。农业的劳作,多数情况下是以一年为一个周期。两个月之中的调查,自然不能经历一个周期中所有农事与社会活动的完整循环。但在以蚕桑为重要农事与经济活动内容的开弦弓村,这两个月时间在其生产与生活中具有重要意义,其中包括了一年里蚕丝业的最后阶段和农活的最初阶段。费孝通认为,到结束这次调查的时候,他所收集到的有关经济生活和社会制度的材料,已经足够供他进行初步的分析。他这次调查是一系列的偶然因素所促成,“不受任何机关的嘱托或津贴”,“在江村调查时并没有想到会写成一本书”①。事实上,费孝通后来写作《江村经济》的时候,其中对家庭、财产与继承、亲属关系的扩展、户与村、职业分化、劳作日程、农业、蚕丝业、土地、贸易、资金等问题的描述与探讨,基本上是以这两个月里的调查所得为基础的。

---

① 费孝通著:《从实求知录》,北京大学出版社1998年版,第387页。

第四章
从北京到伦敦

三十年代，我在大学里念书时，周围所接触的青年中，可以说都把留学作为最理想的出路。这种思想正反映了当时半封建半殖民地的旧中国青年们的苦闷。毕业就是失业的威胁越来越严重。单靠一张大学的文凭，到社会上去，生活职业都没有保障。要向上爬到生活比较优裕和稳定的那个阶层里去，出了大学的门还得更上一层楼，那就是到外国去跑一趟。不管你在外国出过多少洋相，跑一趟回来，别人也就刮目相识，声价十倍了。留学已多少成了变相的科举。

费孝通：《留英记》(1962)①

一、水路回望

1936年9月初，费孝通离开家乡，从上海搭乘外轮，走上赴英国留学的迢迢水路。

离家之前，费孝通的奶妈包了家中灶上的泥土，放在费孝通

① 费孝通著：《芳草天涯》，苏州大学出版社1994年12月第1版，第2页。

出国要带的箱子底部，又嘱咐他，在外国，人生地不熟，逢到水土不服、老是想家的时候，就把箱子里那张红纸包裹的东西煮一点汤喝。[①]

带着瑶山调查和开弦弓调查的材料，带着出国深造的愿望，带着老奶妈细心包好的灶台泥土，也带着王同惠的遗愿，费孝通上路了。他回忆那次航程时说：

> 我去英国，乘坐一艘意大利的邮轮“白公爵”，从上海到威尼斯航程要两个多星期。我在船上无事，趁我记忆犹新，把开弦弓调查的资料整理成篇，并为该村提了个学名叫“江村”。[②]

“白公爵”的航程联结着中国和欧洲。费孝通的江村调查和负笈英伦，联结起了中国社会人类学的初期成长和国际社会人类学的中心讲坛。

吴文藻当年在燕京大学社会学系发动“社会学中国化”，“社区研究”是相当活跃的一翼，费孝通是中坚人物。“社区研究”在当时是一块新打出的牌子，这背后有一段中国社会学从无到有、从社会服务的实际工作到进行学科建设的历史。

---

① 费孝通著：《乡土中国》，生活·读书·新知三联书店 1985 年 6 月第 1 版，第 2 页。

② 费孝通著：《江村经济》，江苏人民出版社 1986 年 10 月第 1 版，“著者前言”第 1 页。

燕京大学之有社会学系是一个名字叫甘博尔(Gamble)的美国人创始的。他是“象牙”肥皂公司的老板,到中国来做青年会工作,在北京进行社会调查,后来和步济时(Burqess)合写了一本《北京调查》的书。他进一步,想培养一批中国人能像他一样一面做青年会工作,一面进行社会调查,反正他的“象牙”肥皂在中国所赚去的钱已不少,就拿出一笔来做这件事。拿这笔钱出来还得有个名义。于是拉住他的母校,美国的普林斯顿大学,成立一个叫“普林斯顿在中国”的基金,交给燕京大学,作为培养社会服务的人才之用。燕京大学拿了这笔钱先办社会服务系,后来改称社会学和社会工作系……①

社会服务运动起始于19世纪末叶的英国伦敦,很快就传到西欧大部分国家和亚洲部分国家。1922年,在伦敦首次举行了国际社会服务工作会议,标志着社会服务运动的成熟。青年会是基督教会主办的,其工作是社会服务工作的一种,通过满足市民社会生活对浴室、运动场、弹子房、电影院、儿童教养、业余补习、生活救济等的系统服务,进行基督教的宣传。为此要去了解社会问题,这就是社会调查;要去发放救济款,办教养所和补习学校等,这就是社会工作。燕京大学社会学系建立的最初几年,在教学上偏重于社会服务的实用方面。最初开设的十几门课程,多是有关宗教服务、社会工作、社会调查之类,实习地点主要

① 费孝通著:《芳草天涯》,苏州大学出版社1994年12月第1版,第8页。

是青年会、医院、慈幼院等机构和社会福利单位。此时的社会学系,有“系”而无“学”。

费孝通不满于这样的教学状态,也不满于将来只去做青年会那样的社会工作。与他有共识的师生们都有“要理论”的愿望,在“社会学中国化”主张的鼓舞下,更进一步产生了要中国理论的愿望。在这种情况下,具有广泛影响的美国芝加哥学派的代表人物 Park 来到他们的课堂上升帆鼓风,并带来了来自人类学的社区研究[①]方法,推动费孝通及其同人走上了社区研究的学术道路。

吴文藻意识到,社区研究方法可以成为实现“社会学中国化”的一条切实可行的路子,他一面做一年树谷、十年树木的事情,鼓励、指导和帮助有志于此道的弟子尽快接近并走上这条路,一面做百年树人的事情,通盘考虑可镂之材出国到英美各个人类学重镇深造的计划。在吴文藻的通盘筹划中,所以让多数弟子皆赴美国而遣费孝通独往英伦,据说是连师徒之间性格因

---

① 社区研究即“从社区成员的关系中,探讨社区生活、价值观念体系、结构、功能、问题及变迁。在进行社区研究时,首先要对整个社区,在不加虚饰的自然状态下,实施全面、周密、深入而细致的整体调查,以收集确实可靠的第一手资料,再就这些资料进行分析比较。这种研究方法的首创者是人类学家 B. 马林诺斯基。”——见《新社会学词典》,知识出版社 1986 年 12 月第 1 版,第 100 页。

素都考虑到了[①]。

吴文藻在中国人类学、社会学界被认为是功能学派的代表人物。他曾写《功能学派人类学的由来与现状》一文,宣传“功能学派是社会人类学中最先进、亦是现今学术界最有力的一个学派”。在他希望借助社区研究实现“社会学中国化”的理想时,在他担当起社会学角度的国情调查和人才培养总导演的道义和责任时,想方设法把费孝通送到功能学派的开山人物、社区研究的首创者 Malinowski 门下,可见他对费孝通的器重非同一般。费孝通毕业于燕京大学社会学系之际,吴文藻先把他送到当时国内唯一可以提供人类学训练的清华大学研究院,师从 Shirokogorov,也许是吴氏通盘计划中培养费孝通的计划之一。

Shirokogorov 接收费孝通当学生之后,制定出一个长达 6 年的训练计划,显示出要对费孝通加以精心培养的意愿。但是,后来的一些意外情况使这个计划不得不中断。费孝通回忆 Shirokogorov 当时的心愿说:

> 他原来的计划是想一手把我培养成他的学生,所以制

① 费孝通在《留英记》一文回忆说:“我的留学计划酝酿已久,是和燕京社会学系里那一批搞‘社区研究’的人一起策划出来的,这些人中间带头的是吴文藻先生。他心里有着一个培养徒弟的全盘计划,分别利用各种不同的机会,把他们分送到英美各个人类学的据点去学习,谁到哪个大学,跟谁去学,心里有个谱,后来也是逐步实现了的。他认为我这个人最好是去英国跟功能派的大师马林诺斯基(B. Malinowski)去当徒弟,理由之一据说我这个人的性格和这位老师有点相像。”

定过一个长期的计划，但是后来他也明白客观条件并不容许他贯彻这个计划了，主要是他在清华呆不下去了。他同意我在清华的学习告一个段落之后到英国去。但是他坚持一点，我在出国之前必须先在国内做一年实地调查，带了材料出国。这些有欧洲传统的学者都有一种怕他自己的学生在他同行之前丢脸的顾虑。我出去一定会说是跟史禄国读过书，他不能否认这一点，如果我大出洋相，他的面子也就很不好看。所以最后他得补救一下，要我"临时上轿穿耳朵"，为出国多做一些准备。①

"耳朵"还没有穿好，费孝通就因为瑶山遇险而不得不中断这一次调查。将心比心去体察费孝通永失同惠之后、治伤养伤之中的心情，他是不大可能再去想"为出国多做一些准备"的事了。幸亏有在开弦弓养伤期间的"无心插柳"，使他反倒在客观上多做了一些出国前的准备。日后，很可能正是费孝通在开弦弓的这一次由"一个土生土长的人在本乡人民中间进行工作的成果"（Malinowski 语），促成了他有幸成为 Malinowski 关门弟子的一段学术因缘。

在促成费孝通负笈英伦、受业于 Malinowski 的多种因素中，有一个费孝通的私愿，虽不主要，但对了解他个人性格中好强争先的一面具有特殊意义，值得记录于此。费孝通说：

① 费孝通著：《芳草天涯》，苏州大学出版社 1994 年 12 月第 1 版，第 25 页。

按清华的制度，研究院毕业生符合规定条件，给予公费留学机会的，可以自己提出留学计划，并不一定要到美国去。当时有一种流行的成见，认为真是要讲学术，最好到欧洲国家去留学，对于美国的学术水平不太看得起。这个成见有什么根据很难说，可能是由于美国留学生太多了，物以稀为贵，到欧洲去留学回来身价可以高一些。这是我要去英国的一个原因。[1]

二、登堂入室

费孝通在英国就读于国际著名的伦敦经济政治学院。

伦敦经济政治学院是附属于伦敦大学的50多所大专院校之一。伦敦大学创办于1836年。在伦敦大学创办100周年之际，费孝通注册为该校哲学博士学位待位生。在注册过程中，他印象深刻的有关规定主要有两条，一是从注册到取得学位的时间不少于两年；二是须提出一篇论文，经考试合格，即授予学位。

据费孝通说，按照该校惯例，某学生注册进入某学系、读某学位之后，注册科就会介绍该学生去找一位负责人，他就给这个

---

① 费孝通著：《芳草天涯》，苏州大学出版社1994年12月第1版，第15～16页。

学生指定一位业师[①],这位业师负有指导学生取得学位的责任。对一个新来的学生,通常是由一个讲师或是高于讲师一级的Reader负责指导。这位业师和他指导的门生之间,从此就存在一种学术上的师承关系,有点类似于中国的师徒制度。既然如此,收不收一个徒弟,主要是看师傅的意愿。学生注册之后,学系固然会为他指定一个业师,但这位业师如果对分派给他的门生不满意,随时可以要求学系换其他人来当其业师。另外一种情况是,如果某位Reader指导的门生学业出色,大有培养前途,被某教授看中,也可以改换门庭,由教授自己来当业师。

费孝通在伦敦经济政治学院人类学系履行注册手续时,作为该系系主任的Malinowski正在美国参加哈佛大学建校三百周年的庆典活动。当时,吴文藻也在美国。他代表燕京大学出席同一庆典。这是吴文藻最终促成费孝通受业于Malinowski的好机会。他在美国同Malinowski会面时,带在身边的一份文件对于他和Malinowski之间很快地建立信任、顺利沟通、达成共识,发挥了十分有利的作用。这份文件是一个关于在中国开展“社区研究”计划的文本,其中包括费孝通已经展开的研究课题。

当时,对Malinowski来说,费孝通这个名字是完全陌生的。但是,可以肯定这个计划会引起Malinowski的强烈兴趣,原因主

① 按照中国的一般习惯,称呼此处所说的业师为“导师”。但是英国的导师制(Tutorial system)有其专门含义。导师制实行于大学本科,本科生的老师即导师,称Tutor。在类似于中国所谓研究生的学习阶段,负责指导学生论文写作的老师称Director。为表示出Director的实质性含义及其与导师制的区别,费孝通选用了“业师”一词。

要有两个。一是“这个计划深得洛氏基金的赞许”，而 Malinowski “一直是洛氏基金培养的人物，他的学生们在非洲进行的调查大部分就是洛氏基金给的钱”①。同受洛氏基金赞助的学者，当有同道的亲切感和进行交流的兴趣，尤其是吴文藻来自 Malinowski 一向抱有好感和期待的东方世界的中国。二是这个计划在发展方向、学术观点、研究方法上都和 Malinowski 的主张与期望不约而同，不谋而合，甚至可以说是 Malinowski 梦境中渴望、现实中尚无余力顾及筹划、引导人类学下一阶段发展方向的一个宏大计划。

Malinowski 于 1884 年 4 月 7 日出生在波兰克拉科夫省的古城克拉科夫市。这座城市以历史名城和文化中心著称，有众多的中世纪建筑，有中欧最古老的大学之一的亚盖隆大学，曾是欧洲最先进的文化中心之一。Malinowski 出身于一个知识分子家庭，他的父亲曾任亚盖隆大学斯拉夫语文学教授，母亲是一位语言学家。Malinowski 偶然读了 J. G. Frazer② 所著《金枝》(*The Golden Bough*, 1890)，受到强烈的吸引，从此开始热切钻研人类

---

① 费孝通著:《芳草天涯》，苏州大学出版社 1994 年 12 月第 1 版，第 35 页。罗氏基金的英文名称为 Rockefeller Foundation。

② J. G. Frazer(1854. 1. 1 ~ 1941. 5. 7)，汉译通用名为“弗雷泽”，著名英国人类学家、民俗学家。1869 年以十五岁上进入格拉斯哥大学就读，1874 年转入剑桥大学三一学院。1907 年，应聘为利物浦大学社会人类学教授。后回到剑桥大学任教，直至去世。代表作为《金枝》(1890)，基本论点是，人类思想方式的一般发展过程是从巫术到宗教，最后发展为科学。弗雷泽因向他同时代的欧洲思想家介绍了大量原始习俗而在学者中产生了广泛影响。

学，为此而到德国和英国留学。Malinowski 在莱比锡大学进修了经济学和心理学之后，在伦敦经济政治学院刚刚开设人类学这门学科之时，于费孝通降生之年进入这所学院，并于费孝通开始读小学的1916年在该院获得科学博士学位。[1]

> 在世界大战发生前夕他正在美拉尼西亚的一个小岛上做调查研究工作，大战发生，波兰和英国处于敌对地位，他不能自由离开这个小岛，于是他就学当地的语言，和当地人一起生活，很仔细地记录下他对这个岛上居民的生活的观察。就是这样他发展了深入地对一个人口不多的部落亲密观察的调查方法。由于他的活动范围受到限制，不能像过去的人类学者在各地搜集比较资料，他就着重注意一个小部落里政治、经济、宗教信仰、风俗习惯等等各方面的相互关系，从而发展了他的功能主义的理论。大战结束，他带了很丰富的第一手资料回到英国，1922年出版了轰动当时人类学界的《西太平洋航海者》。
>
> 他的这套方法，这套理论，这套著作，过去在人类学里并不是没有，但是并没有受到重视，而他却一举成名；所不同者时也，即形势也。……帝国主义第一次世界大战之后在殖民地上碰着了新的问题，如果维持原来的直接统治的政策，殖民地人民的反抗愈来愈不好应付，而且更重要的是

① 参见《简明不列颠百科全书》(5)，中国大百科全书出版社1986年1月第1版，第621页。

无法进一步利用当地劳动力来开发当地资源取得更大的利润;因此,提出了“间接统治”的策略……为了执行这个政策,就需要深入了解殖民地各部落的实际情况,考虑怎样去利用原有的制度来为殖民地服务。马林诺斯基的一套恰巧符合了这个要求。

马林诺斯基在英国学术界一帆风顺地取得了很高的地位,这是很少前例的。英国人对外籍学者的偏见极深,他作为一个波兰人,虽则后来入了英国籍,而能一跃被选为教授,在英国学术界是少有的(英国各大学中设立社会人类学教授的讲座是从他开始的)。不仅如此,他在伦敦经济政治学院培养了不少门生,一个个都成为各大学人类学系的台柱,而且受到英国殖民部和美国洛氏基金会的直接支持,每年掌握着大笔调查经费,调度大批的调查工作者,到非洲各地进行研究。不到十年,功能学派的声势压倒了人类学里任何其他的派别。这一切如果离开了历史背景是无法理解的。①

上述引文,出自费孝通的《留英记》一文。这篇回忆文章写于1962年。费孝通说:“那时我的思想实际上停滞了”,“没有人会出版我写的任何东西”②。当时,费孝通的长兄费振东在全国

① 费孝通著:《芳草天涯》,苏州大学出版社1994年12月第1版,第17~19页。

② 《从实求知录》,北京大学出版社1998年6月第1版,第464页。

政协文史资料编辑组工作。兄弟俩都被作为“右派分子头面人物”,在1958年2月举行的第一届全国人民代表大会第五次会议上同被公开宣布撤销全国人民代表资格。费振东应该能理解弟弟性喜写作、时时技痒却被强力压制的苦楚,他建议费孝通不妨写点留学前后的往事,留点文史资料。这就是《留英记》的来历。

Malinowski写出《西太平洋的航海者》(1922)之时,他当年被J. G. Frazer的《金枝》引入人类学领域以后付出的心血得到了回报,J. G. Frazer为他的《西太平洋的航海者》写了赞许性的前言,称赞Malinowski“第一次将民族志提升为追求十九世纪人类学所树立的目标的高级方法”[①]。后辈的人类学家则有人把J. G. Frazer笔下的“提升”提升为“创新”甚至“革命”。他们认为Malinowski之前的人类学是“摇椅上的人类学”,那些摇椅上的人类学家,“他们偶尔也去异域旅行,但是其研究依据的是旅行家的记述、殖民地当局的档案以及传教士的学术研究,他们把这些第二手材料当作关于异文化的第一手资料来从事研究。”[②]相比之下,应该说是Malinowski实现了从摇椅到田野的转变。人类学历史上第一次出现了田野里的人类学家。这位人类学家发展出来的田野工作方法,被称为人类学方法论的创新。“它的主要创新在于:它将先前主要由业余学者或其他人员在非西方社会中进行的资料搜集活动以及由从事学术理论研究的专业人类学者

---

① 《作为文化批评的人类学》,生活·读书·新知三联书店1998年3月第1版,第40页。

② 《作为文化批评的人类学》,生活·读书·新知三联书店1998年3月第1版,第37页。

在摇椅上进行的理论建构和分析活动结合成一个整体化的学术与职业实践。”①

人类学史上这场激动人心的历史性转折，具有强大的感召力。此后，“从功能主义的角度提问题，成为二十世纪人类学学术常识的一部分。”②但是，若从更长一些的历史过程来看，这其中似乎又潜藏着塞翁得马的逻辑。进入职业化状态的人类学研究工作，使众多学者走出书斋，躬身田野，为人类学注入了生机，推动着这门学科乐观地进展，沿途收获着一项又一项成果。在这个过程中，当初富于开创性和发现意义的田野调查，逐渐地演变成了日益娴熟的职业化操作，当初的研究成果中由发现带来的惊喜和思考，逐渐变成了程式化调查和程序化描述中的漫不经心。这当然不会是 Malinowski 的初衷，却是他不得不面对的事实。真正富于创造性的人毕竟是凤毛麟角。

《西太平洋的航海者》出版后不到十年，功能学派就获得了独占鳌头的地位，独步一时。此后的又一个“不到十年”里，功能学派的领袖人物却已在明白地表达这样一种厌烦：

> 我们中间绝大多数向前看的人类学者，对我们自己的工作感到不耐烦，我们厌烦它的好古、猎奇和不切实际，虽然这也许是表面的，实际并不如此。但我的自白无疑是真

---

① 《作为文化批评的人类学》，生活·读书·新知三联书店 1998 年 3 月第 1 版，第 39 页。

② 《作为文化批评的人类学》，生活·读书·新知三联书店 1998 年 3 月第 1 版，第 50 页。

实的，我说过“人类学，至少对我来说是对我们过分标准的文化的一种罗曼蒂克式的逃避。”①

如果人类学也被同化于“过分标准的文化”，Malinowski 又将何以自处？

正如他在伦敦经济政治学院开设的著名讲座“今天的人类学”所表明的那样，Malinowski 要求自己和学生都把“今天的人类学”当作自己的安身立命之地。在从前的某个“今天”，需要他在一个与世隔绝的社区里记录、描述过去发生的事情，他已经成功地做到了。当下的“今天”，则需要人类学者把“变动中的美拉尼西亚或非洲土人”（Malinowski 语）、印度人、中国农民……所象征的全球社会的公民作为研究对象，去描述正在发生的事情，对此，Malinowski 已经充分地意识到了。他表明自己的主张并且预言说：

我认为“那面向人类社会、人类行为和人类本性的真正有效的科学分析的人类学，它的进程是不可阻挡的”。为达到这一目的，研究人的科学必须首先离开对所谓未开化状态的研究，而应该进入对世界上为数众多的、在经济和政治上占重要地位的民族的较先进文化的研究。……未来的人类学不仅对塔斯马尼亚人、澳洲土著居民、美拉尼西亚的特

① 费孝通著：《江村经济》（“马林诺斯基序”），江苏人民出版社 1986 年 10 月第 1 版，“序”第 3 页。

罗布里恩德群岛人和霹雳的俾格米人有兴趣，而且对印度人、中国农民、西印度群岛黑人、脱离部落的哈勒姆非洲人同样关注。①

就是在这样的时候，Malinowski 见到了吴文藻，他这样记述了当时的心情：

> 当我接待了燕京大学杰出的中国社会学家吴文藻教授来访，感到极大的欣慰，从他那里得知，中国社会学界已独立自发地组织起一场对文化变迁和应用人类学的真正问题进行学术上的攻关。这一学术进攻表达了我梦寐以求的愿望。②

就是在这样的心情中，Malinowski 从吴文藻言谈中得知，处在这一学术进攻前沿的费孝通已经到了伦敦经济政治学院，到了他所主持的人类学系，准备专攻社会人类学。他即向吴文藻表示，有兴趣培养一名中国人类学者。

此时，费孝通已经履行过注册入学手续，系里为他指定的业师是 R. Firth 博士。这位新西兰学者是 Malinowski 培养出来的第一个博士。他希望了解费孝通在中国的经历。费孝通讲了在燕京大学和清华研究院先后师从吴文藻和 Shirokogorov 的情况，并

① 费孝通著：《江村经济》（“马林诺斯基序”），江苏人民出版社 1986 年 10 月第 1 版，“序”第 3 页。

② 费孝通著：《江村经济》（“马林诺斯基序”），江苏人民出版社 1986 年 10 月第 1 版，“序”第 3 页。

把瑶山调查的过程也讲给 R. Firth 听。费孝通心想，既然要读人类学，而人类学主要是研究当时被侮称为“原始”的社区，也许瑶山调查的材料更能符合对方的路子。讲过瑶山调查，他顺便谈起，因瑶山遇险而回家乡养伤，出国前还在家乡农村做了一段调查，搜集了一些中国农民生活的材料。言者无心，听者有意，R. Firth 不愧是从 Malinowski 门下出师的学者。费孝通的话中，江村调查并不是重点，R. Firth 更感兴趣的却是江村调查。后来又经过几次交谈，R. Firth 为费孝通确定了论文题目：中国农民生活。

费孝通开学一个多月的时候，Malinowski 从美国回到了伦敦经济政治学院。几天以后，费孝通见到了这位人类学界的大人物。“一个高度近视、光头、瘦削、感觉很敏锐，六十开外的老头。”[①]这是费孝通的第一印象。Malinowski 约费孝通喝茶，并询问到校以后的情况。费孝通告诉 Malinowski，已经跟 R. Firth 一起确定了论文题目。“感觉很敏锐”的 Malinowski 听后随手拿起电话接通了 R. Firth，简单而明确地说：今后费孝通归我指导。

费孝通如愿以偿，正式登堂入室，成为 Malinowski 的及门弟子。

三、“今天的人类学”

两年留学生活中，费孝通的学习方式主要是参加 Malinowski

---

① 费孝通著：《芳草天涯》，苏州大学出版社 1994 年 12 月第 1 版，第 33 页。

每个星期五下午主持的“席明纳”[1]。这个席明纳当时有个通行的名称，叫 Anthropology Today，一般可译为“今天的人类学”。费孝通在有关场合一般也用这个说法，但他更喜欢用“人类学的前沿”或“赶上时代的人类学”去理解这个名称。

这样的译法虽不通行，但有理由看成是对 Malinowski 的用意更加贴切的理解。

费孝通记述当年的情景说：

> 席明纳是欧洲传统的一种教学组织，也是一种教学方法，在欧洲各大学指导高年级学生时常被采用。英国大学里教师们怎样去教他们的功课，完全由他们自己做主，他们愿意怎样教就怎样教，很有点八仙过海各显神通的味道。以我自己接触到的来说，大家熟悉的罗素也在伦敦经济政治学院开过课，他是登台念讲稿，一字不漏，讲完一个课程就出一本书。……马林诺斯基不喜登台讲课而善于搞席明纳，当然搞席明纳的不只他一人，但是他的席明纳有它的特点，而且在伦敦经济政治学院相当有名，在人类学界当时也是为大家所推崇的。[2]

---

① “席明纳”是英文词 seminar 的音译。费孝通在《留英记》中说：“席明纳简单的可以译作讨论会，但是讨论会这个名称还传达不出它的精神，所以用这个音译的名词。”

② 费孝通著：《芳草天涯》，苏州大学出版社 1994 年 12 月第 1 版，第 30～31 页。

Malinowski 于 1927 年开始就位于伦敦大学社会人类学教授的教席，开帐讲学。作为当时英国各大学中首开社会人类学讲座的教授[①]，他自觉到有责任考虑怎样建立和发展这一门学科。开设以“今天的人类学”为主题的席明纳，就是他的成功尝试之一。他借助这个席明纳的话题，保持自己对社会人类学及时问题的不断思考，也带动各地来参加席明纳的同人一起思考。为此，每个学年，Malinowski 所主持的席明纳都有新的讨论题目。费孝通的留学时间是两个学年，他经历了两个题目的讨论过程。1936 ~ 1937 这个学年的题目是“文化表格”[②]，第二个学年的讨论题目是“三项法”[③]。

伦敦经济政治学院那所著名的大房间门上，标着 Malinowski 的名字。室内满墙、满桌甚至满地都是书籍、杂志、文稿，样式不同的许多沙发、板凳、靠椅在书籍、杂志和文稿的缝隙中随处摆

---

① 《费孝通文集》第 7 卷，群言出版社 1999 年 10 月第 1 版，第 102 页。

② “文化表格”是 Malinowski“要为人类学者准备下一张在田野工作时指导性的参考表格”（费孝通语）。这个表格牵涉到“文化是什么？”“文化包括些什么？”“文化是怎样发生的？”“文化各部分间有什么关系？”“观察文化的范围是什么？”“要达到什么目的？”等等问题。在纵横划成的许多格子里，罗列着许多要求调查者进行实地观察的项目。一个研究者手边有了这个文化表格，心中就有了底，才能进行有效的田野调查。

③ “三项法”是 Malinowski 在接触到非洲东部和南部的若干英国殖民地的原有文化受到外来文化冲击而发生变化的情况后，提出的分析文化动态时所采用的方法。Malinowski 同时观察到了（1）尚未被惊动的非洲；（2）和欧洲合二为一的非洲；（3）已变成欧洲的非洲——这三种文化形态，这三种形态分别对应于（1）真正的非洲人地区；（2）正在变动的地区；（3）占优势的欧洲人地区。这一非洲文化动态的基本格局是“三项法”的思想来源。

放。每到星期五下午(假期除外),Malinowski 主持的席明纳就在这里举行。每逢这个时候,他的朋友、同事、学生等就会陆陆续续地汇集到这所房间中来。其中有来自不同国度的人类学家,有他的毕业多年的老徒弟,也有刚刚注册的新学生。

这些人中,绝大部分人是自动来的,有的是 Malinowski 特意请来。凡是要和他谈学术的朋友,就在这时候来放开了谈。他那些分散在外地的弟子,如果到了伦敦,届时也一定要来拜访老师。大家的目的主要就是来这里闻闻人类学的新气息,听听人类学的新发展。他们都知道,“今天的人类学”的讨论中肯定会有最新的东西。

在 Malinowski 的主持下,这里所讨论的问题,不仅书本上还没有写,课堂上还没有讲,甚至连一般的人类学家都还没有考虑到。从四面八方来的学者,带来他们在四面八方的实地调查中碰到的新问题,或讲心得以交流,或谈困难以求教。经过讨论,增了信息,得了启发,受了鼓舞。大家乘兴而来,尽兴而归,小别一周,下回再见。“今天的人类学”成了众多的人类学者趋之若鹜的知名论坛。

由于来者众多,往往相当拥挤,座位也显得紧张。Malinowski 有他一定的座位,其他人随意各自就坐。年轻人大多躲在墙角处,边抽烟边听讲。屋里没有“禁止吸烟”的告示,抽烟者众,弄得烟雾腾腾。偏偏 Malinowski 最是怕风,不准开窗,结果是大家既被人类学的新鲜气息所感染,也被缭绕身边的烟雾所熏陶。在费孝通的印象里,室内的烟雾之浓常常和窗外有名的伦敦大雾相比美。

费孝通刚开始参加席明纳的时候，也有躲在墙角里抽烟的经历和体会。他曾回忆说：

> 我最初参加这种场合，真是连话都听不懂。听不懂的原因有二：一是这里的人虽则都是在说英文，但是来自世界各地，澳洲的、加拿大的、美国的、欧洲大陆的之外，还有亚洲的、非洲的，口音各有不同，而且在席明纳里都是即兴发的言，不是文言，而是土话。其次是材料具体，富有地域性，地理不熟，人类学知识不足，常常会听得不知所云。我们这些小伙子就躲在墙角里喷烟，喷喷就慢慢喷得懂了一些，也就觉得它的味道不薄了。[①]

费孝通说，在席明纳的进行过程中，作为主持人的 Malinowski 并不多说话。他利用主要发言人所讲的内容来提出问题，把握方向，推动讨论。他不喜欢讲空洞理论。他要求任何人都要围绕调查到的事实说话，不许空谈，自己当然也不例外。有时候，他听到高兴处，就插上一席话，这样的插话就是大家所希望、所珍视的“指导”了。

费孝通正式受业于 Malinowski 后不久，吴文藻因为得到洛氏基金会游学教授奖金的支持，借游学欧美各国的便利，也到了伦

---

① 费孝通著：《芳草天涯》，苏州大学出版社 1994 年 12 月第 1 版，第 33 页。

敦，再次与 Malinowski 晤谈，并作“多月相聚”①，进行了充分的学术交流，进一步确认了双方在社会人类学发展思路上的志同道合。费孝通记述了吴文藻这次访学于伦敦经济政治学院期间的有关史实。

> 民国二十五年岁暮，吾师文藻将离伦敦，设宴辞行。马凌诺夫斯基教授以多月相聚，分握在即，无以为念，即席出《文化论》初稿相赠，举杯作不忘约……
>
> 马氏初遇吴师即引为莫逆者并非偶然。马氏之门人遍各大洲，而独于吾华为缺。马氏尝曰：比较文化论，不能缺少中国，正如世界文化之大成，不能缺少中国也。……马氏原籍波兰，常喜自称为东方人。其对于东方悠久之文化渊源，期待特甚。及见吾师，得闻中国社会学界已自动采用与彼相似之观点，以促研究中国文化，兴奋之余，不能自已。当即集其门下诸生，组织座谈会，以吴师为主体，讨论研究中国文化之方法问题。凡此均表示其对于中国社会学之注意与鼓励。文化论稿之相赠，盖其一端耳。②

宴别时即席相赠的《文化论》初稿，是 Malinowski 在席明纳上所讲文化表格的理论说明，其时并未定稿。“他对发表社会人

---

① Malinowski 著、费孝通译：《文化论》，中国民间文艺出版社 1987 年 2 月第 1 版，“译序”第 1 页。

② Malinowski 著、费孝通译：《文化论》，中国民间文艺出版社 1987 年 2 月第 1 版，“译序”第 1～3 页。

类学理论性的著作是十分慎重的。”“他对自己的每一本书稿总是要经过反复修改后才送出去出版。”[1]费孝通在晚年曾读到经后人整理出版的 Malinowski 遗著 *Scientific Theory of Culture*。他对照自己当年翻译的《文化论》初稿，发现内容并不相同。费孝通推测，Malinowski 当年相赠的那本原稿，后来又几经修改重写，直到去世，仍是堆在桌上或地板上的未定稿。就是这样的一个人，居然肯把远不成熟的初稿赠给吴文藻，同意先译成汉文在中国出版，可见他对中国的社会人类学的成长确实是“期待特甚”，厚爱有加。

费孝通承担起了翻译《文化论》的工作。1937 年暑假期间，他到德国探望在那里留学的二哥费青，并一起去巴登湖度假。在旅游的闲暇当中，他开始了译事。为使这本代表当时社会人类学前沿水平的著述早日和中国读者见面，费孝通仍然采用他当初在瑶山和开弦弓时的办法。“桂行通讯”和“江村通讯”，都是写成一篇，寄出一篇，供报刊及时发表。这次译介《文化论》，也是随译随寄，供遥在国内的天津《益世报》每周一次的“社会研究”副刊采用。他每周译出一节，连续不断，直到译至第 20 节时，接到国内来信，被告知抗战开始，该刊停版，费孝通停止了《文化论》最后几节的翻译工作。

“文化表格”及其理论，是 Malinowski 根据自己从 1914 年到 1918 年在西太平洋上的 Trobriand Islands 参与和观察当地土人的生活所见到的事实中形成的。费孝通说，Malinowski 所描述的

---

① 《从实求知录》，北京大学出版社 1998 年 6 月第 1 版，第 306 页和 305 页。

情况，说明当地是一个人口稀少、和外界相当隔绝的社会，土人在那里经营着初期农业。读着这些描述，自己这一代中国知识分子很容易联想起陶渊明在《桃花源记》中的描写：土地平旷，屋舍俨然，有良田、美池、桑竹之属。阡陌交通，鸡犬相闻，其中往来种作。男女衣着悉如外人，黄发垂髫，并怡然自乐。一片田园风光。Malinowski 在其有关著作中进一步描写了当地生活各方面的活动和享受，透露出那里和平而充满人性的世俗生活气息。这些著作是，1922 年出版的《西太平洋的航海者》(Argonauts of the Western Pacific)、1932 年出版的《野蛮人的性生活》(*The Sexual Life of Savages*)、1935 年出版的《珊瑚岛田园和巫术》(*Coral Garden and Their Magic*)等，皆属田野工作报告。费孝通认为，这些成果是 Malinowski 第一期学术生命的收获和贡献。相应于这一时期的席明纳，意在根据文化的静态分析而提出功能主义的基本理论。

1937 年暑假的非洲之行，使得似乎已经习惯于文化静态分析的 Malinowski 突然置身于一个正在发生文化巨变的大陆。他这样记述了自己的直接见闻与感受：

> 一个乘坐帝国航班的飞机向非洲内陆去的旅客在行途中几乎可以得到对这个大陆文化形态的鸟瞰。当你跟着作为世界最古老文明之一的界石的尼罗河这条蓝色缎带向大陆的心脏前进时，你在尼罗河上游接触到黑非洲的最初一瞬时，看到了尚未受到欧洲丝毫影响的旧式圆形的村落，土人穿着他们老式的衣服——或者光着身子——来往在以牛

棚为中心的周围，每个聚居点明显的孤立状态，呈现出几乎与世隔绝的一片沼泽地带——这一切至少给人一种没有被惊动的非洲的表面印象无疑的在这里我们还能找到非洲原有而后的一个广阔的根据地。

当飞机掠过尼罗人和班图人的边界，很明显的我们正进入一个变化中的非洲。在 Baganda 人中，一座座新造的，方形的，按欧洲式建筑的房屋，即使在天空里向下看，也能见到土人们的服式和装饰品都带着曼彻斯特和伯明罕的味道。道路和教堂，汽车和卡车宣示了我们已进入了一个变动中的世界，两个不同的因素正在合在一起产生着一种新型的文化……①

---

① 这一段引文出自 1945 年 4 月美国耶鲁大学出版社出版的 Malinowski 遗著 The Dynamics of Culture Change：An Inquiry into Race Relation in Africa。费孝通在该书初版五十年后见到其复制本时，尚未见到汉译本。他读了原著，谈到书名时说："书名直译应该是《文化变迁的动力学——非洲种族关系的探讨》，我自作主张简称《文化动态论》，用意是想略去马老师对三十年代非洲诸民族在殖民主义下受到摧残土人生活的具体叙述和分析。因为经过了半个多世纪，非洲民族情况已有很大的变动，对我们主要只有历史意义……这里不妨直接从这段历史的教训入手来谈谈当今我们这些社会人类学者应当怎样去延伸和发展马老师所提出的有关文化动态论的一些重要观点，来开拓我们这门学科的前景。"作为北京大学教授，费孝通在参加北京大学百年校庆国际学术系列讲座"二十一世纪：文化自觉与跨文化对话"（1998. 6. 15 ~ 6. 28）时，提供的讲稿是《读马老师遗著〈文化动态论〉书后》一文。文中有他直接从 Malinowski 这本原著中译出的片段，系本注引文之来源。

以“今天的人类学”来定位的席明纳，不仅是Malinowski把志同道合者聚集在“人类学的前沿”之所在，也是他驱策自己时时保持“赶上时代”的状态之手段。要确保“今天的人类学”货真价实，前提是确保时刻关注“今天”人类生活现实的精神状态与实际工作。在当年的“今天”，对Trobriand岛上土著居民生活的关注，使Malinowski赶上了从书斋走向田野的时代，得风气之先。表现在席明纳里，是“文化表格”和功能学派的理论。在当下的今天，对非洲大陆文化变迁格局的关注，又使他赶上了从静态分析转向动态分析的时代，仍是开风气之举。表现在席明纳里，是“三项法”及其行将导出的“文化变迁的动力学”理论。从费孝通的有关叙述中可知，Malinowski观察到文化变迁的事实后，曾用十分沉重的自责之词批评自己一度抱持的静态眼光。他这样做，自有其用意。但是作为后人，我们如果能够明智地避免以今论昔，当能更多地看到，Malinowski不断进行的建设性思考和对文化现实的追踪观察，在实际地推动着那个时代的人类学一步步地取得进展，在带动着同人们一步步地走向人类学前沿。

四、良师益友

Malinowski对费孝通的培养，不光是在席明纳里，其他地方也多有用心之处。当初，他从R. Firth手上把费孝通接到自己门下的时候，曾嘱咐这个新徒弟“赶快搬个家”，说明他对费孝通的校外生活也有所考虑。

Malinowski希望改变费孝通居住和生活环境。他介绍费孝通住到他的一个朋友家中，位于伦敦的下栖道，是个文化艺术家聚集之区。Malinowski 的这位朋友是一位四十多岁的夫人。她的父亲是位人类学家，写过很有名的著作；丈夫生前是陆军的一个师长，在第一次世界大战前线阵亡。她有优厚的抚恤金，本不需要出租房屋以取得经济收入。但她乐于和文化人交往，也因父亲的关系认识不少印度的学者，和尼赫鲁也相识。尼赫鲁的儿女到英国留学，就托她照顾。Malinowski 介绍费孝通到她家中去住，可能是希望这个新徒弟受一些英国中上层社会气息的熏染。

在这位夫人心中，英国文化是最好的。她受了高朋之托，对费孝通管教颇严，有意识地要使这个年轻的中国人英国化。她请客时，费孝通得和其家人一样参与其间。有朋友到家中喝茶，她也要费孝通侍坐在旁。可是费孝通生性不喜欢这一套，这样的场合总是让他别扭得发慌，直想逃掉。

费孝通说他不喜欢住在这位夫人家里，喜欢到 Malinowski 家里去。那里有他所倾心的学术气氛，有老师著书立说的工作现场，有 Malinowski 的谈笑风生和大发雷霆，有师徒两人之间慢慢滋生出来的叔侄一般的亲情……①

席明纳是 Malinowski 指导学生学习的主要场合。一般情况下，伦敦经济政治学院人类学系的学生都可以到场听取讨论。

---

① 费孝通在 1987 年 10 月进行的一次回忆中说："每次讨论班之后我们常去他家里。他是单身，妻子已去世。所以我们去他的厨房里给他做点吃的。这可怜的老人。我和他很亲切，不拘礼节。他有时称自己是我的'叔叔'。"《从实求知录》，北京大学出版社 1998 年 6 月第 1 版，第 452 页。

在讨论中，Malinowski“总是听着。他是奇才。他有值得夸耀的头脑，敏捷的反应，他领会得深刻。他说的很少，但总能说到点子上。他立论明确。通过参加这种讨论会，你能学会怎样探讨问题，怎样分析，怎样阐述。”[①]在席明纳之外，由他直接指导的学生，还有机会到他家里，通过参加他的著述工作进行学习。

Malinowski是在1919年结婚，夫妇俩曾养育了三个女儿。到费孝通受业于他门下的时候，他已丧妻数年，一人独居，生活孤独，衣食从简，而且很不规律。他多数时间是在外边吃饭，轮到自己在家吃时，为图省事，烤几片面包，开一听罐头，也就对付过去一顿。为此，弟子们到他家去，总要为老师做点吃的，顺便清理一下厨房，扔掉他用过的些瓶瓶罐罐。

Malinowski家中的书房，比他在系里举行席明纳的工作室还要乱。不但桌子上堆得满满的，地板上也是东一叠西一叠的稿纸，让人难于插足，却又不能乱动。他因为高度近视，用眼吃力，所以形成了一种自己口述、他人记录的著述方法。他的秘书和学生有义务给他念他的稿子，他闭上眼睛听，听了就说，说了就有人记下。由于他同时在写好几本稿纸，往往是拿起这一本念念，改上一段，又拿起另一本念念，加上一节。今天改过，明天又改。许多稿本到他去世都还没有定稿。

> 在旁听他怎样修改他自己的著作，对一个学生是很有好处的。普通我们读的书，都是成品，从成品看不到制造的

① 《从实求知录》，北京大学出版社1998年6月第1版，第451~452页。

过程，而一项手艺的巧妙之处就在制造过程里。成品可以欣赏，却难于学习，但是谁有机会看到一个学者创造思想成品的过程呢？……席明纳是创造思想成品的一个步骤，单靠这个步骤还是完不成成品。“登堂入室”又看到了这个过程的另一工序。他有时也要征求学生的意见，这样说成不成，那样说好不好，一字一句全不放松……

还有一种场合他也要打电话把学生叫去，凡是有朋友来和他讨论问题，他觉得那个学生旁听一下有益处时，他就要把他传呼去。有一次，他和一个波兰学者谈得高兴了，忘记旁边还有异乡人，大讲其波兰话。他曾和我说，学术这个东西不是只用脑筋来记的，主要是浸在这个空气里。话不懂，闻闻这种气味也有好处。……他从来没有指定什么书要我念，念书在他看来是每个学生自己的事。他也从来不考问我任何书本上的知识，他似乎假定学生都已经知道了似的。但是当他追问一个人在调查时所观察的“事实”时，却一点也不饶人，有时甚至拍着他的手提皮箱大发雷霆。他对我可能是有点另眼相看，但是被他呵责也不止一两次。①

Malinowski 的席明纳藏龙卧虎，出过英国“各大学人类学系的台柱”，出过中国的费孝通这样的杰出学者，也出过非洲的

① 费孝通著:《芳草天涯》，苏州大学出版社 1994 年 12 月第 1 版，第 41 ~ 42 页。

Kenyatta(独立肯尼亚共和国的首任总统)这样的卓越政治家。在伦敦经济政治学院的同学当中,这是一个让费孝通终身难忘的兄长。

费孝通第一次走进 Malinowski 主持的席明纳的那一天,Kenyatta 是同学中第一个和他握手的人。当时,费孝通刚在墙角处找到一个座位,Malinowski 的眼光就扫到了他身上。"这是从中国来的年轻人。"所有的同学都听到了老师的大声介绍。费孝通记得,"话犹未息,我身旁有一只巨大、有力、黑皮肤的手紧紧地把我握住,一股热情直传到我的心头。抬眼一看:是个古铜色的脸,下巴长着一撮胡子,目光炯炯,满面笑容,端庄纯朴,浑重真挚。耳边听到轻轻的声音说,'我叫肯尼雅塔。'这是我平生第一次和非洲的黑人兄弟握手。"①

这一握,让当时人地两生的费孝通倍觉温暖。亚洲非洲关山万里,两颗爱国之心豁然相通。Kenyatta 生于 1891 年②,长费孝通将近二十岁,他们相处得像是一对兄弟。费孝通喜欢这位体格魁梧健壮、望上去像是一尊雕像的非洲兄长,喜欢他英勇果

---

① 费孝通著:《杂写甲集》,天津人民出版社 1982 年 10 月第 1 版,第 83 页。

② 费孝通在 Kenyatta 去世后读到的一本别人为他写的传记中得知,Kenyatta 并不知道自己的出生年月。"一个在东非殖民地草原上放羊的孩子,有谁会替他记下生日呢?"(费孝通语)。本传所采用的"1891 年",依据是《简明不列颠百科全书》。但该书的 Kenyatta 辞条只有生年,而无出生月日,证明费孝通读到的 Kenyatta 传记所说不虚。与此形成鲜明对照的是,和 Kenyatta 在该书同一页记载的英格兰国王爱德华二世的幼弟 Edmund Plantagenet,生卒年却有 1301. 8. 5 ~ 1330. 3. 19 的详尽记录。虽然其辞条仅百余字,而 Kenyatta 辞条达九百字。

断的性格。

Kenyatta 成年以后曾在内罗毕的公共工程部就职，后来转到内罗毕市议会工作。1930 年 3 月，他参加汉堡国际黑人工人大会，在《泰晤士报》发表政见。到费孝通在 Malinowski 的席明纳里见到他时，"他已经两次访问过苏联，在德国汉堡参加过国际黑人工人会议，并且在柏林进行了一个时期的地下工作，终于逃出纳粹的虎口，到伦敦来'上学'。这段历史居然会瞒过伦敦监视着他的帝国特务，甚至在他被搜查时，始终没有被想置他于死地的人们抓住任何把柄和口实，能在伦敦居住了 17 年，成为非洲人民要求独立解放的喉舌。"①

后来，费孝通在留学期满返国之前，读到了 Kenyatta 在伦敦出版的著作《面对肯尼亚山》。这是一部关于吉库尤族人民传统生活的研究论著。费孝通说：

> 我很爱读这本书。……难忘的是在这本书里跳跃着的那颗热爱祖国，热爱民族的心。我为他那股斥责殖民者伪善的劲而叫好。我当时没有觉察到的是，他不仅是个文笔生动的作家，而且还是个久经锻炼的实干家。就在他和我们一起讨论学术问题的同时，他更大的精力，更多的时间是花在为非洲被压迫民族争取和平自由的斗争中。②

---

① 费孝通著：《杂写甲集》，天津人民出版社 1982 年 10 月第 1 版，第 85～86 页。

② 费孝通著：《杂写甲集》，天津人民出版社 1982 年 10 月第 1 版，第 85 页。

> 我从马林诺斯基教授对他那种亲切和悦中带着器重钦佩的态度里，体会到他们师生之间存在着一种内心的契洽。这位老师无疑是赏识着这个学生特具的品质和他将在人类历史中扮演的角色……如果这位老师本人没有亲自受过民族被分裂，亲友受欺压的痛苦，我想他是不可能流露出对这位学生的那种深情厚谊的，而这些溢于言表的情谊也就不会那么强烈地引起我这个来自正在蒙受侵辱的东方大国的青年的领会。[1]

费孝通在伦敦经济政治学院留学的这两年，是他所受"当时的正规教育的全部过程"的顶端时期，也是对他此后的学术道路和方向产生最重要影响的求学时期。他在国际人类学界的学术地位是在这个时期奠基。

五、完成学业

台湾《联合报》曾发表过一篇题为《也谈费孝通和钱钟书》的文章[2]，谈到费孝通的留学生活，说"老费到了伦敦之后，把在国内写好的论文底稿去给指导教授一看，那位英国权威立刻表示，他可以马上把博士的学位授予老费，但是根据学校规章，不住满

---

① 费孝通著：《杂写甲集》，天津人民出版社 1982 年 10 月第 1 版，第 84 页。

② 该文由周榆瑞撰写，发表于《联合报》1979 年 8 月 4 日。文中引田汝康的话说费孝通的留学生活。

一年(One year's residence),没有领学位的资格。所以,老费事实上脚刚踏进伦敦政治经济学院,博士便到手了”。

事实上费孝通在伦敦留学的时间是两年。从两年中的一些史实看,博士学位的到手似乎不至于轻松到不费吹灰之力。

费孝通刚进入伦敦经济政治学院人类学系并与 R. Firth 作过第一次交谈之后,曾按注册处的要求参加了一次英文测验。这次测验给了费孝通这样一种印象:“我的英文程度固然低,但用笔来回答还可以敷衍过去。”①可是,当他开始进入 Malinowski 的席明纳、进入他在两年内要经常接受的常规训练课程时,常常听得不知所云。原来,“用笔来回答”在那里是派不上用场的。他只有努力去适应那些带着世界各地口音的、即兴讨论发言的语言环境。费孝通在后来写的《工党一年》译者序中,回忆当时自己曾专门下工夫学习英文的论辩式语言,他写道:

> 我以前在英国读书时,每天早上总要费半个钟头读《泰晤士报》的巴力门辩论节略,我的目的不在政治,而在学英文。这里面有着最漂亮、最动人的现代文学。②

Malinowski 别具一格的席明纳,要求参加者具备一种特殊的听力和口头表达能力。费孝通下工夫从英国国会的论辩节略中学习英文,有助于他更有成效地参与席明纳的学习。过了这一

---

① 费孝通著:《芳草天涯》,苏州大学出版社 1994 年 12 月第 1 版,第 28 页。
② 费孝通著:《芳草天涯》,苏州大学出版社 1994 年 12 月第 1 版,第 206 页。

关,书面表达能力又是一关。用笔来回答入学测验题,和用英文写作博士学位论文,远不是一回事。费孝通当初敷衍过了入学测验,到了 Malinowski 在床前逐章逐段逐句听他念自己的论文稿时,却敷衍不过去了。

> 当我写论文时,写完了一章就到他床前去念,他用白布把双眼蒙起,躺在床上,我在旁边念,有时我想他睡着了,但是还是不敢停。他有时突然从床上跳了起来,说我哪一段写的不够,哪一段说得不对头。直把我吓得不知所措。总的说来他不是一个暴躁的人,最善诙谐,谈笑风生。他用的字,据说比一般英国人还俏皮和尖刻。他最恼我的是文字写不好。他骂我懒汉。其实我已尽我所能了,但总是不能使他满意。他实在拿我没办法,又似乎一定要保我过关,只好叮嘱一位讲师,替我把论文在文字上加了一次工。[①]

费孝通的学位论文,不仅要在 Malinowski 家中接受老师严格的挑剔,也要在席明纳里的同学以及各地来的学者面前宣读,并作为讨论题目。"该论文中主要的几章都在他主持的有名的'今天的人类学'讨论班上宣读、讨论、修改、重写过的。"[②]

留学期间,费孝通是学校图书馆的常客。他回忆说:"我初

---

① 费孝通著:《芳草天涯》,苏州大学出版社 1994 年 12 月第 1 版,第 42 ~ 43 页。

② 费孝通著:《江村经济》("马林诺斯基序"),江苏人民出版社 1986 年 10 月第 1 版,"著者前言"第 2 页。

到伦敦经济政治学院念书时，在开架的图书馆里，我可以自由地不经什么手续取阅架上任何我想翻阅的书，我竟成了饥不择食的来客。不到闭馆时间，我终日可以不离座位。这是一种一生难得的享受，正如在知识海洋里自由游泳，其乐无穷。就在这种愉快的心情下，我写出《江村经济》一书，我的第一本著作。"①

在第一本著作的第一章，费孝通表明，他从自己所描述的一个村庄的农民生活中看到了大多数中国农村都在经历着的"一个巨大的变迁过程"。面对这一现实，作为一个有良知、有道义、有责任感的社会科学研究者，他明确地表达了自己的研究动机、基本观点与信念。

> 本书将说明这个正在变化着的乡村经济的动力和问题。
>
> 这种小范围的深入实地的调查，对当前中国经济问题宏观的研究是一种必要的补充。在分析这些问题时，它将说明地区因素的重要性并提供实事的例子。
>
> 这种研究也将使我们进一步了解传统经济背景的重要性及新的动力对人民日常生活的作用。
>
> 强调传统力量与新的动力具有同等重要性是必要的，因为中国经济生活变迁的真正过程，既不是从西方社会制度直接转渡的过程，也不仅是传统的平衡受到了干扰而已。……正确地了解当前存在的以实事为依据的情况，将有助

① 《中国图书商报》1996年8月23日'96IFLA大会特刊费孝通专文《世界新格局的图书馆》。

于引导这种变迁趋向于我们所期望的结果。社会科学的功能就在于此。

……

如果要组织有效果的行动并达到预期的目的,必须对社会制度的功能进行细致的分析。而且要同它们意欲满足的需要结合起来分析也要同它们的运转所依赖的其它社会制度联系起来分析,以达到对情况的适当的阐述。所以社会科学应该在指导文化变迁中起重要的作用。

中国越来越迫切地需要这种知识,因为这个国家再也承担不起因失误而损耗任何财富和能量,我们的根本目的是明确的,这就是满足每个中国人的基本需要。大家都应该承认这一点。一个站在饥饿边缘上的村庄对谁都没有好处。从这个意义上说,对这些基本措施,在中国人中间应该没有政治上的分歧。分歧之处是由于对事实的误述和歪曲。对人民实际情况的系统反映将有助于使这个国家相信,为了恢复广大群众的正常生活,现在迫切地需要一些政策。这不是一个哲学思考的问题,更不应该是各学派思想争论的问题。真正需要的是一种以可靠的情况为依据的常识性的判断。[①]

经过老师的责问与挑剔,同学的讨论与评点,自己的修改与

① 费孝通著:《江村经济》(“马林诺斯基序”),江苏人民出版社 1986 年 10 月第 1 版,第 1～4 页。

重写，费孝通终于完成了博士论文的写作。此时的费孝通，能更深地体会恩师的苦心孤诣。这使费孝通的心情并不容易轻松下来。他在博士论文的谢词中写到 Malinowski 说："过去两年来，他对我知识上的启示和亲长般的情谊使我感到对他一生具有承上启下的责任——以我的理解说，我必须在建立一门研究人的科学以及在使一切文明之间真正合作上分担他那沉重的负担。"①

1938 年春季的一天，费孝通在伦敦经济政治学院作为哲学博士待位生的结业考试在 Malinowski 家中举行。主人为这次仪式准备了酒。伦敦大学派了一位著名的东方学家作为考官到场。"考试"过程别开生面，富于喜剧性。费孝通记述道：

> 这位"考官"一到，就喝起酒来，举杯为这位老师道喜，说他的这位门生在学术上做出了贡献。接下去使我吃惊的是，他说他的老婆已细细读过这篇论文，一口气把它读完，足见具有很大的吸引力。这句话也可能表示，他自己根本没有看过这篇论文。他说完了这段话，就谈起别的事来了。在他将要告辞时，还是马林诺斯基记起还有考试这回事，就问他是不是在他离开之前完成一点手续，在一张印得很考究的学位考试审定书上签个字。他欣然同意，又喝了一杯酒，结束了这幕喜剧。②

---

① 费孝通著：《江村经济》（"马林诺斯基序"），江苏人民出版社 1986 年 10 月第 1 版，"目录"前的"致谢"。

② 《费孝通文集》第 7 卷，群言出版社 1999 年 10 月第 1 版，第 118 页。

当天晚上，Malinowski 留费孝通在家中吃饭，并通过电话把这篇刚获得通过的博士论文推荐给伦敦 Routledge 书局出版。书局的老板希望 Malinowski 能为论文的出版作序，得到了爽快的回答。在后来写出的序言中，Malinowski 热情洋溢地表达了对这篇博士论文的高度称赞，表达了对其中所包含的道德态度的由衷敬重。他写道：

> 我敢于预言费孝通博士的《中国农民的生活》（又名《江村经济》——译注）一书将被认为是人类学实地调查和理论工作发展中的一个里程碑。此书有一些杰出的优点，每一点都标志着一个新的发展。本书让我们注意的并不是一个小小的微不足道的部落，而是世界上一个最伟大的国家。作者并不是一个外来人，在异国的土地上猎奇而写作的；本书的内容包含着一个公民对自己的人民进行观察的结果。……是一个实地调查工作者的最珍贵的成就。
>
> ……
>
> 此书的某些段落确实可以被看作是应用社会学和人类学的宪章……
>
> 费博士著作中的原理和内容，向我们揭示了现代中国社会学派的方法论基础是多么结实可靠。……对农村生活、农民生活资料、村民的典型职业的描述以及完美的节气农历和土地占有的准确定义等都为读者提供了一种深入的确实的资料，这在任何有关的中国文献中都是十分罕见的。
>
> ……

> 作者的一切观察所具有的特征是，态度尊严、超脱、没有偏见。当今一个中国人对西方文明和西方国家的政治有反感，这是可以理解的。但本书中未发现这种迹象。事实上，通过我个人同费博士和他的同事的交往，我不得不羡慕他们不持民族偏见和民族仇恨——我们欧洲人能够从这样一种道德态度上学到大量的东西。[①]

有 Malinowski 承诺作序，这部著作很快得以发排。到费孝通离英返国动身之前，他已看过书局送达的该书清样，并看到了 Malinowski 所写的序言。费孝通说他动身前只是把序言粗粗看了一遍，无暇细细品味老师对自己的博士论文何以给予如此高规格而充分的评价，再加上国内战火蜂起，他忧心国事，返国心切，很难有一举成名的喜悦。时隔半个多世纪，费孝通在 1996 年春写下的《重读〈江村经济·序言〉》中的一段话，多少反映出了他当年和后来的一些心情——

> 马老师看重《江村经济》的原因，到现在我才有了进一步的体会，可能是他在我这本书的骨子里看到了一些所希望培育的苗头。也许他曾考虑过，吴文藻老师所带领的这个小小队伍有可能就是实现他的宏图的一个先遣队，为人类学跨过“野蛮”进入“文明”进行一次实地探索。我当时实

① 费孝通著：《江村经济》（“马林诺斯基序”），江苏人民出版社 1986 年 10 月第 1 版，“序”第 1～6 页。

在不太能领会他说“社会学中国学派”时的期待心情。我曾多次坦白地说过，这本《江村经济》在我是一棵“无心种下的杨柳”。当时我哪里会有这种本领看出了马老师的用心？经过了三十年的坎坷境遇之后，才如梦初醒，在1985年不自觉地吐出“愧赧对旧作”这句话。今天又过了十年才进一步发觉当时感到愧赧的原因是辜负了老师当时的这片心愿。[①]

① 《从实求知录》，北京大学出版社1998年6月第1版，第354～355页。

第五章

风雨如晦

现在很可能有人会不太明白,为什么一个所谓“学成归乡的留学生”会一头就钻入农村里去做当时社会上没有人会叫好的社会调查。《禄村农田》却的确就是这样开始的。我初次去禄村的日子离我从伦敦到达昆明时只相隔两个星期。为什么这样迫不及待?《江村经济》最后一段话答复了这个问题。我当时觉得中国在抗战胜利之后还有一个更严重的问题要解决,那就是我们将建设成怎样一个国家。在抗日的战场上,我能出的力不多。但是为了解决那个更严重的问题,我有责任,用我所学到的知识,多做一些准备工作。那就是科学地去认识中国社会。

费孝通:《云南三村·序》(1987)[①]

一、一头扎进农村

从英国回中国,费孝通买了价格最低的统舱票。这样既可

① 费孝通、张之毅著:《云南三村·序》,天津人民出版社1990年版,第3页。

以和处于社会底层的人们接触、交谈、交朋友,还可以节约些钱。这笔钱对初回国内的费孝通很重要,如果一时得不到研究经费支持,他仍然能开始去搞他愿望中的农村社会调查。

在船上,费孝通结识了一些温州青田人。一年前,费孝通到德国度假的时候,曾见到过上门卖货的青田人。在回国途中又闻乡音,自然亲切。他们告诉费孝通,长期在外,做点小生意,惨淡经营,挣下的钱要带回家乡,盖一座房子,修一个坟。办好这两件事,就算是功德圆满地叶落归根了。这些人长年漂泊在外,艰辛历遍,如今告老还乡,心有所安,给费孝通留下了很深的印象。

据费孝通回忆,他们乘坐的法国轮船在当时仍由法国控制的西贡停泊的时候,接连听到国内广州和汉口沦陷的消息。这使他们不能不舍舟登陆,取道越南,进入抗战后方的云南昆明,到了战时中国知识分子荟萃之地。

在这之前,费孝通初读社会学时的恩师吴文藻已离开北平,到了昆明。离开燕京大学前,吴文藻已同云南大学联系好,用英庚款在云南大学开设社会人类学讲座,由他主持。到了云南大学,吴文藻又建立起了社会学系,并担任系主任。同时,他还受燕京大学的司徒雷登委托,成立了燕京大学和云南大学合作的“实地调查工作站”。这为学成归国的费孝通准备了继续进行农村调查的基本条件。他说:“从英国回国,我直奔昆明参加吴文藻主持的云南大学社会学系,并开始成立一个小小的研究班子,称社会学研究室……”①

费孝通在英国留学期间，与国内的师友和发表社会人类学成果的报刊保持着经常的联系，通过一封封书信和总题为“伦市寄言”的系列文章，表达自己对学科建设的看法。费孝通认为：

> “到实地去”是我们认为最正确的求学之道。这一点也许和我国传统的见解不十分相合。以前的学者认为学问是在书本上，这种见解有两点是不很正确的，第一点，他们假定我们所需要的知识已经为前人所获得；第二点，他们假定前人所获得的知识已经写在书本上了。我们若不能接受这两个假定，自然应该另辟新路。②
>
> 我们有我研究中国社会树立基石的责任，现在我们还是空言多于成就，我们还没有以事业来证实我们签出的支票是可以兑现，而且，更使我们常常发忧的就是如何能继续及发扬我们过去三年朋友中奋发团结的精神，不问收获、但问耕耘的态度。③

很明显，在费孝通看来，“新路”就是实地调查，“兑现”“支票”的途径还是实地调查。这两段引文表达出他对于学问之道

---

① 《略谈中国的社会学》，载《高等教育研究》（湖北武汉华中理工大学主办），1993 年第 4 期。费孝通所说的“社会学研究室”即冰心在《我的老伴——吴文藻》一文中说的“实地调查工作站”。

② 《伦市寄言（三）· 关于实地研究》，载《天津益世报》1937 年 3 月 10 日。

③ 《伦市寄言（一）· 本刊三年的回忆》，载《天津益世报》1936 年 12 月 2 日。

的自觉意识,也透露出他渴望躬身实践的急迫心情。这种心情促使他一旦修完学业就尽快返回祖国。尽管他知道国内战云密布,研究条件将十分艰苦,但他还是决意"和同胞们共赴国难",要在国土上参加"烽火中的讲学"。

当时,由于卢沟桥事变后北平和天津相继沦陷,北京大学、清华大学和南开大学被迫南迁,一大批杰出的中国知识分子聚集在昆明,冯友兰、陈寅恪、闻一多、朱自清、沈从文、杨振声、曾昭抡、钱穆、唐兰、吴晗、冯至等等一流的学者、教授、作家都在其列,可谓群贤毕至,形成了一种极为特殊的文化景观。

当时,费孝通已经认定,自己一生的目标是了解中国的社会。他知道,这个研究对象固然具体,但又是个幅员辽阔、历史悠久的国家。从哪里入手呢?费孝通认为,科学研究必须有真实可靠的资料为依据,而真实可靠的资料是出自自己的观察和搜集,所以应该一开始就对实地调查给予充分的重视。研究社会,就得留心观察人们的实际生活,并且要从社会的基层入手。在中国,就要从广大的农村开始,到农村里去全面观察农民的生活。要想正确地认识中国,必须首先认识占人口绝大多数的农民。这样一种基本认识,确定了费孝通以农民为基本对象和以实地调查为基本方法的研究方向。只研究农民和农村,当然还是不能全面了解中国社会,但认识全局只能从认识局部开始。了解农民和农村是了解中国社会的必由之路。"中国农民的生活"既是费孝通博士论文的题目,也成了他一生学术研究中一大主题。

费孝通后来曾多次表示,他的江村调查是无心插柳之举。

在他晚年的一次回忆中,甚至说“《江村经济》是起哄起出来的”。在这种情况下,实地调查的时候也许很少有意识地去想更深一层的问题。但是,当他坐在伦敦经济政治学院的图书馆里写作博士论文的时候,就不能不把问题引申一步了。

> 当我在分析江村的材料时,就感觉到土地问题决不能视作一个独立的问题。一地方土地制度的形态其实是整个经济处境一方面的表现。若是要解释江村佃户充斥的现象,我们决不能忽略了该地手工业崩溃的事实。用手工业崩溃和现代工商业势力的侵入来解释江村土地制度的现象,是我个人的一种见解。这种见解可否成立,单靠江村的材料是不足为凭的。我们得把这个见解当作假设,在不同型式的农村社区里加以考核。当时,我就发生了下列的问题:一个受现代工商业影响较浅的农村中,它的土地制度是什么样的呢?在大部分还是自给自足的农村中,它是否也会以土地权来吸收大量的市镇资金?农村土地权会不会集中到市镇而造成离地的大地主?当我写完那本《江村经济》时,心头搁置这许多不能解答的问题。[①]

费孝通带着这些问题回到国内。解答这些问题,实际上并不困难,只需要去到具体的地方,了解到足够的事实就可以了。所以,一到云南,费孝通就非常高兴,他觉得有机会去具体研究

---

① 费孝通、张之毅著:《云南三村》,天津人民出版社 1990 年版,第 9~10 页。

这些问题了。在中国版图的西南角里,应该很容易找到一个和现代工商业发达的都市距离较远、较为隔膜的农村。找到这样的农村,搁置在心头的那些问题就有希望得到答案。

1938 年 11 月 15 日,费孝通启程,到昆明西约一百公里的禄丰县的一个村子里开始他回国后的实地调查。在以后的笔记、著述和讨论中,费孝通称这个村子为“禄村”。

当时,费孝通感兴趣的题目是土地集中和不在地地主(即不住在农村里经营农业的地主)。他对禄村所作的第一次调查,是从 1938 年 11 月 15 日到 12 月 23 日,为时近 40 天。

进入 1939 年,费孝通开始在云南大学授课,并在西南联大兼课。既有授课之职,不便长期离校。他就因时制宜,在授课之余把调查材料整理成文,并以初稿请教于师友,多次改写。这年暑假,费孝通又赴禄村,作第二次实地调查。从 8 月 3 日到 10 月 15 日,历时七十多天。在禄村,费孝通一边校核已有的数据、论据,一边考察将近一年里禄村经济的变迁情形。同时,考虑到一己之见或有所偏,加上研究队伍已有扩大,他坚持和同行的张之毅、张宗颖一起作实地观察,一再考核,反复校订,并根据这次调查的结果又把原稿重写一遍。后来,这项调查成果在吴文藻主编的社会学丛刊乙集出版,名为《禄村农田》。

费孝通从事实中看到,禄村的不在地地主为数很少。这个内地农村以小土地所有者雇工种地为特征。村民生活来源以农田为主①，工商业并不发达，没有积累资本的来源，也不会发生江村那样的农村工业的衰落，因此农民不需要从外面借贷。这应该是禄村不在地地主制未能发生的原因。

对禄村的第二次实地调查完成于1939年10月15日。紧接着，费孝通就开始下一步的调查。三天后的10月18日，他和张之毅一道从昆明出发，去寻找一个内地手工业较为发达的农村，以便和以农田为主的禄村作比较研究。他们走了六天，找到了易门县的一个村子。依“江村”、“禄村”的名称之惯例，该村被他们称为“易村”。

张之毅记下了他和费孝通一同寻找易村的过程。

> 当时我们找不到一张详细而正确的地图，也没有一个熟知易门情形的向导，就贸然上道了。因为我们图以后进行工作的便利，所以决计去易门县城和当地地方当局接洽一番。由昆明乘汽车到艾家营，宿老鸦关。从此舍车就马，全是山路。十九日来到米川，二十日到易门县城，二十三日到小街，二十四日到川街，二十七日到大江边，择定了易村

① 张之毅在其所著《易村手工业》的第一章描述道：“费孝通先生、张宗颖先生和我，曾几次在禄村从事实地研究工作。在那个将近五十方公里的禄村盆地中，满布着青青的苗，和金黄的谷。这就是盆地中星罗棋布的村子的居民赖以生活的主要农作物。在这些田垄间，依南北方向连缀着一串水碾房，象征出禄村的农作物是如何的茂盛。单凭这些粗枝大叶的描写，我们不难看出禄村经济基础是建筑在农业上的。”费孝通、张之毅著：《云南三村》，天津人民出版社1990年版，第228页。

> 为工作地点。全程不过三百里，走了六天，连在易门县城和川街耽搁的日子算在内，一共在旅途上花去了十天，幸亏沿途的区乡镇公所给我们招待和帮忙，使我们部分宿食等问题能得到部分的解决。可是骑在那为运货用的驮马架背上，翻山越岭，涉水穿林；晚上寄宿在野寺荒庙田舍村屋里，那种荒凉寥寂，晨鸡夜犬的情景，也够我们尝尽了内地旅行的艰苦和乐趣。[①]

费孝通经历过坚苦卓绝的瑶山调查，对翻山越岭、涉水穿林、荒凉寂寥、晨鸡夜犬的情景自然熟悉，甘苦皆知，但他也没有想到，易村的工作环境自有其困苦之处。这是个很少有外人走进的村子，在村民眼里，费孝通和张之毅是外地口音、着装奇异的不速之客。他们的到来，给了易村和易村附近的人们一些不小的刺激。在当地人的生活经验中，对于这样的刺激是不习惯的，通常会表现出回避或不合作的态度。这使费孝通和张之毅初到易村时连住宿和吃饭都大感困难。他们不但“曾好几天除了花生外，没有任何其他可以下饭的东西，而且人地生疏，没有半点借径。一切都得硬硬地打入这个陌生的社区中去。”[②]张之毅后来独自一人再去易村的时候，村子里散布着他们会夺去村民生计的谣言，上次租定的房子也不让住了，使他不得不独宿在易村附近山上一座破庙的厢楼上。据张之毅记载，那两夜，庙外

---

① 费孝通、张之毅著：《云南三村》，天津人民出版社 1990 年版，第 230 页。

② 费孝通、张之毅著：《云南三村》，天津人民出版社 1990 年版，第 209 页。

月色如画，江涛如吼；庙里楼板破烂，四壁洞开灰尘狼藉，蛛丝蔓栋。

易村调查就在这样的困境中一点一滴取得进展。村民从拒绝、回避，到不情不愿地敷衍几句，又从一般性的接触，到能深夜倾谈，讲述村中的真实情形和许多秘密。

费孝通仍然关注着易村的经济特点、土地情况和易村与江村、禄村在类型上的不同。后来他曾对一个访问他的学者说：

> 通过以这种社区比较方法，逐个研究不同的农村，我们看到不相同的经济条件发生不同的社区模式，从而识别了……各种农村社区的类型。我们相信，如果我们能这样做下去，把中国农村的各种类型都搞清楚了，我们就会了解那一时期中国农村经济的全貌和发展的过程。云南内地农村调查仅仅是我们的开始。[①]

二、魁阁学风

瑶山调查的时候，是费孝通和王同惠两个人，江村调查是费孝通一人独往，到云南内地农村调查的题目展开时，已能聚合起一些青年人一起去做调查。把他们的理想、才智、热情和实干精神聚合到一起的机构，是附设于云南大学的云南燕京实地调查

① 费孝通著：《从实求知录》，北京大学出版社 1998 年版，第 454 页。

工作站。

费孝通以云南大学教授的名义主持着这个工作站的日常工作。他在《云南三村》的序文中回忆说："1939 年春季我在西南联大兼课，张之毅同志在我班上听课。他从清华大学社会学系毕业后，首先报名自愿参加我主持的社会学研究室。由他牵头陆续有史国衡、田汝康、谷苞、张宗颖、胡庆钧等同志参加，加上云大的教授许烺光先生和燕京大学硕士研究生李有义同志，形成了一个研究队伍。"[①]据谢泳所作统计和研究，这个队伍还包括王康、林耀华、瞿同祖、袁方、陶云逵等，先后进入实地调查工作站的有十几人。[②]

曾在这个工作站从事实地调查的学者和他们的接触过工作站的亲友，在后来所作的一些回忆中，都对当年的情景怀有清晰的记忆和温馨的眷恋。这是一个敬业、乐群、务实、向上、求知心切、工作专注、思想自由、争辩激烈、亲和友爱、朝气蓬勃的群体。费孝通说过，这个学术集体的学风是从伦敦经济政治学院人类学系传来的。这应当和费孝通有意识地借鉴 Malinowski 的教学办法有关。在费孝通的引导下，每个研究人员都有自己的专题，分别到选定的社区去作实地调查。回到工作站里，这些调查专题都会得到集体讨论，再由个人编写论文，完成研究成果。费孝通认为，"这种做研究工作的办法确能发挥个人的创造性和得到集体讨论的启发。效果是显然的。像《易村手工业》这样的论文

① 费孝通、张之毅著：《云南三村 · 序》，天津人民出版社 1990 年版，第 4 页。

② 《西南联大与中国现代知识分子》，湖南文艺出版社 1998 年版，第 113 页。

是出于大学毕业后只有一年的青年人之手，我相信是经得起后来人的考核的。”[①]他所说的这个青年人是张之毅。

费孝通在为《易村手工业》写的序言里的一段回忆，可使我们从张之毅身上推知工作站其他年轻人的事业心和他们与费孝通的融洽关系。这段回忆说：

> 1939年的暑假，之毅和我一同到禄村去做调查工作。我们睡在一间房里，晚上，隔着两层蚊帐，上下纵横的谈起来。年轻人总是善于做梦的。有一次他突然从床上坐起来，撩开了帐子，点了一支烟，很兴奋地和我说：“我想到一个风景优美、与世隔绝的小天地里去住上一年。一家一家都混熟了。你不要来管我，好像忘了我一般。可是我有一天忽然回来了，写好了一本书。”这本是之毅的性格，默默的，装得好像很平庸，可是他在预备，在干，无声无息的，等待有那么一天，叫人对他刮目相识。床头的梦语，谁也不当正经话，说完也就过了。……那年年底，之毅饱受风尘的回来了，没有说半句怨言。他和我住在一起，一行一行的写下了这份报告。禄村小楼上的一句梦话，居然成了事实，至少也可算是我们这几年艰苦生活中的一点小小的安慰。[②]

---

① 费孝通、张之毅著：《云南三村·序》，天津人民出版社1990年版，第4～5页。

② 费孝通、张之毅著：《云南三村》，天津人民出版社1990年版，第208～209页。

1940年，日军飞机对昆明的轰炸越来越频繁，云南燕京实地调查工作站不得不迁出昆明，疏散到昆明附近呈贡县的农村里去。这年冬天，工作站安置于呈贡县的古城村南门外的一座古庙——魁星阁。从此，工作站不仅有了新的站址，也有了一个新的称呼：魁阁。

“魁阁”后来成了中国社会学界流行甚广的一个称呼。

据魁阁成员田汝康回忆，工作站搬入时，魁阁已经十分陈旧。有些木板松动得很厉害，风一吹，就会晃动、碰撞、发出声响。晚上睡觉，时常被这种风吹木板的碰撞声惊醒。因为楼面不大，在三个书架之外，有些书和资料就装在箱子里。研究人员做案头工作也挤在一起。晚上照明是用油灯，自己用棉线做灯芯。生活和工作条件都很艰苦。[①]

从外观看，魁阁是一座四面八角挑檐出厦的阁亭，上下分三层。张之毅的妻子刘碧莹回忆说，那时候，魁阁一楼做饭吃饭；二楼办公，有三四个办公桌；三楼住人，谷苞、史国衡、田汝康等人都住在那里。大家一起工作，一起生活，自有一种困苦中的融洽和亲切。

当时的美国驻华大使馆文化关系专员 Wilma Fairbank[②] 实地访问过魁阁。她记述魁阁的情况时写道：

---

① 参见《费孝通社会学学术思想述评》，载《中国社会科学》，1988年第3期。

② Wilma Fairbank 的汉语名字为“费慰梅”，是美国学界著名的汉学家、中国问题专家 John King Fairbank（费正清）的妻子。费慰梅是一位研究东方艺术的专家，是中国著名建筑学家梁思成、林徽音夫妇的好朋友，也是费孝通的好朋友。

燕大—云大社会学实地调查工作站设在隐没于柏树丛中的知春亭，房顶金碧辉煌，全亭成四方形，三层楼的每一层从窗子看出去都构成迷人的景色。顶层有木佛，一个助理研究员在那里办公。二层没有佛像，有三张桌子，当中一张饭桌上摆着茶壶，三个书架装满书籍和文稿。这里是研究人员办公的地方。有时站长在这里召集会议，研究工作进展情况，一层是厨房和通道。

物质条件很差，但艰苦的工作精神和青年人明确的工作目标，给人以深刻的印象。①

在魁阁的同人中，热烈的学术讨论如同家常便饭。刘碧莹回忆说，这些人都是书呆子，搞调查，写东西，一天到完在一起说调查的事，说各自的看法，晚上不到十一二点不睡觉。他们这帮人干事业不要命的。定好了就分头去调查，回来见面就争论。

美国学界最著名的中国问题研究学者 John King Fairbank②报道魁阁的工作时由衷地赞叹说：

---

① [美]阿古什著:《费孝通传》，时事出版社 1985 年版，第 78 页。

② John King Fairbank(1907～1991)，美国哈佛大学教授。梁思成为他取的汉语名字为“费正清”。费正清多半生致力于中国问题研究，著作等身，弟子成群，成就卓然，被视为美国的美中关系决策的关键人物。1979 年邓小平访问美国，费正清曾作为首脑人物出席了卡特总统所设的晚宴。他也曾成为麦卡锡主义攻击的对象。费正清与中国许多著名学者和政治家成为朋友，十分熟悉中国的历史和传统文化，人称“美国的孔夫子”。

> 费孝通是头儿和灵魂，他……似乎有把朝气蓬勃的青年吸引到他周围的天才。……他的创造性头脑，热情、好激动的性格，鼓舞和开导他们，这是显而易见的。反过来，他们同志友爱的热情，生气勃勃的讨论，证实了他们对他的信任与爱戴。[①]

应该说，费孝通当得起他的同伴们对他的友爱、信任和爱戴。在相濡以沫的工作中，他给自己的定位是"魁阁的总助手，帮着大家讨论和写作，甚至抄钢笔板，和油印。"[②]战时环境严酷，匮乏的资金和物资供应，给魁阁的研究工作带来了很大困难。因为研究经费不足，他们没有条件开展规模较大的研究计划，甚至买不起照相机和胶卷等简单器材以及日常消耗物品。他们的研究成果形成魁阁的出版物的时候只能油印。费孝通在半个世纪之后为《云南三村》作序的时候，还清晰地记得当年他为油印《易村手工业》而花费大量时间、一字一句刻写蜡版的情景。

就在 John King Fairbank 和 Wilma Fairbank 夫妇所看到和感受到的这种物质条件和精神状态中，费孝通以其身体力行推动着魁阁的研究工作，使魁阁保持着当时学科前沿的水准。

David Arkush 评价说：40 年代，费孝通和他的同事、学生们已

---

① ［美］阿古什著：《费孝通传》，时事出版社 1985 年版，第 79 页。

② 费孝通著：《乡土中国》，生活·读书·新知三联书店 1985 年版，第 90 页。

经形成了一个有才华、有前途的学者集团。[①] 对魁阁作过专题研究的青年学者谢泳称魁阁为"中国现代学术集团的雏形"。他认为:"费孝通的个人魅力不仅表现在他的性格和学术水平上,还与他个人的道德水准密切相关。他始终将魁阁作为一个共同合作的学术集团,自己只是其中的一分子,从没有以老大自居。1943年他去美国,亲自将研究工作的一部分译成英文在美国出版。一本是 *Earthbound China*(费孝通张之毅合著),一本是他的学生史国衡的 *China Enters the Machine Age*。对于当时只有30岁出头的费孝通来说,没有很高的境界和宽广的胸怀,是做不到的,这种精神一直在影响着魁阁成员。"[②]

事实上,在魁阁,在费孝通和他的伙伴们之间,精神上的影响是相互的。费孝通影响着年轻、热情、智慧、实干的伙伴,伙伴们的干劲、进步和成绩也在影响着费孝通。50年后,回首前尘,他曾动情地写道:

> 这一段的生活,在我这一生里是值得留恋的。时隔愈久,愈觉得可贵的是当时和几位年轻的朋友一起工作时不计困苦,追求理想的那一片真情。以客观形势来说,那正是强敌压境,家乡沦陷之时,战时内地知识分子的生活条件是够严酷的了。但是谁也没有叫过苦,叫过穷,总觉得自己在做着有意义的事。吃得了苦,耐得了穷,才值得骄傲和自

---

① [美]阿古什著:《费孝通传》,时事出版社1985年版,第79页。

② 《西南联大与中国现代知识分子》,湖南文艺出版社1998年版,第112页。

负。我们对自己的国家有信心，对自己的事业有抱负。那种一往情深，何等可爱。这段生活在我心中一直是鲜红的，不会忘记的。[①]

在写下上述文字之前，费孝通写有这样一段文字："从云南内地农村调查开始的1938年11月15日算起到今天已接近五十年，只差一个月又三天，快整整半个世纪了。"如此精确地盘算自己50年前一段经历的时间，落在纸上，在费孝通的著述中很罕见。

三、艰难时世

1939年，费孝通再婚，妻子叫孟吟。孟吟不属于王同惠那样的学界先进人物，但也是个知识分子，侨居印尼时当过教师。费孝通表示，喜欢孟吟的单纯朴实、乡土气息、勤劳善良和殷勤好客。在费孝通1946年写出的《民主·宪法·人权》一书中，记述有孟吟和教授朋友们讨论政体、竞选、政党、违宪、民意、专制、提审法等问题的场景，可知她也关注国是，想问题。这些品行特点，支撑着她和费孝通在家庭生活中同甘苦，共患难，载沉载浮、相携相依地走过了55年。作为丈夫的费孝通，则觉得孟吟和他结婚后甘少苦多，平安少而动荡多，无忧无虑少而担惊受怕多。

① 费孝通、张之毅著：《云南三村·序》，天津人民出版社1990年版，第3页。

他们结婚后,住在昆明大学区文化巷的一处院落里,位于云南大学和西南联大之间。据费孝通记载,这条巷子后来在日军飞机的一次轰炸中被炸得面目全非,他们家也被炸得窗飞梁断。而在这次轰炸之前,他们夫妇早就习惯了为躲避轰炸而频频疏散的逃难生活。费孝通写的《疏散——教授生活之一章》中说,“跑警报已经成了日常的功课”。

费孝通说,那时警报响得很频繁,最多的时候天天都有。一般情况下,上午10点左右最经常响警报,一跑就是三四个小时,要到下午一两点钟才能回去。跑的次数多了,有了规律,跑警报也成了正常的生活内容,他们为此准备了便于随身携带物品的“警报袋”。每天吃过早饭,孟吟就开始做下一顿饭。警报响时,饭也熟了,闷在锅里,关门走人就是。待警报撤消,他们回来,一加热即可开饭。

当时,费孝通正在赶译 R. Firth[①] 所著的《人文类型》一书。他觉得,翻译一事不大需要系统的思索,有大块的时间当然更好,零碎时间里也能见缝插针地做,可以随断随续,是一种很适合于警报频频时期的工作。费孝通把翻译《人文类型》排成每天的早课,一有预行警报,听到街上行人的声音嘈杂起来,随手就把译稿叠好,再到隔壁面包房买下面包,预备疏散时充饥。孟吟则到厨房把火灭掉,把准备好的东西放进“警报袋”。10分钟内,便收拾停当。空袭警报一响,随时可以出门。

---

① 即本传第五章第二节“登堂入室及其背景”中所提到的那位 Malinowski 的开门弟子。

这样的日子过了很长时间，有身孕的孟吟也得随着跑警报的人群，一次次往返在旷野、山沟和城里大学区之间。直到1940年10月13日那天，炸弹落到了费孝通家住的院子里。他们不得不搬到乡下去住。

费孝通记述了他在那次轰炸后回家时看到的情景——

文化巷已经炸得不大认识了。我们踏着砖堆找到我们的房子，前后的房屋都倒了。推门进去，我感觉到有一点异样：四个钟头前还是整整齐齐的一个院子，现在却成了一座破庙。没有了颜色，全屋都压在有一寸多厚的灰尘下。院子里堆满了飞来的断梁折椽，还有很多破烂的书报。我房里的窗，玻璃全碎了，木框连了窗槛一起离了柱子，突出在院子里。可是房里的一切，除了那一层灰尘外，什么都没有变动。我刷去桌上的灰，一叠稿纸还是好好的，一张不缺。所损失的只是一个热水瓶。这是难于相信的。[①]

费孝通原来就想过，昆明的四乡既然从来没有落过炸弹，不如把家搬到乡下去，一劳永逸地逃避轰炸。如今家已被炸，不想搬也得搬了。他把孟吟送到了呈贡县的朋友家，在古城一个李姓保长家租到了条件很差的厢房。他描述厢房的情况说：

厢房下面一半是房东的厨房，一半是他们的猪圈。楼

---

① 《费孝通文集》第4卷，群言出版社1999年版，第274页。

板的材料并不算太坏，乡下人的东西是结实的，可是板与板之间的缝却没有法子拼得太紧密，所以，楼下的炊烟和猪圈里所免不了的气味也可以上升到这厢房里来。厢房靠院子的一半板壁还没有起，只用草席挡着风。我们希望两件事：把猪圈搬开，把板壁起好，这两件事交涉了半天，只做到了半件，用竹编的篱笆糊上纸做板壁，我们更加上一层幕布，不但光线好，而且又很雅致。至于猪圈一事那是无可商量的，他很不客气地说：猪的收入比全部房租大上好几倍。……出租房子是为了交情，而且带一些救济我们这些逃难难民的性质，并不等钱用。这是实情……我怎能不感激房东主人的好意？他给我这炸弹所不会到的房间，至少减轻了不少生命的威胁。城里的轰炸从那时起一直到飞虎队光临，足足有两年，着实凶恶了不少。在我们的院子里，最热闹的时候，除了房东，住了五家房客！连本来堆柴的小房间都腾了出来住人。我们这间在猪圈上的厢房还算是二等包厢。①

费孝通和孟吟在这个“二等包厢”里一住就是五年。他们搬入是在1940年10月中旬，两个月后，他们的女儿出生了。女儿名叫“费宗惠”，寄托着他们对王同惠的纪念。

女儿的出生给费孝通带来了当父亲的快乐，也给他带来了更大的生活压力。

---

① 《费孝通文集》第4卷，群言出版社1999年版，第276页。

战时生活的艰辛,曾被许多亲历其难的教授记录在笔端。当时在西南联大教授英文的外国朋友 Robert Payne 描写教授们的艰苦生活说:他们忍饥挨饿,营养不良,通货膨胀,贫困,敌机轰炸,住房拥挤,老鼠成堆,疾病流行,药物奇缺,书籍和杂志不足等等。教授们为生活和孩子发愁的情景使 Robert Payne 感到痛心,他觉得昆明美丽的风光与教授们的贫困生活十分不协调。[①]

时任西南联大经济系教授的杨西孟写过一篇题为《几年来昆明大学教授的薪津及薪津实值》[②]的文章,可作 Robert Payne 所说情形的一个实证。杨西孟以 1937 年的物价指数为 100 来计算,到 1939 年,生活费指数上涨至接近 300,此时领到手的 300 元薪津,仅值抗战前夕的 100 元多一点;1939 年下半年,生活费指数将近 500,薪津仍为 300 元,仅值战前的 60 多元;到 1943 年下半年,生活费指数已突破 40000,此时薪津如仍是 300 元,仅值战前 8 元多。

1941 年 1 月 21 日,西南联大工学院的部分教师呈函要求加薪。函文说:

> 窃按昆明物价向较他地为高,迩以多次空袭之后,更见飞涨不已。同人等月入些微之数,衣食难备,家室遑论,生活之苦不待详述。惟念国步艰难,财政不裕,但得多吃一日

① [美]阿古什著:《费孝通传》,时事出版社 1985 年版,第 76 页。

② 载《观察》周刊 1946 年第 1 卷第 3 期。

苦，多做一日事，亦即略尽书生报国之微意。是以各就本位，黾勉从事，不愿历历诉苦。乃生活程度咄咄逼人，再四思缅，实有不得已于言之势。①

1941年11月25日，知名教授华罗庚、霍秉权、马大猷、陈省身、吴晗等54人提议"召开教授大会，共商生计解决办法"，为此拟文——

抗战以来，同人等随校辗转湘滇，四年于兹，努力教学，未敢或懈，献身国家，固未计及个人身家之利害也。年来物价日增，维持生活日感艰难，始以积蓄贴补，继以典质接济。今典质已尽，而物价仍有加无已，生活程度较战前已增加二十余倍。但同人等之薪给，始则七折八扣，迄今收入尚未倍于战前。同人等一家数口，负担綦重，今已罗掘俱穷。告贷无门，若不积极设法，则前途何堪设想。为此特恳钧座从速

① 《清华大学史料选编·三》(下)，清华大学出版社1994年版，第326页。

召集全体教授大会，共商办法，是所至祷。[1]

① 《清华大学史料选编·三》(下)，清华大学出版社 1994 年版，第 328～329 页。1941 年 12 月，西南联大常委会根据该校教授会拟定的函件呈请教育部一函，内容如下：查自抗战以来，物价逐年高涨，而国家给予同人等之报酬初则原薪尚有折扣，继则所加不过十分之一二，以视物价之增高，实属望尘而莫及。同人等极力降低生活之标准，然尚须典卖借贷，始能自存于一时。乃自暑假以来，物价又复飞涨，比于战前多高至三十倍以上：米价于暑假时每公石不过百二三十元，今则二三百元；炭价于暑假时每百斤仅四五十元，今则将及百元；其他物价比于暑假时皆相倍蓰，大略称是。同人等薪津平均每月不及六百元，以物价增长三十倍计，其购买力只等于战前之十七八元，平均五口之家何以自存。同人等昔已为涸辙之鱼，今将更入枯鱼之肆矣。夫守道安贫，固为同人所宜勉；而尊师重道，国家自亦有常经。说者或谓战时军人所得报酬视前亦未大加，后方服务之人不宜有所争论；同人等以为前方将士躬冒矢石，捍卫疆土，国家报功失之于薄，诚为事实，但就维持生活而论，则军人食有军米，衣有军衣，以至住行皆有公给，其不能如此者，则或因环境之特殊，或由经营之未善。以视同人等一切皆须以高价自购者，其待遇优劣亦不难分矣。说者又谓，战时困苦为一般人所皆应忍受，大学师生为民众之表率，不宜先有不平之论；同人等以为，若使后方人士皆与同人等受同等之困苦，则同人等即委身于沟壑亦不敢有微辞。乃事有大谬不然者，姑无论市井奸商操纵物价，转手之间便成巨富，即同为政府机关，而亦有司书录事之职，其薪津即多于教授者，至于自有收入之机关，其人员举动之豪奢尤骇听闻，一筵之资可为同人等数月之薪津！孰非为国服务，何厚于彼而薄于此？“不患寡而患不均，不患贫而患不安。”此先圣之明训，亦国父之遗教，此尤同人等所愿当局注意者也。同人等上不能执干戈于卫社稷，下亦不忍用国家之锱铢如泥沙，故不望如前线忠勇将士之多得实物，亦不愿如后方豪奢机关之阑耗国帑，惟望每月薪津得依生活指数及战前十分之一二。无论数目之多少，总期其购买力能及战前之五十元，俾仰事俯蓄，免于饥寒。庶几风雨如晦，鸡鸣不已，以求国家最后之胜利。区区之愿如斯而已，望转达教育部采择施行，实为幸甚。《清华大学史料选编·三》(下)，清华大学出版社 1994 年版，第 330～331 页。

当时西南联大化学系教授黄子卿所写的一首诗具体而形象地写出了教授们生活的艰辛悲苦:饭甑凝尘腹半虚,维摩病榻拥愁居。草堂诗好难驱疟,既典征裘又典书。

闻一多那样著名的教授同样处于穷困不堪的境地。据史料记载,1940 年,闻一多每月的薪津仅够勉强维持十天半月的家用开支,月月得向学校透支借贷。为全家八口人有饭吃,除实在不能少的衣物外,家中其余器物几乎全被分批寄卖一空,连他从北平带出来的几本线装书也不得不忍痛卖给了清华大学图书馆。同人们看不过去,经梅贻琦、蒋梦麟、杨振声、唐兰、陈雪屏、朱自清、沈从文、罗常培、罗庸等九人发起,后又有冯友兰、潘光旦、熊庆来、姜寅清加入,制定"闻一多教授金石润例",拟定润格为"石章每字一千二百元,牙章每字三千元;边款每五字作一字计,过大过小加倍。润资先惠,七日取件"。即便如此,到 1945 年西南联大西仓坡教职员宿舍落成,闻一多从乡下迁回时,全部家当也只有一只破烂藤椅(历史系孙毓棠教授临去英国前所赠)、一张方桌(吴晗教授从学校借用又转借)、一张书桌(由三块长木板所拼凑而成)、两把椅子、两个小凳和两口破箱子。[①]

收入不足以养家糊口,饮食不足以保证营养。长此以往,在收入透支、财物销蚀的同时,也在透支和销蚀健康与生命。费孝通的哥哥费青教授久病不愈,经济窘迫,不得已,只好把多年苦心搜求的德文、英文、日文书籍以 3000 元价格全部卖给北京大学法律研究所。

---

① 参见《西南联大教育史》,成都出版社 1995 年版,第 165 ~ 167 页。

费孝通一家也在饥寒交迫中勉强度日。物价飞涨，逼得费孝通每次领到薪金就赶快买米，往往是当天就把钱花光，免得第二天又贬值。钱虽用尽，买下的米却远远不够吃到下次领薪。为缓解入不敷出的窘况，多为孟吟承担一些沉重不堪的生活负担，费孝通拼命写稿，卖文养家。他时常到云南大学校门口的茶馆去，在那里等人上门约稿。时间长了，想要费孝通的文章的人都知道去茶馆找他最方便，他的茶位也就成了一个不用事先约定的卖文摊位。

当时，费孝通白天里要为学生授课，又要为家里挑水、做饭，所以，他接下的题目，往往要到晚上才能动笔。许多个夜晚，费孝通都是在为一家人吃饱肚子而写文章。夜以继日，又日复一日，这样的日子成了生活的常态。有时，费孝通暂时驻笔，回身看看饿得哭叫一阵后又睡去的女儿，看看在生活困境中精疲力竭的妻子，就生出一种要在郁闷、压抑、无奈中挣扎、呼喊、爆发的感觉。他在暗夜里想起过 Jack London 所写的《野性的呼声》，他写道：

> 拖了这几年的雪橇，自以为已尝过了工作的鞭子，苛刻的报酬，深夜里，双耳在转动，哪里有我的野性在呼唤？
>
> 看看自己正在向无底的深渊中没头没脑死劲的下沉，怎能不心慌？我盼望着野性的呼声。[①]

---

① 费孝通著：《山水·人物》，江苏人民出版社 1987 年版，第 37 页。

四、“野性的呼声”

1943年1月1日，费孝通写出了《过年过日子与过渡心理》一文。这篇两千来字的文章，虽早已被他的等身著述所淹没，却是接近费孝通的真实心理世界所不可不读的文字。“为什么我们中国人既不痛痛快快地活，却又不爽爽快快地死，不生不死地蛰伏着有什么意思？”这是他当时经常自问的一句话。这个带着警醒意味的问号，引出了一番滋味难言的议论。从中可知，与其把费孝通“盼望着野性的呼声”理解为个人对艰难时世的抗议，不如理解为一个期望古老沉重的中国文化洗心革面的智者的慷慨陈辞。费孝通说：

> Enjoy life 一句是译不出的，也不易为中国人所了解的。我们是老和尚在古庙里暮色沉沉中撞着铜绿的晚钟，他怎能梦想有少女们在红日初升晨曦缭乱里放声高歌？在她们人生是个难得的机会。想！在这个悠悠无垠的大宇宙里怎样的侥幸而我有这瞬息的存在。生命既不可久，何必求它淹留，只要能在这瞬息的存在中充充分分地活它一下，也就不辜负上帝给我这一点恩惠了。不久我又得还到这无知的大地，再来时不知在哪时，要是在这一生虽有了做人的机会而并没有痛快地做个人，不是一件最可遗憾的事么？
>
> ……
>
> 我常说若要明白中国文化的特性，我们必得借鉴于植

物，植物不择地，随处而安；植物不择时，春荣秋枯。中国人讲顺，就是接受一切，不择时择地，更不择命。……我们可以看孩子们不断入穷，弄到穷无立锥之地，既无柏拉图之理想国，亦无但丁的地狱，有的不过是一堆过不完的日子，一年一节地度过去，自己辞世了，儿子们随着再过。“逝者如斯，不舍昼夜。”

……

“不能痛痛快快地活，不如爽爽快快地死”！哪一天中国人能了解了这一句话，他才能在这世界上做自己的主人。这时候我们的欢宴将不在除夕，而在元旦。朋友！生命不应叫岁月来消磨，是要我们去消受的呀。[1]

抗战时期的费孝通，既有“和同胞们共赴国难”的热情，也有从事科学研究的冷静；既有拖雪橇、尝鞭子的坚忍，也有涌动不息的精神岩浆和对美好生活的渴望……极端困苦的时候，他也有过逃避现实的念头。发表在当时的《生活导报》的系列游记文章中，透露出他曾想到深山名寺去消除人间烦恼的心理。张之毅的妻子刘碧莹回忆当年魁阁生活时也谈到了这一点，她记得，张之毅知道了费孝通有走的想法，顾不得情面，当面就嚷：“你走我就跟你上火！”学生能对老师这样说话，可见魁阁的空气之平等和自由，可见这个学术团体中的相互砥砺不仅限于知识和学术，也有精神品格方面的内容。事实上，费孝通是“走”不了的。

① 《费孝通文集》第3卷，群言出版社1999年版，第50～53页。

后来,费孝通到大理讲学的时候,真的有了进深山、入名刹、打坐参禅的好机会,可是还没等到入山,他已经不想去了。和他同往讲学的潘光旦说:“孝通到大理不满一星期,已经是兴尽思归,倦游知返,一心依恋着回家过新年,满腔满脸表现着思乡病的症候……”①

那是1943年2月,费孝通和潘光旦、曾昭抡、罗常培、陶云逵、燕树棠、蔡维藩、孙福熙、张印堂、张文渊同往大理讲学。讲学之后,回家心切的费孝通在他人的动员催促下才上了朝山之路。既来之,则安之,且写之。费孝通以其敏锐的感觉、丰富的想象和灵动的笔触写下了总题为“鸡足朝山记”的一组小文。这组文章,当时分节发表于《生活导报》,数年后被费孝通编进一个集子。他在为这个集子写的“题记”中说:“对我自己说,这里所收的文章,比起其他我所写的,更亲昵些,因为这些多少是私人感情的记录,事后翻出来看看,会引起许多不太平常的回忆。”②这话固然不是专指“鸡足朝山记”而言,但是能有机会在一段时间里脱出沉闷生活的常轨,呼朋唤友,结伴讲学,先访名城,再游名山,其中的人生快意确不常有。事实上,“鸡足朝山记”的文字也确实流露出一些平日里费孝通没有更多机会和余兴袒露于人的情怀。

一同前往讲学并游历大理的十位教授都喜游览,只是喜欢的程度和方式不一,潘光旦依其不同而分为“三派”。“第一派

① 费孝通著:《山水·人物》,江苏人民出版社1987年版,第12页。

② 费孝通著:《山水·人物》,江苏人民出版社1987年版,“题记”第1页。

最持重，愿意山水送上门来，不愿迁就山水……第二派甘心迁就，但是有条件的，就是附带的要做些学问……第三派最莫名其妙，好像是最想学'醉翁之意不在酒'的六一居士，但若说真'为游览而游览'，却谁也当不起。"[①]潘光旦把费孝通列入第三派，他说：

> 孝通倒像属于这第三派的正宗。他的惰性最大，每次出行，无论远近，都要有人推动。我相信他也决不反对有人把山水送上门来。在各种的游览方式中，最合他胃口的，我相信是"卧游"。我又相信，如果没有人和他同行，他可以百里半于一十，或者多二三十，可以随时打回头，可以"乘兴而往，兴尽而归"，并没有一定的目的地。有了，到不到也不关宏旨。在事实上，一路晓行夜宿，"先天下之睡而睡，后天下之起而起"的也总是他。[②]

潘光旦早年就读于清华大学时曾受业于国学大师梁启超，因才智卓异而备受梁启超的赞赏与鼓励。后来，费孝通到清华研究院读书时，成为潘光旦的门生，来往较多，情趣投缘，相知甚深。所以，潘光旦此话既有打趣之妙，亦是知人之论。

费孝通这种可走可停、可往可返、可有可无的"卧游"心态，并不影响他一路对风物人情的敏锐感受和细致入微的观察。眼

---

① 费孝通著：《山水·人物》，江苏人民出版社 1987 年版，第 11 页。

② 费孝通著：《山水·人物》，江苏人民出版社 1987 年版，第 11 页。

光也许是茫然的样子,心里却明察秋毫,待文章写出,尽收笔下。“鸡足朝山记”的开篇之作“洱海船底的黄昏”写道:

> 不论是用橹用桨,或是用桅,船行永远是按着拍水的节奏运动。这轻沉的声调从空洞的船身中取得共鸣,更靠了水流荡漾回旋,陶人心耳。风声,水声,橹声,船声,加上船家互相呼应的俚语声,俨然是一曲自然的诗歌。这曲诗歌非但是自然,毫不做作,而且是活动的。船身和坐客就在节奏里一动一摆,一俯一仰,顺着这调子,够人沉醉。孩子们的摇篮,成人的船,回到了母亲的怀里。①

> 这个年头做人本来应当健忘一些,麻木一些。世已无常而恨我尚不能无情。为了免得自取怅惘,不如关在船底,落日故人,任他岸上美景怎样去惹人罢。②

洱海的黄昏虽然野趣盎然,却不足以激发“这个文武集成旅队”(费孝通语)的探险热情。一旦离水而登山,才见出这些平日里的儒雅君子性情深处。他们放着一条平缓的山路不走,仗着人多马壮,偏要走坡陡路窄的近路,要尝尝冒险探路的滋味。

据费孝通描述,一行人游兴都很高,骑术却各有千秋。罗常培前一夜才在船上练得执缰的姿势,居然能有半天并未落伍;孙

① 费孝通著:《山水·人物》,江苏人民出版社 1987 年版,第 15 页。
② 费孝通著:《山水·人物》,江苏人民出版社 1987 年版,第 14 页。

福熙在马上战战兢兢，目不斜视；费孝通较有经验，策马疾行；曾昭抡则嫌马不够快，不时下马步行。

据说，要论风景，鸡足山并没有特别的雄奇之处，但在传说中它是释迦牟尼的大弟子伽叶修成正果的地方。《五灯会元》最前边那段灵山拈花的著名公案，就发生在鸡足山。这个缘故，使鸡足山虽无风光优势却有文化大名，居然同峨眉山并峙于中国西南。

费孝通在鸡足山金顶读到的一本《鸡山志》上说，此山成为佛教圣地由来已久，佛祖释迦牟尼的袈裟就藏在鸡足山。佛祖圆寂时，叮嘱伽叶，要他守护袈裟，把那些真心向善的人从袈裟上引渡升天。

就是这件袈裟，吸引着历朝历代不知多少善男信女艰辛跋涉，千里朝拜，年复一年，香火缭绕，像是一页定了的历史，又分明是在动着的现实。费孝通记述了他在金顶亲眼见证的场面和体会——“香烟回袅，早雾般笼罩着熙熙攘攘一院的香客。站定一看，真有如进了化装的舞场：脸衫红裤，衣襟袖口镶着宽阔彩绣的乡姑；头上戴着在日光下灿烂发光，璎珞丁当，银冠珠饰的少女；脚踏巨靴，宽襟大袖，油脸乱发的番妇；腰悬利刃，粗眉大眼，旁若无人的夷汉；长帔革履，入室不脱礼帽的时髦乡绅；以及袈裟扫地，闭目合掌的僧侣，只缺钢盔的全副武装的士兵……这形形色色的一群，会在这时辰，齐集到这超过了二千五百公尺的高峰上，绝不是一件平凡的事！”①

① 费孝通著：《山水·人物》，江苏人民出版社 1987 年版，第 23 ~ 24 页。

费孝通虽不信佛，却不能不被眼前洋溢着的宗教情感所触动。他童年的时候，因为祖母去世，家中的灵堂里去过一个护灯和尚。那和尚面相和善，常哄着费孝通玩，日子长了，两人很亲热。在费孝通的记忆里，那是个像普通人一样喜爱孩子、一样贪玩的和尚，并没有留下特殊的印象。如今在金顶触景生情，想起当年，费孝通觉得，也许是因为那个和尚太近人，太平凡，所以佛家就没有引起他足够的好奇心。

名山虽好，不是久留之地。山野虽可放马狂奔，“野”过之后，还是要回到平常的日子里。费孝通与同好壮游一圈，该回家了，该回魁阁了。返程中，他的心情是复杂的。他和他的马时而横冲，时而信步，“野性”似乎在一点点地收敛。费孝通记述道：

> 在归途上，从筋骨里透出的兴奋过后倍觉困人的疏懒，为求一点小小的刺激，我纵马跑一阵，跑过了更是没劲。沿路没有雪，没有花，也没有松林。几家野舍赶走了荒凉和寂廓，满冈废地却又带着疏落和贫瘠。……除了远处那一条金蛇似的山火，蜿蜒曲折，肆意燃烧的壮观外，一切的印象都那样浮浅。……上山时那种紧张，似乎已留在山里，没有带出来，怎能紧张得起来呢？前面吸引温暖的不是只有平淡的休息么？……我一度纵马跑到前队跟着宋公去打斑鸠，又一度特地扣住了马辔，靠着潘公、罗公说闲话，又一度约同了一两匹马横冲一阵。琐碎杂乱，使我想起了这一两年来后方生活的格调多腻人，多麻木的归途的心情！这种心情若发生在一条并不是归途上时，又多会误人！我想到

这里，心里一阵凉。[1]

五、学术的进展

《禄村农田》是费孝通在魁阁时期一项较早的学术成果，标志着他的研究方法的变化和发展。费孝通认为，如果《禄村农田》在社会学领域还说得上略有贡献，“这决不在它所叙出的事实，或是所提出的见解，而是在它所用方法上的试验。”[2]他在为《禄村农田》写的导言中表示，希望对这本书有兴趣的读者能特别注意到书里表现出的社区研究的方法。

费孝通在1936年上半年编写《花蓝瑶社会组织》一书时，曾有意识地避免理论上的发挥。他当时的看法是，实地研究者只需要事实，不需要理论。所谓的理论，也不过是在整理材料和编写报告时，使叙述事实的次序有一个合理的安排。在后来的江村调查中，费孝通仍然坚持不带任何理论下乡的想法，主张实地研究者要像照相机所用的底片，由外界的事实自动地在底片上投影感光。这样的想法固然使费孝通在实地调查中全神贯注于农民生活的事实，有利于搜集为学术研究所必需的大量素材，但是在观察这些事实的过程中，却可能缺乏对其意义的发现，更缺少事实与事实之间在意义上的衔接与贯通。这一欠缺，在实地

---

① 费孝通著：《山水·人物》，江苏人民出版社1987年版，第39～40页。

② 费孝通、张之毅著：《云南三村》，天津人民出版社1990年版，第11页。

调查过程中并不为费孝通所觉察。等到在留学期间写博士论文的时候,原有看法的褊狭和局限显现了出来。这使费孝通的方法论思想发生了变化。这一变化较早见于1937年他从伦敦写给国内《天津益世报》的系列文章。这年5月5日发表在该报"社会研究"专刊上的《浣乡寄言——论马氏文化论》,认为其独到之处就是"着重了解现在的事实,不在作动人的理论","我们的理论不在道破宇宙之秘,只是帮你多看见一些有用的事实"。同年7月7日在同一报纸同一专刊发表的《有骨有肉的切片素描》一文已经有了进一步的观点,"素描本身在人类学中是不够的,因为我们在事实的叙述之外,还有理论的归纳。在题材上,不能断章取义,要顾到社会生活的全部"。这个变化发自费孝通的切身体会,他说:

在写江村经济时,常常感觉到痛苦。在实地调查时没有理论做导线,所得到的材料是零星的,没有意义的。我虽则在这一堆材料中,片断地缀成一书,但全书并没有一贯的理论,不能把所有的事实全部组织在一个主题之下,这是件无可讳言的缺点。

说来是很惭愧的,我经过了两次实地研究,才觉悟到这个方法论上的错误,但回头看看社会人类学的前辈却早已把这错误指出了。当我在广西瑶山工作时,A · Radciffe-Brown 教授在燕京大学演讲时已说:

"多年以来,人所咸知的社会调查,已倡行于世界各处,中国也已受了这风气的影响。我原意向诸位贡献一点意见，指出另外一种不同的研究之可能性，这种研究我将名之为‘社会学调查’。概括地说：社会调查只是某一人群社会生活的闻见的搜集；而社会学调查或研究乃是要依据某一部分事实的考察，来验证一套社会学理论或‘试用的假设’的。”①

费孝通认为，如果承认社会调查和社会学调查的区别，则其所编《花蓝瑶社会组织》虽然挂了社区研究的名字，实在还只是一种社会调查报告。《江村经济》可以说是他从社会调查向社会学调查或社区研究过渡的一个成果。到了《禄村农田》，则是他相当自觉地运用社区研究方法的一个作品了。其中伴生的一个进展，是“类型比较”意识的确立和进入研究实践。

在费孝通笔下，《江村经济》是对一个江南农村社区的社会结构及其运作的素描，记述了作者当时所看到的事实及其普遍意义，如在现代工商业的攻势下农村手工业的崩溃，土地权的外流，农民生活的贫困化等等。费孝通从中提出了自己的见解——可以用传统手工业的崩溃和现代工商业势力的入侵来解释以离地地主为主的土地制度的形成。这一见解，对于江村当然是适用的，但是仅凭江村的材料并不足以支撑起这一见解的普遍性。费孝通意识到了这一点，所以他希望有机会看到和江村不同类型的农村的实况，想接触受现代工商业影响较浅、大部分仍然自给自足的农村，看看是不是也有江村那样的土地制度

① 费孝通、张之毅著：《云南三村》，天津人民出版社1990年版，第12页。

及其成因。禄村调查是他带着从《江村经济》中引出的问题而有的放矢地进行的。如果说江村调查是“无心插柳”,禄村调查则可以说是“有心栽花”了。

读《禄村农田》,很容易感受到一种科学家的眼光。像农作日历、农作物、农作活动、时间架格、农田单位、劳力单位、劳力估计、气候、温度、雨量、生活费用、物价变迁等等项目,都有具体的数据,而且费孝通很注意他所参考的文献中的数据是否可靠。[①]他从过去留下的数据中核考推理出了明显的错误,对产生错误的“分工”方法提出了批评。他认为,过去的社会调查有个缺点,就是“分工”。制定调查表格、规定概念和解释现象的是一些“专家”,去做实地调查的却多是一些没有很深科学训练,甚至对于调查工作本身没有多大兴趣的“雇员”和“学生”。和现实接触的人,没有修改概念的能力和权力,结果是并不和所调查的现实生活接触的“专家”隔着很远去解释数据,用死的表格来说明活的事实。费孝通说:“这种自以为已明白的假定,在科学工作中是最危险的。”[②]

科学家的眼光后面,是费孝通的人文关怀。他第一次到禄

---

① 可参考《云南三村》第107~114页的部分内容。费孝通发现了不合常理的数据后,提出质疑说:“数字不太正确罢?我们不能不这样怀疑了。我们自然无法确然知道五年前的情形,但是以现在所能见的情形来做推论的基础,也许可以凭常识来判断,上述的数字是不可能正确的。……若是只为填表格而去调查的,也该看看各个数字间有没有矛盾存在,何况这种调查的目的是在‘复兴农村’呢?”

② 费孝通、张之毅著:《云南三村》,天津人民出版社1990年版,第112页。

村，正是农闲时节。一进村，就看到沿街蹲着好多农民在晒太阳，他们衔着烟管，说长说短，一派悠闲。同时，街上不断地过着一群群的苦力，衣衫破烂，面有饥色，弯腰背着百多斤象石块一样的盐巴，一步步踩着高低不平的石板路往前走。费孝通曾想试试背盐走路的滋味，用尽气力也没有背起来。苦力却要背着走一天半的路程，从产盐的猴井背到禄丰，其苦其累可想而知。费孝通找出了村民有忙有闲的原因，那正是有田无田的差别。由此可见农田在禄村经济生活中的重要程度。

农忙时候，田里的农活也相当艰苦。费孝通谈到禄村农田劳作时写道：

> 在一个生产工具简单的农村中，农田上的劳动，身体上要忍受的痛苦是太明显了。禄村的农作活动中除了犁田和耙田两节之外，全凭人力，好像插秧，拔秧，耘田，任何工具都不用，完全靠自体的手脚。……在农作中血和汗并不是比喻，而是事实。我们在乡下带了些红药水，请教我们的人真多。我们在田边看他们掼谷子，当时就见到腿上流着鲜血而继续在劳动的人。说他们身体是铁打的，不怕痛，那是文人的笔墨。凡是父母生的，谁不能辨别痛苦和安逸？[①]

贫穷的村民在田里苦，在家里也难得安逸。《禄村农田》一

---

① 费孝通、张之毅著：《云南三村》，天津人民出版社 1990 年版，第 119 ~ 120 页。

书的“表十八”是“各项生活费用百分比”，表中分别用甲、乙、丙、丁、戊共五户人家的生活费用数据代表禄村的不同消费层次。其中丁、戊两家可以代表村中没有田地的穷户。费孝通和张之毅在丁家亲历过印象深刻的一幕。一天近晚，他们去到丁家闲谈。因为连下了几天大雨，土墙被泡松了。他们和主人正说着话，豁然一声，后墙坍了一个大窟窿，原来昏暗的屋里顿时亮了起来。费孝通和张之毅身历其境，一惊之间，仿佛是进了电影的情节。主人却很坦然，这是他们时常经历的事情。外面下着雨，屋里漏着水。坍墙并不使他们感到突然。费孝通说，在这种境况中维持着生计的农民们，企望的是“过日子”，而不是“enjoy life”。

禄村调查使费孝通所希望的类型比较研究有了条件。江村和禄村正代表着两种型式。江村靠近都市，受现代工商业影响的程度比较深；禄村相对偏远，处于开始接受现代工商业影响的初期，在禄村还可以看到一个差不多完全建立在农业生产基础上的内地农村结构。江村的地主多数住在市镇里，是离地地主；禄村的土地所有者多数在村子里，虽然雇工，并不离地。江村的地主可以有很大数量的田产；禄村的土地所有者的田产为数很小。江村是佃户占多数的村子；禄村是小土地所有者占多数的村子。由于禄村经济结构的重心是在农田之上，而不是手工业，所以现代工商业的发达对它的影响和对江村的影响是不同的。江村的制丝手工业发达，但传统的手艺比不过现代的机器，土丝价格骤跌，竟至不能支付生产成本，使江村经济受到严重打击；禄村向外输出的主要是农产品，因现代工商业发达而造成的都市人口集中和增加会导致农产品的价格的上扬。但是,禄村也面临着问题,市镇固然不易抽走它的资金和土地权,却已经在开始吸收它的劳力。40多年后,费孝通在《云南三村》一书的序文中说:

> 应用类型比较法,我们可以逐步地扩大实地观察的范围,按着已有类型去寻找条件不同的具体社区,进行比较分析,逐步识别出中国农村的各种类型。也就由一点到多点,由多点到更大的面,由局部接近全体。类型本身也可以由粗到细,有纲有目,分出层次。这样积以时日,即使我们不可能一下认识清楚千千万万的中国农村,但是可以逐步增加我们对不同类型的农村的知识,步步综合,接近认识中国农村的基本面貌。这种研究方法看来有点迂阔,但不仅实地,做一点,多一点,深一点。我不敢说这是科学研究社会的最好的办法,只能说是我在半个世纪里通过实践找出来的一个可行的办法。①

认识中国社会是费孝通的既定志向。社会学理论和社会学调查是他认识社会的工具。瑶山调查和江村调查是他认识中国社会的起点。这个起点怎样通往全面了解中国农村,再通往全面了解中国社会,是费孝通不能不考虑的问题。他并不想从哲理层面上去回答这个从点到面、从个别到一般的问题,而是要求

---

① 费孝通、张之毅著:《云南三村·序》,天津人民出版社1990年版,第8页。

自己从实际研究工作中摸索出从个别逐步进入一般的具体方法。他明白中国之大，历史之久，文化之深，一己力量之有限，靠自己去全面调查千万个正处在历史变迁中的农村，是无法做到的。同时，费孝通也认为，千万个农村固然不是千篇一律，却也不是千变万化，毫无规律可循。农村的社会结构不能说是个随机变化的万花筒。不同的条件下自然会形成不同的结构，相同的条件下却会形成相同的结构。这意味着有可能进行分门别类，理出若干种不同的类型。如果能对某一类型的一个具体社区作深入调查，解剖清楚它社会结构当中各方面的内部联系，说清楚产生这个结构的条件，就能得到一个具体的社区标本。有了这个标本，再去调查条件相同的和条件不同的社区，得到更多的标本，并和已有的标本作比较，把相同和相近的放在一起，不同的区别开来。通过接触不同类型而去接近由各种类型构成的整体，应该是一条可以摸索的路子。于是，类型比较研究方法成为费孝通作禄村调查和写《禄村农田》时相当自觉的方法论思想。

第六章

鸡鸣不已（上）

……当时许多穿着蓝布大褂的教授们，为了保卫教育园地，要使战火中弦歌不辍，徒步和学生们一起，千里跋涉，从长沙走到昆明。他们的确都是些书生，没有下过战壕，没有闻到过火药味；却勤勤恳恳，孜孜不倦，舌敝唇焦，八年如一日地向青年们传授知识。……人各有志，路遥见力。他们兢兢业业，在学术园地上耕耘，至今还留下了许多屡经暴风雨而不倒的学者。

做个人，还是做个鬼。到处是生和死的斗争，比肉体的存亡更深刻的是灵魂的安宁。后方简陋的校舍还能说不是抗日的前线么？

费孝通：《念抗战胜利者》(1985)①

一、初访美国

1942年，中国的抗日战争年进入到相当艰苦的阶段。美国在1941年对日宣战后，从1942年开始，美国政府以同盟国的身

① 费孝通著：《杂写丁集》，天津人民出版社1986年版，第1～2页。

份邀请中国的有关大学派遣教授赴美国访问，进行学术研究、文化交流。据说这项工作持续进行了四年。费孝通是被选中的第一批教授中最年轻的一个。他所指导的魁阁陆续出版的研究成果和他本人在一系列著述中表现出的学力应是他首批当选的主要原因。

当时，魁阁的研究工作不断进展，加上为养家糊口而频频卖文，费孝通的写作进入一个异常活跃的时期。在云南燕京实地调查工作站搬到魁阁、费孝通的家搬到乡下前后两三年间，他以《今日评论》为主，兼及《星期评论》、《东方杂志》、《当代评论》、

《旅行杂志》等刊物，发表了大量的文章。[①]

---

① 根据天津人民出版社所出《社区研究与社会发展》(1996)下册附录中的“费孝通学术历程与著作提要”有关内容，依时序和篇目统计如下：

《农村里的囤米》，刊《星期评论》第13期(1940年2月28日)；

《农村土地权的外流》，刊《今日评论》卷3，第11期(1940年3月7日)；

《清理农家的债务》，刊《星期评论》第17期(1940年3月28日)；

《土地继承和农村的粉碎》，刊《今日评论》卷3，第17期(1940年4月28日)；

《患土地饥饿症者》，刊《今日评论》卷3，第20期(1940年5月19日)；

《荣辱分而知食足》，刊《今日评论》卷3，第23期(1940年6月9日)；

《战时内地农村劳动力问题》，刊《东方杂志》卷37，第13号(1940年7月1日)；

《货币在农村中》，刊《今日评论》卷4，第3期(1940年7月21日)；

《农家费用的分析》，刊《今日评论》卷4，第4期(1940年8月11日)；

《西南工业的人力基础》，刊《今日评论》卷4，第14期(1940年10月6日)；

《农村游资的吸收》，刊《今日评论》卷4，第22期(1940年12月1日)；

《劳工的社会地位》，刊《今日评论》卷5，第1期(1941年1月12日)；

《农村的离地》，刊《今日评论》卷5，第10期(1941年3月16日)；

《我们要的是人口还是人力?》，刊《星期评论》第28期(1941年6月13日)；

《种族棉续的保障》，刊《东方杂志》卷38，第17号(1941年8月30日)；

《增加生产和土地利用》，刊《当代评论》卷1，第13期(1941年9月29日)；

《双亲抚育的确立——人类婚姻的意义》，刊《东方杂志》卷38，第20号[上](1941年10月15日)；

《夫妇之间——生育制度结构中的一个难题》，刊《东方杂志》卷38，第20号[下](1941年10月30日)；

《论贫农购赎耕地》，刊《当代评论》卷1，第20期(1941年11月17日)；

《论养猪与吃肉》，刊《星期评论》第41期(1942年2月14日)；

《武器和社会》，刊《当代评论》卷2，第5期(1942年7月24日)；

《论旅行》，刊《旅行杂志》卷16，8月号(1942年8月1日)；

《论神经战》，刊《当代评论》卷2，第8期(1942年8月10日)；

《论等车》，刊《旅行杂志》卷16，10月号(1942年10月1日)；

《滇池东岸的西山》，刊《旅行杂志》卷16，11月号(1942年11月1日)；

《父母的权力》，刊《当代评论》卷3，第1期(1942年11月15日)；

《世代的隔膜——亲子关系之二》，刊《当代评论》卷3，第5期(1942年12月13日)。

从这些篇章中可知,费孝通在昆明时期完成的几部具有代表性的著述,如《内地农村》(1946)、《乡土中国》(1947)、《生育制度》(1947)、《乡土重建》(1948),此时都已经开始撰写部分内容。

云南大学有一份学生办的《生活导报》。闻一多、费孝通等知名教授支持进步学生的社会活动,为他们写过不少文章。办报的同学得知费孝通要到美国去做一年的访问与文化交流,约定他写访美通讯,随感随写,随写随寄,寄到就发表。

1943 年 6 月 5 日,离开魁阁的同事,告别妻子幼女,开始了初访美国的旅程。

按照约定,费孝通为《生活导报》陆续写出“旅美寄言”。这些文章后来集为《初访美国》一书。该书的第一篇文章,费孝通用了一个意味深长的题目:人生的另一道路。

这个题目来自他在燕京大学读书时的同系同室好友杨庆堃的一封信。1933 年,杨庆堃赴美国留学。到那里不久,他写信给费孝通,讲自己在摩天大楼上受到“人类创造力”的震撼,看到地球另一面的世界里有人生的另一道路。这封信给费孝通以深刻印象。经历了十年之久的动荡生活,信已不知飘零到何处,内容仍像刚读过一样清晰。费孝通在十年后靠着记忆自信地把这信默写在他访美文章的开篇——

我已从西岸到了东岸……在香港、上海生长的,在未名湖畔(燕京大学)住惯的人,不会觉得这是个异邦天地。不过,我真希望你来看一次。……你会觉到人类创造力的伟大。你只要想一想:这只有三四百年历史,不,从每个都市小镇说，三四百年在美国还算是远古洪荒的时代。在这样短的时间中，人类会造出这一个神工鬼斧所不易完成的巨业。什么巨业？在这万里草原上造下千百个大上海，小上海。你尽管可以不承认这是个艺术品，其实你若不被羡妒蔽了眼，清洁的街道，没有臭气的路角，平凡但实用的小住宅，沿街大玻璃窗里的彩色和棱角，晚上，你不用提心吊胆脚下的污泥和路边的扒手……这一切也有它的美……

我现在刚被蜿蜒疾驰像一条长蛇似的火车载到了这世界最大的都市中心；在摩天高楼的顶上，俯视着细长的街面上来往如小甲虫的汽车……我认识了一个超越的力量，我确有一点慌张和惊骇；但不仅如是，当我记起目前的一切不过是人类的创造时，一种骄傲和自大安慰着我，我也是人类的一个，不是么？这些不过启示了我自己潜在的力量，这又怎能不使我兴奋和高兴呢？

我真愿意你在这里，我怕你在乡下住久了会忘记这种潜在于我们人类里的创造力。我记得你有一次从乡下调查回来，曾经很得意地和我谈，你好像发现了什么新鲜的真理一般。夜深了，洋烛都点完了，还不肯住口。你说：每一个人重要的是在知足。文化是客，人生是主；人生若是在追求快乐，他必须要能在手边所有的文化设备中去充分地求满足。满足是一种心理状态，是内在的。像我们的老乡，一筒旱烟，半天旷野里的阳光，同样地能得到心理上的平衡和满足。……你发挥了“知足常乐”的文化观。我当时似乎给你说动了，可是当我经过了这次旅行，我不能不希望你也赶快来一趟。这世界会告诉你人生的另一道路。[①]

费孝通从蒙养院开始直到获得博士学位的教育全过程，接受的都是新学乃至西式教育训练，对西方文化不可谓不知，对“人生的另一道路”也曾用“译不出”的 enjoy life 表达过自己的理解。[②] 他在《过年过日子与过渡心理》一文中，用“老和尚在古庙里暮色沉沉中撞着铜绿色的晚钟”象征“我们”，用“少女们在红日初升晨曦缭乱里放声高歌”象征“人生的另一道路”，甚至喊出“不能痛痛快快地活，不如爽爽快快地死”的强音。从这样强烈的心情上看，应该找得到费孝通和杨庆堃共同的倾向性。

天性上，费孝通似不乏大诗人常有的浪漫气质；愿望上，他渴望立言立功立德；事实上，他从学术的角度入世很深，方法上倾向于实证主义，又是一个可以归入自由主义知识分子群体的学者。依常理，他对“人生的另一道路”不至于在情感上有太大的距离，也足以理解杨庆堃写信给他的心情。但是，差别在于，杨的“希望”中带有在“另一道路”上转换个人生活方式的意思，而费的人生定位必然使他守望在更有利于认识中国社会和文化的地方。这使得杨庆堃“赶快来一趟”的呼唤在十年之后才听到回声。十年里，费孝通的注意力集中于中国农民的生活，有发现，有结论，更有问题和困惑。当他需要在更大范围里观察更丰富的文化现象的时候，他

---

① 费孝通著：《美国与美国人》，生活·读书·新知三联书店 1985 年版，第 3 ~ 5 页。

② 参见本书第六章注释[32]所涉及的引文。

得到了去世界的另一边看“人生的另一道路”的机会。于是,“这个爱好懒散的苏州人,跋涉万里地向地球的另一面出发。”[①]不再是“鸡声茅店月,人迹板桥霜”式的早行,而是坐着飞机直入一个现代化的社会。费孝通把心中的问题和困惑带上了路,他说:

> 我相信这是每一个认真为中国文化求出路的人,说得更狭小一点,每一个认真要在现代世界里做人的中国人,多少会发生彷徨的一个课题:我们是维持着东方的传统呢?还是接受一个相当陌生的西洋人的态度?东方和西方究竟在什么东西上分出了东和西?这两个世界真是和它们所处地球上的地位一般,刚刚相反的么?它们的白天是我们的黑夜,它们的黑夜是我们的白天?它们的黑暗时代是我们的唐宋文采,它们俯视宇内的雄姿是我们屈辱含辛的可怜相?历史会和地球一般有个轴心在旋转,东西的日夜,东西的盛衰是一个循环么?我们有没有一个共同的光明?这光明又是否全盘西,或是全盘东?这又会成什么东西?[②]

带着这一连串问号,费孝通开始了他的第一次美国之旅。在他的感受里,最初的行程安排很可以说是想给东方客人一个“文化的下马威”。从华盛顿到纽约,先要乘坐巴尔的摩到俄亥俄之间的

---

① 费孝通著:《美国与美国人》,生活·读书·新知三联书店 1985 年版,第 10~11 页。

② 费孝通著:《美国与美国人》,生活·读书·新知三联书店 1985 年版,第 6 页。

火车到新泽西。新泽西的工厂烟囱像梳子一样排列着，车就在梳齿缝里穿来穿去。从新泽西坐渡船去纽约时，对岸矗立着曼哈顿的耸天高楼，背后是烟尘笼罩着的巨大厂房，水面中心是著名的自由女神像。费孝通把这幅景观看成是美国文化最简单的“文摘”，并写信告诉安排行程的朋友，在新泽西渡船上看到的“文摘”确实使他在最短的时间里对美国有了一个很深的印象。但费孝通没有因这个“下马威”而喜欢上美国。直到半年后，随着对美国现状和历史了解程度的不断加深，费孝通看到了营造摩天大楼的创造力生成的土壤，感受到了来自拓殖时代乡村生活的美国精神，证实了“每个人赤手空拳都有出人头地的机会”，[1]目睹了

---

① 费孝通在访美通讯《幸福单车的脱节》中一一举证说，“铁道大王凡德俾尔特出身是一艘帆船的主人”；“煤油大王洛克菲勒是一位游方的外科医生的儿子”；“钢铁大王卡内歧是苏格兰手织机工的儿子”；“汽车大王福特是个机器匠出身”。费孝通因此感慨道：“我们若看看这些成功人物的传记，总不免会发生项羽‘彼可取而代之’的雄心。舜亦人耳，大家有此机会。”1943年7月13日，费孝通在访美途中写出《遗传和遗产》一文，显然跟他在美国受到的触动有关。文中议论中国的情况说：“高踞社会要津，叱咤风云，众望所归的人物，有些可以真的胖得和愚笨得像某种智力最低的动物。若是我们把他们的智力测验一下，也许会不及那些被他们使唤呼喝和奴役的轿夫们。……若是你愿意分析一下成败人的历史，除了少数例外，大多数可以把他们所以成功的原因归功在他们父亲们给他们的遗产。……在我们的社会中，财产的累积已经大体上和占有财产的人的聪明才智脱离了关系……一个赤手空拳的人，除了非法的手段外，想获得财产实在是一个不容易实现的企图。……你要生活优裕，记着我的话，你必须有个好爸爸。他给你一笔财产之后，你才有资格讲努力讲拼命。在只有财产能生财产的社会里，决定人的生活的不单是财产而是遗产。”

妇女从家务劳动中真正解放出来的事实，知道了美国人怎样从“贫困的早年”一步步走进了现代化的生活，他才用“慢慢使我喜欢美国”表示了自己的心情。

费孝通对他的美国朋友说，看到曼哈顿的大片高楼就觉得是并世无匹的大都会成就了美国，这是一种误解。他认为：

> 若忘记了美国的历史，被暴发的都市文化挡住了视线，我们会误解美国的国民性。大企业，大工厂，大都市在美国的确有它们的势力，它们表示了美国的力量，可是只是皮肤和肌肉，并不是骨骼。骨骼还是他们在早年工业尚没有发达之前，在拓殖时代乡村生活中所养成的。那种粗放旷达的生活环境养成了独来独往，不亢不卑，自负自骄，耐苦耐劳的性格。这性格归结于他们崇尚平等，爱好自由的精神。美国的创造力并不是凭空获得的，而是从这种对生活的认真，对自由的爱好中长成的，更因为有了这种性格，这种精神，所以他们所发生出来的创造力并不像西欧日耳曼民族那样爆发成为人类的破坏和毁灭。我们要认识美国，不在它外表的耸天高楼而是在他们早年的乡村里。[1]

在“人生的另一道路”上，费孝通看到了“自由之邦的传统”和“年轻文化的前途”，同时也看到了“民主的沉睡”、“劳资的鸿

---

① 费孝通著：《美国与美国人》，生活·读书·新知三联书店 1985 年版，第 16 页。

沟”、“文化的隔膜”和华侨受到排斥的情况。一篇篇通俗生动的“旅美寄言”寄到大洋彼岸的中国昆明，在《生活导报》上展示着一幅幅美国的文化风景。即便不注意体察字里行间闪动着的一双人类学家的眼睛，只是把这些篇章当作一位资深报人的手笔，也可以享用一席精神盛筵。五十多年后，还有读者写文章称道费孝通当时写出的一些精彩段落，称其为“文学圈外的文章高手”。

1943 年 7 月到 10 月，费孝通在哥伦比亚大学太平洋关系学会办公室工作，把他的《禄村农田》译成英文并编为 *Earthbound China* 一书的第一编。

1943 年 11 月到 1944 年 1 月，费孝通到了芝加哥大学。他在这里见到了燕京大学时期的美国老师 Park 教授的女儿 Greta Redfield 和她的丈夫 Robert Redfield 教授。在 Greta Redfield 的帮助下，费孝通把张之毅的《易村手工业》和《玉村农业和商业》编译成 *Earthbound China* 的第二、三两编。

1944 年 2 月和 3 月，费孝通在哈佛大学，在 Elton Mayo 教授指导下，把史国衡在魁阁的一项成果编译成 *China Enters The Machine Age* 一书。4 月到 5 月，费孝通回到芝加哥，最终改定 *Earthbound China*。

这两本即将在美出版的英文著述（按：*China Enters The Machine Age* 一书 1944 年由哈佛大学出版社出版；*Earthbound China* 一书 1945 年由芝加哥大学出版社出版）占用了费孝通初访美国的大部分日程，他没有更多时间去专门调查美国社会生活。十几篇“旅美寄言”，记录的是费孝通利用编译工作的休息时间在附近观光时得到的零星见闻和印象。虽好读耐看,闲笔是也。

在芝加哥大学的三个月里,费孝通有幸被安排在Park教授的书房里工作。他清楚地记得Park当年在燕京大学讲的第一堂课就引起轰动的盛况,记得Park在课堂上讲的第一句话:“在这门课里我不是来教你们怎样念书,而是要教你们怎样写书。”[①] Park甚至要费孝通注意多读小说,多去实地体验各种各样的社会生活,而不用去多读《社会学大纲》之类。如今,十多年过去,当年的学生学会了写书,成了教授,并有机会到了美国。费孝通希望请Park老师看看学生写的书能给多少分,更想再听听老师的课,但是不巧,他到芝加哥的时候,Park因为受不了寒冷到南方去了。能在老师的书房里写书,算得上是个补偿。一位书记小姐把费孝通领到社会科学大楼五楼标着“502”号的书房时,表示可以把门上铜格里Robert Park的字牌换下,费孝通怎会让她改变原貌?他珍视这室内的一切,如同珍视伦敦那间Malinowski的工作室,包括室内带着学术味道的空气。费孝通说:

> 在我,这件有意或无意的安排是深有意义的。……私心窃喜,在他常坐的椅子上,一定会得到一点他余下的灵感,希望写出一本能自偿以前辜负他早起、谆谆教导我们的苦心。这里似乎有一种历史因缘。目前的情境因过去的纪念而发生了超出于现有一切之上的意义。我坚持着不要把

① 《百年潮》月刊1999年第1期,第16页。

门上的名牌取下，我需要具体，生动，活着的历史。我感觉到这门牌，这些围在墙壁上的旧书架和架上的书，甚至这屋内的空气，都动不得，在这一切活着的过去里，我看到了在几个月之后，在桌上可能有的那本 *Earthbound China* 的稿纸。动一动，一切可能都会完了。[①]

费孝通在编译 *Earthbound China* 的同时，希望推动中美两国之间进一步的学术文化交流，他为此而多方奔走游说。自称对费孝通当时每周的活动都有所了解的 Arkush 说，费孝通“竭尽全力安排邀请美国著名的社会科学家到中国进行为期一年的学术活动”；他挤出时间多次到东海岸和中西部等地和当地的社会科学名家广泛接触；提出在美国财政支持下两国交换大批学生的设想；说服 Robert Redfield 赴中国考察各种社会调查机构，并为此取得洛克菲勒基金会的资助；为云南大学的同事和学生争取赴美深造的奖学金；为魁阁的研究工作向太平洋关系学会和哈佛—燕京学社募捐；为芝加哥大学争取研究唐人街的经费，并为之物色研究人员……在并不轻松且有时限的著述工作的缝隙中穿插了这许多事情，不能不需要旺盛的精力、出众的才智、足够的文化热情和卓越的社会活动能力。

穿行在中美文化之间，撮合着一件又一件事情，费孝通对不同文化的差异体会得比平时更充分，看到了文化沟通的重要和

---

① 费孝通著：《美国与美国人》，生活·读书·新知三联书店 1985 年版，第 92 页。

迫切。他说:“世界上各式各样文化里长成的人现在已开始急速地渗透往来,我们必须能相安相处,合作同工。可是我们的心理上却还没有养成求了解,讲容忍的精神,说不定我们因之还会发生种种烦恼,种种摩擦。在将来的历史学家看来,也许会说我们在建立天下一家的世界过程中曾付出了太大而且不必需的代价。”①

费孝通说的是现实,他并不愿意做前景不祥的预言。话音犹在,日本广岛原子弹爆炸的消息震惊世界。费孝通看到消息的时候,已是从美国返回中国一年之后。当时,他正在整理《初访美国》的文稿,书写“余笔”。费孝通把震惊之余的焦虑用作了“余笔”的结语——

> 战争给我们明明白白看到的就是我们对于怎样毁灭的知识长进得实在太快。当我写这余笔时,报纸又送来了原子炸弹的消息。原子力的运用已产生了人类整个毁灭的可能性,要避免这可能性的实现(这应当毫无问题的是人类共同的目标),我们实在只有用同样的努力去发展可以促进人类合作的知识。若是沟通文化是可以消弭国际误会的话,这无疑是我们不应再事延缓的工作了。
>
> 我怎能不心急呢!我们这一代处在这一代历史的考

① 费孝通著:《美国与美国人》,生活·读书·新知三联书店1985年版,第81页。

验里！[1]

二、加入民盟

1944 年 7 月，费孝通结束了为期一年的访美生活，回到中国昆明，回到魁阁。此时，昆明的民主运动渐入高潮。

初回国内的费孝通见到了同他一样疏散在乡下居住的闻一多。费孝通记述他们相见的情形说："这时的闻一多先生同我出国前的状况也大不一样了，他已经是昆明广大青年热爱尊敬的民主教授。他见到我，立即伸出热情的欢迎的手，同时也毫不含糊地指出我一年前的那种思想，'不好！不好！'"[2]闻一多认为"不好"的是《鸡足朝山记》中流露出的带有伤感和沉闷色彩的想法。费孝通在《鸡足朝山记》的后记中写道：

自从那次昆明的寓所遭了轰炸之后，生活在乡间。煮饭、打水，一切杂务重重地压上了肩头，又在这时候做了一个孩子的父亲。留恋在已被社会所遗弃的职业里，忍受着没有法子自解的苛刻的待遇中，虽则有时感觉着一些雪后青松的骄傲，但是当我听到孩子饥饿的哭声，当我看见妻子劳作过度的憔悴时，心里好像有着刺，拔不出来，要哭没有

---

① 费孝通著：《美国与美国人》，生活·读书·新知三联书店 1985 年版，第 152 页。

② 《中央盟讯》（北京·中国民主同盟中央委员会内刊）1980 年第 6 期，第 16 页。

泪；想飞，两翅胶着肩膀；想跑，两肩上还有着重担。我沉默了，话似乎是多余的。光明在日子的背后。[1]

闻一多对费孝通说："这往往是知识分子对现实无可奈何的一种想法，我自己过去就有过，而且钻进故纸堆，就像你们知道的，听任丑恶去开垦，看它造出个什么世界！结果呢？明哲可以保身，却放纵反动派把国家弄成现在这样腐败、落后、反动，所以我们不能不管了，决不能听任国民党反动派为所欲为了。"[2]

费孝通感受到了精神感召，他说："榜样是最好的引导，他的谦逊而又坚定的声音，发人深省。"[3]

"抗日战争初期，闻一多对国民党及政府寄以很大希望。当时抗战虽遭受一些挫折，但他对政府和抗战前途仍充满信心。他也曾准备随时响应征调，直接为抗战服务。"[4]但从"七七事变"到 1944 年的 7 年当中，他目睹国民党消极抗日、迫害爱国民主进步力量的事实，看到了政治腐败、官场黑暗、物价暴涨、民生凋敝，先前所抱的很大希望变成了极度失望，乃至激愤。1944 年 7 月 7 日，西南联大壁报协会和云南大学、中法大学、英语专科学校

---

① 费孝通著：《美国与美国人》，生活·读书·新知三联书店 1985 年版，第 9 页。

② 《中央盟讯》（北京·中国民主同盟中央委员会内刊）1980 年第 6 期，第 16 页。

③ 《中央盟讯》（北京·中国民主同盟中央委员会内刊）1980 年第 6 期，第 16 页。

④ 《诗人学者民主斗士——闻一多》，中国摄影出版社 1996 年版，第 58 页。

三校学生自治会在云南大学至公堂联合举行“时事座谈会”，闻一多在会上说：

> 今天在座的先生，谁不是曾埋头做过十年、二十年的研究的？谁不希望能够继续安心地做自己的研究？我若是能好好地读几年书，那真是莫大的幸福！但是，可能吗？我这一二十年的生命，都埋葬在古书古字中，究竟有什么用？究竟是为了什么人？现在，不用说什么研究条件了，连起码的人的生活条件都没有保障。请问，怎么能够再做那自命清高，脱离实际的研究？
>
> 国家糟到这步田地，我们再不出来说话，还要等到什么时候？我们不管，还有谁管？有人怕青年“闹事”，我倒以为闹闹何妨！“五四”是我们学生“闹”起来的，“一二九”也是学生“闹”起来的。请问有什么害处？现在我们还要闹！[①]

① 《闻一多年谱长编》，湖北人民出版社1994年版，第732页。

1944 年秋,闻一多以个人身份加入中国民主同盟①。此前,其好友潘光旦、罗隆基、曾昭抡等都已是民盟成员,且是民盟中央执行委员。

1944 年 9 月 13 日,西南联大正式聘费孝通为该校法商学院社会学系讲师。当时该系主任是潘光旦,教授有陈达、潘光旦、李景汉、李树青、陈序经、吴泽霖等。1945 年,费孝通成为西南联大教授,并加入中国民主同盟。他谈到此事曾说:"访美归来,国

① 中国民主同盟原称"中国民主政团同盟",由国家社会党、中国青年党、第三党、中华职业教育社、乡村建设派、社会贤达(史称"三党三派")发起组成,于 1941 年 3 月 19 日正式成立。此前,在酝酿成立阶段,各爱国党派都因国民党制造"皖南事变"而对国民党大失所望,对中共寄予同情,愿出力调停国共矛盾,坚持抗日,愿和中共更密切地合作进行民主与反内战运动,故成立民盟之事只和中共通气,对国民党和蒋介石则保密。因此,3 月 19 日民盟成立时既未发布消息,也未公布政纲,而是派梁漱溟到香港去办报。拟在国民党管辖不了的地方发布消息,公布政纲,造成既成事实,使蒋介石不得不承认。1941 年 9 月 18 日,中国民主政团同盟的机关刊物《光明报》在香港公开出版,主持人为梁漱溟、萨空了。1941 年 10 月 10 日,中国民主政团同盟向国内外公开宣布成立,并在《光明报》发表《中国民主政团同盟成立宣言》和《中国民主政团同盟对时局主张纲领》(又称"十大纲领")。以"贯彻抗日,实践民主,加强团结"相号召,提出:确立国权统一,军队属于国家,厉行法制,学术思想自由,结束党治,保障言论、集会、结社自由等主张。1941 年 10 月 28 日,延安《解放日报》为民盟成立发表社论,题为《中国民主运动之生力军》。该社论确认民盟纲领中"抗战到底,加强团结,保障人权,结束党治,革新内政"的必要,称民盟成立"是抗战期间我国民主运动中的一个新推动"。1941 年 9 月 19 日,民盟各地代表在重庆举行全国代表会议,决议取消"政团"二字,改称为"中国民主同盟",接受无党派人士个人参加。

内政局日趋紧张。我忧心国事,1945 年由潘光旦先生介绍参加中国民主同盟,投身爱国民主运动。"①

在理解费孝通加入民盟这个事情上,有两份带有强烈的民主色彩的历史文献值得特别注意。一是《中国民主政团同盟对时局主张纲领》(1941 年 10 月 10 日);二是当时的中共中央机关报《解放日报》在民盟公开宣布成立后发表的社论《中国民主运动的生力军》(1941 年 10 月 28 日)。

民盟的主张纲领亦称"十大纲领",内容如下:

一、贯彻抗日主张,恢复领土主权完整,反对中途妥协。

二、实践民主精神,结束党治,在宪政实施以前,设置各党派国事协议机关。

三、加强国内团结,所有党派之间最近不协调之点,亟应根本调整,促进于正常关系。

四、督促并协助中国国民党切实执行抗战建国纲领。

五、确立国权统一,反对地方分裂,但中央与地方须为权限适当之划分。

六、军队属于国家,军人忠于国家,反对军队中之党团组织,并反对以武力从事党争。

七、厉行法治,保障人民生命财产及身体之自由,反对一切非法之特殊处置。

八、尊重思想学术之自由,保护合法之言论出版结社

① 《费孝通学术精华录》,北京师范学院出版社 1988 年版,第 608 页。

集会。

九、在党治结束下，应注意下列各点：（一）严行避免任何党派利用政权在学校中及其他文化机关推行党务。（二）政府一切机关，实行选贤与能之原则，严行避免为一党垄断及利用政权吸收党员。（三）不得以国家收入或地方收入，支付党费。（四）取消县参议会及乡镇代表考试条例。

十、在当前政务上亟应注意下列各项：（一）厉行后方节约运动，切实改善前方待遇。（二）纠正各种行政上妨碍生产之措施，以苏民困，并力谋民生之改善。（三）健全监察机关，切实为各种行政上弊端之澄清。[①]

《解放日报》为民盟成立发表的社论说："诚如民主政团同盟的宣言中所说，这几年来，'国事入后，转不如初'。抗战初期，国内确有蓬勃焕发气象，然昙花一现，而今不在矣。……抗战建国纲领还待实行，参政会的作用还需发挥。全国人民热烈参加的宪政运动已经偃旗息鼓。甚至人身保障，学术自由，都有待重新争取。……目前推行民主政治，主要关键在于结束一党治国。民主政团同盟纲领，对此亦特别加以注意。因为此问题一日不解决，则国事势必包揽于一党之手，才智之士，从无引进，良好建议，不能实行，而所谓民主，无论搬出何种花样，只是空有其名而已。惟有党治结束之后，全国人材，方能悉力从公，施展其抱负，

① 《中国民主同盟历史文献（1941～1949）》，文史资料出版社1983年版，第8～9页。

而各党派人士亦得彼此观摩，相互砥砺，共求进步，发挥政治上最大的效果。”①

国难当头的现实，“匹夫有责”的自觉意识，使闻一多、潘光旦、费孝通这类本来只想以学术为安身立命之所的知识分子不能不介入政治。多年后，费孝通回忆自己加入民盟的事，认为是自己“政治上的启蒙”。闻一多的下面一段话也许可以代表当时许多知识分子的心态：

> 以前我们知识分子都多少带着洁癖，不过问政治；现在却是政治逼着我们不得不过问它了。这也[就]是说，我们是应该参加政治活动的。在中国当前的政治情势中，要参加有组织有纪律的政治活动，只有参加共产党或民盟。有些人没有勇气参加共产党，因为那种战斗生活是异常艰苦的。又有些人还不了解共产党，因为反动派在各方面封锁得太严苛了。在这种情势下，我们参加民盟，在争取民主的实践中锻炼……也是很好的。②

1945年7月26日，中国、美国和英国联合发表《波茨坦公告》，敦促日本无条件投降；

8月10日，日本御前会议决定接受《波茨坦公告》，由外务省

---

① 《中国民主同盟历史文献（1941～1949）》，文史资料出版社1983年版，第12～14页。

② 《闻一多年谱长编》，湖北人民出版社1994年版，第758页。

向中、美、英、苏四国发出“乞降照会”;8 月 14 日,日本天皇裕仁决定无条件投降;8 月 15 日,裕仁天皇以广播《停战诏书》的形式,正式宣布接受《波茨坦公告》。至此,中国人民坚苦卓绝的八年抗战胜利结束。

8 月 14 日这天,费孝通在一份有李公朴、闻一多、潘光旦、楚图南、罗隆基、曾昭抡等著名民主教授联名发表的《告国际友人书》上签下自己的名字。这份文告说:“中国人民和自由主义的智识分子们从来得不到任何人权的保障,得不到集会、结社、言论、出版、演剧、画展、旅行、通信的民主自由”,并表示“我们对于目前党派问题的看法,是从现实主义出发的。凡是民主的党派,其主张与表现有利于人民的,我们便同情他,支持他;凡是反民主的党派,其主张与行为违反人民利益的,我们便厌弃他,反对他。而且我们坚信:任何一个单独的党派,现在或今后都不能包办中国的政治。……一个民主的联合政府,才能领导人民走向抗日的胜利和战后的建设。”①

中国民主同盟主席张澜也就抗战胜利结束发表谈话,认为中国“进入了另一个大的时代了”,“中国今天更迫切需要统一、团结、民主。”“目前最紧的,更是希望国共两党军队赶快停止各地足以促成大规模内战的一切摩擦。”②张澜还于 9 月 10 日致函蒋介石和毛泽东,对国共和谈表示关切。

---

① 《闻一多年谱长编》,湖北人民出版社 1994 年版,第 880 ~ 881 页。

② 《中国民主同盟历史文献(1941 ~ 1949)》,文史资料出版社 1983 年版,第 57 ~ 59 页。

9月15日，费孝通与张光年、李公朴、罗隆基、曾昭抡、曹聚仁、潘光旦、楚图南、李政道、潘大逵等知名人士共千余人联名发表《昆明各界人士为庆祝胜利及和平建设新中国通电》，呼吁“为这次谈判的圆满解决及和平、民主、统一、富强的新中国而奋斗”。民盟发言人为制止内战发表的谈话说：“……现在，全国人所忧虑所厌恶所畏惧的大规模的内战，已经在各地爆发起来了！……我们民主同盟今日愿为四万万五千万老百姓请命，当前中国第一件事是停止内战，避免内战，消弭内战。”①

1945年11月2日，民盟中央向全国发出呼吁，要求国民党当局遵守《双十协定》，立即停止内战。

11月19日，重庆各界代表组成反内战联合会，号召全国人民起来制止内战。

在昆明，西南联大等许多学校的师生们贴出了反内战专刊，一大批民主教授立即表示对学生运动的声援和支持。民盟云南省支部响应民盟中央呼吁，拟举行大规模反战集会。

11月21日，中共云南省工委支持民盟云南省支部关于举行大规模群众集会的决定，并表示在请谁讲演的问题上尊重民盟的意见。闻一多建议邀请国民党籍的爱国教授杨西孟、伍启元、钱端升和民盟的费孝通、潘大逵等教授到会讲演。

11月24日，云南当局召开党政军联席会议，决定禁止学生集会，并于次日正式发布禁令布告，又逼迫云南大学校方以维修

① 《中国民主同盟历史文献（1941～1949）》，文史资料出版社1983年版，第100～102页。

礼堂为名,拒绝出借会场。

由这次集会引发的“一二·一”惨案即将发生。半年后,李公朴、闻一多先后被反动势力暗杀的血案更是震惊天下。

三、民主教授

同以前的著述相比,费孝通在加入民盟前后的一段时间里所写的文章有一个明显的变化,即政治色彩的加强,政治态度的升温。

1945 年 1 月 25 日,费孝通在《大公报》(重庆)发表《复仇非勇》,话题涉及世界政治和国际秩序,对美国舆论工具在珍珠港事件以后有意刺激国人的复仇心理提出异议。费孝通说:“以牙还牙,以眼还眼是初民的公式。二十世纪的现代战争应该是以创造新秩序为目标了。我们翘首伫立,盼望四大自由的标榜者的美国,恢复开战时积极的精神,宏远的气魄,挽回目前这种强权政治复活的趋势。我们不愿再见更残酷的第三次世界大战。”

4 月 8 日和 9 日,费孝通在《大公报》发表《平民世纪在望》,从美国 1944 年的大选结果所揭示的道理中推论,“平民政治意识的成熟必然会发生平民政治”,“现在是一个天下一家的世界,没有理由可以相信,和平民利益相反的政权能在这世界的任何角落里长久维持下去。今后将是平民的世纪。”

对“平民世纪”命题的关注与论述,表达出了费孝通对二次大战后世界范围内民主化进程前景的乐观情绪。但中国内战和美国政府“只同蒋介石合作，不与中国共产党合作”[①]的对华政策又使他对国家命运“深具忧虑”。1945年11月22日，费孝通在《时代评论》杂志发表了一篇十分重要的文章——《美国你不应这样——致美国人民的公开信》。这封公开信对于了解和理解费孝通在内政外交、国际事务等大问题上的远见卓识具有无从替代的独特性和重要性，即便不宜在这里全文征引，适量摘录仍有必要。费孝通说：

我曾应你们政府的邀约，为促进两国文化的事在你们国里住了一年，在这一年中我有机会和你们各地方各阶层的朋友相接触；回国后这一年中更不断地和你们在中国和我们并肩作战的士兵们往来，你们那种坦白，率直，做事有效率，肯负责的精神；以及重正义，崇公平的精神，曾使我感动。因之，我相信这次大战之后，你们这新兴的自由之邦一定可以领导战后的世界，这亿万被战争所蹂躏，所摧残，流离失所困难颠沛的人民，走上一条幸福之路。这信念使我在过去一年中，在教课之余，在中国的各种报纸上，为中国人民解释美国的精神，希望在促进两大民族的友谊上稍尽微力。我可以向你们保证，我这信念一直没有动摇，虽则我对于你们政府最近在中国所做的许多事不免有惶惑之处，

① 按：这是自1944年10月起任美国驻华大使的赫尔利于1945年4月2日在美国国务院记者招待会上公开表示的态度。事见《国事全书》第3卷，团结出版社1997年版，第3042页。

而且为了你们政府的对华政策深具忧虑。

……

我相信经历了这次战争，你们也已经明白太平洋上的安全是需要一个繁荣的中国，美国为了安全必须采取更积极的政策，从你们自己的经济说，一个紊乱的中国是一种很不利的环境。你们要避免失业，在现在的经济机构中，必须要一个能接受你们资本来开发的资源和销售你们生产品的市场。中国正需要你们的资本来开发，若是从资源的利用中，中国人民的生活程度提高了，我们的购买力正是维持你们生产机会的大市场。因为这样，所以我敢相信你们的兴趣是和我们的希望不但没有冲突，而且是正相谋合。这是我们两大民族友谊的客观基础。

……

问题变得复杂的原因是在民主政治是要建立在各党的合作上。中国在国民党统治之下是不容许其他政党存在的。在党外的人，不能有政治活动，或是发表和国民党政策不合的主张。天下没有一个国家全体人民的政治见解是完全一致的。若是一个政府用强力不容许有异见，反对政府的人不是敢怒不敢言，就得用武力来保护自己的主张。很多美国朋友曾问我：为什么中国没有不具武力的重要政党？我的回答是说：若是美国民主党执了政禁止其他政党公开活动，恐怕共和党立刻会武装起来的……

我早就说过，我是反对一切以武力来支持政治的人，对于共产党在武力上的扩张是不同情的。我所希望的，也是很多中国人所希望的,就是造成一个不必有武力做后盾亦能作政治活动的中国。……我们希望你们的是做一个积极促进中国团结的力量,要国共接近至少要避免去支持任何一方;更因为要使中国的政治离开武力,更不应当以武力去支持任何一方。可是,以现有的事实看,你们政府似乎已择定国民党的一方面,想支持它去收复华北和东三省了。

……

……你们若是以武力来消灭中国共产党的话,非但事实不易做到,反而会使中国共产党为了自己的生存,乞援于苏俄。若是中国共产党借了苏俄的武力得到存在,它也势必受苏俄的支配了。假使你们以苏俄为理想敌人,你们现在的行动是以人授敌。再进一步说,我在上面特别加重地提到,中国共产党所以能有这样长久的存在,绝不是它们的理论、它们的主张特别吸引人。而是因为中国十多年来,一党专政使一切反政府的人集中到了它们怀里,这是惟一可以公开表示政治上反对在朝党的地方。这是中国经济的崩溃和政治的独占所造成的结果。这两个原因不取消,共产党或其他类似共产党的武装集团(用你们驻华大使的话)是永远会存在的。你们的政府应当争取中国人民的友谊,作为你们安全的保障。失去中国人民的同情,是一件最不智的举动。

怎样可以得到中国人民的友谊和同情呢?我们的回答是十分简单:遵守罗斯福总统的遗策,以第三者的地位促进中国的团结,放弃武力干涉的企图,主持公平,为中国人民的幸福着想，尽力消灭中国的内战。[1]

这封公开信发表的第三天即11月25日晚，西南联大、云南大学、中法大学、英语专科学校四校学生自治会联合时事讲演会在西南联大图书馆前的大草坪举行。七时，集会开始。钱端升以国民党员身份讲"中国政治之认识"，极力强调成立联合政府的必要。其讲演尚未结束，军警已包围了联大。国民党员伍启元接着讲演，题目是"财政经济与内战关系"。他讲到内战扩大必使中国失去建立现代工业化国家的机会、财政经济将趋于总崩溃时，墙外手枪声、机枪声四起，电线被割断。大会点起汽油灯继续举行。费孝通的讲演题目是"美国与中国内战之关系"，他站在全会场的最高处，耳听子弹呼啸而过，一边在心里说着"一定要稳住！稳住！"一边向全场高呼："不但在黑暗中我们要呼吁和平，在枪声中我们还要呼吁和平！"潘大逵继费孝通之后讲"如何制止内战"，指出撤退美苏军队是制止内战的主要条件。此时已是枪炮齐作。为了安全，集会提前结束。

11月26日，昆明《中央日报》刊登中央社消息，题为《西郊匪警，黑夜枪声》，诬蔑这次民主集会，激起了更大范围的公愤。

11月27日，昆明市学联成立"中等以上学校罢课联合委员会"，并召开大会通过《告全国同胞书》，即行全市总罢课。

11月30日，中国民主同盟云南省支部发言人对昆明市大中学生罢课发表声明，完全同意学生提出的正当要求，支持罢课。

---

① 《费孝通文集》第3卷，第347～355页。

12 月 1 日，惨案发生。“上午九时到下午四时，暴徒数十百人身穿杂色军服，手持木棍扁担，袭击联大、云大，发生殴打同学事件五起。时，有军人扔出手榴弹，炸死南菁中学教员于再。在联大师范学院，暴徒扔出二枚手榴弹，炸死联大同学李鲁连和昆华工校学生张华昌。又用刺刀刺死联大女生潘琰。是日受伤者有联大同学缪祥烈等二十五人。”①

闻一多得知凶讯，即赶赴学校。他看到了校门被毁的情况，也看到了学生洒在地上的血迹。在急奔医院途中，他遇到同学们抬着殉难烈士的遗体，目睹之下，不禁浑身颤抖，放声大哭。《闻一多先生在一二·一惨案座谈会上的演词》中说：

> 在帝国主义国家里，镇压人民革命的行为，一般人称之为白色恐怖。这次昆明一二·一惨案的暴行，连白色恐怖的资格也不够，简直是黑色恐怖，因为白色在字面上讲还是纯洁的。一二·一的暴行是太凶残丑恶，卑鄙无耻了！事前有周密的不止，当时是集体的行为，打上大学门来，向徒手学生掷弹，向毫无抵抗的女学生连戳数刀……鲁迅先生说发生三·一八惨案的民国十五年三月十八日是中华民国最黑暗的一天，他不知道还有更黑暗更凶残的日子是民国三十四年十二月一日！段祺瑞的卫兵是在执政府前向徒手学生开枪，十二月一日的昆明是大队官兵用手榴弹和刺刀来进攻学校！凶残的程度更进了一步，这是白色恐怖吗？

① 《闻一多年谱长编》，湖北人民出版社 1994 年版，第 931 页。

这是黑色恐怖![1]

随着黑色恐怖的进一步弥漫,进入1946年时,“闻一多主办的报纸已被迫停刊”,“他终日奔波于几家印刷厂之间,身后一直有人跟踪。”[2]

1946年1月13日,费孝通与闻一多、潘光旦、吴晗联名发表《致马歇尔特使书》。该文由费孝通执笔,全文七千余字,对美国总统杜鲁门发表的“对华政策声明”表示欢迎,提出“目前最主要的问题是怎样建立民主政治中心的民意立法机关”。

6月27日,费孝通与闻一多、潘光旦、楚图南、李公朴、潘大逵、冯素陶共同主持民盟云南省支部招待会,邀请当地文化、教育、金融、实业界人士八十余人,以诚相见,向他们报告民盟的性质、组织、主张、历史和作风。这样的会先后开过多次,效果很好,确实争取到了更广泛的社会同情、理解与合作。[3]

美籍华人丁陈月娥博士对民盟的历史作过深入研究。她在《知识分子和中国革命:中国民主同盟1941～1949》(1977)一书

---

① 《闻一多年谱长编》,湖北人民出版社1994年版,第931～932页。

② 《闻一多年谱长编》,湖北人民出版社1994年版,第956页。

③ 闻一多在会上讲的“伸出手来”的话,使与会者很受感动。他表示,愿意伸出沾着粉笔灰的手去握住无数拿锄头的手,开马达的手,打算盘的手,拉洋车的手,缝衣煮饭的手,扫地擦桌子的手……与会的一位商界贤达说:“总以为民盟的领袖是些青面獠牙的怪物,今天见了面以后看来都是文质彬彬,手无寸铁的书生们……我是个商人,我愿意第一个伸出我这污秽的手同他们握……我希望我们士农工商各界都伸出自己的手来紧紧的同他们握着。”

中提到:“民主同盟在中国知识阶层有极大影响,在一个全国选举中能赢得成百万以上的选票。问题是那时不可能举行这样的选举。”①

民盟于1941年正式成立之初,即为国民党政府所忌恨,认为民盟提出“结束一党专政”等于要推翻现政府。1945年2月13日,蒋介石对周恩来和美国特使赫尔利说“组织联合政府,无异推翻政府”。1946年1月7日的重庆《新华日报》公布的政治协商会议名单中,中共7名——周恩来、董必武、王若飞、叶剑英、吴玉章、陆定一、邓颖超;国民党8名——孙科、吴铁城、陈布雷、陈立夫、张厉生、王世杰、邵力子、张群;民盟9名——张澜、罗隆基、张君劢、张东荪、沈钧儒、张申府、黄炎培、梁漱溟、章伯钧。政协会议后,在40名国府委员名额的分配问题上,周恩来到民盟总部和张澜商定,双方加起来要保证有14个名额,以握有三分之一强的否决权。至于14个名额怎么再分配,周恩来对张澜说:“你们要6席,共产党就8席,你们要7席,我们就双方各半,你们要8席,我们就6席。你们大胆提出来,丝毫不要客气,我们共产党没有问题。”民盟与中共友党关系的进展更让蒋介石恼怒。费孝通听到的蒋介石的说法是“这帮秀才造反,乱了我的天下。非要他们的好看不可!”

费孝通说:“学生起来反对内战,我们这些‘民主教授’支持他们,蒋介石于是企图以谋杀手段锄掉我们中间最敢讲话的人。黑名单上的人大部分人属于民主同盟。……特务贴在墙上的大

① 见叶笃义先生翻译的一份未刊油印件,存民盟中央文史委员会。

字报上写着我们的名字，他们到我家来吵闹和威胁。他们在我家背后的城墙上挖了一个洞，大到足以使他们能在所选择的任何时候进入我们家。"①

1946年7月11日，李公朴被暗杀。

1946年7月15日，闻一多被暗杀。

费孝通回忆说："闻一多被暗杀的那天……我听到枪声。我冲出办公室到（云南大学）校长家中暂避。同时记得美国领事曾对我说：'如果你需要帮助就通知我。'因此派了我的一个学生去和他联系。他来到校园用他的吉普车把我的妻子、女儿和我自己带到了美国领事馆。后来知道，我离开校园不久特务就搜查了校长的家。他们带走了我留在那里的一个包。显然他们已经对我采取行动。"②

费孝通写了一篇题为《这是什么世界》的短文发表在《生活导报》，就闻一多之死诅咒专制独裁的黑暗：

> 不久之前，我曾同他在同一会场上，听他公开地向社会人士声言："我们是要用和平手段争取和平。""他可以死，我也可以死，人人都可以死！"我在他遗体前沉默了。"一个国家怎能使人人都觉得自己随时可以被杀！"人类全部历史里从来就没有过这等事。我们现在活在什么样的世界里！③

---

① 费孝通著：《从实求知录》，北京大学出版社1998年版，第457页。

② 费孝通著：《从实求知录》，北京大学出版社1998年版，第457页。

③ 《费孝通文集》第4卷，群言出版社1999年版，第277～278页。

此时,云南警备总司令部向保护民主人士的美国领事馆提出抗议,要求"移交"。为此,"南京美大使馆与国民党外交部进行了讨论。最后由美大使馆派一等秘书斯普劳斯(Sprause)到昆明与领事罗斯约请云南省主席及民盟几位负责人共同会谈,并达成协议:美方和卢汉承诺保证民主人士的安全,并为他们买好飞机票送离昆明。这样避难诸人都陆续乘机离开。"①

费孝通到了南京。他说:"我在南京的时候见到了费正清的夫人费慰梅(Wilma Fairbank)当时她是美国大使馆的文化专员。那时候南京大使是司徒雷登。……我们彼此熟悉。……他尽了最大努力至少要挽救我的生命,但那时政治形势很复杂,非常复杂,在美国方面有不同的意见。我不可能对那方面说得更详细,我只知道有巨大分歧。不论怎样,司徒建议我需要改变环境。我起程去伦敦。"②

去伦敦的机会来自费孝通的英国朋友们为救他脱险而做的努力。他们设法通过英国一个文化交流机构向费孝通发出邀请,请他赴英作学术交流。中国知识分子因受政治迫害而引起国际社会的如此关注,这是学术价值和文化力量的体现。费孝通相信,在国内局势凶险之时,利用外访机会,推进中外学术文化交流,对大局有益。

主意既定,费孝通离开南京,回到家乡苏州乡下。他的姐姐

---

① 《中国各民主党派史人物传》第 1 卷,华夏出版社 1991 年版,第 265 ~ 266 页。

② 费孝通著:《从实求知录》,北京大学出版社 1998 年版,第 458 页。

费达生为他专门借了房子。费孝通一边整理一些讲稿，一边等待朋友们为他办理出国手续。他用了大约三个月的时间，完成了“李闻事件”之前刚编写到一半的《生育制度》一书，并把书稿交给了商务印书馆。1946 年 11 月，费孝通乘飞机上路，去往英国。

四、重访英伦

重访英伦的旅程开始之前，费孝通曾这样写他心目中的英国：

> 我是爱慕英国的。两年的英伦寄居，结下了这私心的关切。在战云还没有密盖到这岛国的上空时，徘徊在汉姆斯坦高地的树林里，野草如茵，落叶飘过肩头，轻风里送来隔岗孩子们的笑声，有的是宁静。一个成熟了的文化给人的绝不是慌张和热情，而是萧疏和体贴。我爱这种初秋的风光，树上挂着果子，地上敷着秋收。可是英国的成熟却令人感到太仓促了一些，使人想起古罗马的晚景，在蔚蓝的地中海上，竟成了一座蜃楼。为了我对英伦有这一点私衷，未免起这忧心，尤其是当我接到新近从那边的来信，描写着劫后的伦敦，繁华中的废墟，这样的不敢令人相信。历史太无情，岂是真的又要重演一次帝国的兴亡轨迹？[①]

① 费孝通著：《芳草天涯》，苏州大学出版社 1994 年版，第 145 页。

废墟是战争打下的印记。战争的发生不能不说与英国要拼命维持自己的世界霸权有关。费孝通说:“翻出这两次世界大战的历史来重念一遍,我尽管爱慕英国,也不能饶赦英国。”[①]英国自从拥有世界强势以后,从来不能容忍任何一个可能超过它的强势出现。[②] 重访英伦,使费孝通生发出诸多感慨。他用自己最擅长的表达方式——写文章或是讲演——来发表一个中国知识分子的观点。从费孝通对英国兴衰原因的分析和对其复兴前景的瞩望中,人们可看到一个具有跨文化交流能力的知识分子可以实现的国际意义,也可看到他在和平愿望之下观察国际局势时所能达到的深度。费孝通说:

第一次大战结束,大英帝国并没有击溃威胁它的新兴工业势力,相反地却促成了东西两个新兴工业国家,美国和苏联。美国的不景气和苏联的被冻结,固然暂时缓和了当

① 费孝通著:《芳草天涯》,苏州大学出版社 1994 年版,第 152 页。

② 按:《世界文明史》中有这样一段可供参考的分析:“英国的政策实际上差不多和所有国家都对抗。它警惕着俄国对君士坦丁堡的野心,同时也把法国看成是可疑的对象。直到 20 世纪初,它一直对法国不信任。它的主要目标是:一、维持帝国的生命线。二、保证进口资源和外贸市场的海运畅通。三、在欧洲大陆国家中维持均势,免使他们中间任何一个国家强大到有足够的力量来攻击它。如果别的国家所采取的行动威胁到这些重要目标(它们经常这样做的),英国马上会采取敌对行动。它会施加外交压力,组成联盟,或者发动战争使冒犯它的国家不敢轻举妄动,就像它最后在 1914 年和德国作战时那样。”《世界文明史》第 3 卷,商务印书馆 1988 年版,第 11 页。

时的严重冲突，但是，第二次大战中，这两个工业国家的潜力却表现得使英国战栗了。何况，战术的发达，水上的霸权，并不足以保卫岛国本部工业的安全。空中降下的破坏使海峡的天险失其效用……工业的基础已经由煤和铁转变到了汽油和化学品，武力的基础已从水陆平面转到了立体空间。这转变使大英帝国的基础翻了身。科学和工业造成了大英帝国，也是科学和工业使大英帝国式微和没落。

……

丘吉尔和他的承继者做着一件劳而无功的苦差。拔除了法国，产生了更强的德国；拔除了德国，产生了可能更强的苏联。即使拔除了苏联，谁知道不会又产生一个比苏联更强的国家呢？这不是办法。英国并没有做战争制造者的必要，只要它在另一逻辑里打算他们的前途。

我是爱慕英国的。我也相信英国人民有着他们卓越的才能。我永远在盼望他们的才能不必在战争里求表现，而在人类共同的幸福上谋发展。同时，我不但希望而且相信，这转变方向的时机已经成熟……①

可以说，在第二次世界大战结束后不久，费孝通写下这样的文章，说的是英国，又不仅仅是说给英国听的。“转变方向的时机”不光是提供给英国的，也是提供给全世界的。

带着这样的心情在英国游历，所见所闻当中那些有利于新

① 费孝通著：《芳草天涯》，苏州大学出版社 1994 年版，第 152～154 页。

的社会秩序形成的因素自然会引起费孝通更多的注意。在他写给国内《大公报》的专栏文章中，有《拉斯基教授没有败诉》，可以从拉斯基教授诉讼案的结果中看到此案已“引起了英国人民对于现行司法制度的检讨”；有《英雄和特权》，可以从代表平民的工党对传统特权的否定看到“英国社会本质正在蜕变”，“平民政治的抬头，使英国人接近了人性的标准”；有《为了下一代》，可以从一个小学教师关于孩子们受重视程度的谈话中看到“英国复兴的保证”。

重访英伦之初，伦敦圣保罗大教堂四周的残垣断壁，民众日常生活中因物资匮乏而实行的限购制度，十年前的故地茶社里掌柜姑娘答话时的淡然态度，都给费孝通以深刻印象，使他不无茫然之感。此后，随着他接触范围的扩大，在议会、农庄、大学、酒会中，在和议员、官员、店员、农民、教授、房东、翻译家的交谈中，他似乎逐渐消除了茫然，建立了信心。尤其是和那位小学教师的对话，给他以更为深刻的印象。费孝通发现了让他兴奋的事实——

> 英国在战争里的损失固然浩大，人民的生活普遍地降落了，但是英国的特权阶级脑子里不单有个人的特权，还有一个国家的共同幸福。他们还珍惜英国文化里特有的作风，他们能及时退让。他们能把牛奶在自己口头省下来，交给全国的孩子去喝。他们增加所得税，收入愈多的付税愈多，这笔国家收入却用来改良煤矿，健全工业的基础；规定最低工资，保证工人阶级的物质生活；发展保险事业，减少

> 生老病死灾祸的打击。最重要的一项，在教育法案的序言中明白说明，就是不使国家任何的灾难降到孩子们的身上。在战时，运输孩子们疏散的优先权可以超过军火。郊外所有阔人们的别墅全部征用给孩子们住。工党政府努力地这样做，不是迷信任何主义，而是维持人民的士气，让每个人觉得眼前吃一些苦是有意义的。生活一有意义，就甘心情愿地发奋工作了。[①]

费孝通回到了他在英国接受社会人类学专业训练时的母校，伦敦经济政治学院，回到了他十分熟悉的学术环境中。他在这里做学术讲演；为学生上大课，讲授“现代中国的社会变迁”；参加学术讨论会；走出校门去街头茶社聊天；到英国国会去听议员们的辩论；和房东太太讨论儿童的营养与政府的政策……他还访问了牛津大学。在多年后的一次回忆中，费孝通说：“访问期间我写《重访英伦》作为《大公报》的专栏文章，该报销路甚广。从那时起我经常在报纸杂志上发表文章。《纽约时报》把我叫做‘能干的中国政治分析家’。我为两家杂志《观察》和《中建》和一家报纸《大公报》写定期专栏。我在伦敦期间遇到了一群著名的进步分子，支持中国左派的人。我已记不起这个团体的名称。它是一个援助中国的协会。……我回中国之后，他们每周航寄《泰晤士报》、《观察者》周刊等种种期刊给我，使我能经常得到世

---

① 费孝通著：《芳草天涯》，苏州大学出版社 1994 年版，第 190 页。

界舆论最新的信息，提供我写时论的资料。”[①]

在伦敦经济政治学院，费孝通特意到当年读书时 Malinoski 的工作室去追思和缅怀自己的恩师，一如他初访美国时走进 Park 工作室的心情。Malinoski 已于 1942 年去世。费孝通坐在十年前经常坐的地方，为恩师的早逝而伤感。当年的烟雾早已飘散，“今天的人类学”所鼓舞的精神是否也成了绝响？费孝通不能不想这个问题。他应该记得自己学成回国之前在博士论文谢词中写下的话——“他对我知识上的启示和亲长般的情谊使我感到对他一生具有承上启下的责任——以我的理解说，我必须在建立一门研究人的科学以及在使一切文明之间真正合作上分担他那沉重的负担。”在二次大战刚刚结束之时，在费孝通面对人去楼空之境凭吊恩师之际，这句话的分量尤为显豁。这一郑重的承诺包含着费孝通对社会人类学学科意义和学者使命的理解。在他初访美国和重访英伦的行迹和文章中，一个真心为“使一切文明之间真正合作”而忙碌的身影，标志着当初的承诺已开始成为自觉的实践。

---

① 费孝通著：《从实求知录》，北京大学出版社 1998 年版，第 458～459 页。

第七章

鸡鸣不已（下）

那是在抗战的最后一段时间……我还出版了两本书，叫《乡土中国》和《乡土重建》。这是我把十几年我对中国农村社会特点的认识讲给学生们听，讲完以后写下来。……这是我那一段时间的思想结集，不是调查了，是调查里面我的体会。我认识的中国社会的根本精神是一个乡土社会。

《九十新语》（ISA 工作论文）第 23 页

北京大学社会人类学研究中心，1999

一、文坛快手

1947 年 2 月 18 日，费孝通离开英国，途经新加坡，在香港略事停留，于 3 月初回到北平，在复员之后的清华大学继续任教。他在国外访学时，常能从外国的学术发展水平上感受到一种无形的压力，觉得中国也需要有人做些研究工作，并应具备在同一水平上的学术对话能力，所以他希望回国后能静静地读一些书。

从重访英伦前后到中华人民共和国成立的两年多时间里，

费孝通把他在1940年代中的主要学术成果总体上整理了一遍，出版了三本专题论著和三本译著。他在《学历自述》中说：

1947年回返北平，继续在清华任教，直到解放。在这段时间里在学术工作方面，主要是整理讲稿，有1948年出版的《生育制度》、《乡土中国》等，翻译方面有马林诺斯基的《文化论》、斐斯的《人文类型》、梅岳的《工业文明的社会问题》等。此外还写了许多结合时事的文章在国内各刊物发表，收集成小册字的有《初访美国》、《重访英伦》、《内地农村》、《乡土重建》、《美国人的性格》、《皇权与绅权》、《民主·宪法·人权》等。[①]

费孝通在1940年代中后期发表文章的主要园地是“两刊一报”，即《观察》杂志、《中建》杂志和《大公报》。他与《观察》杂志的密切关系，与储安平的深厚交谊，从这个时期开始建立起来。

“李闻事件”后，重访英伦前，费孝通曾和潘光旦一起在苏州的浒墅关“避风”。其间，费孝通写《生育制度》的末了部分，潘光旦为这本书写了序言“派与汇”。

这时，准备创办《观察》杂志的储安平为“拟约撰稿人名单”的落实找上门来。潘光旦向储安平推荐费孝通，说“这是一个快手”。

---

① 《费孝通学术精华录》，北京师范学院出版社1988年版，第608~609页。

储安平是潘光旦的学生,是费孝通的校友[①],又是当时一个著名的自由主义知识分子。三个人走到一起,可谓有缘。

学者办刊、学者入股、学者撰稿的《观察》周刊,对当时的舆论状况有如下分析:一是国内拥有极广大的一群自由思想的学者,他们需要说话,应当说话;二是中国的知识阶层绝大部分都是自由主义思想者,他们超然于党争之外,只要刊物确是无党无派,说话公正,水准尤高,内容充实,当可获得众多读者。《观察》周刊于1946年9月1日创刊。创刊号上的发刊词《我们的志趣和态度》由储安平撰写,其中声明:

> 我们这个刊物第一个企图,要对国事发表意见。意见在性质上无论是消极的批评或积极的建议,其动机则无不出于至诚。这个刊物确是一个发表政论的刊物,然而绝不是一个政治斗争的刊物。我们除大体上代表着一般自由思想分子,并替善良的广大人民说话以外,我们背后无任何组织。我们对于政府、执政党、反对党,都将作毫无偏袒的批论;我们对于他们有所评论,仅仅因为他们在国家的公共生活中占有重要的地位。毋须讳言,我们这批朋友对于政治都是感兴趣的。但是我们所感觉兴趣的"政治",只是众人之事——国家的进步和民生的改善,而非一己的权势。同时,我们对于政治感觉兴趣的方式,只是公开的陈述和公开

---

① 储安平于1935年考入伦敦经济政治学院政治系,师从著名的费边社员拉斯基教授,1938年回国。

的批评，而非权谋或煽动。政治上的看法，见仁见智，容各不同，但我们的态度是诚恳的，公平的。我们希望各方面都能在民主的原则和宽容的精神下，力求彼此的了解。①

这样的“志趣和态度”，应该是费孝通感到亲切的。发刊词中从舆论角度对时局所作的分析及储安平所表达的文化进取精神，更会激发他的共鸣和热情。费孝通说：“知识分子就是好议论，议论需要讲台和刊物。《观察》及时提供了论坛……当时我年华方茂，刚身受反动势力的迫害，岂肯默尔而息，于是仰首伸眉，振笔疾书，几乎每期《观察》都有我署名或不署名的文章。在我是件快事，对《观察》来说多一个快手。我们之间的文字因缘就这样结了下来。”②在《观察》杂志一度于每期封面公布名单的78位撰稿人中，费孝通是最活跃、最多产的作者之一。

费孝通与胡适的交往，很少见于报章杂志。他在“文革”中的交代材料中说：“胡适：1943年在美国见到他，是他约我到他家吃饭。当时和他有联系的赵元任、李方桂（都是语言学教授）都见过。回国后，1948年在北平北京大学纪念蔡元培的会上又见过他。他曾是我当时个人奋斗的榜样。”

《观察》周刊第三卷第四期（1947年9月20日出版）上发表的胡适与费孝通的通信是难得一见的宝贵资料。当时，胡适读费孝通发表在《观察》上的文章，发现其中所说有误，即致信费孝

① 《储安平文集》（下），东方出版中心1998年版，第51～52页。

② 费孝通著：《逝者如斯》，苏州大学出版社1993年版，第221页。

通，明白指出错在何处。费孝通接信后即复信胡适，尊称胡为“老师”，表示感激，同时说明，接到的指错之信已寄给储安平，请他在《观察》发表，以免误及读者。从胡适最后写定其信付邮到费孝通复信，两信的落款时间仅隔两天。《观察》周刊以“关于《美国人的性格》”为题发表了这两通书信，内容如下：

孝通先生：昨天在观察二卷廿二期看见大作《负了气出的门》，开篇两节里就有两个大错，不敢不奉告。

第一节说丘吉尔“显然的歪曲了历史，即使没有歪曲，也不免是断章取义”。丘吉尔说“他身体流着的血，一半是来自美国的”。他的母亲是美国纽约的 Jennie Jerome，当然可以说他的血一半是来自美国的。他说的是史实，并没有歪曲历史，也没有断章取义。

第二节说怀德海名字里有个 North，这并不错。但你解说错了。你说“原来他是 North 将军的后裔，而这位将军是奉命来镇压美国独立的”。历史上并没有这样一位将军。小怀德海说的大概是指美国独立时的英国首相 Lord North。当时北美十三邦最恨的是英王乔治三世和他的首相 Lord North。

先生既发愤写《美国人的性格》，似乎不可不多读一些美国人人知道的历史。如上述两例，都是人人知道的常识。若不改正，比遭读者讥笑。故不敢不奉告，想能蒙原谅。

胡适　卅六年八月廿五日

此信是我南飞前一夕写的。写了后，我不敢寄出。今天重看一遍，觉得朋友有切磋之责，故补寄上。乞恕！适之(卅六年九月八日)。

适之老师：(前略)我说“歪曲历史”和“断章取义”原是想说：从历史的过程说，美国人的血是从欧洲去的，至少大部分是如此。丘老有意把自己的“血的倒流”来标榜，用意是想去歪曲 to bend 一般对于历史的成见。他自己的个例是历史上的“断章”，少数例外之意，用以取义，使美国人听来高兴。行文不慎，以致读来不易十分清楚。

怀德海教授的故事是他和我说的，我没有问清楚底细，把爵士变成了将军，罪甚。

孝通　卅六年九月十日

1946 年 12 月，生活书店把费孝通分别发表在《时代评论》、《再生》、《文萃》、《新生代周刊》等报刊上的八篇文章集为《民主·宪法·人权》一书出版。该书由潘光旦作序。曹聚仁对该书表示激赏，认为从内容说“是传世之作”；从形式说，“费氏的散文‘深入浅出，意远言简，匠心别具，趣味盎然’，为其他文艺家所不能及。”①

这本书说明，费孝通试图用对话和讲故事的轻松笔法涉及民主国家的人民对于政治应有的最低限度的常识。例如，他从

① 曹聚仁著：《文坛五十年》，东方出版中心 1997 年版，第 367 页。

当时昆明近日楼墙上贴的各种言论的墙报谈到英国的海德公园,认为“民主就是这样成长的”。费孝通写道:

> 海德公园所以著名,却在园角那片宽阔的草地,这草地上有着各色各样的人,站在桌上、椅上、肥皂箱上同时向着游客演说。有些吸引着几十到几百个听众,围得密密层层,有些只有一两个人……
>
> 听的人有话想讲,随时随地可站起来讲,只要有人听你。……在海德公园里真可以说是议论纷纷了:幼稚可笑的,胡言乱语的,有条有理的,引经据典的……有极端的保守派,有过时的传道士,也有激进的共产党,真是无派不全。可是有一点……值得我们这些异邦人记得的,是在海德公园中,从来没有人互相打过架,没有人流过血,没有人投过手榴弹,没有人停止过别人说话。①

海德公园之所以能在费孝通心中留有深刻印象,不在于各色言论中有多少真理,而在于言论自由的本身,在于每人都可畅所欲言的事实。他认为,“中国若要进入民主,这是第一步。”为此,费孝通在诸如此类的题目下写出了大量文字,如“言论自由矫正了欺骗”,“投票自由不受约束”,“选举票是人民的力量”,“对专制的一个革命”,“出了槛的权力是灾难”,“暴力之下无法律”,“新闻不做政争工具”,“美国民众不喜社论”,“报纸前途决

---

① 《费孝通文集》第3卷,第402~403页。

于读者”,“回头再看我们中国”……费孝通语气激烈地批评现实说:“回头看中国的新闻报纸,谣言往往多于报道。造谣的人也许自以为得意,其实在我们的生活已经和世界分离不开的时候,把人家和自己的眼睛扎住了走天梯,怎能不失足落入深渊!……我们实在没有法子了解所谓迎头赶上时代这句话是怎么说的了。反了方向在比赛,说什么现代化?”①

费孝通的这些题目和文字,都是写在抗战胜利之后,中华人民共和国建立之前。费孝通在抗战烽火中从英伦返国后曾说:“中国在抗战胜利之后还有一个更严重的问题要解决,那就是我们将建设成一个怎样的国家。”当初预见的问题如今已成为现实问题,他写这些文章,正是为这一问题的解决付出自己的热情和才智。

这一时期,费孝通另一个比较集中的话题是中国乡土社会及其工业化问题。这个话题分出了两个层次,一是讨论中国基层社会的基本面貌和结构原则,说明他认为乡土社会是什么样的;二是讨论这一社会发生变迁的前景和具体途径,说明他认为乡土社会怎么样进入现代社会。

在这个话题中,费孝通关于“什么样”的讨论文章,陆续发表于他在《世纪评论》杂志开设的专栏《杂话乡土社会》,分别谈论“无为政治”、“文字下乡”、“长老统治”、“男女有别”、“差序格局”、“礼治秩序”、“家庭中心说”、“血缘和地缘”等题目;关于“怎么样”的讨论文章,陆续发表于费孝通在《大公报》开设的专

① 《费孝通文集》第3卷,第524~525页。

栏《乡土复员论》，分别探讨"黎民不饥不寒的小康标准"、"地主阶层面临的考验"、"基层行政的僵化"、"现代工业技术的下乡"、"自力更生的重建资本"、"乡土工业的新形式"、"分散在乡村里的小型工厂"等题目。

费孝通对这些题目的申说，先是在课堂上讲课时和同学们一起讨论，然后是写出文章在报刊上发表，与同好交流，最终再集结成册，把自己对当时社会的思考留存在相应的历史过程当中。讨论"什么样"的文章，集为《乡土中国》一书；讨论"怎么样"的文章，集为《乡土重建》一书，皆由储安平放入"观察丛书"出版。费孝通1948年2月14日为《乡土中国》写了后记，1948年6月19日为《乡土重建》写了后记。由于书中的内容作为专栏文章发表时曾引起过广泛的影响和激烈的争论，费孝通为《乡土重建》一书的后记加了个题目，即《对于各家批评的总答复》。他把一种类似于"立此存照"的自觉意识写入这篇后记说：

> 我忠实地记录下我思考的结果，这结果是我从自己的经验和我所听到的和读到的许多别人的经验和思想中所思索出来的。我把这结果用文字记录下来，也不过是供给别人思索时的参考。……我不是个宗教家敢于承认自己在全知全能是上帝的启示中得到了真理；我不过是个摸象的瞎子，用自己有限的手掌去摸索我要知道的对象，所不同的是并不敢自以为见了全象而排斥别的瞎子在同一对象上摸索所得的知识，我所希望的是许许多多瞎子所得片面的知识能加得拢来，使我们大家共有的知道能更完全一些，更丰富

一些。[1]

这个时期的费孝通,民主教授的政治情怀和人类学家的科学精神融于一体,相得益彰。对于西南联大时期的知识分子作过深入研究的谢泳认为:“费孝通本人的思想,虽然在四十年代末给人留下了向左转的倾向,但当时费孝通的左转并非走向政治的操作,而依然是自由主义知识分子天性的流露,他的左转只是偶尔顺应了某一在野的政治势力”,“四十年代末,费孝通他们这一代自由主义知识分子的思想状况是复杂的……在思想上他们没有放弃自由主义知识分子的立场,只是由于过分痛恨执政党的腐败和极权,而暂时认同了在野政治势力的某些主张”。[2]谢泳的观点可以在费孝通这一时期的许多著述中得到充分的支持。如在他讨论解决土地问题时所表达的观点,确出自不左不右的独立立场。他认为:

> 如果我们承认当前严重局面基本上是土地问题在作祟,则土地问题的合理解决自应是重建和平秩序的前提。……实行耕者有其田,必须有一个条件就是本来靠地租维持生活的地主得另外找到一个经济的基础。有人会说,地主这阶层是寄生在农民身上的剥削者,他们已经侥幸的被

---

① 费孝通著:《乡土重建·乡土中国》,观察社 1948 年版,第 145 ~ 146 页。

② 《西南联大与中国现代知识分子》,湖南文艺出版社 1998 年版,第 57、60 页。

供养了几千年，现在该被清算了；把田拿走了，如果他们自己没法找到生存的机会，那是活该。我不愿在道德立场上讨论这问题，只想从事实上说，如果地主阶层找不到新的生产性的经济基础，他们不会轻易放弃土地的；于是，如果要实现耕者有其田，就避免要在同意的方式之外用暴力的手段了。再换一句话说，如果不给地主阶层一个经济的出路，土地问题的解决过程中避免不了暴力的因素。我的立场是想在和平方式中去解决这无法拖延的基本问题，所以特别愿意强调和平解决所必需的条件。①

事实上，当时倾向于自由主义思想立场的知识分子是被社会各界广泛关注的一个群体。《观察》周刊的发行量从最初的五千份很快就上升到十万零五千份。费孝通的《乡土中国》初版印行三千册，不到一个月就销售一空。此后的半年里，加印的《乡土中国》平均每月发行两千册。费孝通为此"收到了从高中生到工厂主等广大群众的许多来信"；"他每周要写五至八篇文章"；"《大公报》把他作为十六名作家之一载入'作者及其作品'栏内，并把他的照片同胡适及巴金的照片并列排在头版（美国的《纽约时报》说他是'中国最杰出的政治分析家'，《时代》周刊称他为'社会学教授和中国最深刻的政治评论家之一'）。"②

从费孝通在社会人类学学科门内的工作来看，《乡土中国》

---

① 费孝通著：《乡土重建·乡土中国》，观察社 1948 年版，第 89 页。

② ［美］阿古什著：《费孝通传》，时事出版社 1985 年版，第 111 页。

和《乡土重建》等著述标志着他从瑶山、江村、禄村等实地调查的个案研究为特征的第一阶段进入了社会结构分析通论为特征的第二阶段。在第二阶段早于《乡土中国》和《乡土重建》出版的《生育制度》一书，费孝通本人更为看重，他说“那时我写了一本我喜欢的理论性著作《生育制度》(1947年)。我喜欢那本著作。它是我最好的著作之一。它是偏重理论性的著作，是人类学的而不是政治分析。”①这个看法一直持续到他的晚年。在他的等身著述中，《生育制度》没有其他一些书的影响大，应当是因为这本书的意义和价值尚待理解。吴景超当年说：“费先生的书，我读了已经不少，但这一本书，无疑是后来者居上，在他所有的社会学著作中，要算是最有贡献的一本。就在中国社会学界中，过去二十年内，虽然不断有新书问世，费先生这一本，内容的丰富，见解的深刻，很少有几本书可以与他站在同一水平之上的。”②

二、“乡土”双璧

《乡土中国》是费孝通在西南联大和云南大学讲授“乡村社会学”课程的部分讲稿中整理出来交付出版的一本书。在该书“后记”中，费孝通对其写作初衷和过程作了较详细的说明，表示自己“在这书里是以中国的事实来说明乡土社会的特性”，是探

① 费孝通著：《从实求知录》，北京大学出版社1998年版，第460页。

② 潘乃谷、马戎主编：《社区研究与社会发展》(下)，天津人民出版社1996年版，第1546页。

索性的思考，既算不上定稿，也说不上完稿，“只是一段尝试的记录罢了”。

费孝通最初讲授“乡村社会学”的时候，是采用美国的教材作参考。他不是个混日子的人，这样的讲法虽过得去，却使他觉得不很惬意，后来就用他自己调查的材料讲课。当时费孝通正研究中国乡村经济方面的问题，讲起这些，他更熟悉，学生听得也更有兴趣，但他仍然觉得不够惬意。在“乡村社会学”中讲经济问题，未免有点偏，同时校内开有“土地经济学”和“比较经济制度”等课程，未免重复。于是，从1946年起，费孝通决定另起炉灶，暂时撇开经济问题，专门从社会结构本身来讲这门课。

《乡土中国》像是一幅中国农村社会的写生，且是中国笔法，散点透视，写意兼工笔。有理论性的概括，也有生动有趣的生活细节的描述。对很深的理论问题，费孝通用通俗易懂的语言来表达，并驾轻就熟地列举老百姓身边发生的故事，使要讨论的问题接通他们日常生活的经验和感受。例如：

> 乡土社会在地方性的限制下成了生于斯、死于斯的社会。常态的生活是终老是乡。假如在一个村子里的人都是这样的话，在人和人的关系上也就发生了一种特色，每个孩子都是在人家眼中看着长大的，在孩子眼里周围的人也是从小就看惯的。这是一个“熟悉”的社会，没有陌生人的社会。
>
> ……
>
> “我们大家是熟人，打个招呼就是了，还用得着多说

么?"——这类的话已经成了我们现代社会的障碍。现代社会是个陌生人组成的社会,各人不知道各人的底细,所以得讲个明白;还要怕口说无凭,画个押,签个字。这样才发生法律。在乡土社会中法律是无从发生的。"这不是见外了么?"乡土社会里从熟悉得到信任。这信任并非没有根据的,其实最可靠也没有了,因为这是规矩。西洋的商人到现在还时常说中国人的信用是天生的。类于神话的故事真多:说是某人接到了大批瓷器,还是他祖父在中国时订的货,一文不要的交了来,还说着许多不能及早寄出的抱歉话。——乡土社会的信用并不是对契约的重视,而是发生于对一种行为的规矩熟悉到不加思索时的可靠性。①

在上述引文中,费孝通涉及的是东西方两种文化里人和人打交道时遵守信用的不同准则和方式,是个具有高深理论内涵的问题,讲到的事情则是街坊邻里、农妇老汉都很熟悉、也很能会意的身边事。这样的例子在《乡土中国》中俯拾皆是,很能引起一般读者的阅读兴趣。在具体而生动的叙述中,费孝通时常引入他所熟悉的西方社会和文化中的事实,同他更熟悉的中国乡土社会两相对比,力求更清晰地衬托出中国社会尤其是农村社会的特点。他还时常把话题引向农村人虽不识字却也熟知的传统文化,在孔子的遗训、孟子的主张、老子的理想和乡土社会之间,标示出"一方水土养一方人"的关系。

---

① 《乡土中国》,读书·生活·新知三联书店 1985 年版,第 4~6 页。

费孝通说，从泥土里讨生活的人，不能老是移动，他得守住土地，侍弄庄稼，争取好收成。收获季节过后，又要周而复始地日出而作，日落而息。长在土里的庄稼行动不得，侍弄庄稼的老农也因之像是半身插到了土地里。乡土社会是安定的社会。自给自足，不用往来和流动。老子产生“鸡犬相闻，老死不相往来”的理想，是很自然的。

在《乡土中国》中，费孝通为描述出自中国乡土社会的家庭、氏族乃至更大范围的社会关系网，提出了“差序格局”的概念。他说，西方人说到他的家，指的是夫妻和孩子，非常明确。中国人的家，界限就不明确了，伸缩性很大，可以扩大到四五代人同堂的大家庭乃至整个氏族，一表三千里。中国人的社会关系网是以某个人为中心，波浪似的向外扩散，犹如投入水中一个石子后的水波，一圈圈推出去，越推越远，也越推越薄，形成一种“差序格局”。

一圈圈推出去的波纹，震荡幅度可以大，也可以小，关键是看入水石头的大小，是中心势力的厚薄。有势力的人家，街坊可以遍及全村，村民们都可能参加这家的婚丧嫁娶和小孩满月、百天的庆贺活动。穷苦人家的街坊则可能只是比邻的几家。费孝通举《红楼梦》为例说：“像贾家的大观园里，可以住着姑表林黛玉，姨表薛宝钗，后来更多了，什么宝琴，岫云，凡是拉得上亲戚的，都包容得下。可是势力一变，树倒猢狲散，缩成一小团。到极端时，可以像苏秦潦倒归来，‘妻不以为夫，嫂不以为叔’。中国传统结构中的差序格局具有这种伸缩能力。在乡下，家庭可以很小，而一到有钱的地主和官僚阶层，可以大到像个小国。中国人也特别对世态炎凉有感触，正因为这富于伸缩的社会圈子会因中心势力的变化而大小。”[①]费孝通认为：

> 我们一旦能够明白这个能放能收，能伸能缩的社会范围，我们可以明白中国传统社会中的私的问题了。我常常觉得：“中国传统社会里一个人为了自己可以牺牲家，为了家可以牺牲党，为了党可以牺牲国，为了国可以牺牲天下。”[②]

勾画出这种社会现象之后，费孝通更进一步指出，这和中国人“修身齐家治国平天下”的古训“在条理上是相通的，不同的只是内向和外向的路线，正面和反面的说法”。这种差序的推浪形式，把群与己的界限弄得模糊两可。这和西方文化里把权利和义务分得清清楚楚的做法大异其趣。

如此鞭辟入里的分析，接通的是人们对世态炎凉的入微感受。提出“差序格局”这样陌生而又蕴涵丰厚的概念，入笔处是大家习焉不察的日常生活经验。《乡土中国》在学术思想和大众生活之间架起了一道沟通的桥梁。肯用点心思的大众读者可以从书里领悟到日常生活现象中的意义，心有灵犀的学术工作者也可以从中受些启发。费孝通通过自己的著述有效地证明了生活与学术之间的源和流、本和末的关系。

---

① 《乡土中国》，读书·生活·新知三联书店 1985 年版，第 24 页。

② 《乡土中国》，读书·生活·新知三联书店 1985 年版，第 27 页。

继《乡土中国》出版之后于同年出版的《乡土重建》，是一本探讨中国农村怎样引入工业生产以帮助农民摆脱贫困、实现温饱、步入小康生活的著作。

费孝通整理《乡土重建》的文稿之时，正是他得到自己1939年出版于伦敦的博士论文《江村经济》一书的前后。八年抗战，人书两地。历经劫难，终得谋面。对费孝通来说，既是一份安慰，又会发生激励的作用。当时，《江村经济》已被世界上不少开设人类学、社会学课程的大学和院系列为学生的必读书。这是费孝通尝试以江村为实例描述现代工业进入中国农村这一文化变迁历史过程的成果。他在当年所以能被江村蚕丝业的改革深深吸引，就是因为从农民利用机器缫丝的场面看到了现代工业改变中国农村的现实和前景。

在费孝通看来，男耕女织是传统中国农村经济的模式。众所周知的牛郎织女可以作为一个形象的证明。这个经济模式中，最核心的一点是农工相辅。农业与手工业的密切结合，是乡土中国的一大特点，在中国历史上已经延续了几千年。有理由说，"中国从来不是个纯粹的农业国家，而一直有着相当发达的工业"。[①] 当然，费孝通所说的"相当发达的工业"不是像西方那样的集中在都市中的大机器生产，而是分散在无数的乡村里，成为代代不已的乡土工业。费孝通举证说：

> 各地依它的土产加工制造成消费品，日积月累，各种工

---

① 费孝通著：《乡土重建·乡土中国》，观察社1948年版，第82页。

> 业都有著名的地域。中国早年出口的生丝最有名的叫辑里丝，查海关报告还有这英文译音；辑里丝是太湖附近很小一个区域里出的丝，居然成了整个中国出口生丝的别名。其他如龙井的茶，景德的瓷器，高阳的布，都属此类。……轻工业中最重要的纺织，在传统中国是家庭工业。我幼年还帮祖母纺过纱，我母亲的嫁妆里还有个织布机，“不闻机杼声”这诗句在我是极亲切的。制造工业分散在家庭里固然使中国传统工业在技术上不易进步，但却是一个传统经济中的重要事实，使普通土地不足的农家可以靠这些家庭工业里的收入，维持小康生活。①

这样的历史事实，决定了中国传统的乡土经济是一种农工混合型经济。中国的工业化、现代化不能不在这个基础上起步，应该充分考虑传统的因素，找到适合传统特点又能推动经济发展的路子。这将是一条嫁接之路，而不是移植之路。中国农村经济在现代社会条件下的发展，仍然离不开农工相辅的路子。但在大工业时代，怎样实现现代社会中的农工相辅，是一个新的迫切的课题。《乡土重建》一书所包括的十五篇文章，集中了费孝通为此作出的思考和发表的观点。

这些文章涉及的问题很多，最根本的主张是要通过恢复和发展农村工业来解决中国农民的贫困问题和推动中国工业的发展。文章在《大公报》陆续发表后，受到了广泛的关注，也引发了

① 费孝通著：《乡土重建·乡土中国》，观察社1948年版，第82～83页。

激烈的争论。有人认为，费孝通主张发展乡村工业是留恋过去，反对机器，因循于旧的手工业生产方式。费孝通觉得这样看的人并没有真正读懂他的文章，并忽略了他一再申明的“乡土工业变质”的主张，他迫切希望乡村工业的技术基础由手工成为机器。也有人用“幻想”、“梦呓”等说法来否定费孝通的主张，认为费孝通是在设想一个全盘性的乡土经济。费孝通说：“乡土工业这个名字，我知道，是不够漂亮，不够生动的，但是在这乡土中国，漂亮和生动常等于奢侈”。[①]“我屡次说乡土工业是我们在打算重建中国经济时应当注意的一项。这也说明了我并没有说一切工业都要分散到乡村里去。这是不可能的，任何人都能明白，一个炼钢厂不可能化成乡土工业的。”[②]

费孝通的主张带有强烈的务实色彩。他说：

> 至少还有很长的时间，我们不易脱离小农经济的基础。于是我们的问题并不是都市工业效率高呢还是乡土工业效率高？而是我们求工业的充分现代化而让百分之八十的农民收入减少、生活程度降低呢还是求农民多一点收入而让工业在技术上受一点限制？我的选择是后面这半句。有朋友为我“惋惜”，但是叫我怎样使人家不“惋惜”呢？中国的经济条件拉着我，插不起翅膀飞向“前进”，如果这是落后，落后的不是我的选择（谁不想一转眼中国就有美国那样多

① 费孝通著：《乡土重建·乡土中国》，观察社1948年版，第103页。

② 费孝通著：《乡土重建·乡土中国》，观察社1948年版，第166页。

的工厂?)而是我们这个古老的国家,这片这样多人耕种得这样久的古老的土地。[1]

在我看来,一个要能受人民拥护的政府,经了这多年的战争,必然得先做到与民休息,培养元气的最低标准,那就是说不再增加人民的担负;不但不增加人民的担负,而且得很具体的增加人民的收入,看得到的收入。在这创痛之后即刻强制人民去为国营工业积资本,在政治上看去,是件冒险的政策。所以我倾向于先发展乡土工业的意思,然后用这种工业所创造出来的资本去发展较大规模的重工业。简单说,我们得从土地里长出乡土工业,在乡土工业里长出民族工业。这条路线是比较慢的,但也比较稳的。[2]

费孝通所倾向的“意思”,四十年后,成了中国农民普遍的意愿和行为。五十年后,成为全社会的共识,转化成了增强综合国力的巨大物质能量。

三、讲坛内外

费孝通结束重访英伦的行程后回到北平时,正赶上一场声势浩大的学生抗暴运动。运动的起因是北京大学先修班女生沈崇于1946年12月24日在东单操场被美军士兵强暴,激起北平

① 费孝通著:《乡土重建·乡土中国》,观察社1948年版,第102～103页。

② 费孝通著:《乡土重建·乡土中国》,观察社1948年版,第167页。

大学生和市民的义愤。两天后的26日，北大沙滩大操场的墙壁上即已贴满了揭发和抗议美军士兵暴行的文字。12月30日，清华、燕京、辅仁、中法等院校万余学生在北大操场聚齐后，以清华大学为先导、北京大学为后卫游行队伍走上市区主要街道，并在游行后成立了“北平市学生团体抗议美军暴行联合会”。

当时，费孝通的二哥费青已是法学界很有名望的教授。他为能公开审理此案做了大量准备工作，拟在开庭时作为原告的首席律师出庭。但因当局者玩弄手腕，致使此案未能公开审理，两个涉案美军士兵却被释放。

这个消息一出来，抗暴运动迅速由北平扩展到全国。天津、上海、南京、昆明、武汉、开封、重庆、广州、杭州、桂林、福州、台北等城市共有五十万以上的学生相继举行罢课和示威游行，全国性的抗暴运动持续达三个月之久。国民党当局为镇压这场运动，于1947年2月27日夜开始，以户口检查为名突然抓捕爱国学生和进步人士。被捕者甚众，除学生外还有店员、出版商、医生、教授等。

时任华北学联秘书长的一位中共地下党员找到费青求助，希望著名的民主人士出面说话。费青、费孝通兄弟二人和潘光旦、许德珩、朱自清、钱端升等十二位知名教授联名发表了《保障人权公开抗议宣言》，引起社会上的极大震动，各界舆论强烈谴责当局暴行。在各界人士的强大压力之下，当局被迫释放了被捕学生和进步人士。

这次事件平息后，费孝通继续以讲台和著述为主的学者生活。

那时的清华园是个因遭受严重破坏而百废待兴的摊子。据清华大学校长梅贻琦在《复员后之清华》(1947年3月15日)一文中说,“清华园校舍,经敌人八九年长期占住……破坏甚重”;“图书馆、体育馆破坏最甚……战前藏书数目……损失实在一半以上。……健身设备荡然无存”;“科学馆、生物馆、化学馆、土木馆、水力馆、电机馆、航空馆,各建筑外观如旧,内部设备,全部无存,一桌一椅,均须重做”。[①]

梅贻琦在《复员后之清华(续)》(1947年4月25日)一文中谈到法学院社会学系时,提到费孝通访英归国一事,他排列师资阵容说:“本年度开学伊始,潘光旦、陈达、吴泽霖三先生即以到校。吴先生同时还主持全校教务,潘先生因为兼主持图书馆。不久,苏汝江先生自美回国,费孝通先生又自英伦回来,离校约十年的吴景超先生因为自南京返校。”[②]当时,北京大学和南开大学都未设立社会学系,战时西南联大社会学系的师生在三校复员之后全部回到或参加到了清华大学社会学系,使该系师生比战前多出三四倍。《清华年刊》(1948)所载的《院系漫谈》把社会学系比喻为“通才制造所”,说从教授阵容来讲“社会学系要算本校法学院最大的一系”。对该系教授作一一介绍时,称“费孝通教授的国语说得不很好,然而他的文章不但写得很富情趣,并且写得非常多。他从农村经济的实地调查与研究中,曾提出‘小康经济’的生活标准及其理论。他在系中所担任的课程,如‘社

---

① 《清华大学史料选遍》第4卷,清华大学出版社1994年版,第31页。

② 《乡土中国》,读书·生活·新知三联书店1985年版,第52页。

会制度’、‘社会变迁’、‘乡村社会学’等，名目也是很多的。”①

据费孝通当时的学生回忆，他教学讲课的地点、方式不拘一格，有时候是在教室里进行，有时就在家里。费孝通授课时的气氛很宽松，学生可以随时提问，可以和老师展开讨论。每次上课，费孝通都会指定参考书，他提倡自学，希望学生独立思考，以形成自己的见解。在同学们上“社会调查”的必修课时，费孝通要求他们每星期六必须走出课堂，到社会各处去访问，如拘留所、儿童教养院、精神病院、聋哑学校以及八大胡同等，回校后根据访问所得写出调查报告。熟悉费孝通当年求学经历的人，可以从中看出燕京时期的 Park 和伦敦时期的 Malinowski 在教法上对他的深刻影响。费孝通回忆这段教学生活时说：

> 我当时在大学里讲课，不喜欢用现存的课本，而企图利用和青年学生们的接触机会。探索一些我自己觉得有意义的课题。那时年轻，有点初生之犊的闯劲，无所顾忌地想打开一些还没有人闯过的知识领域。……我是一面探索一面讲的，所讲的观点完全是讨论性的，所提出的概念一般都没有经过琢磨，大胆朴素……我敢于在讲台上把自己知道不成熟的想法，和盘托出在青年人的面前，那是因为我认为这是一个比较好的教育方法。我并不认为教师的任务是在传授已有的知识，这些学生们自己可以从书本上去学习，而主要是在引导学生敢于向未知的领域进军。作为教师的人就

① 《乡土中国》，读书·生活·新知三联书店 1985 年版，第 206 页。

得带个头。[1]

每逢在家里上课，费孝通的夫人孟吟都会为学生准备好茶水和她自己做的小点心。孟吟善于烹调，所做饮食颇为可口。学生们在从师求学的同时，还能感受到浓浓的家庭气氛。在西南联大曾师从费孝通而未毕业的学生裴毓荪，1947 年夏回到清华大学社会学系继续学习，仍归费孝通门下。由于裴毓荪是只身在北平上学，费孝通和孟吟对她又亲如家人，所以她的星期天或者节日常常是在胜因院的费家度过。孟吟教她烧菜做点心，费孝通则关心她的学业和社会活动，对她参加爱国学生运动总是表示支持，同时嘱咐她要小心谨慎。

当时的国民党统治区内，“反内战，反饥饿，反迫害”的爱国学生运动步步高涨。1947 年 6 月，平津地区的“反饥饿反内战联合会”改组为“华北学生联合会”。随后，该会代表奔赴上海，与其他地方的学生领袖一同筹建全国学联。

1947 年 7 月 4 日，国民党政府颁布《戡平共匪叛乱总动员令》，声称“对于‘煽动叛乱’之集会及其言论行为，均应依法惩处”。1947 年 10 月 23 日，国民党政府派大批军警和特务包围并监视南京中国民主同盟总部。10 月 27 日，国民党政府宣布民盟为“非法团体”，并由中央社于次日公开发布消息，强迫民盟宣布解散。1947 年 11 月 6 日，张澜以主席名义发表的公告在全国见

① 费孝通著：《乡土中国》，生活·读书·新知三联书店 1985 年版，第 1 页（旧著《乡土中国》重刊序言）。

报。全文如下:“余迫不得已,忍通于11月6日通告全体民主同盟盟员,停止政治活动,并宣告民盟总部解散。但我个人对国家之和平民主、统一团结之信念及为此而努力之决心,绝不变更。我希望以往之全体盟员,站在忠诚国民之立场,谨守法律范围,继续为国家之和平民主统一团结而努力,以求达到其目的。”①

当年参与发起筹组中国民主政团同盟的黄炎培于11月15日在《国讯》发表题为“我与民盟”的文章,概述民盟历年活动情况及终被强制解散的经过,在结语处说:“一部大历史,信而见疑忠而被谤者不知凡几。民盟已矣,自我发之,自我收之。知我罪我其惟春秋。请大家公正检讨民盟从创始到结束,前前后后所有文件,曾有一字一句足以构成危害国家颠覆政府的罪行否?”②

民盟被迫解散的事件足以给费孝通造成相当的精神震动。叶笃义认为,“被迫宣布解散是民盟历史上一个转折点,也是民盟政治路线的转折点。在此之前,民盟始终标榜自己是一个所谓走第三条路线的中间派。……被迫解散,证明民盟以前标榜的公开化、合法化的在野党的身份彻底破灭,证明所谓第三条路线在中国的具体条件下行不通。”③

第三条路线是民盟在1945年召开第一次全国代表大会时打出的旗帜。大会报告既已经讨论通过,自然代表着当时民盟领导层的主流政治理想,是民盟公开的政治主张。费孝通加入民

① 叶笃义著:《虽九死其犹未悔》,北京十月文艺出版社1999年版,第55页。

② 叶笃义著:《虽九死其犹未悔》,北京十月文艺出版社1999年版,第56页。

③ 叶笃义著:《虽九死其犹未悔》,北京十月文艺出版社1999年版,第57~58页。

盟，当然也是认同于这种主张的。储安平把民盟看作一个自由主义知识分子集中的政党。事实上，自由主义知识分子的天性倾向于“群而不党”。也许是由于他们觉得自己的民主政治理想和第三条路线最为接近，或是认为在左和右之间的一条中间路线有利于政治制衡和民主政治的实现，才愿意成为民主同盟的成员，把实现民主政治的理想寄托于民盟。在这种情况下，民盟组织形式不复存在的一个直接后果，就是自由主义知识分子的民主政治理想要寻找新的寄托，并且绝不可能去找强迫民盟解散的国民党，于是，唯一的取向就是同情于和国民党处于敌对状态的共产党。这一点在半年之后得到了非常充分的证明。当时，中共中央提出了“庆祝各路人民解放军的伟大胜利”、“打倒蒋介石，建立新中国”、“召集人民代表大会，成立民主联合政府”等23条“五一口号”，包括民盟在内的各民主党派给予热烈反响。

1948年5月1日，中共中央发布了《纪念五一劳动节口号》，呼吁“各民主党派，各人民团体，各社会贤达，迅速召开政治协商会议，讨论并实现召集人民代表大会，成立民主联合政府”，[①]各民主党派（中国民主同盟、中国国民党革命委员会、中国民主促进会、中国致公党、中国农工民主党、中国人民救国会、中国国民党民主促进会、三民主义同志联合会、台湾民主自治同盟、九三学社）纷纷作出热烈响应。毛泽东以中共中央主席的名义于5月1日致电李济深、沈钧儒，“提议由中国国民党革命委员会、中

① 《群众》第2卷，第67期（1948年5月6日），香港群众周刊社。

国民主同盟中央执行委员会、中国共产党中央委员会于本月内发表三党联合声明,以为号召”。[①] 民盟在《致全国各民主党派各人民团体各报馆暨全国同胞书》中说:“民国三十年双十节本盟对时局主张的十大纲领中,第二项即主张‘在宪政实施以前,设置党派国事协议机关’。民国三十四年十月本盟临全大会宣言中,又表示‘中国民主同盟对行将召开的政治协商会议,决定采取积极的态度。’可见召开政治协商会议以解决国是,为本盟一贯的政治主张。……此次中共发布‘五一’口号,其第五项主张迅速召开政治协商会议,实现民主联合政府,正与本盟历来一贯的主张相符合,本盟当然愿为这一主张的早日实现而积极奋斗。”[②]

如果把民盟“积极奋斗”的目标当作黎明,当时的国统区则正处于黎明前的黑暗,校园内也不例外。1948 年 8 月 19 日,北平特种刑事法庭发出传讯、拘留、提审学生名单,清华大学学生代表会副主席裴毓荪被列入第一批黑名单。在四周都有军警的情况下,她在急迫中进了胜因院费孝通的家门。费孝通安顿她躲好后,嘱孟吟守好家门,于深更半夜到燕京大学去找熟人,希望搞到一辆可以自由进出校门的汽车,把裴毓荪送进城去,但没有如愿。他又找到冯友兰,安排裴毓荪到更安全的冯宅住下。然后,费孝通又通过中共党组织派来执行营救任务的彭珮云,帮

---

① 《各民主党派响应中共中央“五一”口号与中国共产党共商召开新政协、建立新中国历史资料》(1948 年 4 月 30 日至 1949 年 10 月 1 日),中央统战部一局编 1998 年版,第 5 页。

② 《中国民主同盟历史文献(1941 ~ 1949)》,文史资料出版社 1983 年版,第 428 ~ 429 页。

助裴毓荪化装离校,摆脱封锁盘查,安全到达解放区。[1]

费孝通在后来的回忆中说:

> 那时候我并不真正了解共产主义。我们对共产党人有积极的印象,因为他们爱国又能吃苦……无疑我们逐渐地把他们看作振兴中国的力量,虽然我们对共产主义是什么,实际上并没有清楚的概念。
>
> 我相信我和共产党人可以一起工作,我们的确一起努力使大学运转,避免紊乱。……甚至在共产党实际进入北平之前我们就已经和他们的地下组织有密切合作。我们同他们完全没有摩擦。[2]

1948 年 12 月 18 日,是清华大学先于北平城而被解放的日子。这一天,由中国人民解放军第十三兵团政治部主任刘道生签署的布告张贴于清华大学西门。此前几天里,校长梅贻琦和一些知名人士乘飞机离开了北平。费孝通没有随他们走,他选择了和共产党人一起工作的前景。他对当时在华访问的美国人类学家(费孝通在燕京大学读书时的老师 Park 的女婿)Robert

---

① 《中国的内战:1945～1949 年的政治斗争》(中国青年出版社 1997 年版)第三章注释第[46]说:"在内战岁月里,始终有大量关于好心朋友和教授帮助上黑名单的学生逃脱警方魔爪的报道。这些学生中确有若干人逃到了共产党那边。事实上,每个人似乎都知道某人逃往共区,不愿甘冒被国民党警察逮捕的风险。"

② 费孝通著:《从实求知录》,北京大学出版社 1998 年版,第 459、461 页。

Redfield 谈了自己的想法。这位美国朋友记录下了这样一段话："他觉得虽然自己是共产党'忠实的反对派'中的一员，但在中共政府下他可以有效地工作。虽然他在某些问题上的看法受到了共产党人的抨击（就像多数知名自由派人士一样），费仍然在 1948 年底道出心中希望：为中国的工农业发展作出贡献，同时还要批评共产党——在他觉得有必要批评的时候。"①

1949 年 1 月，作为有代表性的知识分子，费孝通和雷洁琼、严景耀等教授被邀请访问当时的中共中央所在地。在北平地下党组织的安排下，有八名解放军战士护送他们，乘大卡车，从北平西郊八大处出发，途经石家庄，到达西柏坡。据说，费孝通被他在燕京大学读书时的哲学老师张东荪介绍与毛泽东相识并谈话。毛泽东对这位同他有研究农民问题之同好的费教授"颇为赞许"。② 费孝通在这次访问中还曾与刘少奇、李维汉、陆定一、周扬、齐燕铭等中共要员会面，除周扬外，都有过个别谈话。

给费孝通留下更深印象的似乎是另外的场面。他在此后写的《我这一年》一文中记述西柏坡之行的感受时，提到的不是同毛泽东的会见和谈话，而是他在途中从农民送粮车队的洪流中看到的人心向背。费孝通写道：

卡车在不平的公路上驶去，和我们同一方向，远远近

① 《中国的内战：1945～1949 年的政治斗争》，中国青年出版社 1997 年版，第 267 页。

② ［美］阿古什著：《费孝通传》，时事出版社 1985 年版，第 167 页。

近，进行着的是一个个、一丛丛、一行行，绵延不断的队伍。迎面而来的是一车车老乡们赶着的粮队，车上插了一面旗，没有枪兵押着；深夜点了灯笼还在前进，远远望去是一行红星——这印象打动了我，什么印象呢？简单地说：内在自发的一致性。这成千成万的人，无数的动作，交织配合成了一个铁流，一股无比的力量。什么东西把他们交织配合的呢？是从每一个人心头发出来的一致的目标，革命。

我曾参观过英国海口军舰的行列，也曾目击过大战时非洲盟国空军基地的规模。那时却并没有这次在黄土平原上看粮队时的激动。从前者只能知道力量之巨大，从后者才能明白力量之深厚。这里有着基本的差别，形式和内容的差别。巨大的形式可以僵化不灵，深厚的内容却会发展生长。像我这种没有积极参加过革命行列的知识分子对于潜伏着深厚的活力是陌生的，不熟悉的，甚至是不易理解的，因之，对于历史的发展没有把握，对于人民的翻身也缺乏信心。……这一次旅行给了我一个当头棒喝。知识分子的缺乏信心，其实只是反映出中国资产阶级的懦弱无能罢了。经过百年来革命斗争锻炼的人们并不是这样的。依靠了这一片黄土，终于把具有飞机大炮的敌人赶走，这只是深厚潜伏着的力量的一个考验，就是这个力量同样会把中国建设成为一个在现代世界中先进的国家。当我看到和接触到这个力量时，我怎能不低头呢？[①]

---

① 《费孝通文集》第6卷，群言出版社1999年版，第104~105页。

费孝通的“低头”看来不是被强迫的，而是主动的，由衷的。这种为自己而惭愧、为国家而振奋的心情，不光表现在他公开发表的文章里，也记录在了他这个时期的私人通信中。1949 年 6 月，费孝通给 Robert Redfield 的夫人 Margaret Redfield 的信中说：

> 如果我复述这半年的历史，它将是一部很长的故事。我认为我留在北平的决定是正确的。我从解放的过程中学到很多根本性的、很宝贵的经验。它至少给我一个机会，使我反省很多根本性的问题和批判我以前的工作。我又当了学生，在思想改造过程中接受“再教育”。……我也相信如果西方让我们自己建设我们的国家，中国会在我有生之年赶上现代化的西方。解放这个字不是空洞口号，它具有具体含义。
>
> 我去访问过老解放区，回来以后对中国的前途充满信心。请相信我，在我看到具体事实以前，我不会相信任何人的话……我在新中国未看到任何排外情绪……新政权在建设中诚心诚意学习先进技术。即使是在最困难的时候，我们的薪津也提高了这表明科学和知识受到重视。我们大学里没有人在政治上受到歧视，课照样上下去，而且学生在课堂上比以前更守纪律。我的教学方法受到鼓励……①

从这封信可知，费孝通思想上发生的这场重要转变既不是

① ［美］阿古什著：《费孝通传》，时事出版社 1985 年版，第 168 页。

勉强的，也不是轻易的。在时间上，它发生在1949年6月之前，而不是中华人民共和国成立之后，注意到这一点，对于理解费孝通是重要的。对他发生作用的不是那些外在的、标志性的因素，而是内在的、实质性的因素。他在信中特别说到的几条，如没有排外情绪、学习先进技术、科学和知识受到重视、没有政治上的歧视等，可以帮助读者多理解一点他的心情，知道他看重的是什么。他对新时代的到来是真正的欢迎，真心的接受。他从中建立的信心是他此后写文章、发议论的思想基础。费孝通在新中国成立之后最早出版的两本著作，《大学的改造》和《我这一年》)所包括的文章，就是从1949年6月写起的。[①] 费孝通的著述活动没有被开国大典划分为像隔着一道墙的两个时代，相反，他的这些文章接通了两个不同的时代，使自己完成了一个自然的、也是必然如此的过渡。他的文化生命流程出现了起伏，却没有中断。费孝通是当时许多知识分子的一个代表，他也许表现出了更多的敏感，但在本色上他仍然是一介书生，不然他就不会对 Robert Redfield 和 Margaret Redfield 先后说出那样的话。

在自己的有生之年使中国赶上现代化的西方，这是费孝通以及众多知识分子从事学术工作的终极关怀。他们的求学治学，著树立说，杏坛讲学，云集昆明后方，成为民主教授，抗暴游行，主张改良、探索第三条道路、走中间路线，从寄望于国民党到批评、唾弃国民党，从对共产党抱观望态度到同情和接受共产

① 《大学的改造》所收第一篇文章写于1949年6月23日，"后记"写于1950年4月20日。《我这一年》所收文章的写作时间基本是在同时完成。

党……所有这些，都应该从他们的终极关怀中得到合理的解释，都被他们为其终极关怀所付出的努力包容到同一个过程里边，而不是相互矛盾和分裂的关系。下面这段评论应该是合乎实际的——

> 不管这些知识分子到底是什么样的人，他们不应被视作政治投机分子——这是1949年以来的一个热门话题。对于革命事业来说，自由主义知识分子的确是后来者，但他们在通往自由主义改革的道路上，为了自己的理想也曾鞠躬尽瘁，直到实现理想的可能性消失殆尽。只有在国民党的军事失败成为确凿的事实后，知识阶层对共产党的态度才从有保留的不赞成转向真正的接受。①

1949年的“九月间，周恩来拟定了邀请到解放区商讨召开新政协的民主人士七十七人的名单。……九月二十日，他又为中共中央起草给华北局并城市工作委员会的电报，提出准备在北平、天津邀请参加新政协的代表性人物名单，其中包括张东荪、吴晗、李烛尘、许德珩、张奚若、费孝通、徐悲鸿等。”②

1949年9月21日下午七时，历史性的中国人民政治协商会议第一届全体会议在中南海怀仁堂隆重开幕。费孝通作为正式

---

① 《中国的内战:1945～1949年的政治斗争》，中国青年出版社1997年版，第267页。

② 《周恩来传(1898～1949)》，中央文献出版社·人民出版社1989年版，第766页。

代表,和其他六百多位代表、三百位来宾一起,聆听着场外标志着新中国成立的声声礼炮,热烈鼓掌达五分钟之久。毛泽东致开幕词,他说:

> 诸位代表先生们,我们有一个共同的感觉,这就是我们的工作将写在人类的历史上,它将表明:占人类总数四分之一的中国人从此站起来了。……我们的民族将从此列入爱好和平自由的世界各民族的大家庭,以勇敢而勤劳的姿态工作着,创造自己的文明和幸福,同时也促成世界的和平和自由。我们的民族再也不是一个被人侮辱的民族了,我们已经站起来了。[①]

---

① 《中国人民政治协商会议第一届全体会议纪念刊》,人民出版社 1999 年版,第 198 ~ 199 页。

第八章

从“旧时代”到新社会

1949年在我是一个"学习"年。在这一年中看到了多少一生中没有看见过的事,听到了多少没有听到过的事。不但如是,就是平素常见常闻的,在这一年中也显示出了以往没有显示过的意义。一个富于生命的大千世界庄严地在我面前展开,一切使我低头。

……

我愿意低头了,但是究竟还是个旧时代的知识分子。一旦打击了自大的心理,立刻就惶惑起来,感觉到自己百无是处了,梦想着一种可称为"魔术性"的改造,点石成金似的,一下子变为一个新人。这个不现实的,不唯物的态度,把我又推入苦恼的境地。

费孝通:《我这一年》(1949)①

一、真心接受"改造"

大约从1949年夏到1950年春,费孝通写出了两本小册子。

---

① 《费孝通文集》第6卷,群言出版社1999年版,第103~105页。

《大学的改造》包括 11 篇文章,《我这一年》10 篇文章。这两本小册子是他这一年里的主要著述,记录了解他在中华人民共和国建立前后思想变化的一些重要信息。

从写作到成书,费孝通沿袭了先前的习惯,一如《初访美国》、《乡土中国》、《乡土重建》、《生育制度》等书,先以单篇文章陆续交报刊发表,然后结集成册。文章笔法也大体上延续着平实、说理、通俗的特点。《我这一年》中多数文章对白、讲故事的方式,都和曹聚仁激赏的《民主·宪法·人权》一书如出一辙。

值得注意的是,他的文章内容和观点则出现了显著变化。

内容变化主要有两个方面,一是除偶尔的文章外,基本不再涉及国际问题;二是除《社会学系怎样改造》(1950)一文外,基本不再谈社会学问题,也不再有来自社会学调查意义上的社区研究文章。从个人愿望上说,费孝通应该是希望继续读书、调查、做学问,但当时的大环境是"社会的彻底改造,大家心情震荡,哪能坐下读书。"①

观点上的变化主要表现为自由知识分子立场的学术观点淡出,马列主义观点入席。费孝通开始频繁谈论斯大林的著作和列宁的论述(如《当前大学种种问题》),在文章的正文之前引用毛泽东语录(如《我们的大课》),在《社会学系怎样改造》一文中讨论"目前社会学系的课程问题"时,认为可以分成三大类、48门,其中"文化工具课程"为 12 门,"专业性课程"为 16 门,"马列

① 顾潮著:《历劫终教志不灰·我的父亲顾颉刚》,华东师范大学出版社 1997 年版,第 243 页。

主义理论课程”为20门。当时的许多知识分子都感觉到了读马列主义的必要性。冯友兰曾给毛泽东写信表示要学习马克思主义，顾颉刚在马列主义著作中寻找自己学术工作的依据，马寅初为了能够直接阅读俄文版的马列主义经典著作而在70岁上开始学习俄文……

在《大学的改造》、《我这一年》及这一时期费孝通的其他著述中，可读到他以前未曾运用或很少运用的许多语句。“新民主主义的革命时代”[①]，“必须坚定为人民服务的立场”[②]，“需要不断的思想斗争”[③]，“师生相承，颇有衣钵传袭的风味，也可以说是经院作风的遗留”[④]，“社会学改造到最后必须完全是科学的社会学，也就是马列主义”[⑤]，“用无产阶级的立场、观点、方法来逐步克服原有非无产阶级的思想”[⑥]，“知识分子所发生厌恶政治或超越政治，所谓‘洁身自好’的态度还得从阶级分析中去追求其根源”[⑦]，“传统知识分子是唯心而且是不辨证的”[⑧]，“不改造就落后”[⑨]……

中国社会和历史的变化，迅捷地反映在费孝通著述中。

---

① 《费孝通文集》第6卷，群言出版社1999年版，第1页。
② 《费孝通文集》第6卷，群言出版社1999年版，第1页。
③ 《费孝通文集》第6卷，群言出版社1999年版，第2页。
④ 《费孝通文集》第6卷，群言出版社1999年版，第3页。
⑤ 《费孝通文集》第6卷，群言出版社1999年版，第43页。
⑥ 《费孝通文集》第6卷，群言出版社1999年版，第50页。
⑦ 《费孝通文集》第6卷，群言出版社1999年版，第100页。
⑧ 《费孝通文集》第6卷，群言出版社1999年版，第106页。
⑨ 《费孝通文集》第6卷，群言出版社1999年版，第114页。

当时中国思想文化领域的一大主题是“改造”，对象是知识分子。

1951年9月29日，周恩来在北京、天津高等学校教师学习会上作了题为“关于知识分子的改造问题”的讲话，其中说“大家正在进行思想改造的学习……一定要下决心改造自己”[1]，可见当时对知识分子的改造已在进行当中；其中还说“我国的知识分子，大部分是从地主阶级或资产阶级家庭出身的，不能要求他们一下子就能站到工人阶级立场上来”[2]，可见知识分子的大部分被执政者认为是工人阶级的异己阶层。

1951年11月30日，中共中央发出《关于在学校中进行思想改造和组织清理的指示》，要求“必须立即有计划、有领导、有步骤地在一至两年内，在所有大中小学校的教职员中和高中学校以上的学生中，普遍地进行初步的思想改造工作，使他们能够分清革命与反革命，建立为人民服务的观点，用批评自我批评的方式，继续自我教育和自我改造，改变原来的反动的或错误的阶级立场。”[3]

1952年春，全国掀起了一场大规模的知识分子改造运动。

知识分子被“改造”的第一步是自我交代，认错认罪。著名教授周谷城交代的问题有“追求享乐，喜欢跳舞”，“讲究衣着装饰，衣服穿旧了就扔掉”，“教书开课20种以上……胆大妄为，有

---

① 《周恩来统一战线文选》，人民出版社1984年版，第208页。

② 《周恩来统一战线文选》，人民出版社1984年版，第211页。

③ 《国事全书》第3卷，团结出版社1997年版，第3177页。

一知半解就对学生讲”，“每天除了看报纸，不读整本的书”，“《学习》杂志没有买过一本”，“外表谦虚，实际傲慢不可一世”……①

以《古史辨》闻名的顾颉刚“本想不出什么来，自听了两天的报告与提意见，居然想出 11 条，然皆鸡毛蒜皮也。”②他的同事、复旦大学历史系主任周予同把自己的贪污行为分为两种，“在复旦的有：1. 解放前大儿子在图书馆借书，解放后有两本未归还，也没有赔。2. 解放后徐汇村有伪军留下的木材，我做了一桌四椅，花了五元钱，未登记。3. 有一只小铁床……是学校公物……未登记。4. 将统考试题纸私用。5. 开明书店的薪水未缴工会费。在复旦外的问题有：1. 介绍朋友职业后，接受了他们送的礼。2. 将暨南大学一本《中国佛教史》转借给了安明法师，至今未还。3. 使用开明书店的信纸信封、电话、工友，公私不分。4. 与开明来往的单位请吃饭，我也参加了。5. 要开明书店送书。6. 要开明给我装订杂志。”③

费孝通所在的清华大学，改造运动火力更猛，政治色彩更浓，一开始就对准了“反动思想”而不是生活琐事。上海的教授们检讨借书不还、私用试卷纸之类的行为时，潘光旦在北京清华

---

① 葛剑雄著：《悠悠长水·谭其骧前传》，华东师范大学出版社 1997 年版，第 186～187 页。

② 顾潮著：《历劫终教志不灰·我的父亲顾颉刚》，华东师范大学出版社 1997 年版，第 249 页。

③ 葛剑雄著：《悠悠长水·谭其骧前传》，华东师范大学出版社 1997 年版，第 193 页。

园先后作了三次检讨,不得过关。1952 年 3 月 29 日,清华节约检查委员会召开全校师生大会,13 位师生上台发言,指责潘光旦"态度极不老实"、"只扣帽子,不脱裤子",批判他的"反动思想",说他"一开始就反共","一贯反苏","敌视劳动人民","亲美崇美恐美","污蔑马列主义"……校刊报道这次会议时的标题导语是"反资产阶级思想的斗争又一次的胜利",正题是"全校师生严正批判潘光旦先生的反动思想"。①

从毛泽东当时就运动的进度和分寸所做的有关批语中看,上海方面要求知名教授在个人生活细节上自查自报"贪污"行为的做法是不合适的,清华大学对潘光旦的做法尤其过分。当时的中国科学院规定,"首先是确定对科学人才必须保护不伤的原则……不要勉强非党人士进行反省。……弄清事实,而不追究个人责任,不检讨个人生活"。② 1952 年 1 月 11 日,中央人民政府节约检查委员会副主任李富春就中国科学院的运动情况写了给薄一波并转毛泽东的报告。第二天,中央人民政府节约检查委员会主任薄一波将李富春此信转呈毛泽东。第三天,毛泽东阅过李、薄两人信后批语"同意你们的意见"。③ 潘光旦的第一次检讨是在毛泽东作批语半个月之后。

潘光旦经受的批判,是知识分子在改造运动中受冲击的极端事件,并不多见,但知识分子整体性地被确定为改造对象却是

① 参见潘光旦生平研究者孙珉先生所存复印件。

② 《建国以来毛泽东文稿》第 3 册,中央文献出版社 1989 年版,第 44 ~ 45 页。

③ 同[20],第 44 页。

事实。虽不排除心甘情愿却也难免人人自危的查三代、揭家底、自我否定、为过关而无中生有、自我污蔑的现象初露端倪。如顾颉刚在日记中写道:"思想改造,一定要写文章,说过去是如何如何的不好,此于我真是一难题";"三反之时,不贪污不如贪污。思想改造时,则不反动不如反动,以贪污反动者有言可讲,有事可举,而不贪污、不反动者人且以为不真诚也。好人难做,不意新民主主义时代亦然,可叹矣!"①

在这个局面下,费孝通有关"改造"问题的文章和观点值得注意。

费孝通提出"改造"问题,是在新中国成立之前,早于1951年11月30日中共针对全局工作要求进行"改造"的文件。

费孝通主张改造的目标是大学,不是知识分子。

对知识分子的改造运动已成必然时,费孝通的文章是和风细雨,不是急风暴雨。

1949年6月23日,费孝通写成《当前大学种种问题》一文,提出了"大学的改造"问题。该文一开始就说:

> 当前各大学需要改造是一件极明白的事实。基本的原因是在新民主主义的革命时代,中国社会已迈进一个新的建设阶段;在这阶段中,大学担负起来了新的任务,为了完成这新任务,原有大学制度和教学内容暴露了它的弱点,必

---

① 顾潮著:《历劫终教志不灰·我的父亲顾颉刚》,华东师范大学出版社1997年版,第249页。

须加以改造了。[1]

费孝通提出了“大学工作者立场和思想的改造”问题，但文章的主旨和谈论的重点始终是大学的行政事务问题。他认为：

大学事务部门的管理和效率比了教学部门更为严重。因为过去行政机关的衙门恶习很容易侵入大学事务部门。虽则大学比了其他行政机关腐化的程度好得多，但是绳之以现代标准，同样会令人咋舌的。人事进退还是有根据主管人的私人关系的，行政手续复杂迂回充满了文牍主义，上下隔阂造成了命令主义和因循敷衍，大量职员坐办公室，磨洋工，既没有工作计划，又没有考核制度。……人愈多，事愈少，这种衙门特色在大学里还是常常可以见到。[2]

费孝通通过该文较早地提出了大学的改造问题。几个月后，1949 年 10 月 11 日，华北高等教育委员会颁布《各大学、专科学校、文法学院各系课程暂行规定》，规定废除反动课程（国民党党义、六法全书等），添设马列主义课程，逐步改造其他课程。[3]

1949 年 11 月 17 日，新成立的国家教育部在北京召开“华北区及京津 19 所高等院校负责人会议”，讨论高等教育的改造方

① 《费孝通文集》第 6 卷，群言出版社 1999 年版，第 1 页。

② 《费孝通文集》第 6 卷，群言出版社 1999 年版，第 16 页。

③ 《中国学术界大事记（1919～1985）》，上海社会科学院出版社 1988 年版，第 125～126 页。

针,明确“对高等教育应进行坚决的和有步骤的改造,改造的方向是一切服务于国家建设,特别是经济建设。课程改革的中心环节是加强政治课的学习”。[①]

费孝通注意到,社会学在“高教会所颁布的文法学院课程改革方案中没有和其他各社会科学一般的特定的分系列举,只做了原则性的指示。因此也曾引起不少的猜测,甚至有认为这个学系可能就要被取消了。”[②]

1950年3月7日,费孝通写了《社会学系怎样改造》一文。显然,该文的前提是社会学系继续存在,这个系面临的问题不是取消不取消,而是怎样改造。费孝通懂得这个学科的文化意义和价值,确认它可以在社会进步中发挥建设性的作用,不希望“可能就要被取消”的猜测变成现实。他在这篇文章中从社会学的发生说起,从源到流,从正宗到旁支,从法国到美国,从西方到中国,并在叙述过程中有意无意地带出社会学自身的一些特点,如,它在资产阶级的学术界一直是被轻视的,因为它暴露了资本主义的弱点,虽不革命,亦属不知趣者;又如,社会学在传入中国的过程中,部分的或是走私性的夹带了马列主义进入学府之门;再如,在中国社会状况的促使下着重于社会病态调查的社会学者靠近了科学的社会主义,对于社会现状大体上是批评的,容易和民主运动结合,在革命潮流中是偏于进步的,等等。他还特别提到,“事实上,以京津来说,有社会学系的那些大学,社会学系

---

① 《中国社会学史》,天津人民出版社1987年版,第169~170页。

② 《费孝通文集》第6卷,群言出版社1999年版,第39页。

的课程和教员常在新设的政治课中起着很大的作用”,所以“当其他社会科学性质的学系尚分别存在时,社会学系亦无先予取消的必要,而且正可以社会学系为基础加强马列主义基本理论课程”。①

1950年8月,教育部的“高等学校课程改革委员会”以华北高教委员会颁布的“各大学专科学校文法学院各系课程暂行规定”为根据,为社会学系的任务明确定位,即培养“政府及其他有关部门(如内务部、劳动部、民族事务委员会等)所需工作干部……及中等学校以上师资”。② 这标志着社会学系的继续存在已不成问题,有关“取消”的猜疑可以消除了。费孝通感到鼓舞。后半生中,他为保住社会学在中国社会科学学科体系中的合法地位做过多次努力,这是第一次,是有成效的。他在“文革”期间写的《初步检查》中有这样几句:“1949年,高等院校将进行局部调整的风声一传出来,我就表示反对。……制造反调整的舆论,公开向党较量。……结果使高等院校调整的政策延迟了两年。”③

二、六天里的民主课

1949年8月下旬,费孝通参加了北平各界代表会议。

---

① 《费孝通文集》第6卷,群言出版社1999年版,第42页和43~44页。

② 《中国社会学史》,第170~171页。

③ 见费孝通《初步检查》(手稿,尚未公开发表)第21页。

费孝通对会场的第一印象，是“可以看到各色人等”。穿制服的，穿工装的，穿短衫的，穿旗袍的，穿西装的，穿长袍的和戴瓜皮帽的……不同阶层的人物，聚在同一个会场，讨论共同的问题。参加这样的会议，在费孝通来说，还是平生头一遭。他记下了自己的心情：

> 这是什么意思呢？……代表性呀！北平住着的就是这许多形形色色的人物，如果全是一个样子的人在这里开会，那还能说是代表会么？这许多人并不是由市民普选出来的，形式上不够我以往所了解的民主，但是试问英美哪一个会议能从普选中达到这样高度的代表性呢？我们要的是选举的形式，还是高度代表性的事实呢？选举是一个手段，如果这手段能提高代表性，那是要得的，如果不能，那就要不得。会场墙壁上挂着的口号里有“实事求是”四个字，我也领会了。这是我的第一课。①

自从清华大学被解放以后，费孝通目睹了身旁共产党人的良好工作作风。他们负责、谦虚、苦干、有办法、不怕麻烦的工作精神，使费孝通感到钦佩。这位民主教授看到他熟悉的、喜欢的许多青年朋友都在共产党领导下拼命工作。费孝通心悦诚服地见证了共产党“为人民服务”的诺言没有落空。但是说共产党要实现民主，费孝通在参加这次代表会议之前还是不太敢相信。

---

① 《费孝通文集》第6卷，群言出版社1999年版，第97页。

他表示，他过去所了解的民主一般都有普选、投票、竞选、反对党等节目，在当时的中国还没有看到这些。同时，如果说实现了民主，就不应再有专政，两者不能同时存在。解放后的政权既有专政的成分，也就不能相信会民主。但这次会议使他转变了看法。会议上有一次关于北平特务活动情况的报告，让费孝通想起了当年昆明"一二·一"运动之前的那个晚上，"四围枪声突起，子弹在头顶掠过"。他对比今昔说：

> 那种景象和现在一比，真是地狱和天堂之别。这个差别在哪里呢？今天我可以安心的在会场里听讲和发言，有的只是融融一堂的温情，没有枪声来威胁了。为什么呢？很明白的，反对派的武装被解除了，反对派的活动被镇压了。这是专政，一点也不错。有这些专政，才有我们在会场里的民主。没有这些专政，我们的会场又会变成西南联大的草坪了。我于是又点头了，领会了民主和专政是怎样结合起来的。这是我的第二课。①

会议连续开了六天，费孝通表示等于上了六天的课。他说自己在这六天的课堂上得到的收获超过了过去的六年，甚至过去的三十多年。

这篇文章不长，对了解费孝通的思想变化十分重要。他承认已经看到了自己所追求的民主，同时承认感到"意外"，这种坦

---

① 《费孝通文集》第6卷，群言出版社1999年版，第97页。

诚应使人相信“六天抵过三十年”在心理上的真实性。对费孝通来说，这种心理可能发生的逻辑结果之一就是返躬自身，为什么会是这个样子呢？用他自己的话说，“我怎能不低头呢？”

在后来的思想改造过程中，费孝通以及许多知识分子在一种说不清的惶惑心情中对自己作出了过分的否定，应当从类似的问号里找到解释。如果去读费孝通写于1950年3月15日的《我们的大课》一文，可以在其中看到他自如地逐一回答着一个个“像雪片一样打来的问题”。但在此前一年左右的时间里，他正处于茫然、困顿、苦恼的状态当中。他说：

> 我愿意低头了，但是究竟还是个旧时代的知识分子。一旦打击了自大的心理，立刻就惶惑起来，感觉到自己百无是处了，梦想着一种可称为“魔术性”的改造，点石成金似的，一下子变为一个新人。这个不现实的，不唯物的态度，把我又推入苦恼的境地。这也许就是普通所谓“闹情绪”了。我曾打算过参加南下工作团，打算这个，打算那个，发挥知识分子所不缺乏的幻想力。时间、精力就消耗在幻想里，不去分析客观条件，结果自然又是一事无成，于是更觉得自己百无是处。[1]

百无是处的感觉包含着一种悔恨的心理，甚至后悔自己是个书生，是个知识分子。对费孝通来说，这是个很严重的问题。

---

① 《费孝通文集》第6卷，群言出版社1999年版，第105页。

知识分子是他的人生定位，是他安身立命之所在。在这一点上，过去从来不曾发生过问题。当知识分子群体在新社会到来的第一时间中成为改造对象的时候，当费孝通和许多知识分子由衷地意识到自己需要被改造的时候，过去的安身立命之处在心理上发生了动摇。

在《我这一年》一文里，“知识分子”一词共出现了 14 次，其中 12 次是出现在程度不同的否定性语境中，如“旧时代的知识分子”、“知识分子不肯低头”、“传统知识分子”、“知识分子的个人主义”、“知识分子的幻想”、“知识分子的包袱是重的”，等等。只有两次勉强可以算是在中性的意义上被使用。

费孝通认为自己“这样已经 40 岁的人，受到旧社会的熏育，过去十多年来更在旧社会做过事，传统知识分子的性格必然是深入骨髓”，他描述自己的心情说：

> 恨不得把过去历史用粉刷在黑板上擦得干干净净，然后重新一笔一笔写过一道。历史这个东西偏偏不能这样的。恨也无用，悔也徒然，口口声声羡慕新生的婴儿，更有什么用处？历史是棉续的，包含着生的一面，死的一面。改造不是重生，而是发展生的，催促死的。从许多许多微小的量的改变累积到质的改变，顿悟云云是指质变的那一刻的说法，所以等待顿悟是永远不会到的。要知识分子像农夫一样按着自然规律去耕耘真不容易的。看不到结果，心里就不耐烦。这样有什么用处呢？那样又不是白费时间么？

沉不住气。[1]

费孝通在反观自身、批评自己的同时,也对一种群体性的“改造竞赛”现象表示不满。当时每个知识分子都要面对改造问题,都想早日化解掉改造的压力,争先的心理导致了“改造竞赛”。费孝通认为,那不是争取带头,而是个别争先,目的是显示自己进步得比别人快,改造得比别人强。他不无幽默地说这样的人“大概是以往在考试制度里考惯了,把思想改造也看成‘考留洋’了”。费孝通自己也希望过有一种点石成金的魔术使他瞬间完成改造,变成新人,所以也就把自己幽默进去了。但他没有忘记提醒一句,“改造竞赛必然会闹起人事上的情绪:要进步,一面就得靠近更进步的,一面又想和落后的绝缘,一个团体中,总免不了有所谓先进和落后之分,改造竞赛的结果,形成了一圈圈,一层层的分裂”。[2]

从费孝通描述改造的文章中可以看到,改造竞赛也许使他感到某种厌烦,有些急于洗清自己的“前进”行为让他觉得肉麻。他想离开知识分子集团的小环境,“迁地为良”,到部队、工厂或农村去接触无产阶级,那样应该会使自己改造得更快。他的想法没有实现,但他确实在这样想。过去,时间对费孝通意味着读书,调查,写作,授课;讲演,总之和学术工作分不开。如今的时间花在基本没有什么效率又不得不参加的改造竞赛上,费孝通

① 《费孝通文集》第6卷,群言出版社1999年版,第106页。

② 《费孝通文集》第6卷,群言出版社1999年版,第106页。

说“讨论会、学习会都参加了。结果呢？也许除了要求进步之外，还是没有摸着边。个人闹情绪，团体闹进步。看书看报都没有时间”。[1]

费孝通“迁地为良”的想法没有实现。校内许多行政事务陆续压到了他身上。

> 我开始参加校内的各种事务，起初是评薪，接下去是分配房屋，一件件事要办，一个个问题要解决。这样一忙，情绪都改变了，眼睛不再看自己改造了没有，而是问事情办得怎么样了？怎样才办得好？岔子出在哪里？为什么别人不满意？自己犯了什么错误？客观条件怎样？这些工作把我在烦闷里救了出来。我开始要问怎样做才对？为什么对？这时才要去说服别人，才感觉到别人的改造和进步是把事情办好的必要条件，不再“改造竞赛”了。做了工作，有了责任，也不能再有“迁地为良”的环境论的想法了。事情是要办好的，不容你想走开洗手。这一切使自己踏实了不少。从这段经验里我明白了一点，也许只有在“为人民服务”的过程里，才真的说得上改造。[2]

费孝通“不再想一下子点石成金了”，他用这句话来概括自己在一年里的收获，说明他对实际工作过程可以对人发生的改

---

① 《费孝通文集》第 6 卷，群言出版社 1999 年版，第 107 页。

② 《费孝通文集》第 6 卷，群言出版社 1999 年版，第 107 ~ 108 页。

造作用的看重。实际工作中的困难可能会很多,事情很难办,不如坐而论道来得轻松,费孝通也承认他“每当事情办不通的时候,没有一次不想逃避的。但是一想起那黑夜里蠕动着的无数粮车,没有声息的,不断的把他们血汗所得,自动的在拉上前线,这个印象,照出了自己的懦弱。都是人民,还有什么话?”①

三、清华的“大课”

清华大学从1949年秋季开始开设的政治课,普通称为“大课”。这是全校学生、部分教员和职员工友一起上的课,规模较大。作为清华大学校务委员会的常务委员,费孝通承担了全校大课的组织领导工作。

费孝通在他所写《我们的大课》一文一开始就说:

> 我们每一个人都是在旧社会里生长大的,旧社会里封建的、官僚的、买办的势力多多少少影响我们,养成了我们的坏习惯和坏思想。我们不但要在社会制度上打倒和消灭封建、官僚和帝国主义,而且还得在我们自己的思想和习惯上根除它,如果留着祸根,这些习惯和思想每一分钟、每一秒钟都在长出封建、官僚和买办的社会制度来。不但如此,我们的前途是社会主义和共产主义的社会。要达到这目的地,我们也得每一分钟,每一秒钟,为它创设条件:不但要在

① 《费孝通文集》第6卷,群言出版社1999年版,第108页。

扩大生产力的基础上尽力，而且要在习惯上和思想上巩固每一分每一寸的收获……这不是“面壁十年”个人修养所可以为功的……[1]

费孝通也注意到了开设大课的现实性。他借助新的眼光下的历史回顾论证这个问题：

政治教育在我们大学里已有了很长的历史，也就是中国革命的全部历史。从五四运动起一直到解放为止，政治教育并没有间断过，而且已经有了光辉的成绩。但是那时这种教育却是“非法”的，地下的，受压迫的，因为在这段历史中，统治阶级是反动的，是人民的敌人。人民夺得了政权，建立了人民的国家，我们才能合法的、正规的、大规模的、有系统的进行政治教育。政治教育能成为大课是人民胜利的结果。[2]

这是费孝通的认识，却还不是大家的共识。事实上，大课在开始的时候碰到了不少思想障碍。从《我们的大课》中可知，费孝通听到过不少带有消极甚至是抵触情绪的说法，如“大课是思想统制”，“我们的思想很正确，用不到改造”，“我们既是四个阶级联盟，为什么要用无产阶级思想来克服我的小资产阶级思

① 《费孝通文集》第6卷，群言出版社1999年版，第50~51页。

② 《费孝通文集》第6卷，群言出版社1999年版，第51页。

想”……

费孝通在《我们的大课》中对这些问题逐一作答。他认为，把这些问题一个一个地说清楚，既是为大课创造必要的心理条件，也是大课的一部分讲课内容。他借用军事术语如“战场”、“阵营”、“打仗”、“进攻”、“战术”、“突破阵线”等来描述自己在大课内外的部分感觉，也许意味着当时内心已经有了思想交锋和营垒归属的意识。但他又强调，对具体的思想问题，要反复的、耐心的、正面的加以解释和说明。

“大课是思想统制”——费孝通把这个问题作为第一个要化解的障碍。他解释说：“习惯和思想的改造必须是自觉自愿的，因之所用的方法也必须是民主的。……每个人都可以充分自由发表意见……谁都不应当给人扣帽子……马列主义不需要用权力来压制人家，只有非真理的教条从不能不用强制。……谁也不能强制谁去接受一种思想。……这和思想统制本质上刚刚相反。”①

费孝通的智慧使得他在大课内所讲内容的意义超出了大课本身。他既是在提醒听课的人，也是在提醒自己和决定开课的人，目的无非是希望大课能真正办出应有的效果。他针对着上述“雪片一样打来”的每一个具体问题，力图结合实际的例子，用充分说理的语言，逐一谈出自己的看法。

在《劳动里克服剥削意识》一文，费孝通提到，他在清华的大课上想起自己小时候的事情。他说自己出身于书香门第，“从小

① 《费孝通文集》第6卷，群言出版社1999年版，第54～55页。

就看不起粗手粗脚的野孩子”,觉得读书人高人一等。他回忆在从小接受的教育中,出门必须穿长袍。他的父亲在大热天里也要穿上夏衣长衫才肯出门。费孝通从中看出,这种衣服的用处既非御寒又非御暑,只是为了表明身份,表明一种“不必要劳动而可以生活”的身份。

费孝通这样讲课和写文章,是人们所熟悉的。但在大课时期,费孝通口中和笔下有时也频繁出现“主义”和“阶级”的话题,则使过去熟悉费孝通的人感到几分陌生,不习惯,不大顺耳。若能仔细体察费孝通的善意,体察他谈到知识分子面临思想改造运动的心态时那些冷暖自知的体恤之语,便可能意会到,他所要化解的那些问题,他自己心中未必没有。他说给人听的话,何尝不是说给自己?例如:

> 当旧思想挡不住新思想,崩溃下来的时候,兵败如山倒,可能发生一种可称为“待接受的真空地带”。在这里蔓延着“人生如梦”的恐慌。比如说小资产阶级浸染着个人主义。他用功读书是为了“向上爬”,考试时拼命抢分数,为的是要比别人强,在社会上能占上风,得到比别人更好的机会。这思想打垮了,就会发生“为什么还要努力呢”?“干不干,二斤半”。顿时会觉得支持着自己努力的柱子断了。“大势所趋,人云亦云”。加上了小资产阶级的“明哲保身”,从抗拒一变而为消极的顺受。结果丧失了人生的意义,“人生如梦”了。
>
> 真空地带的发生是暂时的过渡现象,个别的情况可以

有久暂之别，当然甚至可以有极少数就在这阶段里被淘汰了，但是绝对多数，在现在革命情势发展下，是很快可以由新的人生观去占领的。在这个紧要关头，大课的帮助是极重要的。如果大课能实事求是针对具体问题做深入的解答，很可以有效的把新人生观打进这真空地带。[①]

从这里可以看出，费孝通所以为大课的开设和正常进行花费大量心力，主要在于他希望知识分子这个群体能尽快通过"真空地带"，从旧的时代过渡到新的时代，并适应新社会对他们的要求，发挥出他们的建设性作用。费孝通早在抗战初期就在考虑战后中国的建设问题，并认为具有专业知识的人有机会在建设中发挥积极的作用。如今建设新中国的任务就在面前，工作已经展开，他当然希望这个群体尽量少的被淘汰，尽量多的过关，身心轻松地投入到新的工作当中，恢复自己的安身立命之所。费孝通明确地说："中国在这个阶段上不是嫌知识分子太多，而实在是太少。中国不是嫌科学太多，而实在是太少。"[②]在执政党发动的对知识分子的改造运动正式到来之前，费孝通在清华的大课中坚持的和风细雨方式，以及他关于相对新中国建设需要来说知识分子实在太少的呼吁，都十分耐人寻味。

从《我们的大课》一文的内容和结束语来看，该文带有总结和推广经验的用意。费孝通在作开课过程、难点、阶段、方法等

① 《费孝通文集》第6卷，群言出版社1999年版，第57~58页。

② 《费孝通文集》第6卷，群言出版社1999年版，第75页。

方面的介绍时，没有忘记作一个很重要的提醒："普通的理论学习很容易流为教条，尤其是把政治课当作其他功课一般来讲授的情况下更容易如此。"①

四、六个半月的民族课

1950年上半年，费孝通的工作发生了一次大的变化。

清华大学思想总结告一段落之后，费孝通离开了大课，也离开了清华。

1950年6月，费孝通被任命为中央民族访问团副团长兼第三分团团长。

从这年7月开始，他率第三分团奔赴贵州，一共在那里工作了半年多，于1951年1月返回北京。返京后，费孝通一边写《关于贵州少数民族情况及民族工作报告》和以"兄弟民族在贵州"为总题的系列文章，一边参加中央民族学院的筹建工作，并于1951年6月出任该院副院长。费孝通在有关文章里透露出过他想回到清华的心思，但身不由己，未能如愿。

1951年8月，费孝通被任命为中央人民政府民族事务委员会委员。

中央民族访问团的各分团到各民族区域进行访问的基本任务，是把新中国民族平等团结的政策直接而深入地宣传到兄弟民族的人民大众中去。为此，进入不惑之年的费孝通，继15年前

① 《费孝通文集》第6卷，群言出版社1999年版，第58页。

的瑶山调查之后，又一次到达地处偏远的少数民族地区，跋山涉水，走村访寨。虽然访问团的工作内容和他以前作社会学调查时的访问有很大不同，费孝通仍把这种主要是慰问性质的访问当作了解各兄弟民族实际情况的学习机会，并作好了“从头学起”的思想准备，确定了“直接访问”的学习方法。在后来写出《兄弟民族在贵州》的系列文章一开篇，费孝通就说：“这六个半月在我个人来说实在是上了一堂内容十分丰富的民族课。”[①]

中央民族访问团第三分团在费孝通的率领下，从湖南进入贵州，第一站是黔东的镇远，最后一站是黔西的威宁，在这两地之间，把苗族、布依族、彝族、回族等兄弟民族集中居住的地区走了一遍，横穿整个贵州省境。

他们先在苗区访问调查了40天，其间曾好几次离开公路，徒步深入到苗族聚居的湾水、谷陇、凯里等地，接触苗族同胞的日常生活。苗民的勤劳质朴使费孝通印象深刻。苗家妇女和男子一起下田耕种，回家后还要纺纱、织布、染色、做衣、绣花等很多事情。费孝通看到，苗家七八岁的女娃娃就学会绣花了，而且不用描样画图，信手绣去，反绣正看，整齐美丽。初看成品，外人怎么也难相信那是儿童的手工。费孝通把特意从北京带去的丝线送给苗家妇女，她们高兴地找出很多花条条，托付费孝通带回北京，“带给毛主席”，“感谢毛主席”。她们整个身心都洋溢着翻身解放的喜悦。

费孝通描述了他在那个年代里的少数民族地区亲眼见证的

---

① 《费孝通文集》第6卷，群言出版社1999年版，第260页。

情景和他的感受：

> 毛泽东的旗帜插到什么地方，什么地方就是欢跃，就是幸福，就是光明。我们真是荣幸，有机会在这面旗帜的光辉下，爬过了山，涉过了水，握着了我们民族大家庭里千万个兄弟姊妹的手。从他们兴奋鼓舞的脸，感激动人的泪，欢欣忘情的跳跃，日以继夜的歌唱里，我们更深刻的认识到，尽管语言不同，服装有别，尽管相隔着千山万水，尽管几千年来受尽了敌人的挑拨离间，甚至曾经流血残杀，但是只要把平等团结的民族政策，明白交代清楚，千万群众只有一个呼声："毛主席万岁！"我们在响彻山谷，震荡回复的欢呼声中，也总是好像听见了在天安门前毛主席的声音："同志们万岁！"声声相应，心心相印，脉脉相通。那一种伟大的场合，消融了累积凝固已久的民族隔阂和仇恨，扭转了历史，展开了民族友爱合作的新页。①

贵州的少数民族数量多，分布广，费孝通和团员们半年多的时间里无法遍访各地的民族情况，只能有重点地开展工作。他们确定，黔东一路以镇远为止，黔南一路以贞丰为止，黔西一路以威宁为止，每一路都选择一个县，派出一部分团员，作比较深入的访问。他们对苗、彝等民族作了初步的重点调查。每到一个地方，就会碰到少数民族同胞为欢迎他们而踏歌起舞的欢乐

① 《费孝通文集》第6卷，群言出版社1999年版，第258页。

场面。费孝通从现场气氛的感染中感受着舒心的快慰，同时也为自己没有本领自如流畅地融入歌舞而自惭形秽。他写道：

> 每当在歌舞热闹的集会上，我面对着活泼可爱的苗家群众，发现了自己这一身封建气息。我要唱，不入调；要舞，又动不起来；像是一个嗓子被棉花塞住，手脚被绳子捆住的囚犯。我感觉到痛苦。一个曾贱视劳动的人，应得的惩罚。人是喜欢活的，我们团里的同志们在和苗家兄弟们接触中一致的感觉到自己不够"活"。[1]

访问团沿途进行慰问和调查的同时，还为当地群众集中了解新中国的民族平等和团结政策办了培训班。费孝通在讲述民族政策的时候，留心搜集当地人的反应。如"毛主席给我们平等是十分感激的，但是这是不是长久的呢?"又如"毛主席过去之后，我们还能平等么?"再如"成立苗家政府自己管自己事，真是苗家翻身了，民族平等了"[2]等等。费孝通把这些在实地得到的情况带回了北京，写进了《贵州少数民族情况及民族工作》这篇调查报告。此外，他还写作并出版了《兄弟民族在贵州》一书。

《兄弟民族在贵州》包括 7 篇文章，写出后先在《新观察》杂志连载，并于当年在三联书店出版。这些文章讲的主要是相关少数民族的历史和现状。书是出版了，但费孝通在"后记"中表

---

① 《费孝通文集》第 6 卷，群言出版社 1999 年版，第 278 页。

② 《费孝通民族研究文集》，第 67 ~ 68 页。

示，这些篇章写得很不惬意。他说："三月中旬起，拉拉牵牵，断断续续的写到六月中旬止。如果没有《新观察》的编者按时的催稿，连这几篇也不一定能写成。在我著作生活中，这几篇是写得最仓促，也是最不畅达了，为的是经常被其他工作打断，没有一篇是一气写成的。这是件很苦的事。"①

《兄弟民族在贵州》一书"后记"写于1951年6月16日。同一天出版的《学习》杂志（第4卷第5期）发表了费孝通的《克服盲从》一文，说明费孝通所说的"其他工作"包括写这一类文章。这篇文章，是费孝通参加关于电影《武训传》讨论和批判的一篇笔谈。写这篇笔谈文章的背景，是当时已经发动起来的一场文化界普遍关注的批判运动。

这场"在全国范围展开的、持续半年之久的对电影《武训传》的批判，是毛泽东发动和领导的。建国以后毛泽东在思想文化领域发动和支持过一系列批判运动，十几年中一浪接着一浪。对电影《武训传》的批判是这一系列批判的发轫"。②

电影《武训传》于1950年底和1951年初在国内几个大城市上映后，起初好评如潮，几个月后，批评文章渐多。此时，费孝通刚刚由黔返京，忙于写贵州之行的调查报告和《兄弟民族在贵州》，没有在自由讨论的阶段就电影《武训传》发表意见。《人民日报》于1951年5月20日发表了《应当重视电影〈武训传〉的讨论》的社论，社论开列了一个很长的名单，点名批判了40多篇赞

① 《费孝通文集》第6卷，群言出版社1999年版，第308页。

② 《建国以来毛泽东文稿》第2册，中央文献出版社1988年版，第674页。

扬武训和电影《武训传》的文章及其作者。这样一来,当初的自由讨论被改造成了政治批判运动,费孝通在自由讨论中不发表意见可以,在运动中不表态则不可以。他在《克服盲从》一文中说:

> 《武训传》的讨论给了我一个反省机会,发现了自己正在发展着的不正确的学习态度。……当《武训传》的讨论展开的初期,我还自己私心窃喜,没有在这个问题上发表过意见,可以事不关己;心里也很知道如果发表了意见,错误的成分居多,要检讨时多不好意思。这种态度是很坏的。……非无产阶级出身的知识分子是应当"从"的,就是跟着无产阶级走,根据自己非无产阶级的思想来别出心裁,必然会犯错误;但是盲不得,一盲了就会跟错了人,走错了路。[①]

五、告别社会学课

1952年6月中旬直到年底,中央教育部开始对全国高等院校进行院系调整。"为了适应国家建设的迫切需要,院系调整的总方针是:以培养工业建设人才和师资为重点,发展专门学院与专科学校,整顿和加强综合性大学,逐步创办函授学校和夜大学,并在机构上为大量吸收工农成分学生入高等学校准备条件。

① 《学习》杂志第4卷第5期(1951年6月16日)第23页。

调整工作以华东、华北两大区为重点。”①

院系调整工作进展顺利。到1952年底，全国已有四分之三的高等院校进行了院系调整和专业设置调整。调整后，原来分布在其中相应院校的20多个社会学系只剩下了两个（中山大学社会学系和云南大学社会学系）。1953年，进行“补课”性质的院系调整。仅存的两个社会学系也被取消掉。作为一个学科的社会学，在1953年的中国大陆上彻底消失。②

社会学被取消，使费孝通失去了他所习惯的教职。“三反”运动的推进，则把费孝通拖入了再二再三地自我检讨、自我批判之中。作为一个知识分子的代表性人物，这个关口是不好过的。费孝通看到他的老师潘光旦连续作了三次检讨都没过关，思想压力之大略可想见，甚至产生了“软弱、狼狈、悲伤、哀鸣、求饶”的心理。《我这一年》里对新中国的真诚欢呼，对民主现实的心悦诚服，对“超越政治”思想的规劝和批评，《大学的改造》当中为组织政治教育付出的心血，在清华大课上贯穿着马列主义观点的循循善诱，在思想总结战役中运筹帷幄的胜将姿态……都不足以保证费孝通安然过关。他必须对自己进行无情的否定、猛烈的攻击、彻头彻尾的批判，才可能被认为“经过彻底的思想改造，完全放弃自己没落的甚至反动的宇宙观和方法论，确定自己

---

① 《国事全书》第3卷，团结出版社1997年版，第3199页。

② 参见《中华人民共和国教育大事记》（1949～1982），教育科学出版社1984年版。

为人民服务首先为工农兵服务的立场”。[①]

费孝通那支写过《江村经济》、《禄村农田》、《乡土中国》、《乡土重建》、《生育制度》等诸多力作的笔，在1952年里，写出了如下这样沉重不堪的文字。题目是《清洗自己，站进人民队伍》。

> 这已经是我第三次的检讨，第一次准备好了没有报告，题目是“我阻碍了清华的进步”，但听了群众对潘光旦，钱伟长两同志的检讨的批评，我发现我那篇检讨充分表现了过关思想。从那时起，情绪不安，连觉也睡不稳。我深刻反省，发现我的进步面貌只是一件外衣，外衣里面是丑恶的、肮脏的、腐朽的资产阶级思想，改良主义。暴露罢，我有顾虑。黑暗的魔手威胁我，“人家看穿了会唾弃你。”个人主义怂恿我，“逃避罢。”但是我明白群众早已看清我，群众觉悟了，我的外衣遮盖不了我的本质。我很被动。我在群众的压力下，清醒了一些，只有跟毛主席所指出的道路走。我克服了逃避思想，决心暴露……
>
> 我从一个破落地主家庭出身，早年依靠父亲的薪水收入生活，我羡慕有钱有地位的亲戚，培养了我向上爬的思想。初中就进教会学校，受到帝国主义教育的腐蚀。向上爬的思想，结合上帝国主义为殖民地青年所铺下的道路，给他俘虏，为他服务。自从进燕京，我的目标就是出洋留学。

---

① 陈撷英、费孝通等著：《批判我的资产阶级思想》，五十年代出版社1952年版，“编者的话”第3页。

我那时是很用功的，分数考得好。我向朋友们说：我是没有钱没有势，没有资本，退无可守的人。我只有靠自己，靠自己的机警，靠自己的聪明，一次一次的考试，一步一步的把稳着走。分数是我的命，曾因老师来一个电话，说我考得不好，下决心不再谈恋爱。我就是这样一步一步从燕京到清华，从清华到英国。一个小资产阶级的知识分子并没有远大眼光的。我只看到眼前的一步，使劲的爬……想当教授羡慕新南院住宅。

为了要向上爬，我委曲求全，不敢得罪能决定我出洋机会的人。我为了要吴景超支持我，我选他的课。我和潘光旦拉着一点关系，常去看他。但是我的导师史禄国却和陈达不对。我也对陈先生有意见，看不起他那一套东西。但是我从来不表示，他是系主任，不敢得罪他。第一年我写完了一篇论文，系里决定不算，史禄国发脾气，我低声下气的愿意再写一篇。我心里很不服，但从来不说，怕系里为难我，不给我出洋。

我那时很明白要在国内取得地位，必须在英美有地位……

我在英国埋头写论文，是关于中国农民生活。这正是直接有助于帝国主义侵略中国的阴谋。我一直自以为这论文写得好，所以受到欢迎。最近才醒悟过来，这本书能在英美学术界得到好评和畅销，其基本原因是在对帝国主义者有利，也就是说对中国人民有害的。像我这种好学态度，按道理是不可能做出有价值的学术工作来的，而我所写的许多调查报告和有关中国社会分析的论文能为英美学术界所欢迎,说明了英美资产阶级学术本质,他们是为统治阶级服务的。他们培养我,鼓励我,以学位来引诱我,要我继续地在这方面做下去,真正的目的是在利用我来做他们的工具。

我的向上爬,跌入了帝国主义的掌握,发展到更可怕的境地,当英美企图在远东击败日帝,并且代替日帝奴役中国的第二次世界大战中,他们以同盟国的面貌,以文化联络的名义,阴谋制造为他们侵略计划服务的“民主个人主义者”。我是他们的对象之一。我为了个人的地位,轻易地接受美国国务院文化联络局的邀请,到美国去访问。我虽则自以为是做文化工作,和学术界相往来,而实际上美国的学术界就是帝国主义御用的机关。在美国招呼我的国务院文化联络局的费慰梅,她的丈夫费正清,自称为中国通,在哈佛大学主持中国研究部,就是国务院的策士。他所献的计,很多材料和说法是根据我所公开发表的论文和书本,艾奇逊对民主个人主义者中间路线的幻想和他的策划是有密切关系的。资产阶级欺骗人,以学术为超政治,我切身的惨痛经验就说明了这个骗局的可怕。同志们,我们再也不要受这种骗局了。资产阶级的学术从来没有脱离过政治,一直是服务于资产阶级的利益的。

……

自从我爬到了留学的机会,我实在已经进入资产阶级的阵营。我自从脱离人民,跌入帝国主义安排下来腐化收买中国知识分子的道路,在这条道路上向上爬,必然会走到为帝国主义服务，背叛祖国的阶级。这条道路的开始就是燕京、清华这些帝国主义所设下的陷阱。

我当时对美帝的看法是怎样的呢？首先我是崇美的，把美国式的民主认为真有其事。我对垄断性的资本主义也就是侵略性的帝国主义却不满。我对美国的分析认为有两种力量在斗争，一种是民主权力，一种是经济权力。拥蒋扶日是垄断资本主义经济权力的政策。如果我们能鼓动民主权力，美国的政策就会变，成为中国的朋友。因之从美国回来后，我自以为是在批评和反对当时美国对华政策。马歇尔来华我曾表示赞成，而且认为是美国对华政策的改变。

……

我认敌为友，在行动上犯了严重的政治错误。最突出的是闻一多同志殉难后，我和许多民主人士避到昆明美国领事馆。当时我认为当时昆明的美国领事是个左派，思想很前进，反对美国支持法西斯政权，而同情民主人士的，我利用这个空子，来保护昆明的民主人士，自以为是有功的。我完全没有想到，这个行动正给美帝带上一个虚伪的面具，迷惑了群众，把敌人作为朋友，这个损失远过于少数民主人士的性命。我为了自己的生命而牺牲了更多的人民的鲜血。

……

抗美援朝运动开始时，我正在贵州访问少数民族，知道了这消息，十分兴奋。我曾想在访问工作结束后参加前线工作，想做改造美国俘虏的事，但是没有实现。这次“三反”运动中，在燕京听到了同志们对美帝文化侵略的控诉，我很快联系到自己,看到了自己身受的毒害,回来反省,觉悟上更提高了一步,我知道我在思想上和英美资产阶级是有千丝万缕的联系,绝不是一下能真的斩得干净。所以希望同志们不断帮助我,督促我,不论在什么地方发现我还有不正确的想法,请给我严厉的揭发和批评。

我的资产阶级立场也使我是不喜欢苏联的。受了英美反动派的宣传,认为在苏联没有个人自由,但主要的实在原因是在阶级的矛盾。我曾否公开反对苏联?这问题我曾反复地反省,我并没有像国民党那样的反苏,如反苏游行等,这些我是反对的。联大的同学都知道。但是我在政治上的中间路线,曾经使我不断的宣传苏联没有政治自由,主张综合苏联经济民主和英美政治民主,主张"善处于两大之间",写过"美苏争霸论",实质上都是反苏的,由于没有国民党那样露骨,因此更容易为一般读者所接受,对人民的危害性更大。我一直自己以为没有反苏,是错误的,我应当深自检讨,承认错误。

……

我基本上是一个改良主义者。我所醉心的旧民主主义和自由主义使我反对法西斯政权,在昆明加入了中国民主同盟。民主同盟的同志经常帮助我,教育我,使我没有完全跌入极端反动的阵营。……我和国民党的关系是划出一定的界线,对他们法西斯核心,蒋、宋、孔、陈是没有幻想的,救济总署要我去,我没有去;陈诚要我去见面,我不去;当我应美国文化联络处之邀出国访问时,为了要护照,被迫去伪中央训练团，我有很大反感，一再交涉不愿去。最后我的软弱性使我妥协，到该团去住了一个星期。离团前，蒋匪又派人威胁入党，我不敢正面拒绝，以没有相片没有图章，不好办手续，搪塞过去。我到了美国，曾以此作为蒋匪法西斯化的证据，公开宣传蒋匪政府的腐化，还受到宋匪子文的警告。但是我和这个核心之外的国民党人物却并不拒绝往来，而且曾和与国民党有关的刊物写文章，如昆明的《今日评论》，重庆的《星期评论》、《新经济》等等，在这方面我政治上的界线是不严谨的，因此很容易被反动派所利用。在昆明时曾应李根源、宋希濂之请在大理演讲；在北京赴李宗仁的宴会和座谈会。更严重的是在解放前一年内应卫立煌之请去沈阳讲学。我做出这一类敌我不分受反动派利用，迷惑群众，危害人民的错误行为，原因是我的个人打算，没有组织性和纪律性。我以名流自居，以游说为荣；同时我害怕危险，深怕得罪了这些人会受到不利，特别是昆明李、闻两同志殉难后，心里一直有着危险怕死的感觉。这种政治的动摇性使我实际上在这一段时期疏远了民盟的组织，思想上也明显地趋向于反动，公开反对暴力，歌颂甘地就在这个时期。

……

解放后，我为了要了解共产党，所以争取去石家庄。我发现了我过去所认识的共产党，共产主义是不正确的。我写过一些文章说明了我认识上的转变。我的情绪也时高时低，我曾有机会检讨过我一些不正确的思想。我这三年中所得到的收获，如果抹杀了革命形势对我的教育，党和盟以及许多进步同志给我的领导和帮助,群众的督促,那是不应当的。事实上,我是有改变的。我工作一直是积极的。

我明白了中间路线和改良主义的错误;我拥护毛主席,中国共产党和人民政府;我在政府交给我的工作上尽力去做,这一切是事实。但是我轻视改造学习,进步很慢,没有深切的反省,对过去错误思想没有彻底检讨,没有予以肃清,所以思想中的肮脏东西并没有清除,只罩上一件进步外衣;以致改良主义的残余思想还是支配着我,使我在工作上还是不断犯了错误。

解放不久,很多人说我所学的社会学要不得。我很不服气。我当时认为我们的社会学和美国的社会学不同,很早就着重中国社会的调查。共产党不是也着重调查研究的么?所以只要我们在事实上说明我们的社会调查是有用的,我们的社会学还是可以存在的。因此,在解放后第一个暑假中组织了社会系的同人去北京市调查手工业。我的动机很明显是为了自己的,想借此巩固自己在新社会中的地位,希望我们的货色能得到一个买主。以往国民党不识货,共产党会识货的。我并不是从北京市的经济出发,人民的利益出发去考虑北京市的手工业问题。我们只想把事实调查出来,让市政府去利用这些材料,要怎样用就怎样用。这是资产阶级社会学的本色……

其次我应当提出来批判的是我的清华本位主义。解放前,我对于清华的感情是淡薄的。我只在研究院住过两年,那时我的心在燕京,清华熟人很少。我回国后在云南大学工作，直到复员前一年才加入清华，家还住在云大。回北京后，我是身在清华心在外，并不关心清华的事。但解放后，感情上起了变化。这种变化是不纯正的。现在分析起来，这是很强烈的自私心的表现。我要保存这最后一个地位。这也是说明了我思想上有严重错误，对于轰轰烈烈新中国的蓬勃生长，不觉得这一切都就是每个人的光荣和保障，而眼光短小。觉得没有清华就会没有我的地位。

我在清华的工作，是积极的，我是很忙的。但是这并不说明我觉悟的提高，因为我的出发点中即使不完全，也包有很大的自私成分。清华本位主义在我身上发展是出于两种因素：一是自己的空虚，知道不成了，没有清华将要没有办法；二是要表现，想从清华的工作中表现自己还有一手，以填补这空虚，来维持自己的地位。

……

清华本位的基础是在资产阶级的个人主义，以保持清华这个单位，来保持自己，避免改造。这个思想到院系调整问题时就暴露了它的本质。我曾积极参加了反对把清华改造为工学院的计划。我组织座谈会，动机是反对把法学院划出去，这是自私。我的错误是严重的。

……

我不但认识了我过去犯了这样多、这样大的错误，而且一直到现在思想上还存在着这样多的脏东西。我必须下决心，否定过去，批判改良主义，斩断与英美帝国主义的思想联系，克服个人打算，加强政治学习，更重要的是倚靠组织，在同志们经常的督促下，老老实实的做一个人民的勤务员。我愿意向同志们保证不论我到哪里去工作，不论在哪个岗位上，我必须做到全心全意为人民服务。①

费孝通这篇检讨，是以中央民族学院副院长的名义所作，全文长达11000字。该文同傅鹰、游国恩、罗常培、钱端升、金岳霖、陈鹤琴、周培源、梁思成、夏衍、熊佛西、郑君里、贺绿汀等30位知名人士各自作出的类似检讨一起，被编成《批判我的资产阶级思想》一书，由五十年代出版社于1952年7月出版。该书“编者的话”中说：这些检讨者“是在各方面具有一定的代表性的，他们有哲学家、科学家、教育工作者、出版工作者、文艺工作者、翻译工作者、美术工作者、音乐工作者、电影工作者、新闻工作者、农业工作者、医务工作者……他们通过‘高等学校思想改造学习’及‘三反’‘五反’运动，对于一切非无产阶级思想，特别是资产阶级的腐朽思想，都做了比较深刻和比较全面的自我批判，因此，我们认为这些作品对于各种知识分子思想改造是可以发生启示作用的。尽管作者的检讨尚属初步，尽管作者对于思想改造，对于‘三反’‘五反’运动的感受和领会的深度不甚一样，但从他们的思想检查中，却充分证明资产阶级思想，及一切非无产阶级思想对人民事业的危害性，和各种知识分子思想改造的必要性。”②

---

① 陈撷英、费孝通等著：《批判我的资产阶级思想》，五十年代出版社1952年版，第16～33页。

② 陈撷英、费孝通等著：《批判我的资产阶级思想》，五十年代出版社1952年版，“编者的话”第2页。

《批判我的资产阶级思想》一书的出版,标志着费孝通等作者的“初步”过关。此时,费孝通的老师潘光旦因连续三次检讨未能过关,正在准备第四次检讨。1952 年 12 月 5 日出版的《盟讯》发表了潘光旦的第四次检讨摘要,仅“摘要”就近三万字。

第九章

从“早春”到严冬（上）

1957 年.气氛突然改变。我不知道这一变化背后是什么,但是我发觉自己落入陷阱。甚至现在我们也不真正了解那个突然变化的背后是什么,虽然这个运动在一般人已经认为是一个错误,一个过失。但是从那时起我进入了一个一生中完全不同的一个时期。……我想要明白我错在哪里。我被解除一切原任行政职务,只保留教授职位。

我的大多数朋友和同事都起来批判和谴责我。……他们不得不这样做。我发现自己被孤立了。我失去了社会地位、失去了工作的意义。我属于一个完全不同种类的人……

那是我第一次经历这样的事情。我没有这种经验。群众攻击!所有的脸都突然转过去,在一周之中!

费孝通:《经历·见解·反思》(1987)[①]

① 费孝通著:《从实求知录》,北京大学出版社 1998 年版,第 463 ~ 465 页。

一、“早春”前后

1957年之前，费孝通经历过知识分子改造运动之后，有过一段心情相对平和、舒畅的日子。

在1956年2月9日至20日召开的中国民主同盟第二次全国代表大会上，费孝通当选为中国民主同盟第二届中央委员会常务委员。其时，千家驹、刘开渠、吴作人、苏步青、周建人、金岳霖、柳亚子、梁思成、童第周、冯友兰、华罗庚、钱伟长等知名人士在民盟该届领导机构内的职务都仅是中央委员而不是常委。[①]

1956年4月16日，国务院发出《关于改善高级知识分子的工作条件的通知》。该通知说，“国家必须尽一切可能为高级知识分子创造有利的工作条件。为此，国务院除责成中央各部门从各方面进行工作外，还要求各省、自治区、直辖市人民委员会对科研机关、高等学校等处的科学家、教授、工程师等的工作条件作一次检查，督促有关单位采取具体措施，改善他们的工作条件。要迅速地和适当地解决缺少助手、辅助人员的困难，积极解决所缺房屋等问题，切实改善图书、文物、档案和各种资料的收集、保管、整理、利用的状况，并经常关心改善高级知识分子的工作条件。”[②]

1956年4月28日，毛泽东在中共中央政治局扩大会议上

---

① 《中国民主同盟历史文献》(上)，文物出版社1990年版，第492～493页。

② 《国事全书》第3卷，团结出版社1997年版，第3355页。

说，"百花齐放，百家争鸣"应该成为我们的方针，艺术问题上百花齐放，学术问题上百家争鸣。几天之后的5月2日，毛泽东在第七次最高国务会议上说，现在春天来了嘛，一百种花都可以开放，不要只让几种花放，还有几种花不让它开放，这就叫百花齐放。百家争鸣现在也需要，在中华人民共和国宪法范围内，各种学术思想，正确的，错误的，让他们去说，不要干涉他们。在刊物上、报纸上，可以说各种意见。①

1956年5月26日，中共中央宣传部在中南海怀人堂举行报告会，与会者两千人。宣传部长陆定一在题为《百花齐放，百家争鸣》的报告中，全面阐述了中共主张的"双百"方针，在中国知识界引起了广泛而强烈的反响。1956年6月8日，毛泽东在陆定一送申该报告的附信上批语道"此件很好，可以发表"。②

在五十年代的前五六年里，中国知识界经历了改造运动和批电影《武训传》、批电影《清宫秘史》、批俞平伯、批胡适、批胡风、批梁漱溟等一系列因言获罪而招致的运动。此时，由中共中央宣传部长当面向知识界讲解"百花齐放，百家争鸣"的方针，再加上毛泽东认为"很好"的批语，这对中国知识分子所具有的鼓舞作用不言自明。

1956年7月26日的《人民日报》发表了费孝通的《为西湖不平》一文。文章起笔就说："作为一个苏州长大的人，要到头发花白才去访游西湖，只这件事已够说明我是个凡俗入骨的人了。

---

① 《国事全书》第3卷，团结出版社1997年版，第3356页。

② 《建国以来毛泽东文稿》第6册，中央文献出版社1992年版，第120页。

也真巧，轮到我去访游的时候，那是今年年初，又正是西湖下装的时节，露出了半个湖底。我即使要附风雅也没有客观条件。我的游法更不对头，借了辆汽车，请了位指引人，匆匆地有些像赶任务。”①生动的笔触，清通的文风，曾在费孝通改造时期的检讨文字中溜得不见踪影，如今又回到了他的文章中。

把费孝通带进1957年最初一段日子的，是他所倾心的实地调查工作。

《费孝通学术历程与著作提要》记载：“一月，继续在西南调查民族社会史和知识分子状况。”②

民族问题调查是费孝通的老题目，从1935年的瑶山调查就开始了。“知识分子状况”调查则应当与他在1956年接受的一项任命有关。费孝通说：“1956年，国务院成立了专家局，专门处理知识分子问题，我被任命为副局长。我曾向领导建议两件事：一是建立智力档案，把中国究竟有多少专业人才摸摸清楚；二是实地调查知识分子里存在的问题，设法促进他们的积极性。我自己就衔命利用去西南进行民族调查的机会，顺便通过民盟的机构进行知识分子调查。”③当时，费孝通是民盟中央文教部副部长。他既赋有国务院专家局领导人的职责，也赋有民盟中央文教机构领导人的职责，这次调查的目的是一个，即了解情况，以助于解决问题，更好地发挥知识分子在国家经济和科学、文化建

---

① 《费孝通文集》第6卷，群言出版社1999年版，第499页。

② 潘乃谷、马戎主编：《社区研究与社会发展》（下），天津人民出版社1996年版，第1574页。

③ 费孝通著：《社会调查自白》，知识出版社1985年版，第60页。

设中的积极性。

这次“顺便”进行的知识分子问题调查,对费孝通在1957年间的命运转折发生了根本性的影响。这一影响又从1957年延伸到了他的后半生。

作为这次调查的直接结果,首先是“向专家局发出一系列书面汇报,这些报告由该局印送各有关部门”①;其次是在民盟中央的有关会议上所做的汇报和讨论。汇报和讨论则引出了一个间接的结果,即费孝通那篇名满天下的文章——《知识分子的早春天气》。

费孝通在后来又写的《“早春”前后》一文中回忆说:

> 二月初从西南回到北京,民盟中央要我做一次口头汇报,谈我离京半年中在各地看到有关知识分子问题的情况。我提到了两个盖子的话:“百家争鸣”揭开了一个盖子。这个盖子一揭开,知识分子的积极性是冒起来了,表示在对科学研究的要求上,还有一个盖子要等“互相监督”来揭。这个盖子一揭开,开出来的是知识分子对政治的积极性,他们会改变过去对国家大事不大关心的那种消极情绪。但是,我接着说,第一个盖子开得还不够敞,许多领导同志不大热心。第二个盖子似乎还没有揭,有点欲揭还罢的神气。我是主张揭盖子的,因为盖子总是要揭的,迟揭不如早揭,小

---

① 引自费孝通在“文革”期间所写“综合材料”(手稿,尚未公开发表)第62页。

揭不如大揭，揭开比了冲开为妙。[1]

费孝通做过这次汇报后，大约过了一个星期，民盟中央文教委员会召开座谈会，讨论他的汇报。谈到对当时知识分子全面情况的估计时，费孝通话中用有“春寒”两字，但一经讨论，他觉得这两个字还是用得不妥当。以他在当时的感觉，春意是主要的，若是加上“寒”字，在表达上未免走了拍，也就不能把知识分子表现出来的积极性托出来。后来想出了“早春”两个字，才感到合意，因为这个字眼和前些年知识分子在改造时期产生的晚秋感觉正好对得上，错得开，刚好表达出他们心理上的转机。

对文章起承转合、遣词用句的讲究，在费孝通是由来已久。关键之处，字斟句酌已成习惯。如今，国务院专家局派他调查了知识分子情况，民盟中央的两次会议鼓励他为知识分子说说话，他自己也决定要写《知识分子的早春天气》，其文字功夫自然会派用场。费孝通记述了自己把握文章温度时的细节：

> 有人从我这篇文章里感到寒意，认为是吹冷风，其实细细看去，我在这个温度问题上是用过心思的。比如我起初想引用李清照的“乍暖还寒”一语，后来一想，这句词，基本上是寒，暖是虚的。因此，我不直引，改了一字，写成“乍暖乍寒”，一字之改，提高暖的地位。当时，我嘴上也屡次念到

---

① 费孝通著：《往事重重》，辽宁教育出版社 1998 年版，第 260 页。

“满园春色关不住”的句子，念来念去总觉得还是用不上。[1]

费孝通写就初稿，是在二月中旬。他没有立即拿去发表，先是自己反复修改，又复写出几份，分送朋友征求意见。时近二月末，费孝通正想发稿，一位朋友对他说：“天气不对，你还是等一等，这样放出去，恐怕不妥当。”这位朋友的担心来自他听到的一个传达文艺方针的报告，说是毛泽东批判了王蒙的小说《组织部新来的年轻人》，赞成陈其通等人的文章。这位朋友因此认为“形势是要收了”。费孝通把这位朋友的话转述给住邻居的潘光旦，潘光旦感到奇怪，因为他也听到有人说起毛泽东召集过一次谈话，内容不是收，而是放。

潘先生听到的是对的，但在当时他和费孝通都被相反的消息弄糊涂了。

那位觉得“天气不对”的朋友所说的陈其通等人的文章，应

---

① 费孝通著：《往事重重》，辽宁教育出版社 1998 年版，第 261 页。

该是指《我们对目前文艺工作的几点意见》一文[①]。这篇文章对1956年正式提出并被毛泽东称为“很好”的“百花齐放，百家争鸣”方针表示忧虑。毛泽东看到了这篇文章，认为陈其通等人的意见不对。据朱正所著《1957年的夏季：从百家争鸣到两家争鸣》一书记载：

> 在1957年1月下旬开的省市自治区党委书记会议上，毛泽东让印发了这篇文章。他说，陈其通等四同志对文艺工作的意见不好，只能放香花，不能放毒草。我们的意见是只有反革命的花不能让它放。要用革命的面貌放，就得让

---

① 该文发表于1957年1月7日《人民日报》，署名陈其通、马寒冰、陈亚丁、鲁勒。陈其通当时任中国人民解放军总政治部文化部副部长，其余三人皆为该部干部。“百花齐放，百家争鸣”的方针于1956年公开提出后，在文艺界引起的第一个较大的反应，被认为是王蒙发表的小说《组织部新来的年轻人》。这篇描写青年人反对官僚主义的作品在1956年9月号《人民文学》杂志发表后，引起广泛而强烈的反响。既有热烈称道者，也有严厉指责者。有的文章认为这篇小说歪曲社会现实，把党的组织、人员和工作写得一片黑暗。《我们对目前文艺工作的几点意见》一文认为这种创作现象具有普遍性，文章写道：“真正反映当前重大政治斗争的主题有些作家不敢写了，也很少有人再提倡了，大量的家务事、儿女情、惊险故事等等，代替了描写翻天覆地的社会变革、惊天动地的解放斗争、令人尊敬和效法的英雄人物的足以教育人民和鼓舞人心的小说、戏剧、诗歌，因此，使文学艺术的战斗性减弱了，时代的面貌模糊了，时代的声音低沉了，社会主义建设的光辉在文学艺术这面镜子里光彩暗淡了。甚至使有些小品文失去了方向，在有些刊物上反映社会主义建设的光辉灿烂的这个方向的作品逐渐少起来了。充满着不满和失望的讽刺文章多起来了。”

它放。也许这四位同志是好心，忠心耿耿，为党为国，但意见是不对的。一些地方在传达毛泽东这些讲话的时候，只转述了他说陈其通等人忠心耿耿为党为国这些话，却没有说他表示了不赞成的态度。这样就似乎是毛泽东表扬了陈其通等人了。[①]

毛泽东察知了此事。1957年3月12日，他在中国共产党全国宣传工作会议上的讲话提纲的第七个问题"放"还是"收"中专门写下："各省传错了对四人文章的批评问题。"[②]

毛泽东断定"传错了"的范围是"各省"，比朱正说的"一些地方"要大得多。既然"各省"都"传错了"，毛泽东打算在这次讲话中明确表态。他在同一提纲中写道：

"放"，有百利而无一害；"收"是错误的。

……

两个方法（政策）领导中国，还[是]"放"的方法好，不要怕"放"，不要怕批评，不要怕乱，不要怕牛鬼蛇神，不要怕毒草，我们将[在]百花齐放、百家争鸣中发展真理，少犯错误，将一个落后的中国变为一个先进的中国。[③]

---

① 朱正著：《1957年的夏季：从百家争鸣到两家争鸣》，河南人民出版社1998年版，第14页。

② 《建国以来毛泽东文稿》第6册，中央文献出版社1992年版，第376页。

③ 《建国以来毛泽东文稿》第6册，中央文献出版社1992年版，第376页。

当天,毛泽东在中国共产党全国宣传工作会议上讲话。他在讲话中说:

> “放”还是“收”? 这是个方针问题。百花齐放,百家争鸣,这是一个基本性的同时也是长期性的方针,不是一个暂时性的方针。同志们在讨论中间是不赞成收的,我看这个意见很对。党中央的意见就是不能收,只能放。
>
> 我们准备用这个放的方针来团结几百万知识分子……我们主张放的方针,现在还是放得不够,不是放得过多。①

毛泽东讲这段话的时候,是费孝通把《知识分子的早春天气》送出之后,发表之前。他当然不知道毛泽东就要反复申明“放”的主张。当时他被在“收”“放”问题上的不同传言弄糊涂了。那位判断形势要“收”、让他“还是等一等”的朋友,等于给他吹了一阵冷风。费孝通说:

> 虽然这阵冷风是没有根据的,是阵空谷来的风,但却吹冻了我的“早春”。
>
> 毛主席在最高国务会议扩大会议上讲话的那天上午,我把“早春”送出去了。那天因为有外宾来参观,要我招待,我又不知道毛主席要讲话,所以没有进城开会。晚上潘光

---

① 《建国以来毛泽东文稿》第6册,中央文献出版社1992年版,第390~392页。

旦先生听了讲话回来，兴冲冲地来找我，揭开了谜底。

下一天一早起来拿出底稿，把后半篇重写了一道。从修正稿送去，到文章见报，又是两个多星期。……当这篇收收放放的"早春"出世，早春确是已过了时了。[①]

潘光旦当场听到而费孝通不在现场的"讲话"，是毛泽东在最高国务会议第十一次（扩大）会议上的讲话，时间是1957年2月27日，题目是《如何处理人民内部的矛盾》。在毛泽东为这次讲话准备的提纲上，第八个问题是"百花齐放，百家争鸣，长期共存，互相监督"，其中写有陈其通、马寒冰的名字[②]。据朱正说："毛泽东在两次讲话中都批评了陈其通等四人的文章。"[③]由此可以推知，潘光旦向费孝通揭开的谜底应该是：毛泽东对陈其通等人文章的态度不是赞成而是批评；毛泽东对"收""放"问题的主张不是"收"而是"放"。这对费孝通"为知识分子说说话"的心情当然是个鼓舞。

1957年3月24日，《人民日报》发表了费孝通的《知识分子的早春天气》一文。该文前半篇主要写"春"，后半篇主要写"早"；前半篇主要描述"乍暖"，后半篇主要体现"乍寒"；感觉到

---

① 费孝通著：《往事重重》，辽宁教育出版社1998年版，第262页。

② 《建国以来毛泽东文稿》第6册，中央文献出版社1992年版，第312页。

③ 朱正著：《1957年的夏季：从百家争鸣到两家争鸣》，河南人民出版社1998年版，第33页。毛泽东的"两次讲话"指在最高国务会议第十一次（扩大）会议上的讲话（1957年2月27日）和在中国共产党全国宣传工作会议上的讲话（1957年3月12日）。

了光明和温暖，却没有因此而头脑发热；给人以信心和希望的同时，提出了需要进一步思考的问题；生动传神地表达出了知识分子的真实心态，却没有摆出一副代言人的架势；在客观上有助于中国共产党懂得和团结知识分子、同时有助于知识分子得到应得的信任，在作者心态上又表现得从容、坦诚、不卑不亢；通篇对知识分子所喜所忧所愿所虑的表达如叙家常，结尾处一连串十个问号又足以让人警醒和深思……这篇文章说出了众多知识分子的心里话，引发了广泛的共鸣。当天的《人民日报》成了抢手货，为乍暖乍寒的早春天气带来了一股暖流。

费孝通认为，从知识分子方面看，他们对争鸣还有所顾虑，心里热而嘴上紧，最好是别人多鸣，自己多听。顾虑的原因，有政治上的，怕是个圈套，鸣放过后又挨整；有业务上的，怕出丑。从领导知识分子工作的人来看，还不能说对于百家争鸣的方针都搞通了。有些人觉得，中央的方针当然是正确的，但是我们这里的具体情况还没有条件。

被他人鼓励要积极鸣放的知识分子还有顾虑，负责鼓励知识分子参加鸣放的人也不够热心，所以，费孝通实事求是地说，虽然已经入春，但还是早春天气。知识分子的生气正在冒头，但还有一点腼腆，自信心还不那么强，顾虑似乎不少。早春天气，未免乍暖乍寒，原是最难将息的时节。写到这里，他水到渠成地引用了一句古诗："草色遥看近却无"，认为这本是早春天气应有的风光。同时，这也是费孝通主张揭盖子、认为"迟揭不如早揭，小揭不如大揭，揭开比了冲开为妙"的原因。他希望知识分子的天气从早春顺利地过渡到仲春、暖春。

费孝通对当时知识分子工作局面的判断和对下一段工作应有局面的想法，和中共领袖周恩来、毛泽东等人在这个时期先后表达出的判断和想法颇有一致之处。由于身份不同，文体不同，费孝通说得委婉，而周恩来、毛泽东则讲得十分明确甚至尖锐。

1956年1月，周恩来在中共中央召开的关于知识分子问题的会议上做报告说：

> 我们目前对于知识分子的使用和待遇中的某些不合理现象，特别是一部分同志对于党外知识分子的某些宗派主义情绪，更在相当程度上妨碍了知识分子现有力量的充分发挥。
>
> ……
>
> 目前在知识分子问题上的主要倾向是宗派主义……低估了知识界在政治上和业务上的巨大进步，低估了他们在我国社会主义事业中的重大作用，不认识他们是工人阶级的一部分……
>
> 对于一部分知识分子信任和支持不够……有的同志对于党外知识分子甚至采取敬而远之的态度。这样，彼此缺乏了解，也就容易形成隔膜。[①]

1957年3月6日，中共中央宣传部办公室印发了《有关思想工作的一些问题的汇集》，共汇集了33个问题。毛泽东审阅这

---

① 《周恩来统一战线文选》，人民出版社1984年版，第276~286页。

个《汇集》时，作了一系列批注，都很值得玩味。其中特别值得在此一说的有如下几条。

《汇集》"一"说到："科学家（特别是自然科学家）中认为党不能领导科学工作的人不少。他们还认为党的领导对科学的发展没有好处。"毛泽东批注："有一半对"。

《汇集》"三"说到："不少科学家认为，如果工作条件没有很好解决，就拿不出什么科学成果，因此'百家争鸣'对他们的实惠不大。"毛泽东批注："他们是有些理由的"。

《汇集》"十五"说到："有人说提倡百家争鸣和独立思考，对学习马克思列宁主义是有妨碍的。……有人说，'经典著作是不许怀疑的'。"毛泽东批注："不许怀疑吗？"

《汇集》"十六"说到："党的政策是否允许怀疑？对党的政策的怀疑的意见是否允许争论？"毛泽东批注："为什么不允许争论呢？"①

1957年5月16日，毛泽东写给"各省委、直属市委、自治区党委，各中央直属部委首长、各国家机关和人民团体的负责同志"的《中央关于对待当前党外人士批评的指示》中说：

从揭露出来的事实看来，不正确地甚至是完全不合理地对党外人士发号施令，完全不信任和不尊重党外人士，以致造成深沟、高墙，不讲真话，没有友情，隔阂得很。党员评

① 《建国以来毛泽东文稿》第6册，中央文献出版社1992年版，第406～411页。

级评薪和提拔等事均有特权，党员高一等，党外低一等。党员盛气凌人，非党员做小媳妇。学校我党干部教员助教讲师教授资历低，学问少，不向资历高学问多的教员教授诚恳学习，反而向他们摆架子。以上情况，虽非全部，但甚普遍。这种情况，必须完全搬[扳]过来，而且越快越好。无论文教界和其他方面，凡态度十分恶劣，已为多数群众所不信任的同志应当迅速调动工作，以党外资历深信誉好的人员充任，或以胜任的党员充任，以利团结党内外，改进工作。①

从以上引述的毛泽东、周恩来所作讲话和批注可知，他们当时对党内“甚普遍”的不利于知识分子工作的言行有相当的了解。至于这些可称“恶劣”的言行对广大知识分子的心理造成了怎样的伤害，产生的不良影响程度如何，周恩来在1956年初《关于知识分子问题的报告》和陆定一在1956年中《百花齐放，百家争鸣》的报告和文章在知识分子当中引起了什么样的具有代表性的反响，他们虽然会很关心，但由于有“深沟、高墙，不讲真话，没有友情，隔阂得很”，他们大概只能从人之常情的角度去推知，而难于从真实调查的渠道确知。在这种情况下，费孝通以细致深入的实地调查和长期思考为基础写出的《知识分子的早春天气》，对于填埋“深沟”、拆除“高墙”、讲出真话、增进友情、消除隔阂、促进形成广大知识分子中蕴藏的知识能量在国家的经济、

① 《建国以来毛泽东文稿》第6册，中央文献出版社1992年版，第477～478页。

科学和文化建设中充分释放的社会条件,都具有积极的建设性的意义。因此,这篇文章在引起知识分子普遍而强烈的共鸣的同时,也引起了中共高层的高度关注。

距费孝通这篇文章发表整一个月,周恩来在1957年4月24日召开的中共浙江省委扩大会议上的讲话中说:

> 各民主党派联系群众的方面不同,可以听到一些不同意见,对中国革命和建设是有利的。……如民盟,它在知识分子圈里可以听到更多的意见。有一次我来杭州,回去时在飞机上看了费孝通先生的一篇文章《知识分子的早春天气》,把知识分子心灵深处的一些想法都说出来了。共产党内也有不少能写文章的知识分子,但这样的文章我看是写不出来的,就是有这种想法也是不写的。……我也有一些党外朋友,而且过去很熟,我总希望通过他们知道一些不同意见。可是他们到了我面前,就是愿意说,也要保留几分。因为他们知道我是共产党的负责人,说话总不免要考虑考虑。甚至我的弟弟,他的心里话也不都跟我说。①

但是,随着历史在此后出现的曲折,这篇文章却为费孝通埋下了被打成"右派分子"的祸根,几个月后,成了他"反党反社会主义"的一个主要"罪证"。

---

① 《周恩来统一战线文选》,人民出版社1984年版,第349页。

二、关于社会学的“几句话”

费孝通在起草《知识分子的早春天气》前几天，还写有另一篇文章，题目是《关于社会学，说几句话》。该文是2月12日完稿，发表于1957年2月20日的《文汇报》。这“几句话”，也是发生在1957年中国知识界、学术界的一个重要事件，也曾使费孝通在几个月之后招致疾风暴雨式的批判。

说到这篇文章，离不开1952年前后中国大陆在高等院校的院系调整中取消社会学学科的那段往事。

据说，“社会学被取消的一个最通常的理由是，历史唯物主义可以代替社会学，二者研究对象相同，有了历史唯物主义，可以不要社会学了。”[①]也曾流传过这样的说法：列宁就是这个观点，苏联因此不要社会学了。中国取消社会学是向苏联学习的一个结果。

在《苏联大百科全书》第三版第二十四卷第一册的“社会学”

① 《中国社会学史》，天津人民出版社1987年版，第173页。类似的说法在其他文献中也可以见到，如1956年6月9日中国民主同盟向中共中央提出的《对于有关我国科学体制问题的几点意见》中说：“某些学科解放后竟被废除，或不成为独立科学。过去研究社会学、政治学和法律学的人很多转业了。过去许多课程因为苏联没有就取消了……”（见《中国民主同盟历史文献》，文物出版社1991年版，第515页。）又如《社会人类学与中国研究》一书述及“五十年代后，中国人类学和社会学、民族学、政治学、法律学、宗教学一样，被视作资产阶级学科”的原因时，也提到了“苏联学科划分的影响”。（见该书第238页，生活·读书·新知三联书店1997年版。）

辞条下，倒是可以读到列宁谈唯物史观和社会学的关系的观点，却读不出“代替”的意思。该辞条说：“列宁把唯物史观称为……‘社会科学的同义词……’，并且指出：‘这个假设……第一次使科学的社会学的出现成为可能。”[①]从该辞条还可以得知，苏联不仅没有取消社会学，恰恰是中国取消了社会学之后，“苏联和其他社会主义国家社会学的迅速发展开始于20世纪50年代，特别是60年代。”[②]

列宁关于唯物史观和社会学的看法，是不是也像毛泽东对于陈其通等人文章的看法那样，被令人遗憾地“传错了”呢？

有意思的是，时隔四五年，中国学术界又提起社会学学科地位的话题，缘起正和苏联有关。

1957年1月号的《新建设》月刊，发表有吴景超的署名文章《社会学在新中国还有地位吗？》。从这篇文章中，人们听到了一些已经久违了的社会学的消息，也听到了重提社会学学科地位的呼声——

> 1956年10月19日的“真理报”上，登载了一篇苏联科学院通讯院士费多塞也夫所写的一篇文章，报导关于国际社会学会第三次会议的情况。这次会议，有57个国家的500个代表参加，其中也包括苏联及东欧人民民主国家的代

---

① 《社会学的由来与发展——各国百科全书社会学条目释文集》，商务印书馆1987年版，第214页。

② 《社会学的由来与发展——各国百科全书社会学条目释文集》，商务印书馆1987年版，第214页。

表。文章除叙述了在会议中马克思主义者与非马克思主义者的思想斗争以外,在文章的末尾,特别指出一点,就是西方国家的社会学者,发表了大量的关于劳动、文化、生活、家庭、道德、都市与乡村等问题的文献,但是这些材料,在苏联及人民民主国家中,没有受到足够的重视……

……我想到中国的社会学往何处去的问题。

……在百家争鸣的时代,我认为在我国的哲学系中,还有设立社会学一门课程的必要。

吴景超的这篇文章,是社会学在中国大陆被取消后公开谈论恢复这门学科的较早的声音。这是"百花齐放,百家争鸣"方针在社会科学方面取得的一个重要成果。对恢复社会学的呼声持反感态度的人也许感到需要喝一声"大胆!"但是,要求尊重科学的呼声在当时是难以禁锢得住了。

接下来的声音中,费孝通的乡音引人侧耳。

关于社会学,我原本不想发表什么意见的。这个问题我很久已经不再去想它了。最近吴景超先生在《新建设》上把社会学的地位问题提了出来,引起了不少人的注意。《文汇报》记者要我说几句话。

……这时候把社会学的地位问题提出来研究一下好不好呢?我觉得是好的,也是有必要的。我倒并不是因为苏联派代表团出席了国际社会学会,《新时代》杂志上又提出了中国没有代表出席的话,才觉得我们该考虑一下在各大学里取消社会学系是否做得对，现在应当不应当恢复的问题。我是不很赞成这种态度的。我并不想再去讨论几年前大学里取消社会学系是否是正确的。我也并不想在社会学这个名词上来做文章。我觉得应当从当前社会主义改造和社会主义建设的需要上来提出这个问题。[①]

“苏联有社会学我们就该有社会学”这样一种推理中包含的逻辑，与“苏联没有社会学我们也不该有社会学”是一样的没有道理。费孝通感兴趣的不是去讨要一个社会学的名分，而是国家建设的现实当中那些需要借助社会学的知识去解决的实际问题，这是符合他的学术性格的。他提出了一些有关经济、政治、行政、家庭、人口等领域的现实问题，表述了自己的有关想法——

研究生产关系的经济学，那是有了基础的。其他许多关系的研究我看都还没有很好的建立或发展起来。……比如我最近调查了一些党和非党的共事合作关系，我意识到这里有一门很复杂的学问，那就是怎样建立起社会主义社会里的人民内部的政治关系。这问题可以包括更多的内容，好像人民代表大会制的运用、民主党派的互相监督等等，有关人民民主专政的一系列问题。这些都是人类的新问题，是在阶级消灭后人和人的政治关系问题……

我这两年来又调查过关于知识分子问题，其中有一方

① 《费孝通选集》，天津人民出版社 1988 年版，第 8 ~ 9 页。

面是属于知识分子思想的变化……另一方面，我又看到人才的使用和安排，人事的管理等问题。这些问题现在是处理得不免太简单化了些，而且的确出了一些问题的……

上面所说的那些问题，现在尽管没有进入学府来进行研究，在党派和政府机关里是有调查研究的。但是还有些人和人关系的研究却落了空。比如两性关系罢。这是存在于人和人之间一种很重要的关系，但是认真地作为一种社会生活的重要部门来加以调查研究却就很少了。现在不论是哪个地方，恋爱问题、婚姻问题、夫妇问题、养老问题、儿童问题等都有一大堆而且大家总是觉得最头痛，甚至不知道怎样处理才妥当的……

再举个例子：最近很多人注意了人口问题。这个问题不论怎样说法总是存在的。过去却因为批判了马尔萨斯人口论，大家都不敢再提这个问题了，好像谁一提这个问题就该批判似的……

在这里我不想罗列出一大堆问题来，只是想指出这类问题是会跟着社会发展不断出现的，并不会太平无事的。对于这些问题用科学方法来调查研究比闭了眼睛说没有问题对我们有利。如果我这样说法是对的，自然要问，谁来研究，由党派和政府的干部拿出一部分力量来研究好呢，还是搞一批人出来专门做这些工作好呢？我想是专业来搞应当好些。搞得出一套学问来么？我认为是可以的。这些都是客观存在的事物，它的变化是有一定道理的，分析得出一些道理来，不就是学问么？至于这些科学称什么名称，那倒无关宏旨。如果大家觉得社会学三个字不讨厌，用三个字也要得。如果很多人看了不舒服，想出个顺眼些的名字来，当然也好。

也许现在还有些人怀疑这些是否够得上称什么学，我想也不必在这个字上引起争执。如果大家承认这些问题有必要系统地调查一番，那就第一步先搞调查，称作"社会调查"也可以。我想反对"社会调查"的人理由是不会太多的。[①]

费孝通这篇文章篇幅不长，平心静气。在当时的情况下，费孝通这篇文章的建设性和策略性相当难能可贵。只是由于后来形势的急转直下，这一番良苦用心被视为"右派分子企图复辟资产阶级社会科学"[②]的"不可告人的目的"[③]。

1957 年 3 月 6 日至 13 日，中国共产党全国宣传工作会议在北京召开。出席这次会议的党内外思想文化工作者有 800 人左右。费孝通应邀出席这次会议，并就"社会问题还应研究"的有关想法作了发言。毛泽东在这次会议闭幕前发表讲话说："情况是在不断地变化，要使自己的思想适应新的情况，就得学习。……

① 《中国社会学史》，天津人民出版社 1987 年版，第 10～12 页。

② 《反对资产阶级社会科学复辟》（第二辑），科学出版社 1958 年版，第 30 页。

③ 《社会学的由来与发展——各国百科全书社会学条目释文集》，商务印书馆 1987 年版，第 557 页。

要接受新事物，要研究新问题。”[①]毛泽东所说的“研究新问题”和费孝通所说的“社会问题还应研究”在思路上应是一致的。

这次会议开过不久，中共中央宣传部受命开始进行推动恢复社会学的工作，组织成立了“社会学工作筹备委员会”。此时，费孝通暂时离京，到家乡去做“重访江村”的实地调查。到他6月初回到北京的时候，恢复社会学的筹备工作已经有了相当的进展。这可以从“社会学工作筹备委员会第一次会议”的一份纪要[②]上得到十分具体的说明。

这份纪要的成文时间，和费孝通发表《关于社会学，说几句话》的文章仅隔五个月。五个月间，恢复社会学一事从当初一介书生的几句议论进入到了中共中央议程，形成了中国科学院专人专款支持下的具体筹备工作和即将展开的社会学调查课题，局面确实发生了很大的变化。应该说，这是“百花齐放，百家争鸣”方针在学术界取得的一个重要成果，是毛泽东几个月前在最高国务会议第十一次（扩大）会议上讲话时希望看到的变化。著名报人徐铸成曾回忆在中南海听毛泽东这次讲话录音时的情景说：

> 毛主席在讲话中深入浅出，妙语泉涌。大意说狂风暴雨的阶级斗争已经过去，今后用整风的方法，逐步克服官僚

---

① 《建国以来毛泽东文稿》第6册，中央文献出版社1992年版，第382～383页。

② 这份纪要全文见科学出版社1958年1月出版的《反对资产阶级社会科学复辟》第二辑“附录”。

> 主义、宗派主义和关门主义，用微风细雨的方法，“毛毛雨、下个不停”，可以比小雨还下得小。在录音中，时时听到刘少奇同志的插话，也不时听到马寅初、邵力子先生的“旁白”。听的人都十分兴奋。以后几天，一直成为话题的中心。
>
> 有一天，我跟傅雷兄到中山公园去喝茶，看鱼赏花。我说：“听了毛主席的讲话录音，感到浑身都热乎乎的。”他也兴奋地说：“共产主义者遍天下，毛主席真是千古一人。”随后，我们还相约回沪后各自为发展我国文化事业而努力。①

徐铸成和傅雷的这种心情，可以说是当时中国一代知识分子真实心情的写照。他们从心底焕发出的巨大热情，融掉了“早春”寒气和人心瑟缩，阳春天气特有的暖意和生机开始降临。毛泽东当初希望看到的变化果真出现了。但是，他的想法却发生了令人遗憾的逆向变化，对形势的判断出现了重大失误。可圈可点的可喜局面被看成可忧可虑的可恼局面，知识分子披肝沥胆的直言批评被当作右派分子的猖狂进攻。当初竭诚邀请党外人士帮助中共整风的诚意，后来被“诱敌深入、聚而歼之”的策略所取代。为此，毛泽东反复修改自己几个月前在最高国务会议第十一次（扩大）会议上的讲话记录整理文稿。

---

① 徐铸成著：《徐铸成回忆录》，生活·读书·新知三联书店1998年版，第262~263页。

一些原来说得不很确定的意见，发表时写得比较确定得多了。例如，原来说，有人说民主是目的。我们跟他们说，民主是手段，民主也可以说，又是目的，又是手段。发表时改为：民主这个东西，有时看来似乎是目的，实际上，只是一种手段。①

据《建国以来毛泽东文稿》(第六册)中《关于正确处理人民内部矛盾的问题》文题注释所说，1957 年 5 月上旬至 6 月中旬，"毛泽东对讲话整理稿作了多次修改和补充，并多次征求党内领导同志的意见。"

在"多次修改和补充"的过程中，报告中讲过的一些内容被删削掉了，当时并没有讲的一些内容被补充进去了。其中最重要的补充当是关于"阶级斗争并没有结束"的论述和判断人们言行是非的六条政治标准。一增一删，当初讲话中和广大知识分子同声相应、同气相求的内容消失了，即将把积极鸣放的几十万知识分子打入另册的六条标准确定了。

1957 年 6 月 9 日凌晨 2 时，毛泽东在也许是最后一遍"修正稿"上批示道："即打清样 35 份，于本日上午九时交杨尚昆同志，即分送政治局、书记处各同志，及田家英。另即刻付翻译。毛泽东"②

---

① 朱正著：《1957 年的夏季：从百家争鸣到两家争鸣》，河南人民出版社 1998 年版，第 171 页。

② 《建国以来毛泽东文稿》第 6 册，中央文献出版社 1992 年版，第 359 ~ 360 页。

这一天，正是社会学工作筹备委员会第一次会议举行的日子。费孝通和陈达、吴文藻、李景汉、吴景超、雷洁琼等知名学者在认真而具体地讨论恢复社会学的有关问题，他们全然不知毛泽东那篇在知识分子中产生了广泛影响的讲话稿已作重大修改，他们也无从预料自己一番真诚会在不久后被视作“翻天”的阴谋。他们甚至因为自己一腔真诚而没有注意到6月8日《人民日报》社论《这是为什么?》字里行间的锋芒所向。

> 当人们6月19日早晨在报纸上看到这篇正式发表的《关于正确处理人民内部矛盾的问题》，一些听过录音、听过传达、或者风闻过原来讲话某些内容的人，都对着报纸目瞪口呆了。一些在这篇讲话鼓励之下鸣放了好一阵子的人，看到赫然在目的六条标准，才发觉自己已经误入白虎节堂，叫苦不迭了。罗隆基说，他因为毛主席2月27日在最高国务会议上讲话中没有提出六项政治标准，所以犯错误。①

费孝通说：“气氛突然改变。我不知道这一变化背后是什么，但是我发觉自己落入陷阱。”②

① 朱正著：《1957年的夏季：从百家争鸣到两家争鸣》，河南人民出版社1998年版，第177页。

② 费孝通著：《从实求知录》，北京大学出版社1998年版，第463页。

三、重访江村

费孝通 1938 年完成的博士论文《江村经济》被其导师 Malinowski 誉为"人类学实地调查和理论工作发展中的一个里程碑。""此书的某些段落确实可以被看作是应用社会学和人类学的宪章。"[①]江村所代表的开弦弓村因此名扬天下。

1956 年，澳大利亚人类学家 Geddes 在访华期间曾对周恩来说，自己是费孝通的老朋友，并表示希望能访问开弦弓村。周恩来当即赞同。

周恩来接见 Geddes 的代表团时，费孝通也在现场，他参加了这次接见。其后，费孝通和 Geddes 又作了朋友间的会面和交谈。Geddes 记述说：

> 我们之间存在着观点上的分歧。1956 年在北京，在整整一下午的深入讨论中已充分表露出来，当时，他兴高采烈，深信不疑地为共产党对中国民族问题的正确处理方法辩护，并且热情歌颂当前社会制度的优越性。……他丝毫不赞成我的观点。在他看来，我是一个唯心主义的，自相矛盾的典型的资产阶级知识分子。从某些方面讲，那天下午对我来说，是一个不愉快的下午，特别是周围的气氛充满了受过灌输的一批人的千篇一律的思想，但是我毫不怀疑费

① 费孝通著:《江村经济》，江苏人民出版社 1986 年版，"序"第 1～2 页。

孝通的真诚。固然,对各项具体政策,他可能是一个活跃的批评家,然而他坚定地赞同并支持中国宏大的发展计划赖以制定的那种哲学基础。[①]

Geddes 还进一步谈到了他对费孝通的认识和理解——

费孝通是一位科学家,他逐步相信需要有一种思想体系,并且一般地决定选择共产主义思想体系,因为没有别的思想体系或社会制度比它更适宜于他在中国所看到的社会实况。如果认为他的立场仅仅是由于从事超然的理论工作而达到的,那就未免天真甚至是愚蠢了。费孝通与西方各国的同行不同,他热情洋溢地参加了人民为改善生活而进行的斗争。有一种无法抑制的力量促使他下定决心,屏弃过多的纯理论工作。人民政府成立以来,他孜孜不倦地进行着有关贯彻和制定官方政策的研究。[②]

旁观者清。Geddes 当年写下的这些文字,为人们了解当时费孝通的精神世界和工作状态留下了难得的记录。

Geddes 利用这次调查机会写出了研究报告《共产党领导下的中国农民生活》。这是费孝通初访江村以后的 20 年中人类学界全面反映这个村庄历史变化的第一部专著。

---

① 费孝通著:《江村经济》,江苏人民出版社 1986 年版,第 271 ~ 272 页。

② 费孝通著:《江村经济》,江苏人民出版社 1986 年版,第 270 页。

Geddes 认为,类似《江村经济》这样的研究成果,“作为知识界的一个里程碑,它的地位只有当它被用作进一步调查研究的起点时才能充分体现出来。”①这说明,在 Geddes 看来,一项社会人类学的研究成果,既在于它可以作为既定社区社会生活的一个切片为人们提供观察了解它的途径,更在于它可以作为一个具体变迁过程的部分记录为人们提供进行跟踪研究的参照。Geddes 论证他的这个观点说:

> 在社会人类学形成时期所作的许多研究,其资料犹如分散的岛屿一般,彼此是孤立的。这些研究之所以有价值是因为它们提供了人类社会的各种实例,人们可以把这些实例作为基础来研究社会的一般理论。但是,如果研究都是孤立的,那么,对社会过程的了解无论是从实际知识的角度或从科学分析的角度来说,其作用都是有限的。有关具体地区的一些资料很快就会过时,它们只能提供关于变迁的可能性和原因方面的一些推测。因为每一具体地区的资料只能描述某一个时期的情况。然而,如果后来,同一个作者或其他作者,在过去研究的基础上能继续以同样的精确性对同一个社会进行描述,情况就会大不相同。从不同阶段的比较就能得出关于社会过程的有效的成果,其价值也就会超过各个孤立的研究。②

---

① 费孝通著:《江村经济》,江苏人民出版社 1986 年版,第 268 页。

② 费孝通著:《江村经济》,江苏人民出版社 1986 年版,第 268 页。

Geddes的江村调查可以告诉人们,他在表达自己学术洞见的同时,也在实践自己的主张,并在其学术实践中表现出了一种可贵的科学合作精神。在他看来,"重访江村"应该是社会人类学研究过程中迟早会发生的必然事件。这是从不同阶段社会实况的比较中得出关于社会过程有效成果的需要,是揭示社会人类学可以成为人们认识社会、认识自身的一个有效工具的需要。因此,再次地描述一个曾经被描述过的社区生活以说明其变化,也许只是"重访"的意义的一部分,更重要的意义在于,"重访"可以上升为超越具体研究题目、推动学科发展的一个普适性方法,从而具有方法论的价值。

Geddes认为,"如果费孝通能亲自重新调查这个农村,那是比较理想的。"但是,作为中央民族学院副院长,"费孝通的任务很重。虽然他对中国各地的发展情况,具有浓厚的政治兴趣,但民族学院的工作使他没有时间对少数民族地区以外的地方亲自进行深入的研究。""自从20年前他在那里进行调查以来直至1956年底,费孝通没有再访问过这个村子。"[①]出于一个人类学者自觉的合作精神,Geddes把自己有机会进行的江村调查看作是费孝通20年前所做工作的继续。他在自己的著作《共产党领导下的中国农民生活》这个题目下写道:对开弦弓村的再调查。一个"再"字,集中体现了Geddes所具有的科学合作精神。

Geddes的开弦弓之行及其著述,触动了费孝通多年里的一个心事。他觉得自己也应该再到开弦弓去,对这个村庄20年中

① 费孝通著:《江村经济》,江苏人民出版社1986年版,第269、270、271页。

的变化作出实地观察和记录。费孝通重访江村的愿望很快得以实现。1957 年 4 月 26 日到 5 月 16 日,他和姐姐费达生一起重返开弦弓,在村子里住了 20 天。

费孝通生动地记述了他们进入村子时的动人情景:

> 我们的船刚进村栅,两岸已经传开了我们到达的消息。许多许多老婆婆在岸上叫着我姊姊的名字,和她打招呼。船一靠岸,都聚了拢来,握着她的手说:"我们老是想念你,你怎么老是不来呀。你瞧,我已经老成这样了,你还是那样。""不,你们也还是那样。"真像姊妹们久别重逢。有些老年人也还记得我,笑着说:"你一个人来,我们不会认识了,你发福了。"乡亲们这样亲切,使我们感到得眼睛发酸。
>
> 拉着手不肯放。说什么好呢?问大家生活吧:"日子过得可好?"许多老婆婆抢着回答:"好是好了,就是粮食——"说到这里就有人插口了,"刚见面就讲这个,改天再谈吧。"接着问我们:"你们老先生可好?"①

善意的乡亲想岔开话题,费孝通却被"粮食"后边没有说出的话吸引住了。他又留意到,河边看热闹的人群中有很多本该在学校读书的孩子,不禁问道:"今天怎么不上学?"一位老人在旁:"哪里有钱念书,吃饭要紧。"

"粮食"后边的话被这位老人点了题,原来,这个"600 多户

① 费孝通著:《爱我家乡》,群言出版社 1996 年版,第 3 页。

的村子里有不少人家感到了粮食有点紧张。”[①]老乡们散去之后，农业社的干部向费孝通证实了这一点。

解放已经八年，过去的剥削现象已经消灭，农业合作化搞得如火如荼（开弦弓已经从互助组、合作社进入到高级社阶段），水稻单产从1936年的每亩平均350斤提高到1956年的559斤，村里每家平均分得的粮食又不少，怎么会让人觉得粮食紧张呢？又怎么会闹得孩子们没有钱上学呢？

费孝通先要证实这种情况的真实性。他悄悄去找到了1936年在村中做调查时照顾他生活的保姆。一坐下来，费孝通就被粮食问题包围了。他决心尽量准确而详尽地弄清从1936年到1956年间的实情及其过程，从中寻找粮食紧张和孩子们没钱上学的原因。他为此在20天里广泛找人了解情况，还聚集一些老乡展开争鸣，在不同意见中鉴别、还原真实情况。现在仍可见到的费孝通重访江村的照片上，似乎依然缭绕着当时的气氛和乡音。

在费孝通为做调查花费大量时间和精力的同时，几个随他同去的助手也在夜以继日地工作。他们根据调查得来的数据打算盘，摇计算机，为此用掉的灯油平均每晚一斤，工作量之大不难想象。经过一番深入细致的工作，费孝通对当时村民觉得粮食紧张的缘故作了如下记录和分析：

> 去年平均每亩粮食生产是559斤，虽则不能说很高，但

---

① 费孝通著：《爱我家乡》，群言出版社1996年版，第4页。

是绝不能说低了。那么是不是留得少了？也不然。去年每人平均分到谷子547斤（其中有小部分是麦子和豆子），合米380多斤，应当说是够吃的。

当然，够不够吃的标准原不是简单的。我们小小工作组里就有一位小伙子，他比我多吃三倍……用这个标准计算当然不太合理，但可以说明如果大家放手吃起来，即使380多斤加一倍，一个人在一年里也满可以吃得完。

吃多少才够，一方面是营养问题，一方面也是习惯问题。习惯不同，各地认为足够的标准多少可以有些差别。因此，我们请了几位老乡一起来评，依他们多年的时间，怎样才算吃够了。我们得到的数字是男全劳力一人一月50斤。女半劳力35斤，十岁以下儿童20斤，婴儿不算。一家开伙，老少可以搭配。以平均四口计算，一男一女两儿童，每月是125斤，一年是1500斤，和分配给每人380斤的总数恰恰相合。这样看来，即以当地公认标准来说，现在留下的粮食应当是够的，但是也应当说，要满足这样的标准，并不宽裕；必须精打细算……如果心中有数，把紧了吃，粮食就不至于紧张，如果放松些，很容易在青黄不接时就闹饥荒了。①

事实上，在费孝通重访开弦弓之前，村里的乡亲在吃粮问题上确实是放松了，所以也就出现了“村子里有不少人家感到了粮

① 费孝通著：《爱我家乡》，群言出版社1996年版，第21～22页。

食有点紧张”的情况。

本来，一向克勤克俭的农民遵循老辈传下来的吃粮习惯不成问题。但当50年代中期中国农村合作化的高潮涌到开弦弓的时候，村民们的乐观情绪被空前地鼓动了起来。1956年，高级社成立之时，“农民们从田里回家谁都怀着兴奋的情绪，‘亩产700斤没问题’，接下去的口头禅是‘一天三顿干饭，吃到社会主义’。你想，如果一亩田真是一年收到700斤谷子，每家2000多斤的米是有把握的。放手吃吧。”①

谁知道天不遂人愿，8月里的一场台风，吹走了亩产700斤的预期收成，带来了口粮紧张的后顾之忧。好在附近的有些村子没有闹粮荒，还有余粮可以调剂。可是，粮食不会白白送上门来，得要用钱去买。这样一来，缺粮食的问题就带出了另一个问题：缺钱花。

这个问题把费孝通探询的眼光从农业带向了副业。

他在1936年初访江村时就知道，开弦弓的农民种田只图个口粮，其他全靠副业。换句话说，吃饭靠种田，花钱就得靠副业。费孝通做过比较细致的估计，他初访江村的时候，村民每年总收入中的四成半左右来自副业收入。

开弦弓地处水乡，是个历史上有名的生丝出产地，传统的副业主要是养蚕缫丝，家家户户都得蚕桑之利。三十年代中期，村中所产蚕茧可供一个小型丝厂所需的原料。后来由于多种原因，桑叶供应量减少，导致蚕桑业的衰落。据费孝通抽样调查，

---

① 费孝通著：《爱我家乡》，群言出版社1996年版，第23页。

1936年的132户人家要养650张以上的蚕种,1956年的同样户数只养了130多张蚕种,仅相当于当年数量的两成,从蚕桑中取得的副业收入自然要大为减少。这还只是养蚕。过去开弦弓的蚕农都有自家缫丝的本领,都是要把蚕茧缫了丝才出卖,以获得缫丝过程中的利益。到费孝通重访江村的时候,蚕农已经不缫丝了,只是靠卖蚕茧换钱,这就又减少了一层收入。

乡亲们为什么不缫丝了呢?当年,费孝通的姐姐费达生在村里帮助农民办起来的合作丝厂,对增加村民收入发生了很实际的效果。当时,进这个厂的有80多个村民,每月固定拿工资。还有许多临时和零星的工作,即便老人都可参加,使零散的劳动力也能生钱。这样的小工业一边出产品,出利润,一边还能培养技术人才,就像个设在村里的技术学校。当时向外输送的技工就有20多个。他们工资较高,每人每年可以寄回家里相当一笔收入。同时,这个厂带有股份制性质,股东可按供给原料(茧和丝)和入股资金分红,避免了商人的剥削,又使农民得到了缫丝过程中的利润。

遗憾的是,这个工厂在沦陷期间被夷为平地,直到费孝通重访江村时也没有得到恢复。解放以后,苏州的丝厂需要人手,仅从开弦弓就招去了40多个工人。村民们念念不忘过去的工厂,但是按当时的国家政策,没有在村里重建工厂的可能性。村里没有工厂,没有机器,后一辈人也就没有了学习现代缫丝技术的机会,传统的土丝技术又已被淘汰,养蚕的农民就只好卖蚕茧了。

见微而知著,费孝通从开弦弓的具体实例提出了有关国计民生的一个普遍问题——

这里提出的一个问题，我觉得有很重大的意义的，就是这一类在农村里，也就是在原料出产地，建立的小型轻工业工厂，在今后是不是还有出现的可能和必要？……

在我们国内有许多轻工业，并不一定要集中到少数都市中去，才能提高技术的。以丝绸而论，我请教过不少专家，他们都承认，一定规模的小型丝厂，可以制出品质很高的生丝，在经济上打算，把加工业放到原料生产地，有着很多便宜。不但如此，这种小型工厂还是促进农村技术改革的动力，许多屑物都是最好的原料，工农业在技术改进上都可以联系得起来。何况工业过分集中到城市里去，社会上已经出现了许多不易解决的问题，人口不必要的集中是有害无利的。当然，我从来就没有主张过把所有工业都分散到乡村里去。但是我至今还愿意肯定有些加工工业是可以分散，而且分散了，经济和技术上都有好处。丝厂只是一个例子。

我提出这个主张和当前的趋势是不合的。至少过去这几年，似乎是农业社只搞农业，所有加工性质的生产活动，都要交到其他系统的部门，集中到城镇里去做。甚至像砻糠加工这样的事都不准在农业社里进行。……我希望在农业社经营范围这个基本问题上，是否可以放开来争鸣一下，多从实际研究研究，农业和工业之间究竟怎样配合联系，才最有利于我们在这个人多地少的具体情况中发展社会主义？如果领导部门觉得这种建议值得在实践里试验一下，在开弦弓恢复这个合作丝厂，我相信群众的积极性是一定很高的，而且我也愿意鼓励我的姊姊和一些专家们一起来提出具体方案的。[1]

28年前，开弦弓丝厂创办之时，曾被关注中国工业发展趋向的国际学者称为“现代中国极有价值的试验”，[2]中国学者也确认“开弦弓丝厂是我国历史上第一个农村合作丝厂”[3]。28年后，费孝通从中国国民经济发展的最大利益出发，建议恢复进行当年那场“极有价值的试验”，并愿意促成提出具体方案。

对于费孝通来说，这是他进入1957年以来就知识分子问题、恢复社会学问题公开发表文章之后的又一篇力作。熟悉费孝通在30年代后期到40年代后期的著述及其广泛影响的人，不难听出这是他经过“思想改造”时期的沉寂而就国家大事重新登台发言的声音。

费孝通重提“试验”，而是他在“百花齐放、百家争鸣”方针感染下的自然反映。他相信新的历史条件可能为中国带来的乐观前景，其中自有实现自己经世致用理想的机会。此时的费孝通仍然保持着一如既往的建设性的批判精神，他不仅直率地批评了“国家遭受损失事小，逾越清规却事大”的从政心理和为政之道，而且表示“百家争鸣不应当停于揭露矛盾，还应当讲道理，出主意”，以利于消除障碍。他表明了这一观点：

---

① 费孝通著：《爱我家乡》，群言出版社1996年版，第9～11页。

② 《吴江丝绸志》，江苏古籍出版社1992年版，第52页。

③ 《吴江县志》，江苏科学技术出版社1994年版，第299页。

在我们中国，现在已经不是选择哪条道路的问题了，而是怎样更顺利的在这条大家已经选择定了的道路上前进。问题这样提出来，就要求我们去观察在这条道路上还有什么障碍，和怎样消除这些障碍。只看见障碍而不看见道路是不对的，但是只看见道路而不注意障碍也是不好的。[①]

应该说，费孝通的《重访江村》是既揭露矛盾又讲道理、出主意的好文章。在1957年的鸣放中，这是十分富于建设性和非常温和的声音。

《人民日报》在1957年6月1日第4版报道了费孝通重访江村和“提出了有关农村建设的意见”的消息，并在《费孝通在开弦弓村“下马看花”》的题目下用黑体字作提要——“他说：这个村的农业总产量比20年前增加了60%，但副业产值低40%。要增加农民收入，光靠农业增产是不行的。”

在40多年之后的中共十五届三中全会上，“增加农民收入的有效途径”仍然是一个需要强调和继续探索的命题。费孝通在1957年冒着“和当前的趋势是不合的”风险提出这个问题，如能被决策层认真考虑，善莫大焉。但由于历史的陡然转向，正在《新观察》连载的《重访江村》被迫中断。连载文章被腰斩，这在费孝通的一生中极为罕见。他为国家更顺利地进步而注意障碍、希望消除障碍的努力，很快被淹没在反右斗争的愤怒批判声中，被指责为“恶意宣传农民收入减少”，“在副业生产上大做攻

---

① 费孝通著：《爱我家乡》，群言出版社1996年版，第2～3页。

击共产党的文章”,“恶毒的指责人民政府忽视了副业生产”,“反对社会主义工业化”……[1]费孝通很难理解这些颠倒黑白的事情,但当时这些吓人的帽子确确实实扣到了他头上。他后来曾回忆当时的情况说:“所有的人都可以在我写过的一切东西中找出一些内容来批判。我的大多数朋友和同事都起来批判和谴责我。他们都出来抨击我。他们不得不这样做。我发现自己被孤立了。我失去了社会地位、失去了工作的意义。”[2]

---

① 《反对资产阶级社会科学复辟》(第二辑),科学出版社 1958 年版,第 559 页。

② 费孝通著:《从实求知录》,北京大学出版社 1998 年版,第 464 页。

第十章

从“早春”到严冬（下）

1957年.气氛突然改变。我不知道这一变化背后是什么,但是我发觉自己落入陷阱。甚至现在我们也不真正了解那个突然变化的背后是什么,虽然这个运动在一般人已经认为是一个错误,一个过失。但是从那时起我进入了一个一生中完全不同的一个时期。……我想要明白我错在哪里。我被解除一切原任行政职务,只保留教授职位。

我的大多数朋友和同事都起来批判和谴责我。……他们不得不这样做。我发现自己被孤立了。我失去了社会地位、失去了工作的意义。我属于一个完全不同种类的人……

那是我第一次经历这样的事情。我没有这种经验。群众攻击!所有的脸都突然转过去,在一周之中!

费孝通:《经历·见解·反思》(1987)

一、科学体制问题讨论

1957年,费孝通积极参与国是讨论的另一个题目是科学体制问题。

当时，科学体制问题是科学界广泛关注、热烈讨论的一个焦点问题。人们讨论问题的热情，和他们在1956年6月13日的《人民日报》上读到的《百花齐放、百家争鸣》一文产生的鼓动作用有直接关系。该文说：

> 要使文学艺术和科学工作得到繁荣的发展，必须采取“百花齐放、百家争鸣”的政策。

> 在人民内部，不但有宣传唯物主义的自由，也有宣传唯心主义的自由。只要不是反革命分子，不管是宣传唯物主义或者是宣传唯心主义，都是有自由的。两者之间的辩论，也是自由的。

> 现在，我们许多自然科学工作者正在政府领导之下草拟关于自然科学发展的十二年的规划，哲学和社会科学的十二年发展规划也正在拟定的过程中。制定和实现这些规划，是我们科学界的光荣任务。贯彻“百家争鸣”的方针，是完成这个任务的一个重要保证。

在“百家争鸣”方针所展现的学术自由前景的感召下，民盟中央主办的《争鸣》月刊邀请了一些有代表性的科学家，在1957年4月5日开了一个座谈会。会议由千家驹和曾昭抡主持。曾昭抡在提出要讨论的问题时说：中国科学人才少，要在12年内在一些重要部门接近世界科学水平，科学力量怎样利用？争论的问题主要有四个——

一是中央同地方的关系问题。中央同地方怎样安排？地方是否也需要有科学研究机构？

二是中央各部门之间力量怎样摆的问题。

三是自然科学与社会科学的比重问题。

四是经费问题。

曾昭抡把问题摆出后，张景钺、钱端升、李宗恩、钱学森、童第周、曾昭抡、楮圣麟、吴景超、马大猷、孙渠、陈士骅、张维、翦伯赞、费孝通、钱伟长等先后发言，其中后边六人是书面发言。费孝通的发言就三个问题谈了想法，即“关于设立地方的科学研究机构问题”、“关于科学院、高等院校、各业务部门等研究机构的关系问题”和“关于社会科学的问题”。其中对后一个问题的想法如下：

> 要发展社会科学还有许多基本的认识问题要澄清一下。问题是不少的。我只想提出一个问题是怎样发挥许多旧社会科学工作者的力量问题。我考虑这个问题觉得关键还是在我们怎样对待旧的社会科学。这个态度问题不解决，那些过去搞过社会科学的人的力量还是发挥不出来的。
>
> 问题是出在有人认为资产阶级社会里没有社会科学可言，因为那些过去被称为“社会科学”的东西都是不科学的。因此，社会主义社会里的社会科学要从头创造，没有什么遗产可以继承。对于资产阶级社会科学只有批判，谈不到接

受。这些全是敌人，是毒素。如果采取这种看法，新旧社会科学是对抗的，接不上头，也没有接上头的必要了。我是不同意这种看法的。……资产阶级社会里的阶级斗争是一直存在的，而且是复杂的。资产阶级社会科学是不是只代表统治者的一方面而完全没有代表反统治者的一方面呢？我想也不可能是如此的，那么我们凭什么全部否定资产阶级社会里的社会科学呢？有什么根据可以说没有任何遗产可以接受呢？

其次是对待旧的社会科学工作者的态度问题。如果认为旧的社会科学只有毒素，那么这些人首先是消毒的问题。消完了毒，从头再来，自然不及没有受过毒的人学起来更快些了。他们像是背了包袱赛跑，愈跑愈慢。如果认为旧的社会科学是可以批判接受的，那么旧的社会科学工作者是个改造的问题。他们经过改造，还是大有可用的；而且经过改造，他们对社会认识得更深刻，比了没有经过这番斗争的人经验多，阅历深，见识广。现在，我觉得第一种看法还是较占上风。因此，很多旧的社会科学工作者脱离了科学队伍，或是在队伍里发挥不了作用。这种情况我认为是不正常的，对于发挥潜力是不利的。

……

我认为发展社会科学还得先解决这个对旧的社会科学的态度问题。只有解决了这个问题才谈得到真正对旧的社会科学工作者进行团结改造工作。这是发展社会科学的第一步，是起码的一步。[1]

费孝通的上述言论发表于1957年4月5日。此前十天，他在《知识分子的早春天气》文末结句中表达过对“春暖花开的时节”的瞩望。费孝通没有停留在瞩望上，他以一向的务实精神参与到关于科学体制问题的讨论中去，以一向的建设性思路提出自己的看法，为广大知识分子能有充分发挥作用的工作条件付出切实努力。在当时的鸣放正在被推向高潮的局面下，这是一种相当沉稳的姿态。同月内，北京大学教授傅鹰在该校化学系座谈会上的发言火力要猛烈得多。他说：

我最讨厌“思想改造”，改造两字，和劳动改造联在一起。有了错才要改，我自信一生无大错，爱国不下于任何党员，有什么要改？现在所谓“改造”，就是要人在什么场合，慷慨激昂说一通时髦话，引经据典，马、恩、列、斯。何必要用任何人都听不懂的话去说人人都懂的事？……毛主席说一句话，本来清清楚楚，偏要左体会右体会。煤是黑的——就完了。非要说什么“煤之黑也，其不同于墨之黑也，它和皮鞋油又如何如何”，全是废话。

党到现在对知识分子的脾气还没有摸对。知识分子的要求就是要把我们当自己人，如此而已，并不需要优待。加

① 《争鸣》月刊1957年5月号第11~13页，刊出的费孝通这篇文章无标题。

了薪便感激涕零，那么蒋介石给更多的钱，怎么办？岂不危险？看电影时，特别留着好位子，坐在这种特殊座位里，心里就想：还是把我当客人。用现在比过去的方法教育知识分子，根本不对头。现在比过去好，因此应该拥护现在的政府，这个逻辑用于知识分子就很危险。过去我刚回国时，住了十三间房，五个澡盆，每月六百元薪水。按这个逻辑推下去，我岂不要反政府？

知识分子就是爱国。我父亲从前在外交部做事，从小我就听他说，从康熙尼布楚条约到辛丑条约，每条都是中国吃亏。宣统三年我到上海，公园牌子上写着"中国人与狗不许入内"。后来到美国，过国境到加拿大看瀑布，日本人可以自由来往，中国人就不行；我到物料科领药品，那里的人说，"你们中国人学科学干什么？"我一生的希望就是有一天中国翻身，现在这个希望实现了，所以我拥护这个政府。共产主义我不了解，从书本上看的来说，意识形态方面我不见得全同意，但共产党把国家弄成现在的气派，我拥护它。

但我心里还是有不快，党还是把我当外人。我十分力气只使出六分，并不是不愿意出全力，是没有机会，还没有和党做到知己。

学校里至今没有建立起学术风气，衙门习气比解放前还浓厚。在教学、做研究方面，教授的把握最大，教授应对学校的一切有发言权，应尊重他们的意见。解放以来，教授没有地位。留哪个毕业生做助教是由人事处决定的，全凭政治水平，入选的机会，党员比团员大，团员比群众大。什么叫政治水平？我认为，爱国，百分之百拥护政府，政治就够条件。人事处全是一帮孩子，不知大学该如何办，不懂哪能不主观？化学系一个复员军人学生，党员，去年因为侮辱女生，开除出党了，校方处分是留校察看，今年他又在实验本子上大骂教师，我们教研室教师全都认为这回该开除了，人事处不同意。不知人事处凭什么资格不同意。最好废除人事处。如果废不了，至少要他们了解自己的地位，不能掌生杀之大权。教授评级，最后也是由人事处定的。人事处的毛孩子，有没有"术"不知道，"不学"是定了的。不学的人在学校做主，何堪设想？

也不能完全怪学校领导，教授本身也要负责。不顺眼为什么不说？宪法规定了言论自由。毛主席提出了百家争鸣以后很久并不热闹，现在才热闹起来。以前没人敢说，偶尔有几个不识时务的人说了，好家伙，我几乎和胡风弄到一起去了，马列主义教研室的人就是这样说我的，不敢说，是没有肩膀。很大一部分"进步分子"是光拣领导爱听的话说，昨天还是国民党，今天又申请入共产党，这样的人不止一个，算进步我不信。真进步是把意见贡献出来，把国家办好，中国知识分子有气节传统，不会阿谀谄媚。现在"气节"

两字不时新了，说是封建的。[1]

傅鹰的发言没有在报刊上公开发表，据说是“登在中共中央宣传部‘只供领导同志参考’的党内刊物《宣教动态》1957 年第 51 期(5 月 12 日)上，是这一期的头条”。[2]

这一番畅快淋漓、披肝沥胆的发言，显然触动了毛泽东。5 月 15 日，他写《事情正在起变化》一文时，已经作出了“最近这个时期，在民主党派中和高等学校中，右派表现得最坚决最猖狂”的断语，但他仍然承认：“多数人的批评合理，或者基本上合理，包括北京大学傅鹰教授那种尖锐的没有在报纸上发表的批评在内。这些人的批评目的，就是希望改善相互关系，他们的批评是善意的。”[3]5 月 16 日，毛泽东起草《中央关于对待当前党外人士批评的指示》时又提到傅鹰说：“自从展开人民内部矛盾的党内外公开讨论以来，异常迅速地揭露了各方面的矛盾。这些矛盾的详细情况，我们过去几乎完全不知道。现在如实地揭露出来，很好。党外人士对我们的批评，不管如何尖锐，包括北京大学傅鹰化学教授在内，基本上是诚恳的，正确的。这类批评占百分之

---

① 牛汉、邓九平主编：《六月雪·记忆中的反右派运动》，经济日报出版社 1998 年版，第 457～463 页。

② 朱正著：《1957 年的夏季：从百家争鸣到两家争鸣》，河南人民出版社 1998 年版，第 50 页。

③ 《建国以来毛泽东文稿》第 6 册，中央文献出版社 1992 年版，第 470～471 和 473 页。

九十以上，对于我党整风，改正缺点错误，大有利益。”①

1957年6月1日，在《人民日报》报道《费孝通在开弦弓村“下马看花”》的同时，他的一位好友储安平，在中共中央统战部邀请各民主党派中央负责人和无党派民主人士举行的第11次座谈会上向毛主席和周总理提了意见，其中批评“党天下”现象的直言相谏语惊四座。《人民日报》在6月2日第2版报道了储安平这次发言：

> 储安平在以“向毛主席和周总理提些意见”为题的发言中说：解放以后，知识分子都热烈地拥护党、接受党的领导。但是这几年来党群关系不好，而且成为目前我国政治生活中急需调整的一个问题。这个问题的关键究竟何在？据我看来，关键在“党天下”的这个思想问题上。我认为党领导国家并不等于这个国家即为党所有；大家拥护党，但并没有忘了自己也还是国家的主人。政党取得政权的主要目的是实现他的理想，推行他的政策。为了保证政策的贯彻，巩固已得的政权，党需要使自己经常保持强大，需要掌握国家机关中的某些枢纽，这一切都是很自然的。但是在全国范围内，不论大小单位，甚至一个科一个组，都要安排一个党员做头儿，事无巨细，都要看党员的颜色行事，都要党员点了头才算数，这样的做法，是不是太过分了一点？在国家大政上，党外人士都心心愿愿跟着党走，但跟着党走，是因为党

① 《建国以来毛泽东文稿》第6册，中央文献出版社1992年版，第477页。

的理想伟大，政策正确，并不表示党外人士就没有自己的见解，就没有自尊心和对国家的责任感。这几年来，很多党员的才能和他所担任的职务很不相称。既没有做好工作，使国家受到损害，又不能使人心服，加剧了党群关系的紧张，但其过不在那些党员，而在党为什么要把不相称的党员安置在各种岗位上。党这样做，是不是“莫非王土”那样的思想，从而形成了现在这样一个一家天下的清一色局面。我认为，这个“党天下”的思想问题是一切宗派主义现象的最终根源，是党和非党之间矛盾的基本所在。今天宗派主义的突出，党群关系的不好，是一个全国性的现象。共产党是一个有高度组织纪律的党，对于这样一些全国性的缺点，和党中央的领导有没有关系？最近大家对小和尚提了不少意见，但对老和尚没有人提意见。我现在想举一个例子，向毛主席和周总理请教。解放以前，我们听到毛主席倡议和党外人士组成联合政府。1949 年开国以后，那时中央人民政府六个副主席中有三个党外人士，四个副总理中有两个党外人士，也还像个联合政府的样子。可是后来改组政府，中华人民共和国的副主席只有一位，原来中央人民政府的几个非党副主席，他们的椅子都搬到人大常委会去了。这且不说，现在国务院的副总理有十二位之多，其中没有一个非党人士，是不是非党人士中没有一人可以坐此交椅，或者没有一个人可以被培植来担任这样的职务？从团结党外人士、团结全国的愿望出发，考虑到国内和国际上的观感，这样的安排是不是还可以研究？

……党今后怎样更尊重党外人士的主人翁地位，在政治措施上怎样更宽容，更以德治人，使全国无论是才智之士抑或孑孑小民都能各得其所，这些问题，主要还是要由党来考虑解决。

傅鹰那样激烈的发言尚且能被毛泽东接受，储安平这样大胆的意见尚且是被鼓励提出，这显然都符合毛泽东和周恩来明确表示过的真心接受善意批评的愿望。既然如此，费孝通在科学体制问题讨论中相当温和的、建议性质的发言，其中为国家献策、为共产党补台的诚恳和善意应更容易领会。

遗憾的是，在两个月以后骤然而起的反右狂飙中，许多问题上的是非被颠倒，费孝通的这篇发言不仅不能缓解他受冲击的强度，反而加重了他的右派帽子的分量。一位相当著名的教授甚至使用漫骂式的语言来批判费孝通的发言是“小哈巴狗居然敢在大象面前叫嚣”，“费孝通披着学术外衣，利用百家争鸣的方针，进行攻心战术的政治阴谋不是很明显的么？……我们在思想战线上和费孝通的斗争从来是现在也是两种路线的斗争，是社会主义和资本主义的谁战胜谁的斗争……”①

二、六月六日的“紧急会议”

在反右斗争的温度越来越高、语言越来越激烈、锋芒越来越

① 《反对资产阶级社会科学复辟》（第二辑），科学出版社1958年版，第93页。

锐利的日子里，作为中国民主党派之一的中国民主同盟首当其冲，成为火力最集中的一个地方。《人民日报》1957 年 7 月 1 日的社论中说：

> 民盟在百家争鸣过程和整风过程中所起的作用特别恶劣。有组织、有计划、有纲领、有路线，都是自外于人民的，是反共反社会主义的。……文汇报在春季里执行民盟中央反共反人民反社会主义的方针，向无产阶级举行了猖狂的进攻，和共产党的方针背道而驰。……阶级敌人是一定要寻找机会表现他们自己的。他们对于亡国、共产是不甘心的。不管共产党怎样事先警告，把根本战略方针公开告诉自己的敌人，敌人还要进攻的。阶级斗争是客观存在，不依人的意志为转移的。就是说，不可避免的。人的意志想要避免，也不可能。只能因势利导，夺取胜利。反动的阶级敌人为什么自投罗网呢？他们是反动的社会集团，利令智昏，把无产阶级的绝对优势，看成了绝对劣势。到处点火可以煽动工农，学生的大字报便于接管学校，大鸣大放，一触即发，天下顷刻大乱，共产党马上完蛋，这就是 6 月 6 日章伯钧向北京六教授所作目前形势的估计。[1]

这里所谓“北京六教授”是指北京大学教授曾昭抡、清华大

---

① 《人民日报》1957 年 7 月 1 日第 1 版《文汇报的资产阶级方向应当批判》一文。

学教授钱伟长、中央民族学院教授费孝通、北京师范大学教授陶大镛和黄药眠、中国人民大学教授吴景超。当时这六位知名教授均是中国民主同盟第二届中央委员会的成员（1956年2月9日至20日的中国民主同盟第二次全国代表大会选出）。其中曾昭抡、费孝通、黄药眠是中央常委，钱伟长、吴景超是中央委员，陶大镛是候补中央委员。

上述社论所说“章伯钧向北京六教授所作目前形势的估计”，据人揭发，是“章伯钧召集的一次紧急会议”的部分内容。这篇揭发文章刊登在《人民日报》1957年7月4日第2版，分四个小标题，分别揭发费孝通、曾昭抡、钱伟长和章伯钧，并在揭发钱伟长的一节中顺带揭发了陶大镛和黄药眠。由于四节揭发中有三节都涉及费孝通，也由于这篇文章是关于这次“紧急会议”现场情况的罕见报道，尽管其语言带有否定性的政治倾向，也不妨作为了解1957年围绕费孝通所发生的故事的一份重要史料，故此全文照录如下：

6月6日上午十时在南河沿全国政协文化俱乐部，中国民主同盟第一副主席章伯钧召集了几位知名的学者开了一次紧急会，讨论当前形势并决定行动。参加的有曾昭抡、钱伟长、费孝通、陶大镛、吴景超、黄药眠和民盟办公厅主任叶笃义。此外，还邀了史良、胡愈之（中途退席）、金若年和我，大概也要我们听听当前形势的逼人吧。这的确是一次紧张的集会，很多人慷慨激昂地发了言，这些发言不像是人民内部的共同语言，因之给我的感受极其深刻，不易磨灭。我现在把几个主要人物的发言写下来给全国人民看看章伯钧是在做些什么阴险勾当。这些学者们对党、对社会主义的道路是采取什么态度，爱护呢？还是仇恨反对呢？请他们自己向人民说个清楚吧！

费孝通说，老师去给学生领头，事情就可闹大，党在群众中的威信就完了

在章伯钧说了现在学校的情况十分严重，请大家来研究并考虑民盟在运动中应该怎样工作以后，费孝通首先说现在各大学的学生都动起来了，情绪激烈，从这次运动揭露出来的问题看，情况是十分严重的，听说北大有两个学生控诉在肃反中被错斗，有人听了流泪，这种事情在我们知识分子看来是不能容忍的，想不到在解放以后还有这些事，简直是太黑暗了。今天在我内心中产生了一种新的感情，我对学生所揭发的这些事实是同情的，学生搞起来，事情很容易扩大，现在是学生到处找领头的，如果老师加上去，事情就可闹大。当然要收也容易，三百万军队就可以收，但人心是去了，党在群众中的威信也就完了。他说，今天的问题主要是制度造成的，非党人士有职无权，党团员掌握大权，作威作福，我看不是个人的作风问题，而是制度所造成。我已声明不参加共产党以表示态度（这时钱伟长插口说我是坚决不参加共产党的）。有人说，没有党的提名，我们什么都当不上，我不相信，要是能够参加竞选，看群众是不是赞成我。

曾昭抡估计目前形势是一触即发，共产党不要以为秀才造不成反

曾昭抡说今天学生的问题很多，一触即发，他们一上街，市民就结合起来，问题就闹大了。因为今天群众对党也是不满的，不要看秀才造反三年不成，中国知识分子闹事是有传统的，从汉朝的太学生到“五四”都是学生闹起来的。他认为过去以运动的方式对待知识分子是不能容忍的，我就害怕。同时知识分子还喜欢“清议”，应该给他们机会多讲话和尊重他们，但党不给。又说解放之初，学生因为解放前闹得太多，想安下心来学习，那时功课也重，党的威信也高，所以平静了几年。现在情况不同了，党严重地脱离了群众，加以波匈事件的影响，形势就一触即发。目前情况很像波兰统一工人党八中全会的前夕，这次整风可能党的估计有错误，党可能认为高级知识分子问题多，青年学生一定不会有什么问题，结果恰恰相反，弄得很被动。并说西安交大已闹事，上海问题可能比北京更严重。

钱伟长认为学生到处在找领袖，在期望着他们那班人站出来说话

钱伟长认为现在学生运动的特点是要找个头，如有老师领头就可出乱子。近来有些学生的家长写信给我，要我劝劝他们的子弟不要参加闹事，我曾做过，但学生的表示十分坚决，这真像“五四”前夕，和我们做学生的时代一样不接受家长的劝告。他分析知识分子最根本的问题是出路问

题，学生闹事的原因是没有出路，他认为只有党团员和靠近党的人才有出路。人有没有出路，命运是掌握在党员手里。有发展前途的课程都得由党员来担任，不管他懂得多少，而将一些真正的专家放在一边。党是运用这样一套机构和制度来为它工作的，这就是一切通过党团员，或所谓“无耻”的积极分子（他说这句话是引用别人所说的），随时随地记录别人不正确的“言行”，向上级汇报，由支部集中到总支，大的问题又集中到党委，然后层层布置，批判这个，批判那个。有时党委公开做报告，虽不指名，但被批判的对象，心里是有数的。党就是这样偏听偏信，运用这样一套官僚制度来进行工作是不行的。党对知识分子的政策是有问题的，上个星期蒋校长在报告中居然说了这样的话。他说今天知识分子是吃共产党的饭，这句话引起了老教师们很大的不满（这时费孝通很激动地说，谁说我们吃共产党的饭！我们从来也没有吃共产党的饭，我们是吃劳动人民的饭）。他又说现在的情况要收也容易，只要民主党派站出来说话就可以。现在民主党派说话是有力量的。学生到处找自己的领袖，希望我们能站出来说话，不过话也很难说，清华就有人提出请蒋校长下来，要钱伟长当校长。

陶大镛就师大的情况说明问题的严重性。他说，师大党的领导问题很多，但至今不敢承认错误。师大问题比较多的是肃反问题和评薪问题。党首先应该对肃反搞错的承认错误，进行平反。并说北大曾有学生来师大，要求联合罢课。还反映有人说现在的情形是“五四”以来所没有的。

黄药眠认为1953年以前民主革命阶段党和非党知识分子是在一道的,53年进入社会主义革命,实行无产阶级专政,从此一切只有党员可以信任了,党员人数不多,于是只有相信年青的团员,这样就造成党脱离了群众。又说党对知识分子"团结教育改造的政策"在北京实际执行的是"利用限制改造的政策"。

章伯钧得意忘形,觉得共产党已经弄到进退不得,要"收拾残局,舍我其谁"

章伯钧听了以上诸人的讲话,当然表示十分欣赏,有时插上几句加添火力。在吃饭的时候,更是一个人涨红了脸,狂妄地大谈其发展组织以及反对知识分子参加共产党的谬论。我现在综合他那天先后谈话有如下几点重要内容:

一、在他的插话中说,"交通部在汉口的学校,学生要请愿,其他地方也有学生罢课,形势十分严重。""共产党内部问题也大,计委差不多都是党员,但撤换李富春的大字报贴在李的门口,这是估计不到的。"又说"学生上街,市民跟上去,事情就难办了"等等的话来加强紧张气氛。

二、在吃饭的时候,他要费孝通去掉专家局、民族学院和民委会的职务,多花时间搞民盟的工作。他认为现在盟大有搞头,党应该对民主党派重新估价,这样才能真正做到在社会主义制度下的长期共存,才能真正解决有职有权的问题。他接着说,我主张民主党派要大大地发展,至少应该发展一两百万人,无党派的人都应次组织,现在党员有三千几百万,民主党派发展一两百万不算多。同时民主党派应该深入到县一级,这样才能真正发挥民主党派的监督作用。在谈到知识分子入党问题时,他说知识分子不一定要入党,真的参加了,一看党内问题也不少,就会感到加入不加入没有什么不同了。

三、在谈话结束时,他说苏共二十次代表大会以后,斯大林被批判了,各国共产党员所遵循的唯一的理论和行动的教科书——苏共党史也要修改,现在已没有一个理论和实践的标准了。他认为列宁死后有两个人,一个是南斯拉夫的铁托成为反对派,另一个是中国的毛公继承了列宁主义。这次整风运动,要党外的人提意见,其后果我想毛公一定的估计到的。民主党派提意见想来总是客客气气的,但估计不足;没估计到党会犯这样多的错误,现在出的问题大大超过了估计,真是"超额完成了任务",弄得进退失措,收不好,放也不好。现在我们民盟有责任要帮助党,大有"收拾残局,舍我其谁"之概。最后他提出要大家见总理、彭真、康生和李维汉。

这次会议真如费孝通自己承认的,是暴露思想最彻底的一次。

为什么右派分子能自己暴露得这样彻底呢?原因就在于对形势的错误估计,因而把收藏多年的尾巴又露了出来。他们估计的形势是波兰八中全会的前夕,是我国"五四"运动的前夕,他们估计共产党这支大船这次准要翻了,从而利用他们占有的政治和学术的地位,发出各色各样的反对党的领导，反对社会主义的言论，来鼓动人民起来反对党，反对社会主义。这就是妄想要在这支大船上，偷凿上几个洞使它早些沉下去。章伯钧这个右派野心分子就是想通过和罗隆基的联盟（参加这次会的曾昭抡、费孝通和吴景超等都是罗隆基的小组织人物）点上火在学校里烧起来，企图威胁党，以达到反对党的领导反对社会主义的狂妄目的。可惜他们的想法太天真了，无产阶级的政权真如铜墙铁壁，中国共产党是为全国人民谋幸福的党，为全国人民所忠诚拥护的党，社会主义是全国人民坚决要走的道路，谁要想阴谋破坏党，破坏社会主义的事业，谁就会被工人、农民的铁锤、锄头击得粉碎。

另一位民盟中央常委李文宜对这次"紧急会议"意图的说法却与上述揭发大相径庭。李文宜说："1957 年 6 月 6 日，民盟中央副主席章伯钧、史良，风闻北京有大学生闹事，他们非常关心，就召集各大学教授在南河沿全国政协文化俱乐部开座谈会……座谈时大家忧心忡忡，说有的学校学生要求党委退出学校，而校党委听之任之，似乎已经瘫痪，已无力控制学生了（他们不知道这是一种策略），认为民盟的教授们有责任帮助党劝阻学生不要闹事，以免发生小匈牙利事件。然而却不幸地被认为这是民盟策动各校教授在大学反党，企图篡夺党的领导权。"①

实际上，关于这次会议及其前因后果的真实情况，章伯钧当

---

① 《纪念黄药眠》，群言出版社 1992 年版，第 8 ~ 9 页。

年曾作过陈述。无巧不成书，他的一段陈述正好和上述揭发文章发表在同一天的《人民日报》上。揭发文章在第2版，章伯钧的陈述在第1版。章伯钧说：

6月5日下午，曾昭抡、钱伟长、费孝通、胡愈之四个人在民盟的"科学规划"工作组开会后到家里来找我，说有重要的事情要商量。钱伟长讲了清华大学学生的情况，他说："现在是放，还是收？清华大学党委已不能维持了，如果继续放我们不管，要收那我们就来收。"费孝通也谈了一下民族学院的情况。曾昭抡也说了，他说："现在的情况是全国各地都搞起来了，上海的学生闹得很厉害。今天上午，杨秀峰到上海去处理问题，我告诉他，你到上海可以找民盟的负责人谈谈，可以帮助你。"意思是说，民盟对学校的整风起作用。曾昭抡又说："你讲的政治设计院，外边有人反对，我倒是很欣赏。今天北京的情况很严重，学生有可能上街，市民也不满意，学生同市民结合起来就是匈牙利事件。"当时，我同意他们的见解，对形势的估计是这样严重。当天，我们决定：第二天再多找几个人谈谈，并由我告诉周总理。当天晚间，我曾给习仲勋、李维汉打电话，但是没有接上头。

6日上午，我们又在政协文化俱乐部见面了。这次增加了黄药眠、史良、吴景超和陶大镛。大家又把头一天的情况说了一下，吴景超估计的形势没有那么严重。会后，史良的意见是请示领导，找周总理谈，并且说下午和周总理见面时说一下。

7日，国务院开会。史良对我说，前一天晚上已和周总理谈了，总理未置可否，她叫我再和总理谈一谈。在会上，我写了条子给总理，说情况很严重，谈话的人的态度颇为诚恳等等。总理也未表示可否。

从我自己来说，是同意他们对形势的估计的，并且同意和共产党的方面谈一谈，我觉得民主党派还可以发挥一些作用。至于是谁点火的问题，那很难说。……老实说，我直接下命令、直接授意点火，是没有的。

章伯钧明确表示自己没有“直接授意点火”，是因为当时在《人民日报》7月1日社论中“或策划于密室，或点火于基层”的话说出后，一片指责、声讨他“点火”的愤怒之火已经烧到了他的身上——

《人民日报》讯（《农工党何时从可疑的动向中扭转过来？》）：“……特别提到李伯球；在中共号召整风之初，他遵照章伯钧的指示……召开了21个座谈会，到处点火。”[①]

吴晗发言（《我愤恨，我控诉！》）：“从章罗这样一个反党反社会主义的共同基础出发，他们在4月开的宣传工作会议上……要党委退出学校。……这把火就点到所有有民盟右派分子活动的高等学校里去了。……罗隆基和章伯钧配合点党委制的火，还点另一把火，‘平反’的火。”[②]

---

① 《人民日报》1957年7月2日第6版。

② 《人民日报》1957年7月7日第4版。

胡愈之发言(《章罗联盟的透视》):“……章罗联盟就控制了两个党派和两个日报,采取反共、反人民、反社会主义的行动……‘呼风唤雨,推涛作浪,或策划于密室,或点火于基层,上下串联,八方呼应’。”①

朱学范发言(《全国职工一定要把反对右派分子的斗争进行到底》):“资产阶级右派分子利用党开展整风的时机,别具用心,大钻空子。他们惟恐天下不乱,到处点火,颠倒黑白……从最近接连揭露章罗联盟的内幕来看,真是骇人听闻、令人惊心动魄。”②

黄琪翔发言(《请求人民的宽恕》):“以民主同盟为活动中心的章罗联盟……到处起点火作用,造成了共产党威信上重大的损失。”③

范文澜发言(《走火与放火》):“放火是有罪的,放火的人叫做放火犯,因为他们利用人有用火的自由,有意想把房屋整个烧掉。右派分子利用百家争鸣的方针……抱着烧掉中华人民共和国的野心,是国家的放火犯。……他们放大火的野心和计划,已经足够明白……”④

众口铄金,何况又多是名家要人之口。无论是真心认为是“放火”,还是不得不做出违心的指责,在当时的情势下,客观上

---

① 《人民日报》1957 年 7 月 11 日第 2 版。

② 《人民日报》1957 年 7 月 11 日第 9 版。

③ 《人民日报》1957 年 7 月 14 日第 2 版。

④ 《反对资产阶级社会科学复辟》(第二辑),科学出版社 1958 年版,第 12 ~ 13 页。

都是一边倒的强大舆论。

在范文澜开出的“放火犯”名单中,“费孝通”赫然在目。看来这与“章伯钧召集的一次紧急会议”有直接关系。

更引人注目的是,给费孝通在所谓的“章罗联盟”中定一个重要位置,远远不是范文澜一个人一次讲话、一篇文章里的意思。

邓初民说:费孝通“是章罗联盟的骨干分子。关于反社会主义的科学纲领,费孝通出力最多,也可以说是主谋。谋深虑远,披上学术与马列主义外衣来搞政治阴谋”。①

闵刚侯“宣布说:罗隆基的小集团包括:曾昭抡、潘光旦、费孝通、吴景超、范朴斋、张志和、叶笃义、潘大逵、刘王立明、张东荪、周鲸文……”②

侯外庐说:“费孝通怎样成了章罗联盟反社会主义科学纲领的高级军师呢?……我们仔细核对6月9日民盟反社会主义科学纲领和4月5日费孝通在‘争鸣’月刊座谈会上的发言,可以说‘纲领’几点意见的主要部分是采自费孝通的‘发言’。最后他虽然没有列名于民盟五位科学家之中,但他的幕后组织活动以及最后对于‘纲领’的修订补充却尽了‘搞私货’的高级军师的全权责任。甚至‘纲领’中包藏的反对共产党领导科学的政治阴谋,所谓‘我们应在实际工作中逐渐形成,不要主观地先行规定谁是领导’,也是采取自费孝通2月12日在文汇报发表的那篇

---

① 《反对资产阶级社会科学复辟》(第二辑),科学出版社1958年版,第35页。

② 《人民日报》1957年7月4日第2版,

‘关于社会学，说几句话’的精神。”①

吴晗说：“章伯钧的结论是‘共产党现在弄得进退失措，收不好，放也不好，现在我们民盟有责任帮助党。’大有‘收拾残局，舍我其谁’之慨。这就是章罗所组织的四个委员会之一的科学规划委员会，六月六日由章伯钧召集北京曾昭抡、费孝通、钱伟长、陶大镛、吴景超、黄药眠等六教授举行紧急会议所得的结论，这六个教授主要是章罗集团的密室人物，这次会议，是章罗同盟的一次行动表现，也是章罗同盟到处点火以后的高潮，反共反社会主义的高潮。”②

在当时的大会小会、大报小报上，诸如此类的发言和文章不胜枚举。本来莫须有的事情，经过无数次的重复，似乎已成了铁定不移的事实。这次会议成了当时形势发生急剧转折的一个关节，甚至成了点燃反右运动的一根导火索，费孝通则在此后的反右高潮中成为挨批最多最重的人物之一。

早在这次“六教授会议”的20天之前，毛泽东为《人民日报》写评论员文章时，就已经做出了“事情正在起变化”的判断，并且已经在考虑反右斗争的步调与时机。1957年5月15日，他写道：“最近这个时期，在民主党派中和高等学校中，右派表现得最坚决最猖狂。……我们还要让他们猖狂一个时期，让他们走到顶点。他们越猖狂，对于我们越有利益。人们说：怕钓鱼，或者说：诱敌深入、聚而歼之。现在大批的鱼自己浮到水面上来了，

---

① 《反对资产阶级社会科学复辟》（第二辑），科学出版社1958年版，第94页。

② 《人民日报》1957年7月7日第4版。

并不要钓。""大量的反动的乌烟瘴气的言论为什么允许登在报上？这是为了让人民见识这些毒草、毒气，以便锄掉它，灭掉它。"①

这篇《事情正在起变化》形成文件后，毛泽东在他所看的一份上批语道："不登报纸，不让新闻记者知道，不给党内不可靠的人。大概要待半年或一年之后，才考虑在中国报纸上发表。"②

1957年5月16日，毛泽东起草《中央关于对待当前党外人士批评的指示》时又说："最近一些天来，社会上有少数带有反共情绪的人跃跃欲试，发表一些带有煽动性的言论……此点请你们注意，放手让他们发表，并且暂时（几个星期内）不要批驳，使右翼分子在人民面前暴露其反动面目，过一个时期再研究反驳的问题。"③

直到6月6日，即"六教授会议"的同一天，毛泽东在起草《中央关于加紧进行整风的指示》时还说："北京的情况证明，各民主党派、高等学校和许多机关中暴露出一大批反动思想和错误思想，反动分子乘机活跃，但是他们只占各单位人数的百分之几，最反动的分子不过百分之一，百分之九十几是中间派和左派。请你们注意将你们的单位人数，在运动中，按左中右标准，排一下队，使自己心中有数。暑假将届，京沪及各地大学生将回

---

① 《建国以来毛泽东文稿》第6册，中央文献出版社1992年版，第470～471页、474页。

② 《建国以来毛泽东文稿》第6册，中央文献出版社1992年版，第476页。

③ 《建国以来毛泽东文稿》第6册，中央文献出版社1992年版，第478页。

家,其中有些人将到处活动,你们应争取主动,并准备适当应付。”①

《1957年的夏季:从百家争鸣到两家争鸣》一书作者朱正谈到6月6日发出的《中央关于加紧进行整风的指示》时说:“照这个指示所表明的意图,公开转入反右派斗争,是6月15日左右之后的某一天。这一转变却是提前到来了。提前的原因,也就是6月6日这一天,发生了另外一件没有料到的事情。这一天,章伯钧邀集了民主同盟六位教授在南河沿全国政协文化俱乐部开了一个会。”②

这个会因此而载入史册。费孝通因参加此会和此前发表的《关于社会学,说几句话》、《知识分子的早春天气》、《重访江村》等文章而成了全国最著名的大右派之一。

三、“所有的脸都突然转过去”

反右运动突然改变了当时的社会气氛。费孝通进入了与前半生学术生涯完全不同的一个时期。一夜间,他从一个有名望的、有代表性的、受尊敬的、身兼要职的知识分子,被网进一个无从挣扎的泥潭,成了一个必须接受公开批判的人,在一个接一个会议上被批判。

---

① 《建国以来毛泽东文稿》第6册,中央文献出版社1992年版,第492页。

② 朱正著:《1957年的夏季:从百家争鸣到两家争鸣》,河南人民出版社1998年版,第140页。

民盟中央的会议。

民盟北京市委的会议。

国务院专家局的会议。

中央民族学院的会议。

第一届全国人民代表大会的第四次会议。

中国科学院哲学社会科学部召开的座谈会。

中国科学院召开的社会科学界反右派斗争座谈会。

……

当时所有的会议都贯穿着反右派斗争的主题。揭发和批判费孝通的阵势可谓万炮齐轰。

“所有的脸都突然转过去,在一周之中!”[1]费孝通完全陷于孤立之境。

下面仅从中国科学院召开的反右派斗争座谈会上的发言中略摘数段,即可反映费孝通当时所受的猛烈批判之一斑。

时任中国科学院院长的郭沫若在这个座谈会上说:

> 反社会主义科学纲领中,有一章叫做“关于社会科学的问题”。在这一章里,右派提出了几个带根本性的问题。第一,他们提出了应不应当重视社会科学的问题,说“社会科学并不是不重要,也应该有相当的发展”。起草这个纲领的幕后重要人物费孝通,三月十二日在中共中央召开的宣传

① 《争鸣》月刊 1957 年 5 月号第 465 页,刊出的费孝通这篇文章无标题。

工作会议上，也提出了与此有关的问题，他说，“很多人担心社会科学没有前途”……

关于资产阶级右派所谓“恢复”旧社会学的问题，我想请大家看一看费孝通二月二十日发表在文汇报上的一篇题为“关于社会学，说几句话”的文章。在这篇文章里，费孝通表示，“社会学”这块牌子是否恢复，他并不重视，他所真正关心的是要在实际上用资产阶级社会学来进行“社会调查”，来“研究”“有关人民民主专政的一系列问题”，例如：“党和非党的共事合作关系”，“阶级消灭后的人和人的政治关系”，“人民代表大会制的运用”，“民主党派的相互监督”，“知识分子的思想变化”，“人才的使用和安排”与“人事管理制度”等等问题。费孝通的这些文章充分表明了主张“恢复”社会学的真正用意，这种主张和章罗联盟的整个政治阴谋完全合拍。正如大家所知道的，费孝通所提出的这些问题正是资产阶级右派这个时期中反共反社会主义的主要题目。……资产阶级右派主张“恢复”资产阶级社会学，不是什么学术范围以内的问题，而是一种重大的政治阴谋。①

时任民盟中央常委的邓初民从民盟的角度“批判右派分子企图复辟资产阶级社会科学的谬论”，火药味似更浓厚——

---

① 《反对资产阶级社会科学复辟》（第二辑），科学出版社 1958 年版，第 5 ~ 9 页。

今天，费孝通、吴景超之流所要恢复的是反动透顶的资产阶级的社会学。资产阶级到今天已经变成了快要死的阶级，资产阶级社会学已变为什么种族主义的社会学，新马尔萨斯主义的社会学，社会学中的地理学派——政治地理学，原子社会学，甚至堕落到宗教蒙昧主义。在美国有些社会学著作，其书名就是《救世主及其在文明中的作用》，《教会和社会的演进》等等，那已经不是科学，而是神学了。

费孝通、吴景超、陈振汉等人主张继承下来的，就只能是这一套。这样，共产党就只能让开了，只好让艾森豪威尔来，让蒋介石回来了。不然的话，那种东西，我们只有彻底批判，使所有的人忘记它。[①]

著名的哲学家、"曾从事中国共产党的宣传文教事业的领导工作"[②]的冯定，也在中国科学院召开的反右派座谈会上对费孝通进行了批判。他用"是可忍，孰不可忍"结束开场白后，提出了自己的分析：

费孝通等要求尽量搜罗旧的学过资产阶级社会学的人，并要求国家放宽保密制度而给以阅读各种资料的便利，要求担负起国家决策的任务，而把他们无法控制的共产党

---

① 《反对资产阶级社会科学复辟》（第二辑），科学出版社 1958 年版，第 30 页、32～33 页。

② 《中国现代社会科学家大辞典》，书海出版社 1994 年版，第 16 页。

员摈弃在外，同时又把业已真心诚意实行思想改造的旧的资产阶级社会学者也摈弃在外。试问这是多大的政治阴谋，而和学术研究又是相去多远！

右派分子标榜自己擅长社会调查，其实这正是实现政治阴谋最巧妙和最险毒的手法。右派分子有了“调查”这样一张“护照”，就好跑机关，跑工厂，跑农村，跑少数民族地区，像迷信传说中的“吊死鬼”似的，可以“无门不入”了。……他们进行调查的目的，正是要歪曲新中国日新月异的真实面貌；要丑化我们的党员和干部并借此来污蔑和攻讦党的领导……费孝通的“重访江村”，三言两语，就把我们的各级领导干部，污蔑成都是教条主义成习的；同样三言两语，就对整个社会主义制度进行恶毒的攻击，说资本主义的积累是靠资本家的“清苦”，而社会主义有的既是“有呢帽和棉大衣”的干部好像就无法积累；说我们今天的农民过的正是半饥半饿的生活，比解放前有地主、富农、高利贷者而兼办地方工厂的时候要坏得多；他并且还扩大、挑拨党、政、干部和群众间的矛盾，工农间的矛盾，而工农又各自因地区不同和行业不同而又有矛盾，以至用俏皮话说养羊养兔都需饲料而形成了“羊兔矛盾”，来讥笑人在社会主义里的矛盾已普及和深化到了何等程度！[1]

---

① 《反对资产阶级社会科学复辟》（第二辑），科学出版社 1958 年版，第 39 ~ 40 页。

孙定国在发言中逐条批判了费孝通的《关于社会学,说几句话》。发言中出现了令人毛骨悚然的语言,把费孝通写文章的意图和“千万个人头落地”联系了起来:

> 费孝通在3月25日民盟工作会议第一小组第四次会议上的发言,泄露了这个秘密,他说:“我认为互相监督是社会主义一个基本的东西……在群众是民主权利问题,在领导方面是群众路线问题,为什么这时提出民主党派监督与一般监督是否不同,我认为民主党派监督是有组织的,一般有它特殊任务,有组织的、集体的、更好的作为党的助手。”我们试解剖一下看,真的互相监督是社会主义的一个基本东西吗?不是的。……这里所谓“群众”是什么人呢?显然就是那些右派分子,那些一切带有反共、反社会主义、反人民立场和思想感情的人们。那就是大大小小的章伯钧和谭天荣,男男女女的费孝通和林希翎!至于他们所说的民主权利又是什么东西呢?那显然就是这些右派分子所要求的资产阶级民主,以及他们实行资本主义复辟的“权利”。而“在领导方面是群众路线问题”又是什么呢?那显然就是要叫我们党和我们政府无条件地接受这些右派分子的无法无天的要求,就是叫我们接受北京六教授会议的要求;以至于葛佩琦要杀共产党员,我们就把脖子伸过去;罗隆基要组织“平反委员会”,我们就顺从地让他们给反革命分子翻案;他们要求“教授治校”、“科学家治院”、旧法律人员管理司法机关,我们共产党和一切进步的人们也都就从这些工作岗位

上一齐下台！

……这样，它就会使乌云长期地笼罩着天空，使千万个人头在帝国主义、地主阶级、资产阶级的屠刀下，纷纷落地。①

贺致平的发言把火力集中到了费孝通的《重访江村》一文。他认为：

费孝通的“重访江村”，是不能算得上什么调查研究的作品的。作为费孝通反党反人民，卖国求荣的罪证倒是很恰当的。费孝通这篇所谓调查是为了给英帝国主义的书商拿去出版，介绍新中国的农民生活的。如果正确的报道农村的情况，英帝国主义当然不会给新中国作义务宣传员，费孝通为了向主子表现他的“社会学”的本领就不得不用巧妙的手法对党对社会主义进行恶毒的攻击……费孝通还企图根据开弦弓蚕丝副业的情况重弹他的已经破产的“乡土工业”的老调，认为在第二个五年计划中提倡轻工业好像证明了他的“乡土工业”还有一些道理，实际上，党和政府提出相应发展轻工业的方针和费孝通的乡土工业是毫无共同之处的。费孝通对过去批评他的乡土工业是资产阶级思想似乎不太同意。看来这个批评确有不妥之处！那就是没有指出

① 《反对资产阶级社会科学复辟》（第二辑），科学出版社 1958 年版，第 77～78、79～80 页。

他是站在地主阶级立场上立论的观点。不过我还要补充一点，即乡土工业的理论也是帝国主义把中国变成供应原料的殖民地理论中一个重要的论点，和"工业美国，农业中国"的口号是完全一致的。因此我认为费孝通的农村调查并不是什么农村调查，而是一篇挑拨党和农民关系向党向社会主义恶毒进攻，向帝国主义献媚，提供歪曲宣传资料的供状。[1]

孙本文也批判费孝通的《重访江村》是为帝国主义服务。他说：

费孝通为了讨好帝国主义国家，不惜把反党、反人民、反社会主义的所谓社会调查资料企图在外国发表、出版。他在江村的调查，不是为了真正想做些科学研究，也不是为了到农村中去视察真实情况，帮助政府改进工作，而是为了早跟英国一家出版公司预订了合同，准备把这一"重访江村"在英国出版。费孝通要把这种不能代表新中国真实情况、歪曲事实的调查资料为外国服务。他这样做究竟站在什么立场？这不是他公开为帝国主义服务是什么？[2]

---

① 《反对资产阶级社会科学复辟》（第二辑），科学出版社 1958 年版，第 151～153 页。

② 《反对资产阶级社会科学复辟》（第二辑），科学出版社 1958 年版，第 179 页。

郑新如在批判费孝通的发言中引用了大量的资料，看得出是做了比较充分的准备，批判的内容也比较广泛。在批到费孝通的知识分子调查时，有这样一段：

> 在费孝通进行的“知识分子问题”调查和潘光旦、费孝通对民族关系的调查方面，这种恶毒的煽动、挑拨，带有更加露骨、更加疯狂的特点。费孝通打起“发挥知识分子潜力”的招牌，喊着“访贫问苦”、“扎根串联”这些煽动、挑拨的口号，四面八方的搜寻那些对党、对社会主义心怀不满、坚持资产阶级立场抗拒思想改造的旧知识分子，对他们进行煽惑、鼓动、然后向他们去搜集党和国家工作的缺点。把这样搜集来的材料，经过集中、综合和夸大，又用来作为右派在群众中散布不满、鼓动反党情绪和向党进攻的武器。费孝通的“知识分子的早春天气”就是经过这样调查铸炼出来的一支向党、向人民进攻的毒箭。在我们国家里，每一个爱国的知识分子感受到的都是日丽风和、光辉灿烂，在右派的眼里看来却变成了严冬凛冽、雪厚冰坚的暗淡景象。①

吴恒在批判费孝通的时候追溯到了他在解放前的著述和教学内容——

---

① 《反对资产阶级社会科学复辟》（第二辑），科学出版社 1958 年版，第 170～171 页。

右派分子费孝通写出许许多多污蔑中国和中国人民的文章,他在"初访美国"、"重访英伦"等一些小册子中,把美国英国这样一类帝国主义国家,描写成为人间天堂,极力吹嘘这些国家的物质文明。而另一方面,就在"初访美国"同一本书中,用许多篇幅污蔑中国……

费孝通在讲课时也不放过污蔑中国的机会。费孝通在燕京、清华、云南大学讲课时,就跟民族败类胡适一鼻孔出气,贩卖所谓"五鬼乱中华"的滥调:说什么中国贫、病、愚、私、乱,没有前途;说什么中国穷,人口多,没有资金积累,中国只能发展农业和手工业,不能发展重工业,因此中国只能永远充当帝国主义的殖民地,充当帝国主义工业的原料供应地。应当指出,右派分子费孝通最近所写的"重访江村"一文就是这种荒谬论点的继续发展,一脉相承,并没有什么新的货色;如果说有,那就是在新的历史条件下,在社会主义时代,猖狂地向党向社会主义进攻罢了![①]

以上所摘,仅是全豹之一斑。记录着当年的狂风乱云而今已经尘封过久的现场录音、泛黄变脆的当年报刊中,这类文字比比皆是。

对于费孝通来说,那些态度激烈、言辞尖锐、上纲上线、甚至无所不用其极的批判,当然有力量迫使他在一片喧嚣中低头。

---

① 《反对资产阶级社会科学复辟》(第二辑),科学出版社 1958 年版,第 194 页。

但对他构成更大精神压力的，恐怕还是“所有的脸都突然转过去”的现实。

《反对资产阶级社会科学复辟》（第二辑）汇集的当年一些文章中，收录有马寅初的两篇发言稿。一篇题为《我控诉费孝通》，锋芒所向一目了然；另一篇是《我反对资产阶级社会科学与经济学的复辟》，对费孝通的批判仅几笔带过。但真正能够使费孝通感到痛苦的，很可能并非声色俱厉的“控诉”，而是马寅初在后一篇文章中的一段与费孝通无涉的文字。

> 七年来我们做的，难道不是惊天动地
> 每月每年每个地方的角落里，
> 都不断涌现着奇迹。
> 铁路通过了秦岭的云霄，
> 汽车奔驰在世界的屋脊，
> 戈壁兴起着工业基地，
> 黄河就要开始供给电力，
> 它将不再鲁莽地带走泥沙，
> 它将越来越婉转随人之意。
>
> 这段诗把我们在七年中认识自然，驾驭自然的英雄气概描写出来。……无论在人民，在国家，在国际，思想上，政策上，科学上，技术上，生产上，由主观渐进客观，由唯心渐进唯物，由矛盾渐进统一，由个体渐进集体，由推动渐进自动，由私有渐进公有，由教育渐进感化，由政令渐进建议，由文盲渐进科学，由手工业渐进机械，由火力渐进水利，由农

业渐进工业，由互竞渐进互助，由敌对渐进友谊，由战争渐进和平；从贪污到廉洁，从浪费到节约，从贫弱到富强，从压迫到团结（如对少数民族），从物价波动到物价稳定，从高利贷款到农业贷款，从卖男鬻女沿街讨饭到一家团聚有吃有穿，从入超到出超，从赤字到平衡，从种烟到种稻，从妓院到工场，从分裂到统一，从重男轻女到男女并重；一切荒山、沙漠、河床、边区、倾斜坪坝、涡潦溪坑，渐变为矿都、油田、果园、牧场；一切好闲游手残废聋盲，均能安居乐业，福利均沾。①

马寅初是何等人物！解放前乃“马首是瞻”的著名民主教授，新中国成立后的堂堂北大校长。1957 年 7 月 5 日，他还在《人民日报》一整版多的篇幅发表《新人口论》，坚持严格的科学态度，维护科学的尊严。两个多月后，中国科学院召开反右派斗争座谈会，批判费孝通的时候，这种科学态度和科学尊严已大打折扣。从其文字中，不难体察到一年以后的“大跃进”、浮夸风的一些预兆。

难道马寅初也得靠控诉费孝通和这样的歌唱来自保么？

以马寅初的身份，恐怕并不需要；以马寅初的品格，则不可能这样去做。

那又是为什么？这正是让费孝通更觉得惶惑和痛苦的地

① 《反对资产阶级社会科学复辟》（第二辑），科学出版社 1958 年版，第 264～265 页。

方。这不是马寅初一个人的问题，这是一代中国知识分子的精神强度、科学态度、批判能力、思想水准和自信心态出了问题的征象。事实上，不光是批判费孝通的人说他错了，说他是右派分子，说他反动，说他有罪，就是费孝通本人，也在一轮又一轮的批判中逐步陷入了思想混乱状态，开始真诚地怀疑自己。他想，所有的人都说自己错了，错了，自己怎么可能站得住呢？是不是真的错了？错在什么地方？自己是在保护资产阶级么？是在为帝国主义服务么？在思想混乱的状态中，他虽然想不明白这些问题，但他并不认为批判他的人都是错的。假如自己是对的，又怎能一切人都说自己是错的呢？既然已经是千夫所指，那就是自己一定有错的地方，一定有某些错误！对于某些人所作的批判，费孝通心里当然清楚，他们的批判没有什么基础，不过是个人攻击。因为他们和费孝通在学术上的长期竞争中一直没能出头，可以借反右斗争把个人的嫉妒转化为公众面前的愤怒和批判，打击费孝通，抬高自己，从而消除长期以来在学术上已不如人所造成的心理压力与愤恨情绪。但是，费孝通同时也清楚，在“某些人”之外，更多得多的人与他素无恩怨，亦无竞争，甚至许多都是可称良师益友的同行、同事、助手、学生。他们也都在众口一词地批判费孝通，说他错了，说他反动，说他有罪，这使得费孝通无法不去认真地检讨自己有哪些错处。

思想陷入混乱的费孝通不仅认为自己有错，也认为罗隆基、章伯钧应该受到揭发和批判。据《人民日报》1957 年 7 月 4 日第 2 版的报道，“7 月 3 日夜民盟中央举行的第三次整风座谈会上，费孝通揭露了罗隆基的右派手法；还宣读了罗隆基的秘书邵慈云揭发罗隆基的各种卑劣行为的信。”“费孝通在发言中承认，几年来他被罗隆基所利用。接着他揭发了章伯钧、罗隆基进行反党反社会主义的一些阴谋活动。”

费孝通不仅认为自己有错，而且认为自己已经“跌入资产阶级右派的泥坑”，有反动思想，甚至犯了大罪，需要彻底改造自己，赎回罪过。1957年7月13日下午，在第一届全国人民代表大会第四次会议的大会讨论中，费孝通以“向人民伏罪”为题作了大会发言，进行了“并不是完全违心的”自我揭发和批判。在历数自己的14项“罪行”之后，他说：

> 我的罪行已达到了最高峰。我已站在章罗联盟向党进攻的最前线。我犯下了弥天大罪，叛国的大罪。如果不是党及时一棒子把我打醒，我不知道还会做出什么罪大恶极的事来。党拯救了我。
>
> ……
>
> 为什么我会犯下这样大罪？我现在还在深刻反省，主要是我自己没有放弃资产阶级的反动立场，抗拒党的教育，没有进行应有的改造，以致跌入资产阶级右派的泥坑，参加了章罗联盟的阴谋活动。
>
> 我痛恨自己的过去，我必须转变立场；我痛恨章罗联盟，我一定要和他们划清界限，一刀两断。我感激党为我们犯了错误的人，跌在右派泥坑里的人，敞开着翻改的大门，而且仁至义尽地教育我们。让我勇敢地投入这个门，走上

生路，彻底改造自己，创造向人民赎罪的机会。①

费孝通作这次发言的动机，既有真心检点错处的诚意，也有减轻压力的愿望。

表示“伏罪”之后，费孝通内心是轻松了一些，还是更加沉重了？

事实上，此后对他的口诛笔伐更严厉了。由科学出版社于1958年1月出版的《反对资产阶级社会科学复辟》（第二辑）所收批判费孝通的发言和文章，都是在他“伏罪”之后所发表的。

---

① 《人民日报》1957年7月14日第2版。发言中屡次提到的“章罗联盟”，是当年反右斗争中被大批特批的反动集团。1986年10月24日的《羊城晚报·港澳海外版》发表了《“章罗联盟”是千古奇冤》一文。文章说：中国民主同盟中央举行罗隆基诞辰九十周年纪念会，著名学者千家驹在会上说：“章罗联盟”列为反党集团是“千古奇冤”。……在民盟成员中，许多人都知道章伯钧和罗隆基在许多问题上观点对立，矛盾甚深，常常争吵辩论不休，为什么当年竟会把他俩打成“章罗联盟”呢？章伯钧的夫人李健生在出席罗隆基纪念会上，讲了一段罗隆基与章伯钧之间的小故事。1957年，罗隆基正在印度访问时，从报上看到“章伯钧、罗隆基结成反党联盟”的消息，感到很突然，便气呼呼地挂电话到章伯钧家中。电话是李健生接的，罗也不称呼她，径直喊道：“去把章伯钧叫来！”章伯钧来后，罗在电话中大声质问：“章伯钧，我什么时候同你结成的联盟？为何要同你联盟？请你说清楚！”见章支吾答不上来，罗说了一句“回去同你算帐！”随即用力将听筒挂上。第二天，罗隆基乘飞机回到北京，即去章伯钧家找章，见面时满面怒容。尽管李健生热情招待，端茶倒水，罗仍怒气不消。对章伯钧劈头就问：“我们一直在吵，你凭什么承认我们联盟？”两人从下午三时谈到六时，罗隆基一直不能平静下来。最后他将手杖在大腿上一折而断，对章说：“我从前没有同你联盟，今天也不同你联盟，以后永远不与你联盟！”说罢愤然而去。

相比“所有的脸都突然转过去”给费孝通带来的惶惑与压力更大的惶惑与压力降临了——在外界的高压和内心的反省当中，费孝通自己的脸也转了过去。

孤独到极处的时候，恐怕不是感受他人与自己的疏离，而是感受自己与自己的疏离，并感受到这种疏离不完全是外界的压力所致，也掺进了自己的真诚与自觉。

多年以后，回首前尘，费孝通说：“这些是混乱的头脑的产物。”“我真是混乱了！”“确实如此，我的思想很混乱。”[①]

就在这样的心境中，顶着泰山压顶般的右派帽子，怀着几分自我反省的真诚，从“知识分子的早春天气”里走过来的费孝通，在“肠一日而九回，居则忽忽若有所亡，出则不知其所往”的状态中，度过了1957年的严酷之夏、萧瑟之秋和凋零之冬。

大跃进的高潮即将到来，浮夸风即将吹遍中国城乡，费孝通此时却陷入了沉默。这是他此后在国内外学界长达20年之久的沉默时期的开始。

1957年5月31日，费孝通曾在《“早春”前后》一文的结语处写道：“‘早春’之后，来日方长，暂时说到这里吧。”未料一语成谶，“来日”竟“长”在23年之后。

1958年的最后两个多月，毛泽东出京沿河北、河南、湖北、湖南一路对农村情况进行了实地调查，发现类似费孝通在《重访江村》中对农村现状所作的基本描述并没有错。毛泽东用了远比

① 《争鸣》月刊1957年5月号第467页，刊出的费孝通这篇文章无标题。

费孝通所说要尖锐的语言描述了他看到的事实。他认为,共产党正在“实际上造成了一部分无偿占有别人劳动成果的情况……怎么可以无偿占有呢?”;[①]“目前我们跟农民的关系在一些事情上存在着一种相当紧张的状态”;[②]如火如荼的大跃进是“务虚名而受实祸”,“整个说来,大家还没有能够认识、掌握和熟练地运用客观规律”。[③] 毛泽东因此承认“我们中国人大概包括我在内,是个冒失鬼。……我们现在吹得太大了”,[④]甚至直言不讳地表示“我就想写上去,当一点右派”。[⑤] 不过,对于1957年里的费孝通,这是后话了。

---

① 薄一波著:《若干重大决策和事件的回顾》(下卷),中共中央党校出版社1993年版,第823页。

② 薄一波著:《若干重大决策和事件的回顾》(下卷),中共中央党校出版社1993年版,第820页。

③ 薄一波著:《若干重大决策和事件的回顾》(下卷),中共中央党校出版社1993年版,第813页。

④ 薄一波著:《若干重大决策和事件的回顾》(下卷),中共中央党校出版社1993年版,第813页。

⑤ 薄一波著:《若干重大决策和事件的回顾》(下卷),中共中央党校出版社1993年版,第809~810页。

第十一章

经历“文革”

那是在1966年9月1日。那一天一切改变了。我们突然被当做“人民的敌人”,叫“牛鬼蛇神”。

……

有时我们被带出去游斗和展览,头上戴一顶高帽子,身上挂块牌,写明我是“牛鬼蛇神”。小孩们都嘲弄我们。我们被带到人群之前。他们呼口号,我自己也得跟着喊“打倒费孝通!打倒费孝通!”……我们不得不站在那里背诵我们的罪行。就我来说我不得不反复地承认我是一个反党、反社会主义的右派分子。

……

十年,初期处境最恶劣。后来整个学院被送往五七干校劳动。在那里我成为一个相当好的劳动者!我学会了怎样盖房、种棉花、烧饭。但我是没有目的地生活着。在劳动中可以不展望,不回顾,可以随时强自取乐。……但是没有希望。

费孝通:《经历 · 见解 · 反思》[①]

① 费孝通著:《从实求知录》,北京大学出版社1998年版,第472~475页。

一、一夜之间

中共党史出版社出版的一本叙述“文革”历史的书说:“1966年发生的‘文化大革命’像突然袭来的飓风,短时间就席卷中国大地,把中国人民带进一场长达十多年的浩劫之中。这场灾难临头时,人们普遍不知它从何而起。且不说普通老百姓,就连中国共产党的高级干部,在相当长的时间里也是普遍表现为‘很不理解、很不认真、很不得力’。人们只能从最高指示、中央文件、首长讲话中去‘领会精神’,从街头巷尾的小道消息中去‘猜测动向’。这种特殊的历史现象,使‘文化大革命’从一开始就带有特殊而不易理解的色彩。”①

从“反右”到“文革”,是费孝通内心混乱的十年。其“右派”帽子摘掉后,仍然是个“摘帽右派”。他描述自己的状态说:虽“不是严格地按敌人对待”,“依然在正常社会之外”,“我们同一般社会隔绝,我们有自己的社会”。“当然。我可以看书!但是没有新出版的人类学和社会学的书。我读历史书和翻译老书。我的智能不可能有大的进步。相反,我内心十分混乱。我缺乏自信。那是我思想的真实状态。最后我只有放弃希望,没有奋斗的目标。我不相信自己。我不相信自己还能做什么事。……我不能忍受回顾,也没有未来。没有未来,又不想回顾,而还活

---

① 席宣、金春明著:《“文化大革命”简史》,中共党史出版社 1996 年版,第 1 页。

着，那是太坏了。然后来了‘文化大革命’。那是严重的。”①

费孝通住在中央民族学院教师宿舍，和他的老师潘光旦比邻而居。1966 年 9 月 1 日，费孝通和潘光旦、吴文藻等知名教授都被拉到了院子里，接受“革命群众”的批斗。一周前，即 8 月 24 日，费孝通已被红卫兵“揪了出来”，并被迫开始进行“劳改”。8 月 27 日，红卫兵勒令费孝通的妻子孟吟遣返回乡。

当时，铺天盖地的大字报和大标语遍布中国大陆，“揪出”、“打倒”、“批臭”、“撕开”、“炮轰”、“油炸”、“清蒸”、“活剥”……之类的动词后边，是一个个国家领导人、部长、科学家、教授、学者、作家、艺术家……的名字。一夜之间，他们从受人尊敬、被人爱戴的位置沦为“走资派”、“黑帮”、“反动学术权威”、“牛鬼蛇神”，成了“人民的敌人”。他们被绳捆索绑，头戴纸糊的高帽，胸前挂上各式牌子，上街游斗。游斗的路上，要跟着一遍遍的群众叫喊，高喊打倒自己的口号。否则就是对抗革命运动，对抗革命群众，就要“罪上加罪”，后果不堪设想。游斗进入高潮时，那种狂热的场面，愤怒的情绪，声嘶力竭的叫喊，激烈的声讨，雨点般的拳脚……每一个亲身经历过那种场面的人都很难忘却。

费孝通真切地感受到了无从回避的灵魂受辱的滋味。为求解脱，他想到了去死。二十年后，他在一篇序文中写道：“三十年代我应该死而没有死，四十年代人要我死而没有死，六十年代我想死而没有死。”②后一句说的“想死”就是他在 1966 年 9 月 1 日

① 费孝通著：《从实求知录》，北京大学出版社 1998 年版，第 471 ~ 472 页。

② 费孝通著：《往事重重》，辽宁教育出版社 1998 年版，第 110 页。

产生的念头。但他又想,“如果自杀,老婆也活不成,孩子要背一辈子反革命家属的包袱,对不起她们”,于是打消了自杀的念头。费孝通觉得环境险恶,应该先把妻子送到安全之地,送回苏州老家。他记述送孟吟回乡的过程说:

> ……第二天我送妻子回苏州。碰运气我们买了一张火车票。这纯粹是巧遇。有人要退票,问我们要不要票!我们就买了那张票,我安排妻子上了火车。原来,只有那天,才可能让犯罪分子、“敌人”的家属离开北京。第二天就不可能了……
>
> 9月2日我剩下独自一人。然后袭击来了。他们来拿走我家里全部东西,这叫抄家。我是幸运的,他们留一间屋子给我,潘光旦没有留下任何东西。卧房也封了,封条是撕不得的,撕了后果会十分严重。他不得不睡在洋灰地上。我的门没有全被红卫兵加封。所以我能取出我的床垫铺在地上给潘光旦睡。那时只有我俩人和一位老保姆和潘光旦的外孙女,一共四人,住两间小房,包括厨房。其他房间全被关闭。他们关掉了我所有的房间,除了厨房和厨房前的小屋。还留下一张床和一张书桌。其后的一年我们反复被拉出去斗争。①

费孝通回忆那一年里“反复被拉出去斗争”的情况说:

---

① 费孝通著:《从实求知录》,北京大学出版社 1998 年版,第 473 页。

这些受害者不得不站在那里，弯着腰站好几个小时。有时候我是这种批判的焦点，但另外的时候我可能是陪斗。每一次斗争持续一个上午或一个下午。比如说，我是那个被斗的目标，人们一个接一个上前发言批判，揭露我的罪行。陪斗者只要站在那里，弯着腰，不说话。批判发言之后所有人要喊“打倒费孝通”。我们不得不深弯腰站立几小时。那是很难受的，可怕的。保持那种姿势这样长的时间是一种折磨。就我来说，每周要被斗一二次。持续了有一年。

……有时候我们走出去，甚至到农村去。他们安排一个日程以使群众经常在激动中。这种斗争是富于戏剧性的。如果一个人唯命是听就不致发生严重的事情。如果一个人变得筋疲力竭而移动，那么就会有人踢你。[①]

我自己没受到身体上的虐待，没有人对我有那样大的个人仇恨。没有人想要杀我。……这样我活了下来。[②]

多年后，费孝通说起没有遭受皮肉之苦的原因，主要有二，一是他平日待人诚恳厚道，人缘较好，也没有碰上太疯狂的红卫兵；二是他在“反右”时已被重点批判，延至“文革”，已属“死老虎”，不打已倒，所以没有成为主要批判对象。

费孝通的老师潘光旦也属于“死老虎”。但他肢残人单，几个女儿都不在身边，非常需要有人照顾。费孝通与他同住，朝夕

① 费孝通著:《从实求知录》，北京大学出版社 1998 年版，第 477 页。

② 费孝通著:《从实求知录》，北京大学出版社 1998 年版，第 474 页。

相处,是当时多少有点条件照顾老师的人。

据费孝通说,在经常被批斗的一年里,批斗之余,他们时常被带出去劳动。费孝通的主要任务是打扫厕所和拔草。他因此"对校园中的全部厕所都相当熟悉"。比打扫厕所要重的劳动是拔草。潘光旦也被勒令参加劳动,"每日劳改,不因其残废而宽待"。[①] 拔草时,还不许他坐小凳子,潘光旦只能坐在地上干活。

1966年初,费孝通还曾和潘光旦一起在江西井冈山瞻仰革命圣地。回到北京后,潘光旦抓紧时间整理抄写达尔文《人类的由来》一书译稿的情形,费孝通还历历在目。"原稿都要自己誊写,蝇头小楷,句逗分明。他高度近视,老来目力日衰,伏案书写,鼻端离纸仅寸许。……全稿杀青。敝帚自珍,按他的习惯,必定要亲自把全稿整整齐齐地用中国的传统款式分装成册。藏入一个红木的书匣里,搁在案头。他养神的时候,就用手摸摸这个木匣,目半闭,洋洋自得,流露出一种知我者谁的神气。"[②]对于潘光旦这样人品好学问好的教授,这样一位不世出的大师级学者,本该像对国宝一样的倍加珍惜爱护,事实上他却在经受着残酷的摧残。"因坐地劳动受寒,膀胱发炎,缺医无药,竟至不起。"[③]

曾任民盟中央副主席兼秘书长的叶笃义,在潘光旦的最后一段生命中和他来往较多。叶笃义记述潘光旦病逝前的一些情

---

① 费孝通著:《逝者如斯》,苏州大学出版社1993年版,第81页。

② 费孝通著:《逝者如斯》,苏州大学出版社1993年版,第80页。

③ 费孝通著:《逝者如斯》,苏州大学出版社1993年版,第81页。

况说：

"文革"开始以后，我经常到他家去看他。他说他是以三个S应付当时形势。一是submit（服从），二是sustain（支撑），三是survive（生存）……

后来他的前列腺病症越来越严重，费孝通不得不把他送到积水潭医院做手术。手术刚刚做完，医院里也闹起"革命"来了，给他做手术的大夫被打成反动学术权威，成为专政的对象。因此他的小便插了管子以后，就只由一个护士看护。医院里整天闹"革命"，一切正常医疗手续都顾不上了。他插进小便的管子掉出来了，也没有人管。他尿在床上也没有人过问。我去看他，他叫我到民族学院告诉费孝通转告潘乃穆去接他回家。我劝他忍耐住在医院，家里的条件总还不如医院好。我说："sustain and survive。"他苦笑着说："第四个S，succumb（死亡）。"[①]

潘光旦的女儿潘乃穆在回忆父亲的一篇文章中写道：

父亲于1967年5月13日住院，6月1日出院回家，6月10日去世。……他去世时我们没有一个守在身边。临终时并无遗言。多年后我了解到的情况是这样：那天晚上，老保

① 叶笃义著：《虽九死其犹未悔》，北京十月文艺出版社1999年版，第205～206页。

姆看他情况不好，急忙请费先生过来。父亲曾向费先生索要止痛片，费先生没有。他又要安眠药，费先生也没有。后来费先生将他拥在怀中，他遂逐渐停止了呼吸。①

潘光旦的去世对费孝通的心理造成强烈的震撼。从“日夕旁侍，无力拯援，凄风惨雨，徒呼奈何”这样的文字里，可以感知费孝通内心的情感波澜。

回首前尘，费孝通师从潘光旦近四十年，比邻而居近二十年。费孝通说：“我们长期比邻，以致我每有疑难常常懒于去查书推敲，总是一溜烟地到隔壁去找‘活辞海’。他无论自己的工作多忙，没有不为我详细解释的，甚至常常拄着拐杖在书架前，摸来摸去地找书作答。这样养成了我的依赖性，当他去世后，我竟时时感到丢了拐杖似的寸步难行。”②

或许是潘光旦应付当时形势的三个S对费孝通产生了影响，或许是费孝通自己在多次政治运动中也修炼出了定力。放下了死的念头后，他相当成功地把自己的心绪调整到了能够适应当时形势的状态。有一段时间，费孝通每逢星期天都到其长兄费振东家中闲坐，叶笃义也每次都去。都是落难之人，又是多年的朋友，得些聊天的闲暇，有个不用担心被检举揭发的说话环境，是当时难得的精神慰藉。后来叶笃义看自己的问题被越搞越大，恐怕牵连费家兄弟，就表示不能再去看他们了。费孝通知道

---

① 这篇文章尚未公开发表。

② 费孝通著：《逝者如斯》，苏州大学出版社1993年版，第79页。

后，写了“遁世无闷，独立不惧”送给叶笃义。[①] 这八个字，既是对朋友的勉励，也不妨看成是夫子自道。

费孝通给自己提出了十六个字：逆来顺受，躲风避雨，少惹是非，力求自保。

有一页现存于中央民族大学档案部门的文字材料，更直接地反映了费孝通当时公开表达出来的愿望，可以和他的“十六字诀”相互印证。这页三十年前的材料题为“宣传队进院前后的思想情况”，全文如下：

> 费因其“罪恶大、影响广、名声臭”，所以，文化大革命一开始就被抄了家。示众。1968 年初，被送到院集训队，他把院集训队看成是“避风港”，说“比在家安全多了，不像在家惶惶不安”。在院集训队里，他抱着“逆来顺受，避风躲雨，少惹是非，力求自保”，“混日子，等时间过去”。
>
> 宣传队进校后，他仍然采取“随时等着群众揪斗，一切照办，等候处理”。宣传队找他谈话，他认为自己是“罪大，名臭”，是“下水最早，出水最晚”的人。经过宣传队四次找他个别谈话，经过院几次政策兑现大会及教育批判会，经过在学习班学习毛主席有关教导等，他感到是“火线投降的时候了”。他 2 月 4 号向毛主席“表忠心，见行动”的学习班会上说：“现在，我还刚刚自觉地睁开眼睛，万丈光芒使我目眩，一切新事物使我震警（惊）。这真是一夕千年的大变化。

① 叶笃义著：《虽九死其犹未悔》，北京十月文艺出版社 1999 年版，第 204 页。

我置身其间，已经成了我早日所讥笑过的拖着辫子的遗老怪物。这个面貌首先要改过来。一切得从头学起，而当前还得为从头学起创造条件。那就是大坦白、大交代、大检举、大揭发，把灵魂深处的一切肮脏东西统统倒出来。这是自我革命的开端，我决心走好这一步。”在“教授学习班”里表现可以。

最近，先后四次，逐步深入地学习了清华大学的先进经验报告，他说：“我和钱很熟，同事多年，几年不见了，说起话来还是不谋而合。（指2月4日一段话）”又说：“和钱比较，我落后了，我要走钱伟长的道路，接受革命群众的批判，到工、农中间去，接受再教育；我早一刻改造过来，才能多一刻为人民做一些有益的事。我决心接受考验。”

为兑现“大坦白、大交代、大检举、大揭发，把灵魂深处的一切肮脏东西统统倒出来”的承诺，费孝通写出了大量“检查”、“交代”的文字。下面这份费孝通亲笔拟订的“提纲”，具体标明了他要检查交代的都有哪些内容（格式按原件照录）——

1. 概况：出生年月日地方　本人政治面貌　家庭出身

2. 历史问题：一、学历大学、留学两个阶段时间 地点 经济来源 专业 原因结果 学位 二、经历 解放前参加工作时间地点 单位 原因 内容 职务 学衔 三、政历 何时 何地 什么原因 什么人介绍 手续 参加反动党、团、军、政、警、特、宪、伪道门 职务 活动 断绝的时间 地点 原因 四、其他 和以上的人有

政治来往 关、抓、处分、利用、管、奖励（接见）结果 等历史问题

3. 海外关系：一、亲戚朋友 姓名 关系 政治面貌 认识时间 地点 原因 活动及断绝关系地点 时间 原因 二、外国人 国籍 姓名 政治面貌 认识时间 地点 原因 联系时间 地点 原因 内容 断绝时间 原因

4. 解放以来：一、经历 何时何地怎样参加工作 工作的内容 职务（包括人大代表等） 二、政历 何时何地由谁介绍经过什么手续 什么原因 加入何党派、社、团体 以及职务 三、历次运动表现 反动思想 言行（复辟）

5. 无产阶级文化大革命：一、本身情况 思想 言行 认识 二、家庭成分 亲戚、朋友的情况 被斗、被关、被管、被抄、被查成员思想 言行 认识

6. 本人希望和要求

二、欲加之罪

费孝通在“文革”中写的检查、交代之类的文字，经他自己保存下来、如今能见到的手稿共有162页，字数在10万字上下。其中有一份“检查提纲”（1页），一份“初步检查”（35页），一份“在革命大批判中对我罪行的揭露”（14页），一份“综合材料”（83页），一份“综合材料补充交代”（29页）。根据这些手稿的文末落款和文中涉及人物的年龄，可以确定都是写于1969年。

这些检查和交代材料，是费孝通在接受一次又一次批斗的间隙中写出的。当时的情景如同噩梦，是费孝通直到去世始终缄口不言的伤心话题，加之中央民族大学档案部门现存的当年有关史料严重缺失，目前尚无从确知当时费孝通接受批斗时听到的声讨和批判内容。在这种情况下，“在革命大批判中对我罪行的揭露”这份文字材料，是现在可以见到的当事人对当时的历史现场发言内容的仅有记录，对了解费孝通乃至一代知识分子在“文革”中亲历的精神苦难具有重要参考价值，故将全文照录如下：

最高指示

凡是错误的思想，凡是毒草，凡是牛鬼蛇神，都应该进行批判，决不能让它们自由泛滥。

牛鬼蛇神只有让它们出笼，才好歼灭它们，毒草只有让它们出土，才便于锄掉。农民不是每年要锄几次草吗？草锄过来还可作肥料。

对反党反社会主义的右派分子，要充分揭露，要斗倒，斗垮，斗臭，肃清他们的影响。

必须批判资产阶级的反动思想。

不破不立。破，就是批判，就是革命，就要讲道理，讲道理就是立，破字当头，立也就在其中了。

在革命大批判中对我罪行的揭露

从3月8日到4月5日，历史系的革命群众对我的罪行进行了大批判，计班级批判九次，发言共44人次，系级批判两次，发言共5人次。

革命群众充分揭露了我的反党反人民反社会主义的罪行，一致认为：

1. 我是地主阶级出身，帝国主义奴化教育所培养的资产阶级右派分子、反动学术“权威”。

2. 具有极端自私自利的资产阶级世界观和反动政治野心。

3. 一贯站在资产阶级反动立场，企图使中国走资本主义道路，为大地主、买办资产阶级、帝国主义服务，是英美帝国主义的代理人。

4. 一贯和中国人民为敌。在抗日和解放战争时期，披了民主外衣，维护国民党反动派的政权，是假反蒋真反共。解放后，勾结党内走资派阴谋复辟资本主义，反对无产阶级专政，破坏社会主义建设；煽动资产阶级右派向党进攻，企图夺权。反右斗争中，在党内走资派的保庇下，抗拒改造，继续放毒，罪恶累累，是敌我矛盾的性质。

我衷心接受革命群众的批判，低头认罪。另作自我检查。下面是我在接受革命群众批判过程中，所记下的对我罪行的揭露，分项加以归纳。

一、极端自私自利的资产阶级世界观和反动政治野心

1. “为个人可以牺牲家，为家可以牺牲党，为党可以牺牲国，为国可以牺牲天下。”——这句话可以表达这个人的极端自私自利、自我中心的世界观。

2. 自我中心极度膨胀，事事想居人之上，处处想扩大自我影响。

3. 不是一般的自私自利，而是已发展成了政治野心家；企图按照个人主观的意志，为反动阶级，去改造社会。为此，制造舆论，煽动群众；游说军阀，献媚列强，不择手段，出卖人民，出卖祖国。是极端的资产阶级实用主义者。

4. 通过学术外衣窃取政治地位，利用政治势力盗取学术地位。以学术服务反动政治，在上层建筑、意识形态领域里占领和维护反动阶级的阵地。

5. 为帝国主义分子称作"没有民族偏见、民族仇恨"的丧失了民族感、爱国心的无耻文人。

6. 下笔轻率，无实事求是之意，有哗众取宠之心。华而不实，脆而不坚。充满了唯心论和形而上学，顺口胡说，瞎吹一通，根本脱离实际。代表了最恶劣的资产阶级文风。

7. 一心想成名成家，老子天下第一；读书做官，骑在人民头上；吹捧拉挤，不惜称胡适为"师"，以耻为荣；留恋"国际地位"，认敌作父。

8. 反动面貌被革命群众揭露后，宁愿遗臭万年，还是死要出名，不惜夸大自己的反动作用，为自己树碑立传。恬不知耻，以此为极。

二、解放前对封建地主阶级的态度

1. 出身于封建地主家庭，政治立场和思想感情一直站在地主阶级这一边。企图为他们找出路，维持他们的利益。预感到地主阶级将要灭亡，农民革命一起来，地主首先会遭殃，所以反对农民革命，反对土地革命，反对武装斗争；主观地提出转变土地剥削为资本剥削的策略，要地主在地租之外，另觅可靠的收入来源，以避免一场革命，称之为“合理的出路”。

2. 说什么农民交纳田租原是依靠旧道德的维持，这个力量一旦削弱，就难于继续。把农民革命说成是共产党挑起的武装斗争，煽动了对地主和收税人的仇恨。

3. 说什么农村里没有地主，农民生活更苦，是“剥削有功论”。

4. 提出唯心史观，把农民的贫穷说成是人口过多、资源不足的结果，主要问题不是在土地权的问题，即土地所有制的问题，用以掩盖地主对农民的残酷剥削。

5. 附和减租减息是想为地主争取喘息时间。

6. 说什么不要把中小地主都看成养尊处优的人，一般地咒骂地主为坏蛋是不正确的，地主和农民在中国是小穷和大穷之别，用以模糊阶级界限。又在调查中把地主和自耕农混在一起，都说成是土地所有者，用以模糊地主和中农的区别。又说什么一个面临饥饿的农村连对高利贷者都没有好处。鼓吹阶级调和论。

7. 要被压迫的农民知足安分，甘受剥削，要地主眼光放得远些，用和平方式解决土地问题，要政府代表地主的利益，发行土地公债，向地主收回土地，分配给农民，使农民得到土地，不闹革命，地主得到资本，投资工商业，发展资本主义。

8. 标榜“合作社”的乡土工业，实际上是地主阶级控制的农村资本主义企业，是为土地剥削转变为资本剥削的一个渠道。

三、投靠和依附帝国主义

1. 是长期在帝国主义文化侵略中培养出来的奴才和代理人。崇拜英美资产阶级的腐朽文化，公开说：“美国之美”，“我爱英国”，丧失了民族立场。公开为美帝排华辩护，说是华工自讨没趣。

2. 为帝国主义涂脂抹粉，说什么美国人具有平等的信念，自由的爱好，美国的统治阶级是人民所组成，为人民服务。美国社会没有阶级压迫。说什么美国的繁荣富裕是从劳动中得来，不是靠掠夺得来，根本不提美国资产阶级是从剥削广大黑人起家和美国人民贫困的事实。

3. 歪曲帝国主义的侵略本性，说什么侵略不是美国的传统，干涉别国内政也不是美国的传统。美国参加世界战争是为了自卫，人家不动手，自己也不会动手。

4. 甘心走殖民地道路，说什么美国要中国富强是可信的，美国要中国成为一个接近美国式的国家，而不是“保护国”。美国将领导战后的世界，对中国前途将起重要作用。

5. 提倡殖民地经济：发展所谓“乡土工业”是为帝国主义提供市场和劳动力，就是“工业美国，农业中国”是亡国路线。公开主张发展轻工业，依靠“先进国家”的重工业。

6. 通过所谓“社会学调查”，为美帝提供中国社会情报，为其侵华政策服务。

7. 一贯配合美帝侵华政策，为其辩护和施放烟幕。为马歇尔假中立真拥蒋、假调停真侵略的政策喝彩叫好，迷惑群众。1946 年钻进昆明美国领事馆乞求庇护，充分暴露洋奴真相。

四、关于“第三条道路”和“中间派”

1. 走的不是中间路线，不是企图在国共之间幻想走一条第三条道路，而是走代表封建地主、买办资产阶级和帝国主义的道路，是蒋介石所走的道路。

2. 在民主革命时期就是反动派，顽固坚持拥护国民党专政，反对新民主主义革命，卫护封建主义。对待封建地主和帝国主义的态度是鉴别的标准。你是企图依靠美帝，替地主阶级谋出路，走资本主义道路的反革命分子。

3. 是混进资产阶级民主队伍的帝国主义代理人，是美蒋派到革命阵营里的反动派，破坏民主运动，使其按对美帝有利的方向发展。

4. 蒋介石是美帝的代理人，你依靠美帝，不可能反蒋；扶蒋反共是分不开的，所谓“靠美反蒋”是不可能的，靠美就必然要扶蒋反共。

5. 表面上赞成民主，民主是假，捞取政治资本是真。

6. 民族资产阶级具有第三条道路的幻想，他们和帝国主义有矛盾，所以有革命的一面。他们是爱国的。你没有爱国心，没有民族立场，谈不上“第三条道路”的幻想。

7. 你不是“民主人士”，因为你对祖国的革命和建设事业没有做过好事。你也不是一般的“民主个人主义者”，而是其中成为美帝第五纵队的这一部分。

五、对国民党反动派的态度

1. 填写过参加国民党反动组织的申请表，在伪中央训练团受过训，而且当过该团的指导员，曾经为人民公敌蒋介石接见和个别谈过话。

2. 为蒋介石反动政权出谋献策，公开说是提供“当局”参考。

3. 为国民党反动政权辩护，说什么国民党政府不是没有农村建设的政策，而是由于国家财力用来打共产党，所以无力实行。

4. 对人民公敌蒋介石根本连小骂都没有骂过。只是恨他断送了资产阶级的地盘，恨他无力，丧失了人心。

5. 鼓吹英美式资产阶级民主、人权、宪法，是为蒋介石搞国民大会，伪宪法的所谓“回政于民”的政治欺骗，鸣锣开道，不是真正想实行资产阶级民主，而是为法西斯披上民主外衣。

6. 鼓吹英美式资产阶级民主实际是用来反对无产阶级专政，拥护资产阶级专政，是为国民党反动派所代表的大地主、买办资产阶级、帝国主义利益服务。

7. 国民党反动派垮台了，乔装打扮，混入革命阵营，企图组织所谓“反对派”、“在野党”，继续进行国民党反动派的反革命活动，是美蒋安排下的第二个班子的组成部分。

六、反对无产阶级专政

1. 解放前一贯宣传资产阶级“民主”，就是拥护资产阶级专政，反对无产阶级专政。解放时，企图搞“反对派”就是反对无产阶级专政。1957年公开扬言担心的是“民主”和“自由”，恶毒攻击无产阶级专政造成政治空气的沉闷，要揭盖子，鼓动右派矛头指向无产阶级专政。要求资产阶级“自由化”，摆脱党的领导。

2. 说什么三反根源是制度造成，学生所受的控制太黑暗，攻击无产阶级专政。

3. 攻击人民代表大会制度，说什么在民主上形式多于内容，先肯定再改造，企图按巴力门改造人民代表大会，污蔑人大代表的发言是鹦鹉学舌，主张办咖啡馆，搞反革命俱乐部。要求大家来挑国家这个担子，否定无产阶级专政。

4. 鼓吹英国式不流血革命，美化资产阶级议会政治，认为是避免革命的保险机构，反对无产阶级专政下继续革命。

5. 反对武装斗争，反对解放战争，污蔑为“以暴易暴”。

6. 鼓吹两党制、多党制，轮流坐庄，自由竞选，主张两院制，进行“和平演变”。

7. 胡说人民代表要打抱不平，为牛鬼蛇神撑腰，自称“人间不平事，争向笔下来”，包公再世，为地主、反革命翻案。

8. 附和储安平的“党天下”，说什么“对毛主席、周总理批评有什么不可以，只是储安平所采取的方式不好”。

9. 胡说什么，党员作威作福的制度造成的。

七、反对党的教育政策

1. 1949年反对院系调整，主张教授治校。

2. 1957年主持民盟高教党委负责制小组起草反对党对高等教育的领导。

3. 公开反对高教党委制，妄称没有法律文件依据。污蔑党委不懂教育，外行不能领导内行。主张组织各种由教授组成的委员会领导学校，实行资产阶级知识分子的统治。

八、反对党的知识分子政策

1. 妄称党不了解知识分子，对知识分子估计不足。

2. 反对知识分子思想改造，说什么思想改造扼杀知识分子的生气，造成学术空气的沉闷。草木不开花由于天气，隐射党的领导遏制知识分子的创造性。攻击“百花齐放”方针。

3. 鼓吹脱离群众，脱离政治，脱离实际，提出“一间房，两本书”，公开提倡白专道路，说什么专靠在运动中冲锋是不行的，好好搞两年，写篇论文，可以当副博士。

4. 反对突出政治，主张业务第一，说什么政治要在业务上表现，为人民服务必须通过业务，思想改造也只有通过专业。

5. 挑拨党和知识分子关系。说什么知识分子是墙外人，党和知识分子之间有鸿沟。

6. 要求资产阶级自由化，主张自由思想，独立思考，污蔑政治学习是看草台戏，剧情看不懂，只看红脸白脸，跟着乱叫。

7. 要知识分子吐苦水，发牢骚，煽动反党情绪，以知识分子的反党情绪作为右派向党进攻的资本。

九、右派向党进攻

1. 解放后，骗取党和人民的信任，窃居重要职位，没有改变反动立场，和党内走资派勾结，阴谋复辟资本主义。1956~1957年国际反动逆流冲荡下，充当反党急先锋。煽动文教界、出版界和地方上的右派分子进行一系列的反党活动。和资产阶级司令部的旧统战部、旧中宣部和北京旧市委都有密切联系，有组织、有计划、有纲领、有路线，进行反共反社会主义的阴谋。抛出反动科学纲领，反对党委领导制。广泛收集黑材料，策划于密室，点火于基层，呼风唤雨，推涛作浪。发出向党进攻的信号，发表“知识分子的早春天气”的大毒草，参加六六的六教授会议，策划夺权阴谋，到旧统战部谈判。错误估计形势，受到革命人民反击后，又发出“五点意见”指使退却，是章罗联盟的军师，是右翼骨干，犯下了滔天罪行。

2. 是右派干将，在民盟连升三级，把守文教部，以知识分子代表人物自居，要和党争夺对知识分子和对文教事业的领导权，把社会主义扭向资本主义。

3. 关键是在夺权，提出反对派、两党制、多党制，“社会主义民主”，复辟资产阶级的议会政治。六六的六教授会议上猖狂到了极端，认为共产党威信已下，要收拾残局。

十、复辟资产阶级社会学

1. 资产阶级社会学根本不是科学，是制造反动舆论，马克思列宁主义的对立面。中国的社会学一直是为反动统治阶级服务的，特别是所谓功能学派是为帝国主义服务的，所谓调查是为帝国主义侵略提供情报。

2. 解放初期，企图保全社会学这个阵地，曾进行串联，抛出纲领。先是美化社会学，把它说成是接近马克思列宁主义的学科，揭露资本主义社会的病态，用以掩盖其极端反动性。后来知道社会学要取消了，就采取化整为零、改换招牌的手法，分成民族、人口、劳工等部分，说什么社会学还有些有用的东西，只要改正观点，充实内容，就可以为新中国服务。还想夺取新阵地，成立社会科学院，把社会学作为各门社会科学的基础课。社会学取消后，不甘心死亡，1957 年阴谋复辟社会学。

3. 复辟社会学是章罗联盟的反革命阴谋的组成部分，不应孤立起来，把性质缩小到一门学科的范围内。

4. 民族学原来就是社会学的一部分，是殖民地社会学。社会学取消后，就用民族学这块招牌隐蔽了社会学。发展民族学本身就是社会学的复辟活动。

十一、反右以后

1. 在走资派的包庇下，1959 年摘去了右派帽子，继续抗拒改造。在困难时期继续放毒，附和“三和一少”、“三自一包”。

2. 1962 年重新占领人民讲台，自称代表三个大右派上课，是向党示威。说什么有雄心壮志，要搞清楚边界情况，为帝国主义分子探险家吹捧。宣传资产阶级研究方法，说什么要广撒网，多捕鱼，要会钻迷宫，鼓吹白专道路。

3. 指导毕业论文，用资产阶级手法拉拢青年学生，请吃南瓜，自吹见过毛主席，出示政协委员证，自以为还很香。

4. 抛出“留英记”这棵大毒草，为社会学翻案，继续招魂。为反动的功能学派续家谱，宣扬英国资产阶级教育制度，鼓吹学术自由，为旧中宣部的高教六十条鸣锣开道。

5. 在神仙会里放毒。

6. 自称反右斗争之后客观条件改变，不能反革命，是假投降，逆来顺受，在不利情况下忍受中求重生，准备有朝一日，重新出山。

十二、对文化大革命的态度

1. 说什么“如果没有那一次反右斗争的教训，这次文化大革命里逃不了斗争重点。”“1957 年犯了错误，接受了教训，才免于犯吴晗这样的大错误。”“如果不是 1957 年被揪出，这次将是我而不是吴晗。”

2. 受到冲击后，把文化大革命看成漆黑一团，生命都没有保障。

3. 文化大革命初期看到大字报时说“苏克勤过去整我，现在轮到自己头上，此时此地他不知作何想法”。幸灾乐祸，企图为右派翻案。

4. 看了揭露旧统战部投降主义路线后说，“他们要我放，我犯了罪也不理解，别人把我推到第一线的。”企图为自己右派罪行翻案。

5. 提出什么十六字口诀：“逆来顺受，躲风避雨，少惹是非，力求自保。”这是放的烟幕，想蒙混过关。

6. 在院集训队里利用自己检查放毒，说什么刘邓势力大,是实力派,我起初看不清两条路线谁胜谁负。又说什么,读到巴黎公社的历史,担心这次文化大革命也不会成功。

7. 背诵“纪念白求恩”时,歪曲毛主席著作。

8. 说什么集训队是避风港,生命有了保障。

9. 听到反周总理的逆流时说什么还有第三司令部。

10. 反对集训队,说什么整天关起来,不能解决思想问题。

11. 大雨淋透回来,从容闲步,表示没有关系,暴露了破罐破摔的情绪。

12. 交代写得很多,是一种手法,为自己反动的一生树碑立传,说是自己的历史搞不清楚,死不瞑目,又说自己是历史的牺牲品。

13. 交代著作时,列了三十本,从十三岁开始,自鸣得意。留恋自己的反动学术地位。

14. 交代检查,像是局外人,没有痛恨自己的罪行,流露出代人受过的情绪,企图翻案。

十三、教训

1. 敌人是不会自行消灭的,不会自行退出历史舞台的,一直在估计形势,一直在想捣乱,反映了阶级本能。

2. 不能忘记阶级斗争,两条路线的斗争。敌人不会甘心失败,必然要进行垂死挣扎。

3. 阶级斗争的中心是一个权字,一切是为了夺权。

4. 走资本主义道路必然要走上殖民地道路,勾结帝国主义,适应帝国主义的需要。

5. 在无产阶级专政下，资产阶级阴谋复辟必然要找党内的代理人，党内走资派是资产阶级右派的总后台。

6. 反革命也要抓上层建筑，抓意识形态，所以一定要争夺文教阵地，要复辟资产阶级社会科学，为复辟作舆论准备。

7. 收罗牛鬼蛇神，扩大复辟资本主义的社会基础；争夺青年一代，为资产阶级培养接班人。

8. 反动的、腐朽的没落阶级总是错误地估计形势，革命深入一步，就有一部分自己跳出来，成为可耻的失败者。

9. 剥削阶级培养出来为它服务的知识分子，进入社会主义社会必须经过工农兵的再教育。立场、世界观不彻底改造就会堕落成反革命分子。①

这份文字材料，集纳了费孝通在“文革”初期的革命大批判阶段上、在一次次批斗会上的“口诛笔伐”中被“革命群众”认定的“罪行”。费孝通当然不会真心认为自己就是这样的罪行累累，但他没有反抗的余地。

多年以后，费孝通说当年那段经历使他加深了对人的认识和了解，看到了真正的人。他说：“在那个时期我在社会上是个打入另册的人。人们不必再对我装腔作势。他们不必对我弄虚作假。他们不必把我放在眼里，所以我可以容易看到他们的真相。……有的人虽然在会上斗我，但是我明白他们继续对我同情和理解。有的人就不然，幸灾乐祸，甚至还要投井下石。他们

① 录自费孝通保存的“文革”检查手稿，尚未公开发表。

对我表现了真正的面目。我变成了个旁观者,那是很有意思的,因为在观察别人的过程中也有机会观察自己。”①

三、干校生活

中央民族学院在“文革”初期的大批判运动告一段落之后,“整个学院被送往五七干校”。干校的地址是湖北汉口地区的潜江沙洋,校址是一个先前的劳动教养农场。费孝通在这里开始了他一生中仅有的一段基本上作为一个体力劳动者的生活。费孝通说:“在五七干校里我们的生活条件实际上改善了,但我们智力衰退了。在那里智力有什么用处?一天接一天就那样过去。”“在那里我成为一个相当好的劳动者!我学会了怎样盖房、种棉花、烧饭。但是我没有目的地生活着。在劳动中可以不展望,不回顾,可以随时强自取乐。当你累的时候休息一会儿,抽一支香烟,那时会觉得很舒服。但是没有希望。我们和外界隔绝,一点也不知道会发生什么事。”②

一个具有国际影响的学者,不得不成为一个体力劳动者,并且处在一个与外界隔绝的环境里,他慨叹“智力有什么用处?”却没有放任自己沿着失意、茫然、沮丧、混乱、绝望一路沉沦下去。在日复一日的农事劳作中,他逐渐调整心情,恢复了积极主动的精神状态,成为一个保持着乐观情绪、保持着智力活动的体力劳

---

① 费孝通著:《从实求知录》,北京大学出版社 1998 年版,第 479 页。

② 费孝通著:《从实求知录》,北京大学出版社 1998 年版,第 474 ~ 475 页。

动者。这可以在费孝通的《干校家书》(1969～1971)中得到充分的印证。

费孝通在干校期间,经常写信给北京的长兄费振东。这些信件中被保存下来并已公开发表的有22封,[①]成为了解费孝通干校生活的重要史料。

在积极和乐观的心情中,费孝通认为,趁筋骨还健康,还能劳动,多去体验体验中国最大多数人的生活,会有呆在城市里体会不到的好处,会比在学校里有更多机会接触社会和人心。费孝通在《干校家书》里说:"……拖拉机日夜在大片地上转动","百多人一小群一小群地散布在广阔平整的田野里,这一切都给人很新的印象,胸襟宽畅。"[②]"在旷野里劳动时,呼吸万里,感到人生很真实。密集的团体生活对人的表现也容易体悉,深刻得多,是活小说,较之旧生活似乎更有意义。还有,这里究系斗争前线,虽则不能了解底细,但总的变化,时代的脉搏跳跃地清楚,反映得快,各种人物表现得精彩。尽管我没有文艺修养,观察力不强,表达力更差,但对自身的领悟上常有可喜之处。"[③]

根据《干校家书》的记述,费孝通在干校经历过的劳动工种有盖房子、洗石灰、守仓库、开沟平地、种棉花和玉米、放羊、看

---

① 《干校家书》的首次公开发表,是在群言出版社1996年出版的《乡土足音——费孝通足迹·笔迹·心迹》一书中作为附录同时出版。

② 张冠生著:《乡土足音——费孝通足迹·笔迹·心迹》,群言出版社1996年版,第329页。

③ 张冠生著:《乡土足音——费孝通足迹·笔迹·心迹》,群言出版社1996年版,第361～362页。

青、帮厨烧饭、分发报刊等等。其中仅种棉花一项，又有种植营养钵、大田补种、间苗、定苗、除草、松土、打药、打枝、打叶、收棉等。费孝通描述这些劳动场面的乐观笔触，使人有理由相信，体力劳动不再使他觉得是受罚、挨整、不可忍受，倒是让他有一种接触并进入新生活的愉悦。“自己挖的井，已经供水，自己喝上了。自己修建的房子部分也已经有人入住”，费孝通从中享受到了“立竿见影”的劳动快乐。[①] 在盛夏摄氏四十度的气温里，他觉得在大田里干活比闷坐屋中还要爽气些。“汗反正不断，茶水送到田头，周身汗洗，想来是健身良方。‘短衫汗透迎浆水’更觉切情了。”[②]举一反三，体力可以跟得上的其他劳动，也无不具有“健身良方”的效果，使费孝通乐此不疲，露在衣衫外的皮肤晒得黝黑，他自己形容“如非洲人士”。自嘲当中，也可体察到借助劳动成果而自我嘉许之意。即使是提水和泥、抟土做灶，他也从土作手艺上体会出了类似早期人类制作陶器时的喜悦心情。下面一段文字，是费孝通在干校时期工余生活的一个侧面：

> 这个假期过得很容易，也很零散……一事接一事，并无章法，随着客观要求而转动。一时有人来了，一时又要吃饭、撒尿等。一时房里挤满了人，一时又“叫叫”一吹，集合去看什么什么的。这样的生活如果没有主观上要做的事，

---

① 张冠生著：《乡土足音——费孝通足迹·笔迹·心迹》，群言出版社 1996 年版，第 317 页。

② 张冠生著：《乡土足音——费孝通足迹·笔迹·心迹》，群言出版社 1996 年版，第 339 页。

确是另有风味……

有人去沙市，买来了一副围棋，这就把土棋子排斥了。自力更生解决了过渡时期的需要，可是用土制器之风却兴了起来。昨天我又做了一个土炉子，土里和了猪毛，是前几天宰猪过节的副产品。从土作手艺中体会到早期文化的喜悦心情，关键是在土加水，具有可塑性，土加太阳可以定型，土加火就可以牢固……

泡制的药酒，相当成功。八毛多一斤的普通白酒，加枸杞和橘皮和糖，经过一个月，很香。喝了首先觉得通胃气，很适口和舒适……过节买得高级烟台葡萄酒，色淡白，很纯，价是二元多。只是人多，一人一口就成空瓶，可惜的是识货的不多，辜负了制酒人。泡制的药酒，一斤已毕，一半是别人喝的，有一杯是昨天插队时的主人来访时喝的，他却是个识货的人，真正劳动人民，懂得分量。①

费孝通曾经感慨，“干校生活中的片段，别的时代的老年人是享受不到的。”②他甚至产生了“长久打算”的想法，“觉得这里的生活确是不坏。劳动上大体可以赶得上，一般已不觉得十分疲乏，当个小工，当个半劳动力，看来是还够条件。再锻炼一个时期，可以达到靠工分过半自给的程度。颇有长期打算，终老是

① 张冠生著：《乡土足音——费孝通足迹·笔迹·心迹》，群言出版社 1996 年版，第 322 页。

② 张冠生著：《乡土足音——费孝通足迹·笔迹·心迹》，群言出版社 1996 年版，第 352 页。

乡的意味。”有了这种想法，费孝通有意增加生活内容，例如绘画。他写信托付费振东在北京为他买一些必备用品，并具体说明“买写生板和写生本，像五分簿那么大就行。再买几支4B的软铅笔和小学生用的一套颜色铅笔，一块好橡皮。”费孝通希望绘画能成为他的“一种老年自娱之道”。他说：“默察自己，耳朵不灵，声韵之道无缘，但于形象色彩还有一定想象力，不妨发展一下。这里乡村生活，接近自然，颇能引人入胜。先写生，再创造。用最简单的铅笔来表达，也符合当前条件。”①

在干校的生活中，费孝通以积极的心态体会到不少惬意之处。但干校毕竟是个政治性的所在，不是世外桃源。有过一个时期，“劳动也少了，主要时间是用来搞运动。中心是抓‘五·一六’，自从传达‘一·三一’指示后，更增加了内容，是二反一打，二反者反贪污、反铺张浪费，一打是打倒一切反革命分子。……大检举、大揭发……大字报、小字报、凑材料、讨论、批判，从早到晚都安排得结结实实的。”②费孝通描述自己在“运动”中的表现和感受说：

运动是在大揭发阶段，我由于当时在牛棚，对“五·一六分子”的活动接触太少，实在不知道情况，所以只能对已经揪出的人，打打落水狗，说些大道理，也写写评论，如敦促

① 张冠生著：《乡土足音——费孝通足迹·笔迹·心迹》，群言出版社1996年版，第330页。

② 张冠生著：《乡土足音——费孝通足迹·笔迹·心迹》，群言出版社1996年版，第324页。

知情人赶快揭发等等广播稿。总之，也投身在阶级斗争里，在实践中学习，对我来说确是必需的教育。实践才有体验、观察各种人物的思想感情，机会难得。

运动中应有的节目还是按客观规律进行，比如，有人焚烧信件，被抓住，斗了一阵。重申了所有人一切信件都不准销毁的纪律。有人自杀，没有死就得斗一阵，这些已经不觉得新奇了。政治生活中正在养成一套习惯，要死要活地斗了几次，也就习以为常，除了少数“尖端”，其余的还是一起生活，一起劳动。……现在我们还处在一个新时代的开始，不免要受到一些意外的冲击和不太习惯的经历，多注意一些也是必要的。以整个人类历史来说，十年二十年……到一万年还是很短的时期。封建主义搞了有几千年，资本主义搞了有几百年，每个时代的开始，政治斗争的方式不都是很不“习惯”的么？①

22 封《干校家书》中，有 14 封都谈到了当时的政治运动。这可以从一个侧面反映出干校生活中政治因素的充斥。“……一个高潮接一个高潮，从大揭发之后要大批判……经常要开讨论揭发会、写大字报、抄写大字报、听报告、参加斗争会、写广播稿等等。还要加上学习、批判极左思潮（先验论、阶级斗争熄灭论

① 张冠生著：《乡土足音——费孝通足迹·笔迹·心迹》，群言出版社 1996 年版，第 350 ~ 351 页。

等等),要写体会、讲用。”①

费孝通在干校时曾当过“邮递员”,分发连队的报刊,加上有时听传达报告,得以了解外界时局,并在家书中有不少妙论。费孝通对于国内政治和国际时局的议论,成为《干校家书》中值得细看细品的重要部分。

如对“乒乓外交”及其国内影响的分析——

> “乒乓外交”的背景也比较明确了,主要是在增加对“西方”的接触,看来是会很快增加起来,这是一个意味深长的斗争。由于这个新形势,国内的各方面都会起很大的影响,其中也就包括了像我这一类人的处理、对待和使用的问题。再配合了“出版”方面透露出来的要求,对知识分子、文化事业都得有一系列具体的政策。有一句话很令人深思,“封是容易的,启封却困难了”。……我自己的思想却是“此间乐,不思蜀”,这里的日子实在好过。如果大多数文化人士俱有此想法,那就是个很大的问题了。怎样扭得过来,我还看不清楚。②

如对“乒乓外交”所牵动的世界格局中“新三国演义”大势的把握——

---

① 张冠生著:《乡土足音——费孝通足迹·笔迹·心迹》,群言出版社1996年版,第353页。

② 张冠生著:《乡土足音——费孝通足迹·笔迹·心迹》,群言出版社1996年版,第354~355页。

天下大势逐步显形，在我是远交近攻，抑敌于苗。前指美苏，后指日本。对方是远围近吊，以共制共。前指苏印日的联合，而美退居后方。后指美欧合作搞东欧，用中国牵住苏修。此乃最近显形的大略。三国都感孤立，都感压力，都出于不得不突破现状。一时频传头条新闻。……

新三国演义中，我占人，苏占地，美占天。天者历史之余威。地者背靠地极，出可攻，退可守。人者意识形态的先进。三者各有所长，骄者败。最近十年中风云变幻当层出不穷，大有可观。①

中美首脑会晤事引起此间不少议论……其间小波折不会少，但五月为期，如推迟，尼克松下届总统就当不成。看来基辛格的"胃病"经过扎了一针，也就可以止住。病痛移到了勃老的头上。柯西金草原骂街，铁托翘翘尾巴，看不出克里姆林宫有什么牌好打。这一回书已交代明白，扬基失了东南亚，又赔上一个台湾，北极熊孤立得发慌，有点热石头上蚂蚁。东方出了巨人，急得周围小百戏团团转。现在是要看下一回。②

又如对"国家"的认识和对政府机构、公务员制度改革的预

---

① 张冠生著：《乡土足音——费孝通足迹·笔迹·心迹》，群言出版社1996年版，第364～365页。

② 张冠生著：《乡土足音——费孝通足迹·笔迹·心迹》，群言出版社1996年版，第381～382页。

见——

我们正在读《国家与革命》。我想到一点：国家这个寄生虫确是很伤元气的。“国家”在马克思、恩格斯是指这一批吃白饭压迫人的人，有阶级斗争就得有人吃白饭压迫人。至于哪个阶级压哪个阶级那是另一件事，反正有斗争就有暴力，就有行使暴力的人。这些人就得吃白饭，而且要吃得比别人好些。吃白饭就是不事生产也。这种“国家”应当消亡，也一定要消亡，而现在还没有消亡……

想一想是很惊人的。每年学校里毕业的人都有分配工作，都成为“干部”，如果“干部”是吃白饭的寄生虫，这个国家机器就会不断庞大，庞大到不能生存下去。有饭大家分来吃的办法，也就是冻结工资和维持低工资的办法绝不是久长之计。这个问题不解决，领导人实在难于安睡的。[①]

林彪事件发生后，费振东写信给费孝通说到此事。费孝通在干校也听了“传达”，他在回信里说：

无声中隐着巨雷，使人纳闷。雷声一响，也就开朗了。回想几年前的妄测竟其落实，天下事凶吉有兆。定时炸弹自我爆炸早在“政变论”中伏写杀机，这不是事后诸葛亮，我

① 张冠生著：《乡土足音——费孝通足迹 · 笔迹 · 心迹》，群言出版社 1996 年版，第 376 ~ 377 页。

们不是早就见到了的么？但是事物发展得如此迅速和鲜明，却是预料所不及的了。看来现在一切事物都是“浓缩”了，过去要十年百年才完成的过程，现在几年几月就够了。

话还是不必多说了，还是争取多活几年，多看看这个急速变动着的世界吧。[①]

费孝通身在五七干校，远离政治社会中心，但“中心”地带发生的事情仍在他关注和思考当中。他没有条件在大众传媒上纵横捭阖，似乎也不大有心情和干校同人们谈。[②] 他想找最能听懂他的话的人去说，当时又要能够找得到，《干校家书》就成了他表达对时局的观察和思考的方便之门。他想起解放前写时政评论的日子来，“过去靠评论吃过饭，养成了对会发生什么事的猜测，猜对了沾沾自喜。现在觉得大可不必，猜对了又怎样，猜错又怎样。很多事根本不了解，猜测也是自作聪明而已。”[③]文辞中不无落寞。

费孝通的家乡祖居之地，有一所远近闻名的“退思园”，是清朝光绪年间一位官员退职回乡所建的私家园林。据说园名是取

---

① 张冠生著：《乡土足音——费孝通足迹·笔迹·心迹》，群言出版社 1996 年版，第 371 页。

② 张冠生著：《乡土足音——费孝通足迹·笔迹·心迹》，群言出版社 1996 年版，第 328 页。费孝通在《干校家书》的第 4 封说：“最感不足的是往来多是些无法多谈的人。整天如此，早晚如此，未免寂寞耳。”

③ 张冠生著：《乡土足音——费孝通足迹·笔迹·心迹》，群言出版社 1996 年版，第 376 页。

"退则思过"的意思。在干校期间,费孝通也萌生"退"意,请费振东为他留意退路。在家书中,他表示希望离开中央民族学院,找一个类似兄长在全国政协文史资料编辑组那样的闲差。费孝通在干校的诗作中有一首绝句:"一夜北风雨意收,陌头野芙艳三秋。草木无情花何妍,村鸡啼处月如钩。"他借后一句写自己的想法说:

> 村鸡啼处,可不要忘记月亮是该下落了。我们所代表的这个历史阶段该是结束了,所以必须回到十全街的小厅里去,即使有一些寂寞……
>
> 提出文史资料的用意是深远的,看来还会提。人又死了一批,资料更亟待留下。……如果有人,适当的人在适当的时刻,提一提我的名,有可能找到这一个可以呆一二十年的"居"。不是想有什么表现,而是为了求一个像你一样的生活条件。不是进,而是退。有这一二十年也许还可以从从容容地读读自己心爱的书。[①]

费孝通的退意不是一时冲动。以其一向好为人先的性格,岂肯甘心"此生休矣"?但要见用,总要具备时代条件。费孝通知道条件不再,话也沉重。他说:

---

① 张冠生著:《乡土足音——费孝通足迹·笔迹·心迹》,群言出版社 1996 年版,第 368 页。

回想解放后，是“用”过的，五七年前可说重用，结果不好。五七年后也用，是用“一技”，多少做一些事，但这实在非我所长，别人也能做，做得可以比我好。今后如何用法，有点茫然。长在何处，心中有数，但此长也不够长，可以变成短。已没有二十年前之劲，希望不必再用……①

说得大一些，这个战国时代，原本是苏秦张仪之流的大好舞台，但一个人应有自知之明，而且苏张的结局也是个历史教训，让别人去担当这个角色吧。五七年这一步是祸是福，实在难说了，现在已是七十年代。二十年的时光不能说没有一些增益，但离那种人物的条件已经遥远了。草木本无情，说它艳，说它妍，还不是别人的事，于己何关！艳、妍和丑、恶是一事也。②

四、“我看人看我”

费孝通说他从干校回北京是在1972年，冰心在一篇文章里说是1971年。她说：“1971年8月，因为美国总统尼克松将有访华之行，文藻和我以及费孝通、邝平章等八人，先被从沙洋干校

---

① 张冠生著：《乡土足音——费孝通足迹·笔迹·心迹》，群言出版社1996年版，第361页。

② 张冠生著：《乡土足音——费孝通足迹·笔迹·心迹》，群言出版社1996年版，第368页。

调回北京民族学院,成立了研究部的编译室。我们共同翻译了尼克松的《六次危机》的下半部分。接着又翻译了美国海斯·穆恩、韦兰合著的《世界史》,最后又合译了英国大文豪韦尔斯的《世界史纲》……那几年我们的翻译工作,是十年动乱的岁月中,最宁静、最惬意的日子!我们都在民院研究室的三楼上,伏案疾书……那时候我们的生活规律极了,大家都感到安定而没有虚度了光阴!现在回想起来,也亏得那时是'百举俱废'的时期,否则把我们这几个后来都是很忙的人召集在一起,开翻译这一部洋洋数百万言的大书,也不是一件容易的事。"[①]

根据费孝通《干校家书》第15封所述,"这次轮换,没有我在内,有吴老夫妇。最初可能有我,后来发生变化,变化原因不明。""昨天宣布了调动名单,我不在内。"[②]这封信的书写时间,据费振东之子费皖考证,是1971年8月,与冰心所说返京时间相同。看来可能是冰心只知"最初",不知"后来发生变化",所以误记了时间。费孝通比"吴老夫妇"晚回北京,除去这封信的记述,还可得到旁证。费孝通后来回忆他从干校回京后和吴文藻、冰心一起翻译书的事说:"我和吴文藻、他的妻子等人组织成一个翻译组,用了一年多时间把两部世界史翻译成中文。"[③]他说的是《世界史》和《世界史纲》,表示前者是自己大学时的历史课本,后者是平生爱读之书,但他没有提到过《六次危机》。这可能是在

① 《燕大文史资料》第二辑,北京大学出版社1991年版,第172~173页。

② 张冠生著:《乡土足音——费孝通足迹·笔迹·心迹》,群言出版社1996年版,第362页、362页。

③ 费孝通著:《从实求知录》,北京大学出版社1998年版,第475页。

费孝通比“吴老夫妇”晚回北京的那段时间里,《六次危机》已经译毕,费孝通没赶上参与该书译事。

费孝通的老朋友、美国哈佛大学教授 J. K. Fairbank 曾在 1972 年 5 月应周恩来邀请访问北京。他在自传里记述了在北京见到费孝通的情况——

> 在北京大学校长周培源先生为我们举行的首次晚会上,乔冠华不期而至,并对我们的来访表示热烈的欢迎。
>
> 在那次宴会上,我们还见到了我们的老朋友,社会学家费孝通,他刚从干校(“五七”干校)回来,他说他在那里学会了种棉花。他又挽起衣袖,指着那结实的手臂说,这都是给站在墙上的泥瓦匠抛砖的时候锻炼出来的。他的声音压得很低,因为据说有人通知过他不准用英语与我们交谈。后来我们访问了他所在的民族学院,但他一句话也没有说,学院的负责人是一位对民族学一窍不通的军宣队长,他略带夸张地向我们介绍了院里的情况。这时我们才意识到,我们这些教授朋友仍然未完全摆脱控制,至于允许他们参加我们的欢迎会不过是对少数几个人的恩赐罢了。[①]

美国朋友体察到了费孝通这样的知识分子在当时“仍然未完全摆脱控制”的处境,感到惊讶。费孝通认为他们并不可能完全理解自己那时的处境。他说:“所有的人都了解部分的处境,

① 《费正清自传》,天津人民出版社 1993 年版,第 528 页。

但他们没有可能全部地理解这种处境。这是不合于外国头脑的情况,他们不可能理解,而我们不知道怎样去表达它。甚至现在也很难表达、解释那一时期的心情和实际生活。那是很不容易,非常特殊。那是最不寻常的生活。”“我仍不认为毛泽东发动‘文化大革命’没有某种确定的、真正的远见。他企图做某种很深的事情,但是失去了控制。他想要解决的问题并未解决,反而引起国家的重大损失。”①

Fairbank 是著名的中国问题专家,费孝通的老朋友。他指导的一个博士生 R. D. Arkush 所作的学位论文选题是关于费孝通和中国社会学的研究,当时已经完成初稿,题目是 *Fei Xiaotong and Sociology in Revolutionary China*。依照常理,Fairbank 这次访华时见到费孝通,会很自然地谈起这篇论文。事实上他没有对费孝通谈这件事。这位哈佛大学教授是美国自由主义知识分子的一个代表人物。1950 年代初期,以迫害有亲共倾向的知识分子为主旨的麦卡锡主义在美国横行一时,Fairbank 也被指控“亲共”,被朋友和同事揭发,尝过落井下石的滋味。他显然更能体恤费孝通当时的处境。为了免去麻烦,美国有人为费孝通树碑立传的事当然是不说为好。

此事过去不久,费孝通还是听到了传说,得知哈佛大学有人写出了他的传记。随后消息得到证实,他收到一个来自美国的邮包,里面是那本传记的初稿打印本。费孝通描述他当时的心情说:

---

① 费孝通著:《从实求知录》,北京大学出版社 1998 年版,第 476~477 页。

杯弓蛇影，令人心悸。……当时我的心情凡是受过和我相同经历的人是可以想象得到的。“树碑立传”，罪恶滔天，何况又是出于洋人之笔，其祸大矣。我提心吊胆地过了一阵，没有人来追究，总算混了过去……

这本传记稿本我曾偷偷地读过几遍……这个稿本引起我的兴趣的倒是在别人笔下看到的“自己”，看到了人家怎样在看我，经历了多年的“批判”，读到此稿，真是另有一番滋味。什么滋味呢？我明白了为什么儿童们喜欢花了钱去“大世界”照哈哈镜。我后来曾把这种滋味写信告诉一位蛰居多年比我年长的朋友。他在复信里引了李白的一首诗：“众鸟高飞尽，孤云独去闲。相看两不厌，只有敬亭山。”鸟会飞，云会去，一生的事迹，却和敬亭山一样是客观存在的，丑恶的抹不了，秀丽的也搞不臭。童叟相加，境界始全。①

1980年，费孝通访美，Arkush得以与费孝通相见。他带着大包的资料，包括传记原稿和费孝通外祖父早年的著作，表示有一系列问题要请费孝通解答。费孝通的反应显然出乎Arkhsh的预料，关于传记内容真伪的问题，他一概没有作答。Arkush一时不大能理解费孝通的意思，当时不免有点扫兴。后来，他接到了费孝通的一封信，主要内容如下：

① 费孝通著：《逝者如斯》，苏州大学出版社1993年版，第178～180页。

阿古什教授：

最近我去日本访问，住在国际文化会馆。有朋友从该会馆的图书馆里借到你所写的那本关于我的传记给我看。我就在旅途中把这本书读了一遍，得益匪浅。一个人很少有机会对自己的一生作一次全面的回顾，你给了我这样的机会，不能不向你表示感谢。长得不那么好看的人，不大愿意常常照镜子；但照照镜子究竟是必要的，不然怎样能知道旁人为什么对我有这样那样的看法呢？

你当然不会忘记，二年前，你特地从 Iowa 开了半天车到 Chicago 来看我。我当时怎么会不明白你的心情，但是你却可能还不一定能理解我为什么不愿意答复你提出的有关这本书里的许多问题。我记得很清楚，我曾对你说："我将以一个历史学者来对待你和尊重你，不把你看成一个新闻记者。"我对一个历史学者的要求是要他靠自己的本来去找材料，并断定材料的真伪和取舍。……我也考虑到，如果我替你校核书中的记事是否确定，那就会渗入我对我自己的看法，而且会使你处于相当窘的地位，那就是，如果我说了一些和别人所说的不同的话，你相信我说的呢，还是相信别人说的？再进一步，你写的传又怎样和我可能写的自传相区别呢？所以最好还是采取我当时所采取的态度，我曾把我和你在 Chicago 见面的事告诉了 Wilma，她认为我这样做是对的。

我也告诉了她我对你这项研究工作的评价，我祝贺了 John 培养出像你这样的一个学者。他们可能已经把我的话告诉过你。今天你这本书已经出版，我可以直接告诉你了。你这几年刻苦用功，认真为学，收到了很好的成果，你达到了我认为一个历史学者应具的水平，而且我认为这是得来匪易的。你能读懂我所写的书和文章，一个外国学者能做到这一点，不下多年的工夫不成……

我不应当对你所写下的对我这个人的评价再作评论。我必须尊重每一个认真研究过我的学者对我评论的权利，而且应当从中取得教益。如果容许我说一句表达我内心感受的话，我想说，不少地方你对我是过誉了。“过誉”是说，你对我的评价比我对自己的评价偏高了一些。这也好，我还活着，把过誉的部分作为对我的鼓励，在今后的日子里补足就是了。你对我的批评，所指出的缺点，我认为是恰当的。

费孝通

1982年4月26日

Arkush说他从信里完全理解了费孝通的用心。他把出版不久的 *Fei Xiaotong and Sociology in Revolutionary China* 一书邮寄给费孝通。费孝通把他写给 Arkush 的这封信全文工工整整地抄录在这本书扉页的后面，满满两页，很是好看。

第十二章

第二次学术生命

社会学在中国是1952年中断的，到1979年才重建。我是在1957年被打入另册，到1980年才正式“改正”，重被别人作为正常的人对待。在这样长的一段时间里，我在时代的急流里抬不起头来。更可怕的是失去了精神支柱，对自己矢志要在这生中追求的目标从模糊到幻灭。“士不可夺志”，而我的志被夺走了。……

……二十多年的阴影我是把它埋在心底里了。

……我下定决心，要用最后的十年追回失去的二十年。身子是过得有点紧张，但我不能再辜负生命的最后一段了。人称晚节，人叫它最后的机会，是表白自己究竟是怎样一个人的最后机会，是回偿一生得之于亲人、得之于社会的最后机会。

费孝通:《社会学文选》序(1987)[1]

① 《费孝通学术精华录》,北京师范学院出版社1988年版,第43～44页。

一、复　出

在《费孝通学术历程与著作提要》[①]中，用于记述费孝通在1957年的学术活动与著述的文字为2000余字，用于记述费孝通从1958年到1977年间情况的文字仅1350余字。

这个强烈的反差中，是费孝通学术生命中长达二十年的可悲空白。

这段不堪回首的空白，出现在费孝通从48岁到67岁之间。

比起费孝通熟悉的储安平、潘光旦、曾昭抡、吴晗等死于文革时期的良师益友，比起费孝通熟知的傅雷、老舍、邓拓、翦伯赞这些在文革中衔冤自尽的知识分子，费孝通应该算是幸运者。他看到了"四人帮"的倒台，等到了"文化大革命"的结束，读到了决定对他的"右派"问题予以彻底改正的中共中央1980年60号文件，获得了第二次学术生命。

1976年，是中国在一系列重大事件中发生历史转折的一年。1月8日，周恩来病逝；7月6日，朱德病逝；9月9日，毛泽东病逝；10月6日，以华国锋、叶剑英、李先念等为核心的中共中央政治局采取断然措施，对江青、张春桥、姚文元、王洪文实行隔离审查。至此，"文化大革命"结束。

---

① 《费孝通学术历程与著作提要》为费孝通指导的博士生丁元竹的博士学位论文，被收入北京大学社会学人类学研究所潘乃谷、马戎主编的"社会学人类学论丛"第1卷《社会研究与社会发展》（全三册）的"附录"部分。该书由天津人民出版社于1996年8月出版。

1977年2月24日，由邓小平主持的全国政协五届一次会议在北京举行。费孝通出席了这次大会。他在《民族研究向前看》一文中记录了他在会上经历的一个场面：

> 政协大会在人大会堂开幕那天，我在主席台前走过，偶一抬头，迎面冲着我的是一张那么亲切、熟悉、爽朗、热情的笑脸。两人相对凝视了一刹，我刚刚把手伸向对方，他却顺手一拉，紧紧地把我抱住，一对白发老翁搂成一团。这种在这样的会场上不常见的场面，顿时引起了周围一阵会心的欢笑。紧搂着我的不是别人，是阔别多年而常常怀念在心的一位少数民族朋友，来自云南的彝族张冲同志……三十年前我在昆明教书时，鼓励和支持我参加反对国民党发动内战的民主运动的朋友中有他；二十年前我到云南去进行少数民族社会历史调查时鼓励和支持我的朋友中有他。林彪、“四人帮”这一伙猖獗的时候，我常惦记他而消息不通。久别重逢，百感交集，共同的经历把我们紧紧靠拢在一起。①

这可能是费孝通自“反右”以后在这类大型的重要场合首次公开露面。

在这一时期的中国报刊上，可以读到大量的讲述久别重逢的情景和感受的文章。久别重逢，成了当时人际交往中的一个突出主题，人们为之感动，欣慰，振奋。他们重逢的不仅有故交

---

① 《费孝通文集》第7册，群言出版社1999年版，第177页。

老友，还有久违的人伦关系、正常的社会秩序和应有的工作条件。

费孝通走出了二十年之久的学术沉寂状态，学术界的有关刊物开始又有了他的声音。《中央民族学院学报》在 1977 年第 2 期发表了他的文章，《蓄意歪曲，无耻篡改——批判江青“‘母系社会’就是女人掌权”的谬论》。这个标题透露出一个信息，费孝通已经走出多年来只能作为一个被批判者的历史阴影。尽管该文有关“无产阶级专政下继续革命”、“两个阶级”、“两条道路”、“两条路线”之类的表述还带着文革的烙印，文中“我们这些从旧社会过来的人”、“更好地接受思想改造”[①]之类的话还带着心中的余悸，但毕竟标志着费孝通的个人命运正在发生着历史性的变化，噩梦醒来是早晨。

1977 年岁尾，费孝通听到了成立中国社会科学院的消息，他感到兴奋。他给当时负责该院筹建工作的胡乔木、于光远写了一封四千余字的信，表示“社会科学院的成立激动了我们一般社会科学工作者无限的期待”，并联系自己在中央民族学院参与编印《民族问题资料摘译》工作的感受“略抒所见，以供采择”。

费孝通提出了一个急需有关部门和领导人考虑的重要问题，即“为被四害封闭得窒息的人们打开一点小窗户，通通气”。可以说，他已从一个学者的角度考虑到，在“知识越多越反动”的荒唐岁月过去后，将出现全社会对知识和文化的强烈需求。这该是许多有识之士的共同看法。1978 年 1 月 7 日的《人民日报》

① 《费孝通文集》第 7 册，群言出版社 1999 年版，第 189 页。

对北京图书馆开放“文化大革命”时期禁书的报道，[①]这一年里中国许多城市的新华书店门前常见的购书长队（甚至是连夜排队），说明费孝通所提问题符合民意。

在这封信里，费孝通还提出了几个希望。一是对《民族问题资料摘译》这类刊物给予支持，充实力量，改进条件，扩大服务面，还可在此基础上编辑各学科的小丛书，公开发行，普及知识；二是及时成立对世界各地区民族的历史、地理、社会、文化进行综合研究的中心机构，把这看成是社会科学今后的发展方向之一；三是应该明确今后一个时期的民族研究工作中“许多值得我们重视的问题”，如多民族地区经济发展水平的不平衡，各民族特点研究和类型研究，汉民族由许多民族融合而成的过程的研究，边疆地区的少数民族问题研究等等。在信的末尾，费孝通写道：

> 其实整个社会科学理应担负起当前世界范围阶级斗争中在意识形态领域里的战斗任务。最近学习了《人民日报》关于毛主席三个世界划分的理论的文章，更明确了这个任务的急迫性。联系到近年来从我所接触到的访华的外宾所了解到的当前各国知识界思想混乱的情况，大有我战国时代百家争鸣的端倪。这正是为无产阶级思想战线上的指挥员安排下的一个大有可为的舞台。在这里不由得不想起毛

① 这则报道说，在这次开放的文革时期的禁书中，自然科学技术方面的书刊已经全部提供借阅；社会科学方面的书刊除部分提供有关参考外，都已开放借阅；文学方面的中外名著也大部分开放借阅。

主席的话来:“他们凭借这个舞台,却可以导演出很多有声有色、威武雄壮的戏剧来。”社会科学院的成立激动了我们一般社会科学工作者无限的期待。

阔别多年,未免疏隔。岗位工作又使我们联系了起来。旧相识还应重新相认,取古人以文自见之义,特附上《摘译》9 期各一份,其中(4)“译后”及(9)“提要”是我这年里所写的两篇短文,请赐教。三四十年代之初生之犊,看来已甘为巴滇山道上背盐的驮马矣;牛也罢,马也罢,驰驱未息,殊可告慰。余不一一。[①]

“驰驱未息”之语,意味着费孝通尚有余力,仍在学术领域里劳作。放眼国际,他看到了一个大舞台,看到一个全球性战国时代的来临,也看到自己在思想与学术上停滞荒疏了多年。在这种情况下,费孝通的心情可能相当复杂,但要起身做事情的心思是有的。他既然能在文革后期那种很有限的条件下都还坚持翻译原著、编译资料,如今世道变了,条件好了,他当然希望做更多的事情。

1978 年,费孝通由中央民族学院调至中国社会科学院民族研究所,任副所长。他在有关的会议上就少数民族研究计划作出报告和说明。费孝通的少数民族研究题目开始于 1935 年的瑶山调查,曾两次被迫中断,一次是抗战继之内战,一次是反右继之文革。如今,费孝通要把这篇文章接着写下去。他说:“我调

---

① 《费孝通文集》第 7 册,群言出版社 1999 年版,第 195 页。

到中国社会科学院民族研究所工作,原有意集中力量搞民族研究。是年,我参加了庆祝宁夏和广西两个民族自治区的纪念活动,又重访金秀瑶山,提高了我对民族研究的兴趣。我在政协民族组的一次关于民族识别问题的发言里也流露了我当时想进行调查的线索。"①

1978 年 11 月,费孝通出席联合国大学在日本京都召开的东亚学者学术讨论会,在会上做了题为"对中国少数民族社会改革的一些体会"的学术讲演。这是中华人民共和国成立之后费孝通第一次走出国门,第一次出现在国际学术讲坛现场。他在这次讲演中用乐观的笔调描述了"中国少数民族在这近 30 年短短时期中的巨大变革",并表示在中国的事实中建立起来的信心使他对"人类的前景充满信心"。

1979 年秋,费孝通应邀赴加拿大蒙特利尔的麦吉尔大学,作柯明斯讲座(Cummings Lecture)的学术讲演。他这次讲演的主题仍是中国少数民族的发展问题。在"中国的现代化与少数民族的发展"这一题目下,费孝通提出了一些事关日后中国改革开放全局的问题。② 如:中国式的现代化应当有别于当前一些国家所进行的"西化","中国的现代化必须走自己的道路"(与日后官方有关"有中国特色社会主义理论"的规范性表述异曲同工);"有可能出现在企图缩短国与国之间的差距的过程中,不是缩短

① 《费孝通选集》,天津人民出版社 1988 年版,第 6 页。费孝通在这段话里提到的"发言"指他 1978 年参加政协全国委员会民族组会议时的发言。该发言稿后来发表于《中国社会科学》杂志 1980 年第 1 期。

② 参见《费孝通民族研究文集》,民族出版社 1988 年版,219 ~ 222 页。

而是扩大了国内民族与民族之间的差距”（十年后，“东西差距拉大”成为国人共识。十五年后，“缩小东西差距”成为执政党高层的一个重要议题）；“森林遭到破坏，水土流失”，“注意当地的生态条件来进行建设，是促进我国现代化的一个重要原则”（“环境保护”成为后来的基本国策之一）；“迅速开发我国少数民族地区的丰富资源”（费孝通认为，“二十一世纪的中国文化经济中心应该在有充分资源的地方”，“中华文化要回到老窝去”，这个设想还有待验证）等等。这次没有引起人们太多注意的讲演，较早地透露出了费孝通从前半生的微观研究过渡到“第二次学术生命”中微观与宏观并举这一取向的重要信息。

“集中力量搞民族研究”，这是费孝通在重新获得正常的工作条件后为自己确定的研究方位。如果说这是个人定位的话，费孝通几乎是在同时也碰上了时代定位的问题。

二、重建社会学

1979 年春节过后，时任中国社会科学院院长、国务院学位委员会主任的胡乔木要费孝通出面主持恢复中国社会学的工作。据说这个任务来自邓小平提出的“补课”一说。

费孝通在一段回忆文字中写道：

> “补课”两字是小平同志 1979 年在“坚持四项基本原则”的讲话里提出来的。他是针对那些在大学里停止了有二十多年的社会学等学科而说的。“需要赶快补课”这句

话，成了后来重建社会学的根据。他所说的“补课”是指这些学科应当在大学课程里“补足”，也就是恢复的意思。后来我们觉得说恢复还不如说“重建”为更妥当些，因为如果社会学按二十多年前的老样再端出来，似乎不太合适，还是根据当前形势的需要“重建”为好。①

事实上，“恢复”社会学的问题在1978年就已经提出。“胡乔木同志在1978年与念过社会学的老先生聚会，商讨怎么恢复这门学科时，表示过去的做法是不对的。”②这个“聚会”应该是指中国社会科学院规划局为开展社会学研究而在1978年春召开的一次座谈会。1981年第1期《社会学通讯》刊登了费孝通于1981年5月20日在第二期社会学讲习班开学典礼上的讲话。他说：“三年前，乔木同志委托社科院规划局陈道同志召开座谈会，通知了30多人，到会的不到20人。我知道有一个我的老学生，因为要求重建社会学，1957年被错划成右派，弄到北大荒去劳动了几年。收到开会通知时，他老伴说，你好不容易爬出来，现在不能再陷进去了，结果他不能来了。这件事说明，当时与搞社会学有关系的人，都还有很多顾虑。”

与会的“老先生”们没有表现出胡乔木所期望的反响。费孝通记录当时的心情说：“社会学毕竟停止了几十年。要人们放弃已经长期改行的专业再来从事屡遭批判的‘社会学’，心里终究

① 见《温习派克社会学札记》，载《万象》杂志第1卷第1期（1998年11月）。
② 费孝通著：《社会调查自白》，知识出版社1985年版，第68页。

不那么踏实，没有多少把握，自然要心有余悸。”[1]在另一篇文章中，费孝通说这个座谈会“没有谈出结果”。[2] 费孝通本人也因为“心有余悸”和不愿“放弃已经长期改行的专业”，没有积极响应的表示。他当时的一个真实想法是：“社会学停顿了三十年，现在要重建这门学科，就必须从头做起，培养新的一代，那就有很多准备工作要做。要培训教员，要编教材，要筹备研究机构和教育机构，这里有大量的行政组织工作。当时我年纪已快到七十，再花几年在这一类的工作上，这一辈子可能就谈不上实地调查了。”[3]

费孝通还是想干老本行，做实地调查，搞学术研究。可是好事多磨，个人定位与时代定位发生了矛盾。“1979 年，胡乔木同志又说，不能等了，希望能在各大学办社会学系，把架子搭起来。”[4]搭架子的组织工作派到了费孝通头上，[5]费孝通也意识到了胡乔木的迫切心情。

---

① 费孝通著：《社会调查自白》，知识出版社 1985 年版，第 68 ~ 79 页。

② 《费孝通选集》，天津人民出版社 1988 年版，第 14 页。

③ 《费孝通选集》，天津人民出版社 1988 年版，第 6 页。

④ 费孝通著：《社会调查自白》，知识出版社 1985 年版，第 69 页。

⑤ 按：1981 年 5 月 20 日，费孝通在第二期社会学讲习班开学典礼上讲话时，提到当时的情况说：“1979 年春，乔木同志又把我们找去，说必须开展社会学的研究工作。”1981 年 10 月 5 日，费孝通在江苏省社会科学界座谈会上讲话时，提到 1979 年的社会学研究会成立会上的情况说：“乔木同志出席了会议。会上我们的发言，还将了乔木同志一军。他立即表态说，我希望综合性大学都能成立社会学系。……有条件就上马，不要等到我们开追悼会时再来办！这句话多厉害。”

费孝通提出了“重建”的前提条件，即首先“摘掉社会学‘反动’的帽子。摘帽人应当是党内的负责同志。”[①]胡乔木满足了这个条件。

“1979年3月，酝酿成立社会学研究会，一些老先生和党内支持恢复社会学的同志，以及社会上同情社会学的人，都来参加了。会上，胡乔木同志讲了社会学与历史唯物主义的关系，并且强调历史唯物主义不能代替社会学，社会学是在马列主义思想指导下，科学地研究中国社会的一门学问。”[②]费孝通说，胡乔木的“这个讲话，可以说是我们重建社会学的根据”。[③] 在这个社会学研究会成立会上，费孝通被推举为该会会长。

个人定位顺从于时代定位。此时的费孝通已经调整了自己的想法，暂时放下了恢复实地调查的计划。在后来的一个有关讲座上，他谈到了“自己是怎么下这个决心的”：

> 在十年浩劫里，我们许多社会学界的老师、朋友没能像我这样活过来。我这余生可以说是得之意外。我觉得，我应该好好地用它来在事实上证明“社会学是一门可以为人民服务的学科”。为了给前人昭雪，为了实现我早年的宿愿，也为了使后人不背上包袱，一种责任感，成了一种内在的动力，使我毅然打消了先前的顾虑。同时，从继续认识中

---

① 费孝通著：《社会调查自白》，知识出版社1985年版，第69页。

② 费孝通著：《社会调查自白》，知识出版社1985年版，第69页。

③ 《社会学通讯》1981年第1期，第10页。

国社会的意愿出发，我要在我的晚年为社会学学科的重建尽点力。[1]

1979年3月15日正式成立的社会学研究会可以看作重建中国社会学具体工作的起点。费孝通在会上的发言题为“为社会学再说几句话”。这个题目明显是从他在1957年反右斗争开始之前发表在《文汇报》的那篇《关于社会学，说几句话》的文章中延伸出来的。当年的“几句话”使他惹下文祸，社会学又被打入禁区。二十二年后，当费孝通有机会“再说几句话”的时候，中国的社会学重建工作被正式提上了日程。

几天后，3月18日，费孝通主持社会学研究会首次理事会，讨论筹建中国社会科学院社会学研究所和在部分高校筹建社会学系的问题。据费孝通说，社会学研究会“当时只有几个编制人员，从民盟借了一间房子，就这么一点重建的‘家当’。”[2]不光研究会的条件简陋，费孝通本人的工作和生活条件也未免窘迫。他曾记录当时的情景说：

我正在握笔发愁，一位多年不见的老同学找到了我的门上。他一见我伏在床边的小桌上写稿，就想起了几十年前我们在中学宿舍时的情景，不禁哑然失笑，说：“你怎么还在闹住宅问题？”我告诉他说：“实不相瞒，这是我被第三代

① 费孝通著：《社会调查自白》，知识出版社1985年版，第69页。

② 费孝通著：《社会调查自白》，知识出版社1985年版，第71页。

挤得这样的。老伴有病，把女儿一家调回来照顾她，人多了，空间就少了，还不该让点地方给新生的接班人！”①

如果费孝通的时间、精力、工作和生活条件也可归入他所说的一点“家当”，社会学的重建工作就是在这点家当的基础上开始的。

1979年春，费孝通作为中国社会科学院的代表团赴美国访问。从4月14日离京到5月17日返国，历时月余。费孝通说他想借这个机会尽量多地了解国外社会学的发展情况，恢复建立起来一些中断多年的中美学术交流关系。

这次访美是应美国与中国学术交流委员会之邀而至，主人的安排和受访的部门都做了认真的准备。费孝通描述他的日常访问与交流情况说，“到一个研究机关于相见如仪后，开始座谈，由他们的研究人员就他的专业发言，几乎都有手稿或提纲。发言后再和我们进行讨论。到了各大学，由负责人和我们集体会晤，然后，我们各就专业到各系去‘交流’，方式和研究机关相同，但大多要问我们这方面的情况，交谈较多。我在国外被认为身兼两科的学者，一是人类学，一是社会学。在美国各大学里除了极少数两科合在一个学系里，一般都各自立系。所以我接触的对象也就比别人加了一倍。每到一校，至少要有两次‘交流’的

① 《费孝通选集》，天津人民出版社1988年版，第14～15页。

座谈。重点大学还要加班加点。"①

费孝通在访问过程中结识了不少新朋友,也重逢了一些当年的老友。费孝通写道:

> 从初访到重访相隔三十五年。三十五年对我个人来说刚占去了我过去岁月的一半。三十五年前还是东华一小生,年华正茂,现已饱经风霜,垂垂老矣。当年在美国相识的学者大多也已经登上鬼录,尚在人间而还没有退休的真是凤毛麟角了。
>
> 尽管这样,旧地重游还是有方便之处。目前当令的一代不少是我相识的老一辈的子弟。他们虽然没有见过我,但从老一辈的口中听到过我,这次相见也就倍加亲切了。至于那些久别重逢的老朋友,一见面有的甚至含着泪,拉着我的手久久不肯放。他们很多已不相信此生中还会见到我,甚至有人把我早年给他们的通信都交给图书馆作研究资料了。我胖乎乎的形象在他们面前出现时,他们那种惊喜交集之情,反而使我不知所措。②

费孝通找到了和他在大学里一起读社会学、毕业留美后又曾召唤他去美国看"人生的另一道路"的老朋友杨庆堃。杨庆堃

---

① 费孝通著:《美国与美国人》,生活·读书·新知三联书店1985年版,第220~221页。

② 费孝通著:《美国与美国人》,生活·读书·新知三联书店1985年版,第222页。

一直在美国的匹茨堡大学教授社会学，退休后仍是该校的名誉教授。他听费孝通说了国内正在重建社会学的情况，表示愿意为重建工作提供帮助。费孝通回国后组织举办社会学讲习班时，杨庆堃帮助请到了一些美国的社会学家，来讲他们作为美国社会学家是怎样研究美国社会的。这样可以触类旁通的内容本来是中国学员所需要的，但是出现了语言障碍。美国学者不会说汉语，中国学员则因没有接触过的许多新名词、新概念而听得吃力。费孝通转而想请既懂外国概念又会说中国话的人来讲学，杨庆堃就又介绍了香港中文大学的社会学教师到大陆授课。在此后的三年当中，费孝通把主要的时间和精力都用在了为重建社会学而培训师资、编写教材、设立机构、恢复招生等大量的事务性工作中。他还在北京市宣武区试办社会调查基地，指导社会学工作者对该区一百二十户居民作社会调查，意在从实践中培养专业人员。为了让更多的人了解社会学的应用价值，费孝通还到一些专业性会议和行业性的学习进修班上讲社会学在相应专业中的用途。如在全国机械学会的有关会议上谈“社会学和企业管理(1980)”，[①]在中国心理学会医学心理学进修班上“与精神病医师谈社会学(1980)”[②]等。费孝通表示他“目的在促进各应用学科间的协作”。[③]

1980年初，中国社会科学院社会学研究所成立，费孝通出任

---

① 见《费孝通选集》一书。天津人民出版社1988年版。

② 见《费孝通选集》一书。天津人民出版社1988年版。

③ 见《费孝通选集》，天津人民出版社1988年版，第7页。

该所所长。

1980年春,费孝通第三次访问美国,参加在丹佛举行的国际应用人类学会年会。在这届年会上,费孝通接受了该会颁发的马林诺斯基纪念奖,并为此作了题为《迈向人民的人类学》的长篇讲话。从费孝通的讲词不乏激情与诗意:

在这样一个时刻,千里迢迢,远涉重洋来到这北美胜地丹佛,接受应用人类学学会给我今年的马林诺斯基纪念奖,我的心情已经远远超过了寻常的欣慰和感激。这一时刻把我带回到了四十二年前我和我的这位在我一生的学术事业上打上了深刻烙印的老师分手时的情景。他再三叮嘱我,一定要把对中国社会文化的研究继续下去。他对我们中国人民和中国文化怀着深厚的同情和爱慕,具体地表现在他对我们这些中国学生的那种诲人不倦、关怀体贴的教育上。他希望他所创导的社会人类学的研究方法也能在中国的社会科学的园地里作出可能的贡献。可是时至今日,就我来说,岁月飞逝,成绩安在!在这一时刻,要我来接受以纪念他的名义授予我的荣誉,除了深深地感到惭愧之外,我还能说什么呢?更使我不安的是在这位老师的巨星陨落之后不久,世事的变化使我和海外同行长期阻隔。今天又能欢聚一堂实属喜出望外,但试问我能带些什么来奉赠给久别重逢的老友呢?如果朋友们容许我冒昧地利用这个讲台来叙一叙我个人这多年来从事社会人类学或社会学这门学科的经历和体会,我将感激你们的宽容,这种私人间的恳谈其目的无非是在疏浚那一度被堵塞的思想渠道，为今后的切磋砥砺扫除一些障碍。但愿别久增情谊，枝异见新妍。[1]

费孝通在情感充沛的语言表述中，把自己作为一个人类学家的基本立场、观点、主张和追求表达得异乎寻常的鲜明、透彻而充分，使这篇讲词在他所有的著述中显得独树一帜，成为领略费孝通在国际高层学术讲坛讲演风采时不可多得的重要文献。其中，"用社会科学知识来改造人类社会"，"走出关闭着的理论家的书斋进入人类学开阔的园地里的新鲜空气"，"充满着悲欢离合、动人心魄的戏剧般的人生的舞台"，"人类学一定要成为一门应用的科学"，"为历来被侮辱为还不够人的标准的那些'野蛮'、'未开化'的化外之民恢复了人的尊严和地位"，"人类学开始转变为一门为建立一个民族平等的世界，为各族人民发展进步而服务的科学"……类似的表述遍布于这篇讲词的各处，有效地揭示着社会人类学强烈地吸引着费孝通心志的巨大魅力，同时也可以使人体察他被强行剥夺掉在这个领域里的研究条件的二十多年里内心深处难言的苦楚。

费孝通在这篇讲词中还透露出，他当时重读了他的英国导师 Malinowski 的一些著作。这说明他在操办重建社会学的大量事务工作的同时仍然在读书，在"补课"，在为下一步的工作做着理论准备。重读 Malinoski 的书，意味着费孝通仍然向往着田野调查，更深一层的含义，则是他要吸取老师的智慧，思考将要重

---

① 参见《费孝通民族研究文集》，民族出版社 1988 年版，228～229 页。

建起来的中国社会学的学科定位问题。用费孝通式的语言说，可能是这样的：重建社会学的任务为什么是在这个时候提了出来而不是别的时候？现在的世界是个什么样的世界？中国是个什么样的中国？中国社会学的位置在什么地方？我们这些社会学工作者的位置在什么地方？社会现实正在给社会学研究提出哪些关键性课题？我们应该去做哪些事情？怎样去做事情？……若想多理解一点费孝通这个时期的心情，注意一下他的这段话是有益的——

> 乔木同志的表态，的确起了很大的作用，打消了不少人的对社会学的“余悸”。但是，要真正改变社会上对社会学的种种看法，还得靠我们自己拿出实际的成果，要通过我们的努力才能取得普遍的理解、信任和支持。否则，诸如社会学这门学科究竟对社会有什么用处等疑问，将永远存在。这就是说，要使社会学在社会科学大家族中占有其应有的位置，我们就得……开展脚踏实地的工作，为认识中国社会，推动社会主义现代化建设，作出有实效的贡献来。[1]

这段话里表达的主张和费孝通在丹佛颁奖仪式上的讲词所宣示的精神一脉相通。

费孝通急切地要为有志于社会学研究的同道提供脚踏实地的工作条件，但他又明白，一门学科固然可以挥之即去，却不能

---

① 费孝通著：《社会调查自白》，知识出版社 1985 年版，第 70 页。

招之即来。“重建”就是要从头做起,要从无到有地建立起一门学科机构中不能或缺的诸部门,如群众性的学会、专业性的研究机关、各大学的学系、学科性的图书资料中心、学科性的专门出版机构等,远非一日之功。这些机构的正常运转,不能缺少具备专门知识的人。人的培养正道,更是需要循序渐进,潜移默化。但是,当时的情况又似乎等不及按部就班。于是,从1980年暑期开始的几年里,在费孝通的主持下,每年开办讲习班,通过紧张、浓缩、示范的速成方式,大约培训了三百人左右。同时,组织编写作为基础教材的《社会学概论》;先后在上海大学、南开大学、中山大学、北京大学开设社会学系;在山东大学等校设立社会学专业,开设社会学课程;鼓励各出版社出版发行社会学教科书;创办多种社会学刊物……在1985年国家教委召开的社会学学科会议上,公认“重建”工作已初步完成草创阶段的任务。费孝通借当时一句通俗的话说:“戏台已经搭成,且看演员们各自表演了。”

三、改　正

1980年5月初,费孝通结束了对美国的第三次访问后回到北京。

此时,早春已过,阳春已至。费孝通这次访美启程之前,曾在中国社会科学院上千人规模的迎春茶话会上发言,通报重建社会学工作的进度。费孝通在这次发言中用“重见天日”表达社会学的命运,并说“许多共同受命的同志”“确是费了不少心计,也奔走了不少路程。值得在这个迎春会上报一喜讯的是，不久，这个难产的娃娃有出生的可能了。说是难产，并非虚言。时至今日，我们的办公室还是临时借用的，我们的工作人员大部分还是借用的。我们对外唱了一年的‘空城计’，我就是在城门口扫地的一个老兵。现在我相信这个过渡状态很快就可以结束了。有了所房子，有了个工作班子，这个娃娃就可以落地了。”

回国之后，费孝通即按计划加紧筹办将于暑期开学的社会学讲习班。

就在费孝通为此忙碌的同时，一份对他的晚年产生决定性影响的重要文件已经定稿。

这份文件是中共中央统战部《关于爱国人士中的右派复查问题的请示报告》。1980年5月8日，中央统战部将该报告提交中共中央。该报告开始就说：1957年开展的反右派斗争，全国划了右派分子49万余人，以后又陆续划了几批，共计55万余人。1959年到1964年，先后五批约摘掉30余万人的右派帽子。[①] 该报告就“27名代表性较大的民主党派、无党派上层爱国人士”的右派复查问题向中共中央作出请示，其中“拟予改正”者22人，分别是章乃器、陈铭枢、黄绍竑、龙云、曾昭抡、吴景超、浦熙修、刘王立明、沈志远、彭一湖、毕鸣岐、黄琪翔、张云川、谢雪红、王造时、马哲民、费孝通、钱伟长、黄药眠、陶大镛、徐铸成、潘大逵。“拟维持原案的”五人，分别是章伯钧、罗隆基、彭文应、储安平、陈仁炳。

---

① 《国事全书》第4卷，团结出版社1997年版，第4046页。

1980年6月11日，中共中央就批转中央统战部《关于爱国人士中的右派复查问题的请示报告》发出通知，表示“中央决定给尚未摘掉帽子的右派分子全部摘掉帽子”，“对被划为右派的人进行复查，把错划的改正过来”。[①] 文件中同意中央统战部的意见，对“拟予改正”的22人予以改正，对“拟维持原案”的5人“只摘帽子、不应改正”。

1980年6月23日，费孝通参加了全国政协、中央统战部召开的民主党派和无党派人士座谈会，并在会上作了发言。费孝通首先提到自己是这次得到改正的22个人中“还活着的六个人中的一个”，[②]在表达了兴奋和感激之情后，他诚恳地表示：

> 我尽管已经年逾古稀，但在这个会上，在诸位老前辈面前，还算是个后生。我这个一生经历固然没有诸位老前辈那样丰富，变动之大恐怕确是史无前例的。这样巨大的变动绝不是偶然的，是历史决定的。……像我这样一个从旧社会里培养出来的知识分子，老话所说的“书生”……跌跌撞撞，颠颠扑扑是势所难免的，在不同程度上需要一个适应的过程。
>
> 五七年的反右斗争给我一次不寻常的教育。我多少懂得了，每个人的思想，包括自己在内，都有其社会的根源，而且都会在社会上发生积极的或消极的作用。在过去二十多

① 《国事全书》第4卷，团结出版社1997年版，第4046页。

② 这六个人是费孝通、钱伟长、黄药眠、陶大镛、徐铸成、潘大逵。

年里，我曾按我自己对这方面的体会，写出过不少文章，流传在国内和国外，这些是我在前进的道路上留下的脚印，联串起来，多少可以看到一些我们这一代的中国知识分子从旧社会转入新社会的那个思想历程。

这个历程曲曲折折地为我树立了这样一个信念：我们的国家和民族要生存下去和昌盛起来，只有坚持在党的领导下，同心同德，在社会主义道路上奋勇前进，而当务之急是搞四化建设。这是大局，这是百年大计。为此，个人的得失、沉浮、悲欢、荣辱还能算得了什么呢？

……

我感激党多年来给我的教育和考验，现在经过复查又对我作出改正的决定。以我个人来说，毕竟是已经年过七十的人了，余生有限。请容许我说一说今后的打算。我除了保证完成党所交给我的任务外，还想提到两笔老帐，想写两本书：一本是我二十年前许下的愿，想到我调查过的江苏本乡的一个农村里去调查一次，为后代留下一本关于这个农村在半个世纪里所发生的变化的忠实记录。国内外的同行们都督促我早日偿清这笔欠帐。第二笔帐是欠我前妻的，我们两人在三十年代一起在广西大瑶山调查，她当时想写的调查报告因为她不幸逝世没有完成。我希望在有生之年完成她的宿愿，写出一本经得住时间考验的书来偿还这笔欠帐。①

---

① 《中央盟讯》1980年第8期，第3~4页。

费孝通不失时机地表达了自己晚年里最主要的心愿以及相应的紧迫感。他"恳切希望"能给他配备一些助手,使他能在不知道上帝什么时候会发请帖的情况下把这些工作早日提上日程,抢些时间。后来他在盟内的一些有关会议上提到自己得到改正时,在心情更放松的情况下所说的"我是最先下水,最后出头"的话,也表明"余生有限"的现实给他造成了紧迫感。

这个时期,费孝通所说的一句流传得更广的话是"还有十块钱"。他的意思是,70岁上得到改正,重新获得正常的工作条件,估计还有十年的生命可以为社会做事情。费孝通把自己的这点本钱通俗明白地表达为"还有十块钱",语气虽轻松,仍然透露出一种强烈的紧迫感。费孝通"下定决心,要用最后的10年追回失去的20年。……不能再辜负生命的最后一段"。[①]

费孝通把改正以后自己所剩的"十块钱"看作"第二次学术生命"。

1980年,费孝通在担任审判林彪、江青反革命集团审判庭成员,社会公务时间增多,又忙于社会学重建的大量事务性工作的同时,出版了《访美掠影》一书,发表的文章主要有:

《迈向人民的人类学》(载《社会科学战线》1980年第3期);

《难得难忘的良师益友》(载《中央盟讯》1980年第6期);

《社会学和社会管理》(载《社会科学辑刊》1980年第6期);

《读布热津斯基的几本书》(载《读书》1980年第6期);

《社会主义民主的新起点》(载《新观察》,1980年第7期);

① 《费孝通学术精华录》,北京师范学院出版社1988年版,第44页。

《神兽之间》(在北京医学心理学学习班上的讲话,后收入《费孝通选集》);

《我从事社会学五十年》(载《中国青年报》1980 年 11 月 1 日);

《社会学与中国的现代化》,(载《天津社联通讯》1980 年第 10 期)。

1981 年,费孝通在社会公务繁重,仍须忙于社会学重建的大量工作的同时,出版了《民族与社会》一书,(按:由人民出版社出版。)重版了《生育制度》一书,(按:由天津人民出版社出版。)发表的文章主要有:

《社会学系的培养目标》(载《社会》创刊号);

《不要忽略了"人"》(载《百科知识》1981 年第 1 期);

《中国传统伦理观念与人口问题》(载《民主与法制》1981 年第 1 期);

《积极创建新中国的社会学》(载《社会学通讯》1981 年第 1 期);

《广开言路,广开学路,广开才路》(载《中央盟讯》1981 年第 6 期);

《建立新中国的社会学》(载《人民日报》1981 年 6 月 30 日);

《社会学讲些什么》(载《社会科学研究参考资料》1981 年第 8 期);

《略谈社会学》(载《中国青年报》1981 年 5 月 12 日、19 日、28 日和 6 月 16 日);

《一夜过了一夏》(载《新观察》1981 年第 12 期);

《在世界中心之外》(载《新观察》1981 年第 13 期);

《这是带来运气吗?》(载《新观察》1981 年第 14 期);

《翻过这不光彩的一页》(载《新观察》1982 年第 19 期);

《澳大利亚的土著居民》(载《民族团结》1981 年第 7 期);

《费孝通学历自述》(载《文献》1981 年第 9 期);

《三访江村》(载《文汇报》1981 年 11 月 18 日)。

费孝通曾经用“最后的冲刺”形容自己在“第二次学术生命”中的工作状态,上述文章所包含的精神劳动不妨看成是他在起跑阶段留下的身影。

这些文章多数是在比较狭仄的家居空间和工作条件下完成的。费孝通记述他这个时期的家居写作环境说:

> 我自己的文章也总是在一张和小学生用的那么大的桌子上写的。我要用的资料都摊在床上,每天晚上要收拾清理后才能睡觉,第二天有些资料要找半天才找到。我一出门我的外孙、外孙女就抢上去做作业了。[1]

费孝通没有对此表示抱怨,相反他感到满足。他说,“我这个大知识分子情况算是好的了,比我更紧的人多得很”。费孝通特别提到一个事情证明这一点。有一次,著名的电影演员赵丹要拍闻一多的电影,费孝通带他去清华园看闻一多当年住过的

---

① 费孝通著:《社会学的探索》,天津人民出版社 1985 年版,第 136 页。

地方。他们看到,“这些地方现在是许多中年教师住的,有些已是副教授。原来一家住的房子现在住了四五家。而且现在一家的人数也比我们过去一家人多。有的好像在轮船里面一样,两层床是很普遍的。”①

当时,中国的家务劳动社会化程度很低。众多知识分子不仅居住条件差,还要承担很多家务劳动。费孝通初访美国时就注意到了“洗衣扫地,有着灵快的机器”;重访美国时又专门写了他的美国教授朋友为他表演电冰箱、洗衣机、吸尘器等家务机械使用方法的情景。进入20世纪80年代,当费孝通也有条件开始借助家用电器减轻家务劳动的时候,他立即为此作了投入。费孝通说:

> 我在改正时拿到了一千多元补发的工资,我就买了两件东西,一个冰箱,一个洗衣机,发挥了很大作用。否则一回家,特别是星期天,我的女儿就得洗衣服,我的老伴身体不好,可也得做啊,我得去买菜!我们附近卖菜的都认识我,这老头子又来了。过去买了菜吃不完要坏呀,现在有冰箱,一星期我买一趟肉,排一次队就够了。②

从这段文字里可以读出费孝通的轻松心情,这是“改正”之后的人之常情。但是,错误的结论可以改正,被错误结论消磨掉

---

① 费孝通著:《社会学的探索》,天津人民出版社1985年版,第136页。

② 费孝通著:《社会学的探索》,天津人民出版社1985年版,第134页。

的大好年华却是一去不回了。思古人,念来者,费孝通心底另有一种难言的沉重。1981 年 4 月 8 日,他应《文献》丛刊之约撰写《学历自述》,最后收笔的话是“白驹易逝,去日难追,弹指间已是齿摇发落。旷学日久,偶一回首,不寒而栗。前程遥远。任务艰巨,驽钝供驱,不敢言志。”①

四、三访江村

1981 年 6 月,费孝通接到他在英国伦敦经济政治学院的老师 Raymond Firth 给他的一封信。此前,费孝通已经得到英国皇家人类学会请他接受赫胥黎纪念奖章的通知。据费孝通转述,Raymond Firth 在信中向他提出建议,在领奖时要作的赫胥黎讲演里,谈谈对江村 1938 年以来所发生的变化的看法。

这个建议可以说和费孝通的想法不谋而合。费孝通曾在一年前宣布为他正式“改正”的座谈会上说过他要偿还两笔欠帐,第一笔就是关于江村历史变迁的记录。

1981 年 10 月 1 日,费孝通实现了三访江村的愿望。他从 1936 年初访江村到 1957 年重访江村,隔了 21 年。从重访江村到三访江村,又隔了 23 年。

江村的有关档案材料里,这样记载着费孝通三访江村的经过:

---

① 《费孝通学术精华录》,北京师范学院出版社 1988 年版,第 612 页。

他于国庆节偕其姐姐费达生和中国社会科学院社会学研究所的吴承毅、王康、林友苏等几位同志赴开弦弓村访问。他们乘坐在迎接他们的小轮船上,从震泽至开弦弓村,十二华里路花了一个半小时,都感到交通不便。费孝通对庙港乡党委书记徐胜祥说:"若要富,先修路。交通不便,经济就发展不起来。"乡党委领导立即表示了要筑公路的愿望。(后经费孝通向江苏省政府有关领导建议,在省市交通部门的关心和支持下,1982 年底开弦弓村通了汽车。)这次访问由于时间紧迫,费孝通一行在开弦弓村只耽了四天。他们向干部群众询问农业、多种经营、乡村工业、土地、人口、文化教育、经济收入、家庭结构和生活方面的情况。费孝通感到农民不仅已解决了吃饭问题,而且还有了钱花,非常高兴。他们参观了 1968 年重建的村缫丝厂,察看了产品的质量等级。费孝通边看边说:"乡村工业一定要讲究质量。"还自豪地告诉乡里的人,开弦弓村的白厂丝三十年代时在国际上就有名气了。费孝通看到工厂里设备落后,规模较小,就对乡里领导同志讲,要通过技术,加强管理。(后来由费孝通出面向苏州丝绸工学院求援,1982 年 11 月他那时年七十九岁的姐姐费达生带领丝绸工学院杨志超教授等专业人员到开弦弓村缫丝厂对干部职工进行培训。乡里还派十六名高中生到丝绸工学院培训……)①

---

① 《费孝通访问江村概述》,油印本,未公开出版,第 3 页。

费孝通描述自己三访江村时的心情说，他和姐姐又一次沉浸在乡亲们视若手足的亲情当中。家乡情谊使他感到陶醉，他甚至因此而担心这种感情是否会影响到实地调查过程中的科学性。

在四天的调查中，费孝通了解到，自从他重访江村以后，村里从 1958 年开始，也像中国农村的许多地方一样，建立了人民公社。大跃进时期，生产上提出的过高指标超出实际生产能力，经济上的平调政策，挫伤了农民的生产积极性。农业生产受到挫折，粮食减产，农民收入减少。1960 年全国因浮夸风而陷入困难时期，像江村这样历史上一向富庶的地方，也出现了人口外流谋生的情况，可见事态的严重程度。

1962 年到 1966 年，是江村的经济恢复和发展时期。这个时期，村里粮食增产，蚕桑发展，传统副业又搞了起来，人均年收入在 1966 年达到 119 元。费孝通说：社员们至今把 1962 年作为生活进入富裕的转折点，他们用做简单的话来表达说，“从那年起我们每天吃三顿干饭。”

1966 年到 1976 年是全国性的动乱时期，江村经济陷入停顿状态。当时强调“以粮为纲”，集体副业和家庭副业都受到了限制，粮食产量的平均递增率大为下降，不到动乱前的一半。人均收入水平一直徘徊不前，停留在 1966 年的水平上。

为增加收入，江村的乡亲们想过不少办法，包括在 1968 年重建村里的缫丝厂。但由于技术和设备都不行，水平还赶不上费达生在抗战前帮助村民建立的合作丝厂。文化大革命结束后，乡村工业开始被重视，这个厂从 1978 年后逐步发展，扩充设备，更新技术,到费孝通三访江村时,已经发展成为一个有二百多工人的小型现代工厂。农民通过挣工资而增加的收入远远高过从农业里增加的收入。1981 年,江村农民的人均收入已接近 300 元。

农民收入的增加直接表现在他们的生活中。费孝通借助他看到的事实说:

> 这次访问中特别引起我兴趣的是农村中居住更新的过程一般是通过青年一代结婚的机会进行的。……我们参观过一家新房……当场估计了一下全部用具和衣服的总值大约两千多元。这个数字曾经引起结婚费用太高的批评。过于讲究排场固然不好,但是也应当看到事实上这正是农村的生活资料更新的重要过程……
>
> 如果容许我过早地做一个估计,这三年来开弦弓村农民收入的增加,其中相当大的一部分是通过结婚的过程而消费在家庭生活和物质更新上的。而这个更新过程又是从进入结婚年龄这一代开始的。就在我们参观的新房隔间是老一代的卧室。在这间卧室里我看到的是我幼时所熟悉的我祖母房里的陈设,我祖母是太平天国时嫁到我家的。我直觉地感到过去农村生活里生活物质基础更新率是这样缓慢,使两代卧室的对比如此之鲜明。[①]

---

① 费孝通著:《爱我家乡》,群言出版社 1996 年版,第 42 ~ 43 页。

江村工业的发展不仅表现在重建和发展了当年的缫丝厂，1979年，村里还新建了一个丝织厂和两家豆腐坊。费孝通敏感地捕捉到了一个事实——“乡村工业的发展使这个农村集体经济结构发生了重大变化。”这个事实的意义，在于它是一个更宏大的事实的苗头，表现出了一个费孝通为之鼓舞的趋势。他认为，“在开弦弓村所见到的农村经济结构的变化在中国并不是个别的特殊现象。即使不能说中国几十万个农村都已发生这样的变化，但是可以说这是中国农村的共同趋势。”①

费孝通分析说，中国农村经济发展不平衡，穷队和富队之间的差距相当大，按人均收入水平，最富的队已超过1000元，大约有四分之一的队却不到50元。富队所以能富，最普遍的原因是发展了副业和工业，凡是单打一种粮食的队大多数属于穷队。费孝通用江村的例子说明，“从农村经济结构中农、副、工三个方面来看，发展前途最大的显然是工业。乡村工业还可以分为两种，一种是用本地区所产的原料加工制造，例如从养蚕、制丝、织绸、刺绣，到制成消费品，直接在市场上销售。这在中国称作‘农工商一条龙’。另一种农村工业是为都市里的大工厂制造零件。……由于乡村工业的发展，苏州地区有些突出的农村已经出现农村居民职业结构的重大变化，就是主要从事工业的人口在比例上超过了主要从事农业的人口，或是说在农村里用在工业上的劳动力已超过了用在农业上的劳动力。最高的记录已达到4:1

① 费孝通著:《爱我家乡》，群言出版社1996年版，第46～47页。

的比例。”[1]

带着三访江村的发现和对这些发现的思考，费孝通开始了为期两周的三访英伦之旅。他于1981年11月7日启程赴英。在访问期间，费孝通意识到，东道主是用国家与国家之间的礼遇接待他。举行会议时，首先由中国驻英大使讲话。去参观一个地方时，要升国旗。费孝通把如此高规格的待遇看成是中国的荣誉。

11月18日，费孝通又一次来到了他的母校伦敦经济政治学院。在庄重的授奖仪式上，他发表题为“三访江村”的讲演说：

> 从青年时代踏进这门学科，我就已经向往的荣誉，经过了半个世纪坎坷的道路，到了垂暮之年，突然落到自己身上的时候，欣慰愧赧可能是形容此时内心感受最适当的语词。去年英国皇家人类学会通知我要我在今年冬季到伦敦来接受赫胥黎纪念奖章是完全出乎我意料的。古人云，“人贵有自知之明”。以我学术上的成就来说，我决不敢妄想和从这个世纪开始时起接受这奖章的任何一位著名学者相提并论。但是我一想到这个光荣榜上开始列入中国人的姓名时，我感到衷心喜悦。这表明了英国皇家人类学会的学者们怎样重视这门学科。今后的发展将有赖于全世界各国、各民族的学者们的共同努力。[2]

---

① 费孝通著：《爱我家乡》，群言出版社1996年版，第48页。

② 费孝通著：《爱我家乡》，群言出版社1996年版，第31页。

在接下来的讲词中，费孝通表示他愿意“讲一些只适合于朋友间茶余酒后的谈话，为大家摆一摆这个已经为西方学者熟悉的开弦弓村半世纪来的变化、当前的问题和今后的前景”。他用自己调查到的数据和事实，从历史、土地、人口、粮食产量、家庭副业、乡村工业、人均收入、分配原则、生活水平、体制沿革、经济结构乃至教育、医疗、婚俗等方面，具体地讲述了江村在近半个世纪里发生的历史变化，并且表达出了中国农村工业化在方向和方式上的乐观前景。这使他的讲演在事实上远远超出了“茶余酒后”的分量。

费孝通说，他在三访江村时看到的农业、副业、工业三者之间在经济总量中比例的明显变化，以及在苏州一带了解到的农村居民职业结构所发生的重大变化，使他“觉得特别兴奋”。他在四十多年前初访江村之后所设想的目标，经过近半个世纪的历史曲折，终于开始出现在现实当中。更重要的是，这一现实为今后中国经济的特点显露了苗头。费孝通当年提出发展乡村工业，主张工业下乡，就是想推动多种多样的工业生产尽可能广泛地分散到广大的农村中去，避免工业生产都集中在城市的局面。应该说，在乡土特点明显的中国，在具有几千年农工相辅历史传统的中国农村，这是符合实际的发展路径。若能成功地实现工业分散在农村发展，既可以增加工业在国民经济中的比重，在人口分布上又不至于过分集中，甚至可以避免产生大量脱离农业生产、农村生活的劳动者。费孝通认为，正是在这个意义上，中国的乡村工业将是具有强大生命力的经济发展生力军。它将为具体实现工农结合、逐渐消除工农差距和城乡差距开辟出切实有效的发展道路。

这是费孝通在国际学术讲坛上第一次以可见的事实为基础对中国农村工业化的现实进程作出的乐观展望,应该是相当引人注目的一个话题。三十五年前,在这同一个讲台上,费孝通从当时中国的社会现实出发,指出“在国际的工业竞争中,中国沦入了更穷困的地步。……未得其利,先蒙其弊,使中国的人民对传统已失信任,对西洋的新秩序又难于接受,进入歧途。在歧途上的中国正接受着一个严重的考验。”[①]三十五年后,中国已经摆脱了歧途,经受住了严峻的历史考验,正进入改革开放的新时期,开始步入农村工业化的坦途。这个事实为费孝通在1981年冬的赫胥黎纪念讲演灌注了足够的自信。此后发生在中国农村工业化进程中的历史事实,不断地证实着费孝通有关发展乡村工业的主张的合理性,使他得到了越来越多的安慰。

在这次讲演即将结束的时候,还有一个引人注目的话题,是费孝通当众许下的一个愿。他希望,到1986年,即他初访江村后的第五十个年头上,由他根据江村五十年历史变迁中的第一手调查资料写出《江村经济》的续篇,即设想中的《江村五十年》一书,送到在座的朋友们的手上。费孝通透露说:“我这个希望的根据是我们中国社会科学院的社会学研究所在我出发来伦敦之前已经作出决定,将在开弦弓村建立一个社会调查基地,一个可

---

① 费孝通著:《乡土重建·乡土中国》,上海观察社1948年版,第14页。所谓“三十五年前,在这同一个讲台上”,是指费孝通重访英伦时,于1947年1月30日在伦敦经济政治学院发表题为“中国社会变迁中的文化症结”的学术讲演。

以进行继续不断地观察的社会科学实验室。如果这个社会调查基地能顺利地建成,通过年轻的研究工作者的集体努力,我相信刚才许下的愿是可以实现的。”[①]

① 费孝通著:《爱我家乡》,群言出版社 1996 年版,第 49 页。

第十三章

从“草根工业”到“草根民主”

我在第二次生命里所走的学术道路其实还是早年走过而被迫中断的老路。这条路就是从观察人们的实际生活去理解他们怎样适应和利用具体的客观条件,通过人际关系,依靠上辈传下的知识和自身创造的办法,取得生活上的需要和解决生活上的问题,从而形成的一套物质设备和社会结构相互结合的体系;并在时间中观察其社会经济上的变动,从其效果上去辨别出是发展还是倒退。我在这十五年中继续采取这种实地观察的方法到各地农村去调查,然后“想办法、出主意”,帮助各地的农民脱贫致富。我觉得高兴的是想的办法、出的主意由于顺着改革开放的总形势有些已取得了成效。这也使我对自己所走的学术道路有了信心,使我深深地感到生逢盛世的兴会。

费孝通:《我的第二次学术生命》[1]

---

① 费孝通著:《从实求知录》,北京大学出版社 1998 年版,第 21 ~ 22 页。

一、追踪“草根工业”发展

重建社会学,需要编写教材。费孝通对教材编写提出明确的原则说:“我们在编写教材时,首先要实事求是,从中国的实际出发,以认识中国社会为目的,写出符合我国国情的,具有中国特点的教材。要达到这一要求,编写者必须要走向社会,进行社会调查。中国的社会学离不开对中国社会的调查。离开了生动、丰富的中国社会现实,社会学的内容就必然空洞无物,从根本上说也就失去了存在的意义。”①

费孝通记得,“从 1982 年起,我们的力量便向社会调查方向转移。”②此前,他的主要精力用于社会学重建的大量事务性工作。此后,他的主要精力用于社会学实地调查。

1982 年 1 月 6 日到 14 日,费孝通第四次访问江村。这里是他学术生涯的起点。费孝通把连接两次学术生命的空间选定在这里继续调查乡村工业在农村中的地位和作用。

在其学术生涯中,这个题目始于青年,被迫中断于中年,老年时得到接续。

中国农村经济发展所面临的诸多问题中,一个突出问题是人多地少。苏南地区的人口密度更在全国位居前列,人多地少的矛盾更加突出。当地农民在长期生产和生活实践中,把种植

---

① 费孝通著:《社会调查自白》,知识出版社 1985 年版,第 72 ~ 73 页。

② 费孝通著:《社会调查自白》,知识出版社 1985 年版,第 73 页。

业、畜牧业和手工业结合在一起,最典型的就是种桑、养蚕和缫丝。费孝通说,苏南农民的活路,有一半就靠在副业上边。

根据他在三十年代的调查结果,农民的生活是吃用各半,吃饭靠的是农业,满足他们另一半生活需求的就是副业。农民吃靠土地,家用用靠副业,男耕女织,农副相辅,这种结构是自然形成的理想经济结构。也因为有了这个结构,苏南地区成了人们眼里的"天堂"。天堂里的农民,命根子分成两半,一半拴在土地上,另一半拴在副业上。

中华人民共和国成立之后,有一个时期,规定农民只能种粮食,不准搞副业。最厉害的时候,任何副业都被当作"资本主义尾巴",要统统割掉,"七种八养九行当"都被禁止。苏南地区农民另想办法,又开出一条路,从六十年代末开始兴办社队工业,从工业里取得过去出自副业的收入。

费孝通对家乡的副业和社队工业作出比较说:

> 在农民的眼光里,社队工业是开辟增加收入,满足生活需要的一个新的副业。它的作用与过去在家里饲养几头羊并无差别,至于手段和形式的不同是另一回事。因为副业的本性就是易变,什么收益最大就搞什么,怎样搞赚钱最多就怎样搞……副业的项目变化不定,社队工业也可以经常换牌子、转产品……家庭副业的收入是由所有家庭成员分享的,社队工业也在社或队的范围内搞利益均沾,招工一户一工,工资尽量缩小差距,保证收入均摊。搞副业只求收入,讲究勤快,而不计成本,缺乏精密计算的效益概念……

凡此种种，与现代工业的特征相背离而使人费解的事，在农民看来极其自然，理应如此。道理就是工厂并不是别的东西，只不过是他们自己的又一副业阵地而已。①

费孝通三访江村时，留意乡村工业。四访江村时，开始对乡村工业发展作专门调查。他以江村为基地，跟踪观察苏南地区乡村工业的发展变化。四访江村的当年 10 月，费孝通第五次访问江村。1983 年 5 月和 10 月，他又先后两次到江村作调查。到 1985 年 7 月，费孝通已是九访江村。在连续数年的追踪调查中，费孝通见证了乡村工业的坚韧生命力，也深化着对乡村工业的认识。当初他主要是从中国农村社会的乡土特征去辨析农民增加收入的出路，到八十年代中期，则从中国农民群众的创造性实践中看出了一条中国工业化道路。费孝通在《九访江村》一文中说：

在初期短短几年里，苏南的社队工业也到处蔓延，落地生根，历经艰险而不衰。社队工业的这种强盛的生命力和普遍的适应性，不能不使人联想到那野火烧不尽、春风吹又生的小草，草根深深地扎在泥土之中，一有条件它就发芽，就蓬蓬勃勃地生长。这种社队工业，可以称作草根工业。

与西方工业革命的历史相对照，草根工业无疑是中国农民的一个了不起的创举。西欧工业的发生，一般出自城

① 《费孝通学术精华录》，北京师范学院出版社 1988 年版，第 85 ~ 86 页。

市侵入农村的力量把农村作为工厂的猎地,农民变成工业发展的猎物。而中国的农民却发自一股自身内在的动力,驱使他们去接受工业。他们有力量冲破资本主义工业发展初期的老框框,他们根据自己的生活需要去改变工业的性质,让工业发展来适应自己。在草根工业中,农民表现了充分的主动性,这不是当今中国社会的一大特点么?[1]

为推动草根工业健康发展,费孝通付出了大量劳动和心血。他不光要顶得住长年奔波的鞍马劳顿,还要承受"左"的政治压力。费孝通说他曾看到过准备对他主张发展乡村工业的言行进行批判的内部文件。事实上,在草根工业一度遭受非议和压制的时候,费孝通并没有停止他的发言。他利用各种机会,凭借自己调查到的第一手资料,以令人信服的实例为草根工业的发展大声疾呼。在费孝通步步追踪过程中,草根工业一步又一步地顽强发展,创造了巨量的物质财富,增强了地方经济实力,有效地提高了农民生活水平。

邓小平说话了,赞扬"乡镇企业异军突起"。一言九鼎,乡村工业赢得了一个响亮名称——乡镇企业,名正言顺进入正史。

顺着乡镇企业的星火燎原之势,费孝通从长江三角洲追踪到珠江三角洲。

1984 年 7 月,费孝通应邀访问香港。他在记述这次访问见闻的《港行漫笔》一文中说,在港逗留期间,他最感兴趣的是香港

① 《费孝通学术精华录》,北京师范学院出版社 1988 年版,第 86 页。

新兴的小型工厂。在九龙东边的工业区观塘镇,他看到了与内地常见的工厂格局大异其趣的生产场面。香港工厂有很多都和居民住宅一样,挤在一座座多层大楼里。有的一层一厂,有的一层多厂。费孝通名之曰“蜂窝厂家”。他说自己当时产生了一个念头,想有孙悟空的本领,吹上一口仙气,把这些挤在多层大楼里的“蜂窝厂家”吹散到内地的广大农村中去,让它们变成无数个乡镇企业。

当时,珠江三角洲一带的许多乡镇里,已经出现了费孝通想从香港吹到大陆的那类工厂。1988 年,费孝通访问东莞,看到自己几年前的想法在当地已成现实。

费孝通立即跟上珠江三角洲乡镇企业的发展现实。中山、顺德、东莞、佛山、南海、花都、阳江、广州……费孝通一城一池地跑,一县一镇地看,他从事实中看到,珠江三角洲上的这类加工企业,几乎都是从香港过来的,其中大部分是原来挤在香港大楼里的“蜂窝厂家”。香港和大陆两地之间在工人工资、土地价格上的明显差额,推动了产业转移。港商把加工、制作、装配等工序放到了珠江三角洲的众多乡镇里,而把订货、备料、核算、营销等业务留在香港,等于在香港开店,在大陆办厂。费孝通称这种“前店后厂”的格局是 1980 年代珠江三角洲乡镇企业的一大特点。相对于以社队集体工业为特征的“苏南模式”,费孝通提出了“珠江模式”概念。

从“苏南模式”到“珠江模式”,费孝通在追踪着中国乡镇企业的发展变化。一向重实际、重实效、重实证的费孝通在写于

1992 年的一篇文章[①]中举证说，中国乡镇企业的总产值 1991 年已超出一万亿元，与当年的国营企业平分秋色，成为中国经济的“半壁江山”。从发展速度看，乡镇企业从千亿产值发展到万亿产值的时间，是从 1984 年到 1991 年，用了七年；中国大陆的千亿社会总产值增长到万亿社会总产值的时间，是从 1952 到和 1983 年，用了三十一年。中国历史长期延续的“农村搞农业，城市搞工业”的经济结构发生了历史变迁。亿万农民在国家没有投入的情况下，自我完成了从农民到工人的角色转换，约有一亿农业劳动力转移到了乡镇企业，相当于 1950 年代初到 1980 年代初的三十年间中国城市工业吸收劳动力的总合。费孝通饶有兴味地注视着乡镇企业的发展，他强调其意义：

> 乡镇企业的发育是一个很生动的过程。这是一个农村里商品经济的生长过程。自给自足的小农经济商品流动数量和范围极小，往往采取日中为市的赶集的方式。工业下乡后情况基本上起了变化，工业品需要广阔的市场，从低级到高级，从小规模到大规模，从国内到国外。农业经济纳入了商品经济，农村的小细胞已成为世界总体的组成部分。

---

① 这篇文章指费孝通在 1992 年 9 月 25 日在香港中文大学举办的首届“潘光旦纪念讲座”上的讲稿，题为“中国城乡发展的道路——我一生的研究课题”。该讲稿在费孝通所著《行行重行行——乡镇发展概述》(1992) 一书第二次印刷时被收入书中，作为“再版代序”。

乡镇企业的发展促进中国市场的发展，具有极深刻的历史意义。[1]

费孝通年复一年地继续跟踪着乡镇企业的发展，他访问江村的次数也在逐年增加。1996 年清明时分，费孝通第二十次访问江村。在农户里的织机旁边，他和来自外地的织毛衣女工聊起来家常，很详细地询问她老家在哪儿，怎么到的江村，毛线从哪里买，成衣卖到什么地方，一件毛衣成本是多少，能赚多少钱，成品有没有牌子，能不能搞出一个"江村"的牌子……

两年后，在香港的一个学术讲座上，费孝通谈到了他对中国乡镇企业的发展取向的最新观察和看法。这两年里，费孝通用于实地调查的时间在 300 天以上，其中有相当的注意力放在对农村工业化进程的继续观察上，尤其注意观察乡镇企业集团和各地可见的家庭工厂，并逐步积累着心得。1998 年末，费孝通应邀赴香港参加王宽诚基金学术讲座，他的讲演主题是中国的农村工业化和城市化问题。费孝通表示，他从最近一段时间的农村调查中看到的实例得到了启发。他说：

……今后乡镇企业将怎样发展，以我最近在各地观察的结果，概括地说，我认为大体上倾向于采取上下两手并举的办法。一手是引进高科技，集中力量扩大规模和提高质

---

① 费孝通著：《行行重行行——乡镇发展概述》，宁夏人民出版社 1993 年版，前序第 14 页。

量,向跨地区甚至跨国家、大集团的、农民自办的、体制多元的新型乡镇企业发展,它应当以面向国际市场、开拓现代化的新产品为方向。……还有一手是发展以农户为单位的家庭工业为基础,加上为它服务的、广泛高效的、提供信息和销售的中介体,即现在正在广大农村中广泛出现的"公司加农户"的新的企业结构,也就是分散生产、集中服务的双层结构,也属于我在八十年代称之为草根工业的性质。……这个基层队伍可以保证农民的生产能力和生活水平,再加上一层为它服务的、供销流通的中介机构,就可以便于在国内外广大市场上抵得住惊风险浪,并保住国民经济的阵脚。这可以说是当前农民正在创造中的一种适应社会主义市场经济的、新的乡镇企业基层结构。我对此抱有深厚的希望。①

二、追踪小城镇发展

费孝通1936年初访江村时,曾在水乡生活场景中注意到航船的作用,从航船的来往意识到这个村庄和外部世界的联系,又从这种联系上注意到了集镇在农民日常生活和农村经济中的中心地位。他在《江村经济》一书中专门列小标题谈到"贸易区域和集镇"的问题:

① 《中央盟讯》,1999年第5期。

> 每个贸易区域的中心是一个镇，它与村庄的主要区别是，城镇人口的主要职业是非农业工作。镇是农民与外界交换的中心。农民从城镇的中间商人那里购买工业品并向那里的收购的行家出售他们的产品。城镇的发展取决于它吸引顾客的多少。……航船的制度使这一地区的城镇把附属村庄的初级购买活动集中了起来……①

集镇的功能问题引起了费孝通的兴趣。当时他是边养伤边调查，活动范围不宜再大。出国前的时间有限，也不允许他把调查题目从江村扩展到上一层的集镇。费孝通把他的想法留在心中。他说，集镇将是一个有趣的研究课题，但是对这一问题的详细分析，需要对整个地区作更广泛的调查，不是当时的研究所能达到的。

1982年初，费孝通在四访江村时提出了一个水到渠成的课题——从农村升一级，研究作为农村政治、经济、文化中心的集镇。当时，他的家乡吴江县的一些集镇刚刚露出一点从衰落转向复兴的迹象。

吴江的小城镇在历史上很有名气。在江南一带，“吴江七大镇”的说法远近皆知。震泽的航船交通，盛泽的万匹丝绸，松陵的行政中枢，同里的私宅园林……都曾使它们在相当长的时间里烟火繁盛，市井兴旺。但在1950年代至1970年代，吴江的小城镇一度衰落。

---

① 费孝通著:《江村经济》，江苏人民出版社1986年版，第182页。

费孝通认为,由盛而衰的原因可以从两个方面看。从农村方面看,由于“以粮为纲”,搞单一经济,取消了商品生产,农民不再有商品到镇上去交换,小城镇自然也就失去了作为农副产品集散中心的物质和经济基础。从小城镇方面看,由于提出“变消费城为生产城”,搞商业国营化,集体和个体的经商活动不被允许,反而受到限制和打击。镇上的居民无以为业,不得不另找活路。小城镇留不住人,自然人口流失,烟火渐消,走向衰落。

1980年,中共中央总书记胡耀邦到云南作调查,看到保山县板桥公社的小集镇破烂不堪,场景凄凉。他在当年年底一次会议上提出了发展商品经济、恢复小城镇的课题。

1981年,费孝通到天津开会。在中共天津市委工作的李定把胡耀邦提出恢复小城镇的事情告诉了费孝通。费孝通悠然心会,及时把小城镇调查的题目引入了社会学重建工作。他提出“类别、层次、兴衰、布局、发展”的十字研究提纲,作出开展小城镇调查的系统研究计划,首先在吴江开始小城镇调查。

如同当年费孝通作江村调查时有一个希望认识中国农民生活的思想背景,四十多年后的小城镇调查,同样有一个借助微观调查认识中国全局的愿望。他表示:

> ……管中窥豹所见的毕竟是豹的一个部分。吴江县小城镇有它的特殊性,但也有中国小城镇的共性。只要我们真正科学地解剖这只麻雀,并摆正点与面的位置……在一定程度上点上的调查也能反映全局的基本面貌。吴江县地处全国经济最发达地区之一的苏南,我们以吴江小城镇为

调查点进行深入分析，或许是触到了小城镇问题的塔尖所谓塔尖是指吴江县小城镇建设的今天有可能是其他地区发展的明天；现在在这里出现的问题有可能将来在别的地方也会碰到。假如我们对这些问题的发生、发展有一个科学的认识，那么对不同地区今后的小城镇建设无疑有指导和参考意义。①

1983年春末夏初，费孝通用一个月的时间对吴江十来个小城镇作了初步调查，对其现状、历史和兴衰过程有了基本了解。他以此为基础，写出了调查报告。1983年9月21日，江苏省小城镇研讨会在南京举行，费孝通作了题为《小城镇　大问题》的发言。这是他的小城镇研究课题第一个标志性的成果。发言稿后来成为《瞭望》周刊1984年第2期到第4期连载的长篇调查报告，引起广泛关注。

在《小城镇　大问题》中，费孝通特别提到了小城镇衰而复兴的动力问题。四十多年前，费孝通曾跟随江村的航船到过震泽，看到过云集在镇区河道里的几百条航船。当时他把镇看作农民和外界交换商品的贸易中心，这是符合历史事实的。进入1980年代，见到吴江的小城镇开始复苏，他先想到是农副业商品生产和流通推动了小城镇走向复苏，后来发现是错觉。在吴江小城镇调查过程中，他根据看到的事实纠正了自己的想法，明确

---

① 费孝通著：《行行重行行——乡镇发展概述》，宁夏人民出版社1993年版，第4页。

表示，吴江小城镇兴盛的主要和直接原因是农村工业的迅速发展。他认为：

> 工业发展不同于农业，它必须要有一个集中的地方。这个地点一要交通便利；二是对来自各个村庄的务工社员来说地理位置适中。这两个要求使社队工业找到了正在衰落中的小城镇。在吴江县可以看到，凡是公社集镇都是社队工厂最集中的地方。在县属镇，由于镇、社体制分设，社队工业不能侵犯镇区，于是就傍着老镇，在外围形成一个社队工业区。①

吴江小城镇调查有了初步成果后，费孝通开始扩大调查范围。

1983 年 11 月 11 日到 12 月 6 日，他随全国政协小城镇调查组，对常州、无锡、南通、苏州 4 个城市所属 12 个县的小城镇作了调查。

1984 年春，费孝通指导的调查工作从苏南地区转向苏北地区。他在 20 天中行程达 1500 公里，对徐州、连云港、盐城、淮阴、扬州等地的小城镇作实地调查。这年仲夏和初冬，费孝通分两次调查了南京、镇江、扬州三市之间三角地带上的小城镇。

随着调查范围的逐步扩大，费孝通接连写出了《小城镇　再

---

① 费孝通著：《行行重行行——乡镇发展概述》，宁夏人民出版社 1993 年版，第 25 ~ 26 页。

探索》、《小城镇　苏北初探》和《小城镇　新开拓》等系列调查报告。他在系列报告中得出一个重要结论：小城镇可以成为中国在世界上走出的一条独特的城市化道路。

城市化是每个民族在现代化过程中都要面对的一大问题。发达国家的城市化，曾经付出过农村经济凋敝、农民流离失所的代价。中国小城镇的发展，表现出一种减轻代价、避免社会震荡的可能性和现实性。农村中的大量富余劳动力不用都往大城市跑，就近在小城镇就业并安居，进入城市生活，大城市将因此避免大量民工潮的致命冲击，避免过分臃肿、无限膨胀的城市病。费孝通因此把小城镇形象地比喻为"农村人口的蓄水池"，认为中国搞好小城镇建设将是为第三世界国家探索出的一条新路。

费孝通关于小城镇的论述引起有识之士高度关注。胡耀邦读过费孝通的小城镇调查报告后，专门写有一段意在推荐的批语。新华出版社把这一组调查报告汇集成《小城镇四记》一书出版时，胡耀邦这段批语刊于该书扉页：

> 发展小城镇这件事，我们党内许多同志还没有接触过，我也是蜻蜓点水，因此不可能有一致的看法，更不可能拿出一套正确的措施。既然拿不出，就不必急忙作决策，用简单的行政手段推行。凡属不成熟的事硬着头皮去干，事情必然成不了功。我在这方面吃苦头是很多的。
>
> 但这本小册子是值得一看的。文字将近四万，太长了一点，但是好看。费老毕竟是一位有专长的学者。而这篇

东西持之有据，言之成理，能给人以一定的思想启迪。[1]

邓小平对中国小城镇发展的意义有深刻洞察，他说："农村改革时，我们完全没有料到的最大的收获，就是乡镇企业发展起来了……解决了占农村剩余劳动力百分之五十的人的出路问题。农民不往城市跑，而是建设大批小型新型乡镇。"这段话揭示出了乡镇企业迅速发展、小城镇迅速兴起和亿万农民切身利益的相互关系。

浙江温州的龙港镇是完全由农民建设起来的新型城镇。建镇前的1982年，还只是一片渔村，人口不足一万。1984年成了镇的建制，定居者开始增加。1986年，费孝通初访温州，那时镇区还只有一条土路，但兴旺活跃的工商业给他以更深印象，那是人气上升的标志。1990年，龙港镇人口数量接近5万。1994年冬，费孝通重访温州时，全镇人口已超过13万。镇区高楼林立，马路纵横，主人已可以邀请费孝通下榻于镇上的三星级宾馆了。

1995年春，费孝通又到珠江三角洲，访问东莞市清溪镇。清溪镇一度号称"东莞的西伯利亚"，远离工商业中心，是珠江三角洲起步相当晚的地方，1980年代后期才有较大动作，后来进入大发展时期。由于大力兴办乡镇企业，原来不足3万人的清溪镇，在四五年间吸纳了13万名外地工。

像龙港、清溪这样的小城镇，在不算长的时间内，吸纳了数倍于原有人口的农村富余劳动力，从农村进入城镇，从农业进入

---

① 费孝通著：《小城镇四记》，新华出版社1985年版，"序"前。

工商业,这样强大的吸纳能力,是大中城市难以想象的。这样的成就,在有关文件中只是数字的对比,在费孝通眼里则是一个生动有趣、激动人心的现代化过程。有过一个时期,中国大陆传媒上反映出的民工潮足以使人产生铺天盖地、惊心动魄的感觉。持续多年的民工潮所以没有酿成大的社会动荡,是因为迅速兴起的千万个小城镇提供了足够有效的疏导渠道。

1994 年 8 月 31 日,费孝通应邀赴菲律宾首都马尼拉,接受当年的"拉蒙·麦格赛赛社会领袖奖"。该奖被认为是亚洲的诺贝尔奖。授奖声明中称:费孝通为农村工业化提出了"离土不离乡"的原则,以小城镇为基础的工业化是提高农民收入和减轻大城市人口压力的一条有效途径,为中国空前的经济繁荣打下了基础。

从 1995 年到 1999 年,费孝通继续关注小城镇的发展问题,并适时地把农村城市化的题目从小城镇逐步扩展到中等城市、大城市和特大城市。1999 年 4 月上旬到 5 月中旬,费孝通又回家乡江苏,从南京到苏州走了一趟。小城镇调查仍然是此行的一个重要题目。在这次调查中,费孝通提出,发达地区的小城镇建设,已经到了再上一个台阶的时候。现在应同时去注意大中城市的发展对小城镇发展的辐射和带动作用。谈到最新的想法,费孝通说:

> 我国人口众多,地域广阔,怎样"城市化"的问题……恐怕还是要走大、中、小城市和村镇同时并举遍地开花的道路。……看来我们需要搞几个特大都市,更多的大城市和

中等城市以及大量的小城市和小城镇来容纳更多的人口……

我初步的想法,是以沿海的上海、香港、京、津和内地的重庆为重点发展五百万到一千万人的大都会;以二百万到五百万人规模的大中城市为主体,带动辐射周边地区;以星罗棋布的几万个十万人上下的小城镇和几十万人上下的小城市为依托,承载下一步农业产业化进一步解放出来的富余劳动力和农村工业化的浪潮,形成中国农村工业化和城市化的全国多层次、一盘棋的合理布局。①

三、追踪区域发展

追随着中国社会变革的纵深发展,费孝通的社区研究地域不断扩大,题目也不断扩展。从村庄扩大到小城镇后,费孝通在追踪观察小城镇发展变化的同时,从 80 年代中后期破题研究区域经济发展问题。他记述说:

1984 年我结束了对江苏的初步调查后,除了继续在江苏各地跟踪观察外,我的研究重点跳出了江苏。一路是沿海南下,经浙江、福建到两广;一路是进入边区,从东北过内蒙古入甘肃、青海,并访问了新疆和宁夏。此外还在沿海和

① 《中央盟讯》,1999 年第 5 期。

边区之间中部地区的河南、湖南和陕西了解一些情况。到1988年底的足足四年多里，我东西穿梭，南北奔走，使我的思路得以开拓和提高。①

费孝通社区研究地域的扩大，有意无意地顺着行政区划的层级逐步展开，从村庄到乡镇，从乡镇到县，从县到市，从市到省，然后跨出省界，纵横全国。在这个过程中，越来越多的见闻和思索，使费孝通看到了超越行政区划界限的经济发展事实。

1985年2月，中央政府决定，把长江三角洲、珠江三角洲和闽南三角地带开辟为经济开发区。消息公布后，民盟福建省委决定筹办"闽南三角地区经济技术开发研讨会"。费孝通当时已是民盟中央副主席，他对该会的准备工作予以热情支持，并与会讲话，鼓励组织盟内专家参与地方经济建设的工作。他认为，盟内开这样的会是个创举，其他地方的民盟组织也可以举行同样的活动。1986年，费孝通参加了民盟广东省委筹办的"海南黎族苗族自治州经济社会发展战略研讨会"，进一步表现出了他在此类课题上的积极姿态。这两个研讨会揭开了费孝通进入区域发展研究阶段的序幕。

1987年初，费孝通就任民盟中央主席。这一年，他在甘肃作调查的时候，注意到甘肃和青海交界地的农牧过渡区。这个区域里，除汉族外，还有一些少数民族，如裕固族、土族、撒拉族、东

① 费孝通著：《学术自述与反思》，生活·读书·新知三联书店1996年版，第88页。

乡族、回族等。他们生活在青藏高原和黄土高原之间，经济上是农业和牧业接触和过渡地带。经过实地调查，费孝通提出，要发展这个区域的经济，需要借助它特有的历史传统，恢复起来一个农牧贸易基地，共同建设一个向青藏高原发展的贸易中心。

费孝通把设想讲给了甘肃和青海两省的领导，深得双方赞同。有了这个基础，费孝通向中央正式提出设想，建立一个经济协作区，促进农牧两大区域之间的贸易，带动当地经济与社会的全面发展。费孝通说：

> 这个建议在我的研究工作中标志着进入区域发展研究的开始。经济区域发展的概念丰富了我社区研究的内容。这使我意识到，八十年代后期，以此为标志，我的研究工作又进入了一个新的层次。[①]

费孝通很熟悉东南沿海一带，又看了西北地区的实况，两相对比，沿海和内地特别是边区发展不平衡的问题十分明显。费孝通认为，从实现共同富裕的观点看，东西差距事关全局。于是，费孝通在提出有关临夏、海东两地合作建立经济协作区的建议后，就近扩大调查范围。1988 年夏，他把甘肃、青海两省和宁夏、内蒙古两个自治区作为同一研究课题涉及到的地区，从区域发展的角度作整体考察，得出的初步结论和设想是：从青海的龙

---

① 费孝通著：《学术自述与反思》，生活 · 读书 · 新知三联书店 1996 年版，第 298 页。

羊峡到内蒙古的托克托河段的黄河上游沿岸地带，是中国西北地区经济文化相对发达一些的多民族聚居区。这一片广大的地区，可以走一条共同发展的路子，就是利用黄河上游水量充沛、落差巨大、沿河矿产资源丰富的优势，以水电为龙头，发展原材料工业和深加工工业，稳定发展农牧业，在“共同规划，有无相济，互利互惠，共同繁荣”的原则下，建设一个大的经济中心，带动西北地区生产力水平的整体提高。

费孝通将这一设想与上述两省两区的党政领导作了充分的沟通和协商，达成了共识。1988 年 7 月 11 日至 13 日，“黄河上游多民族经济开发区建设研讨会”在甘肃兰州宁卧庄宾馆召开。民盟中央多位领导人到会，与会的有关省区领导也都表现出充分的积极性和迫切感。会后，费孝通以民盟中央主席的名义和副主席钱伟长联名上书，向中共中央和国务院提出建议，希望建立“黄河上游多民族经济开发区”。这项建议很快得到批复和支持，经新闻媒体报道后，在社会上产生了广泛的影响，对推动当地的经济发展发挥了重要作用。

这是费孝通领导下的民盟中央通过区域发展研究参与国是的第一个较大动作，应该说是一次成功的尝试。此后，费孝通建议民盟中央成立了名为“区域发展研究委员会”的专门机构，积极推进这项工作的开展。

1989 年，民盟中央和山东省政府合作研究黄河三角洲的区域发展问题。费孝通为此到黄河三角洲作实地调查。他记述自己的心情说：

站在黄河三角洲广阔的土地上,我想到了世界各国著名河口的三角洲多数已发展成为现代经济区,我国的珠江三角洲和长江三角洲也都已成为国内的经济发达地区。想着这些,我似乎亲身感受到脚下地层中正涌动着巨大的发展动力,也更清楚地意识到黄河三角洲是我国东部沿海地区一块亟待开发的宝地。同时又想起我提出过黄河上游多民族经济开发区的建设,接着再提出建立黄河三角洲开发区的问题,正好首尾相应。[①]

研究黄河三角洲的具体开发思路时,费孝通发现,有一个基本概念需要讨论,就是黄河三角洲的地域范围问题。他认为,过去说的黄河三角洲,实际上是黄河口的概念。三角洲应该是包括河口在内的一个经济区域。从自然地理上看,河口可以是一个区域。从经济区域上讲,就必须有"口"有"腹",而不能光有河口。费孝通因此提出,可以考虑把稍远一些的潍坊、淄博划入黄河三角洲。这两个具有一定实力的中心城市,加上两市所辖的农村腹地,将使黄河三角洲的开发更具力度。虽然这两个城市离河口略远,但从区域发展要有中心城市带动来讲,是合乎实际的。

这是一个可以举一反三的重要主张。

进入90年代后,邓小平视察中国南方,把珠江三角洲和长江

① 费孝通著:《学术自述与反思》,生活·读书·新知三联书店1996年版,第300页。

三角洲的加快发展提到了一个新的历史高度。尤其是上海浦东的开放开发,更是举世瞩目。费孝通紧跟上国家发展的步调,及时提出“上海走什么路子”的问题。

上海在1930年代曾是东亚地区和世界闻名的大都会,是亚洲重要的金融和贸易中心,是中国民族工业的一处策源地。邓小平提出的在大陆建设几个香港的设想,使费孝通联想到孙中山当年在《建国方略》中设计的东方大港。

思接百年,视通万里,费孝通关于上海发展的大思路呼之欲出。他说:

> 上海的发展宜更上一层楼,在更高层次上从区域经济发展的观点出发,考虑成为长江流域的贸易、金融、信息、科技、运输中心。换句话说,使上海在经济上成为长江三角洲和沿江地带工农业商品总调度室或总服务站,成为一个具有广阔腹地的大陆香港。①

这个基本设想形成后,费孝通在进一步的调查中扩展思路,力求深思熟虑。在1990年春的第七届全国人民代表大会上,作为全国人大常委会副委员长的费孝通来往于上海、江苏、浙江等代表团驻地之间,与当地代表商讨发展大计。4月初,费孝通写出了关于建立长江三角洲经济开发区的建议。4月9日,他将这

---

① 费孝通著:《学术自述与反思》,生活·读书·新知三联书店1996年版,第301页。

份建议提交中共中央。4 月 10 日上午，中共中央总书记江泽民在中南海第二会议室约见费孝通，就该建议当面听取意见。据说费孝通连续谈了一个多小时，表达的主要意见是：长江三角洲是我国与世界发生联系的枢纽地带。在这里建立经济开发区，对促进长江三角洲的发展，带动全国经济，具有重要意义。设想中的这个开发区，以上海为龙头，江浙为两翼，长江流域为腹地，通过陇海线大动脉沟通西北原材料基地和“三线”蕴藏的技术力量，带动全国经济的健康发展。据后来新闻媒体对这次会谈的报道，费孝通的设想赢得江泽民的当场赞同。这使人们有理由相信费孝通的建议在后来关于开发浦东的决策中起了建设性的作用。

1996 年 5 月，费孝通参加各民主党派中央、全国工商联领导人和无党派代表人士对京九铁路沿线地区的考察活动，随考察团先后访问了河南商丘、安徽阜阳、湖北麻城、江西井冈山和广东深圳。每到一地，都安排有汇报、座谈、参观等活动。一路走下来，费孝通印象最深的是，各地都在高喊“抢抓机遇”的口号，都表示出要求国家给予优惠政策和在当地安排大型建设项目的强烈渴望。

费孝通可以充分理解地方的群众和干部希望脱贫致富、加快发展的心情，同时他又觉得，“机遇”的内涵应该是京九铁路为沿线地区接通了市场的通途，而不是为要政策、要项目增加了砝码。在考察全程的最后一站，费孝通提出了“看‘京’还是看‘九’”的问题。他在深圳举行的座谈会上说，京九铁路的两端很有意思，一个是北京，是中国改革开放事业的中枢，是出政策的地方;一个是九龙,代表中国通过改革开放要融进去的国际市场。他主张,京九铁路沿线地区今后的发展,主要应该看"九"而不是看"京"。费孝通说:

> 香港回归后,九龙代表的这个市场就和大陆更好地联系起来了,中间的桥梁就是深圳。深圳的经济实力和经济素质已进入全国大中城市前列。希望深圳的同志看到这个关键地位,发挥优势,创造条件,为京九沿线地区发展多做贡献。南中国的进一步发展与繁荣,必须扩大它的腹地的实力,加快腹地的发展。只有腹地发展起来,南部的经济重镇才能根基牢靠。京九铁路的通车,香港主权的回归,为南中国扩大腹地提供了难得的机遇,也为我国广大中西部地区加快发展提供了很好的机遇。我理解这个机遇的意思,就是一条铁路为沿线地区接通了一个大市场的门径。接下来的任务是带货上路,进入市场。带货就是我们要拿得出市场所需要的东西,上路就是把已有的交通条件利用起来,进入市场就是把拿上路的东西变成财富,增加农民收入,增强地方的经济实力。只有这样,机遇才有实际意义,否则就落空了,也很难证明这个路是个机遇。[①]

在此后的几年里,费孝通把加快京九铁路沿线地区发展的问题作为自己实地调查的一个重点课题,每年都安排一些时间

---

① 《费孝通文集》第14卷,群言出版社1999年版,第334页。

去做“线上选点”的调查。1996 年 5 月的那次大兵团式的调查，主要是一次政治活动，人数众多，随团跟有中央级报刊的记者，沿途发消息，作报道，造声势。费孝通在此后几年里做的是小分队调查，务实而深入，不作报道，只作科学研究。他希望用几年时间，一站一站地再走一遍京九铁路全程，最终就如何加快京九铁路沿线地区发展提出具体可行的设想和建议。在调查中，费孝通经常和基层干部、农民群众一起谈话，为了更好地沟通，他把“线上选点，以点连线”的想法通俗地说成“串糖葫芦”。到 1998 年，费孝通已经为此专门到河北衡水、河南商丘、安徽蒙城、江西九江和南昌等地作了调查。他计划在 1999 年争取“串糖葫芦”的调查课题告一段落。

费孝通从 1980 年代中后期提出的区域发展研究课题，成了他此后十几年间社区研究最主要的内容。他为此跑遍了中国除西藏和台湾之外的所有省份，其中比较重要的研究成果除上述黄河上游、黄河三角洲、长江三角洲等地的发展方略之外，还有《关于加快环渤海地区的建议》、《关于西北黄土高原和西南岩溶地区扶贫开发的建议》、《关于加快中部地区发展的建议》等。在以公函形式向中央政府正式提出设想和建议的同时，费孝通还在其有关文章中提出过一系列值得注意的区域发展观点，如：以香港为中心，（香）港珠（江三角洲）经济一体化，形成华南经济区；在图们江口建设开放城市，和大连、烟台、威海等北方沿海城市连成一体，形成中国与世界经济的北方接轨站，依托东北广大腹地，建立面向东北亚发展的基地；以自发形成的中原经济协调会和淮海经济协作区为基础，推动它们连片发展；以亚欧大陆桥为骨架,建设大陆桥经济走廊;采取点—线—面的思路,以攀枝花工业中心为启动力,联合凉山自治州,开发成昆铁路沿线地区的丰富资源,开辟通向东南亚的南方丝绸之路,推动西南云贵高原地区全面发展……

十几年来,费孝通积极倡导、直接参与和具体指导的区域发展研究课题还有:福建九龙江流域发展研究,广东梅县客家地区发展研究,汕尾市发展规划思路研究,长江经济带开发研究,长江密集产业带发展战略暨横向经济联系,“南昌—九江工业走廊”发展研究,长江荆江段和洞庭湖综合治理,江西鄱阳湖防洪治理,江苏太湖整治与水资源开发利用,甘肃河西走廊开发研究……

费孝通在这些个案研究的推进中一点点积累着对中国经济和社会发展现实状况的认识。他对个案的关注显然是多重的。既关注个案研究本身的科学性,也关注其成果是否在其涉及区域的经济和社会发展中发生积极的实际效果,同时关注诸多个案之间在生产力布局上的棋局关系,关注诸多个案所共同具有的那些可以从经验上升到理论层面的问题,“例如:经济区域和行政区域怎样既相联系、又有区别?经济区域内部的结构,如中心、腹地、口岸、道路怎样组合,又怎样安排?各层次的经济区域怎样形成和发展,它们又怎样受到自然和人文,即地理因素和历史因素的促进和约束?……像这样的问题还有许多。”[①]

---

① 费孝通著:《学术自述与反思》,生活·读书·新知三联书店 1996 年版,第 310 页。

费孝通在实地调查中看到，在市场因素的作用下，中国各地已经出现了跨越行政区划界限的区域经济发展的事实。这一事实是在国际经济出现“洲际经济区域”设想及其实践、出现全球一体化趋势的背景上发生的。费孝通认为他有关中国区域发展的研究只是一篇大文章的破题，他说：

> 在这种背景下，我提出这个区域发展的研究课题。……我从农村的微观研究，进入小城镇的比较研究，经过六十年的时间，提出了这个更大的课题。这个课题不仅要把中国的经济发展看成一盘棋，而且应联系着全球性经济发展的大趋势来思考，确是一篇不像是我这一生可以亲自写到底的大文章。这篇文章我算是破了题，但怎样做下去还需要认真探索，更需有志同道合的学人共同努力。我相信总有一天能看到我们国家作为一个具有实力的统一体，矫健地踏进全球一体的大社会。我也愿意为这篇大文章的写作付出我最后的一段生命。[1]

四、追踪温州发展

1986 年 2 月，费孝通第一次访问温州，走访了四个县、五个

① 费孝通著：《学术自述与反思》，生活·读书·新知三联书店 1996 年版，第 312 页。

镇和市区的两个街道工厂，历时九天，行程三千里。他从杭州乘汽车出发，尚未抵达温州，就看到公路两旁不时出现一块块木牌，上面写着“货运温州”，“货运山东”的字样。费孝通说，他从这些牌子上想到了一些问题，如：运进运出的货物都是什么？来往运输的货流量何以这样大？这些货物到底是怎么运的？运货者是哪些人？他一路留心这些问题，希望能找到答案。

1970年代中期，温州桥头镇上开始出现小商品市场，经营表带、手套、发卡、塑料花等物品。到1979年，又多出一个品种，就是纽扣。据说是一位外出弹棉花王姓手艺人，从江西买回一批处理纽扣，在镇上摆摊销售，生意不错。这一下引得众人相随，镇上的纽扣摊子一年里发展到了一百多家，成了气候。1983年初，永嘉县政府因势利导，有意识地把桥头镇发展成为纽扣专业市场。经过三年发展，到费孝通前往访问时，全镇已有七百多个纽扣店、摊，全国300多家纽扣厂生产的1000多个品种的纽扣在桥头镇都有销售。由于品种齐全，采购员在上海等大城市奔波一个星期都难以完成的采购任务，若到桥头镇，个把小时就能解决问题。当时每天流动在桥头镇的外地客商有两三千人，日成交额超过16万元。镇上一年销售的纽扣在50亿粒以上。

桥头纽扣市场的繁荣发展，不仅消化了当地的剩余劳动力，还吸收了大批邻近地区的劳动力。当时在市场上做纽扣生意的已有五千多人，还有九千多在全国各地搞采购销售。这支大军引起了费孝通的特别注意。九千多名购销员，组成一个全国性的流通网络。“货运温州”，意味着各色各款的纽扣和其他生产资料顺着网络购进温州；“货运山东”，则是把桥头的纽扣推销出去，一粒粒、一包包纽扣源源不断的被直接送到各地的售货店、成衣铺和用户手上。这个网络使桥头的生产经营始终顺畅地连通着全国的用户市场，使桥头的市场生机勃勃，日益壮大，被誉为“东方第一大纽扣市场”。

接下来的调查活动使费孝通发现，桥头镇上的繁荣景象，只是温州商业活动异常活跃的实例之一。在当时的温州，类似纽扣市场的其他商品专业市场已有四百多个，遍布全市各地。如金乡的徽章、标牌市场，柳市的小五金和低压电器市场，仙降的塑料凉鞋市场，宜山的再生纺织品市场，肖江的塑料编织袋市场，北港的兔毛市场，塘下的塑料拉丝编织品市场，虹桥和钱库的综合商品市场等等。据统计，当时温州全市每天流动在市场上的总人数达 45 万。1984 年，全市商品零售总额为 18 亿元，其中十大专业市场的销售额就占到 10 亿元。

费孝通在先后走访金乡、塘下、柳市、虹桥等镇的专业市场和家庭工厂时，亲眼看到金乡生产的粘贴式塑料商标竟有一种是北京人民大会堂用具的标贴，他不由得为温州小商品的市场之广而惊异和兴奋。他在《温州行》（又称《小商品，大市场》）一文中写道：

在塘下、柳市和虹桥，我分别走访了几户家庭，并看到他们生产的松紧带、小电器。我们一再询问他们的生产是谁在组织，又是谁在帮助推销我之所以提出这些问题，是因为我看到了当前在我国经济中一个极为重要的“大市场”。这个市场不仅包括在各镇上街巷里看得见的数以万计的店面或摊子，而且还包括撒在全国各地十多万名每天在火车、轮船上运转，甚至深入到偏僻地区活动的商贩大军；各家各户的生产者就是靠同千千万万零售商店和摊子，甚至同无数消费者个人之间建立起了一个生动活泼而又似乎无形的流通网络。……这个力量已冲出省界，在全国，甚至已越出“国境”，在国营商业渠道触及不到的领域里发挥着促进商品流通的作用。这是一件极有意义的新生事物，不仅为理论工作者提供了新的研究园地，而且是当前体制改革必须重视的民间自发的流通网络。①

费孝通在英国留学期间，曾在1937年夏到留学于德国的二哥费青那里度假，在费青住处见到过上门推销小商品的温州人。费青告诉他，在柏林、巴黎等欧洲大陆的不少城市中，这样的中国生意人数以万计。他们多数来自温州青田一带，起初是背着著名的青田石漂洋过海，在德国、法国、意大利等地做石刻生意。带的石料用完了，就转而做小买卖。这些人靠挨家挨户、彬彬有礼的上门服务来经商赚钱，养家糊口，在异国他乡顽强地求生存，求温饱，求发展。

五十年前的记忆，五十后的情景，脉脉相通。温州历史上“八仙过海”的传统，推动着石刻、竹编、弹花、箍桶、裁缝、修鞋、理发、厨师等百工艺人和挑担卖货的生意郎，一代又一代地周游

① 费孝通著：《行行重行行——乡镇发展概述》，宁夏人民出版社1993年版，第280～281页。

各地，挣钱回乡，养家立业。活跃在八十年代中期全国市场上的十万名温州籍供销员，多数是从前走南闯北的手艺人和卖货郎。费孝通留意过他们的生计，他说："这些年我在北京随时都能见到叫卖棉胎、修补皮鞋的浙南人，就是远在新疆、内蒙古以及海拔三千多米的甘南高原，也都见过他们的身影。"[①]他们常年漂泊在外，到底能换来什么样的生活，是费孝通关心的问题。桥头镇的乡亲告诉费孝通，这个镇每天收到全国各地桥头人汇来的款子有六七万元。当时桥头镇在外的供销员大约万人，若按这个比例推算，当时温州的十万供销大军每天可寄回家乡六七十万元，一年就是二亿元以上的收入。这就是当时温州十多万家庭工厂的原始资本。费孝通说：

> 有了资金，家庭工业才能在时机成熟时如雨后春笋般地遍地生长。家庭工业的发展又使原来到处流浪的手艺人和购销员摇身一变，成为这个地区生产事业的组织者。这些人物的发展历程是很有意思的。……他们最早是出卖手艺的流动匠人，即所谓劳动输出。后来他们就把外地商品捎回家乡出售，成了商人；然后自家生产商品，出外采购原料和推销成品，又成了购销员；接着发展到和各地签合同，带回家乡，分给各户生产。这时，他们已是邻里间的经纪人了。有的甚至用贷款或预付货款的方式支持外地生产，在

① 费孝通著：《行行重行行——乡镇发展概述》，宁夏人民出版社 1993 年版，第 281 页。

这种情况下，他们所经营的商品的厂家，实际上已成了区域间产销的组织者。现在我们就可以看出，这些人物的个人经历正反映了商品经济发展的过程。[①]

初访温州期间，费孝通还注意到一个事实，即他始终没有听到产品滞销积压的事情。费孝通问及原因，得知温州已基本上是市场导向，以销定产。要供货就先签合同，再按合同组织生产，销路在生产之前已解决掉，所以资金周转很快。桥头镇的商业资本约二十几天就周转一次。温州的供销员是走在生产过程前边、指挥生产的联络员。

经过九天的实地调查，费孝通得出结论说：

温州家庭工业或联户工业的发生和发展，一刻也离不开“大市场”，也可以说它是依托这个大流通网络的附属品。因此，我觉得温州农村经济发展的基本特点是以商带工的“小商品，大市场”。[②]

费孝通结束对温州的初次访问后，写出了长文《温州行》，连载于《瞭望》周刊 1986 年第 20 期、21 期和 22 期。此时，温州之路正引起纷纷议论乃至“姓社姓资”的激烈争论。《温州行》的发

① 费孝通著：《行行重行行——乡镇发展概述》，宁夏人民出版社 1993 年版，第 281 ~ 282 页。

② 费孝通著：《行行重行行——乡镇发展概述》，宁夏人民出版社 1993 年版，第 282 页。

表产生了很大影响，对温州人和所有正在探索市场经济之路的人是一个相当有力的鼓舞。

1994 年 11 月，费孝通重访温州。

八年前，费孝通从杭州坐汽车出发，辗转两天才到温州。八年后，他仍从杭州出发，乘坐飞机，四十多分钟即到温州。交通工具的改变，说明温州的基础设施条件已大有改观。从机场到住所的途中，费孝通注意到沿途正在修建高等级公路。迎接他的主人说，温州近几年建机场、修公路、造桥梁这些大项目，都没有靠国家投资，主要是依靠民间集资。下车伊始，就看到这样的场面，听到这样的消息，费孝通不由感慨：阔别八年，温州变化之大，民间经济实力之深厚，真是可以令人惊叹！

进入实际调查后，费孝通很快就捕捉到了温州巨变中的一个关键因素：在温州经济中唱主角的家庭工业、个体经济已经发展成为股份合作经济。八年前，在剩余劳动力很多、国家投资很少、交通能源基础设施又很差的情况下，温州农民向非农产业转移，只有从投资少、成本低、能耗少、技术简单、流通方便的小商品生产起步。农民的住房可作厂房，手边的闲钱，传统的手艺，空闲的时间，都成了生产的本钱。温州人抓住时机，敢闯敢干，很快就上了一个台阶。后来其他地方群起效仿，都搞小商品，一家一户分散进行的小规模生产经营面临的市场压力越来越大，推动温州的家庭工厂走向以股份合作为主要形式的联合经营。

费孝通实地考察了一家经营管理很有特色的股份合作企业——瑞安华光经编厂。事有凑巧，这家如今名气很大的企业，前身正是费孝通八年前访问过的一个家庭工厂。厂长拿出一幅当时费孝通观看松紧带生产现场的照片，作为一份特殊礼物送给他。照片上是八年前的小作坊，眼前是一个在设备、技术、产品水平等方面都进入全国同行最前沿的现代化企业。这不妨看作温州巨变的一个标本。

温州巨变的另一个标志是，当年的十万供销大军到1994年已扩大为百万大军，其中光是在北京的就有十万上下。这支百万大军在全国各地摆下了五万个柜台，还有的走向海外。据说巴黎的“温州一条街”把素以经商闻名的犹太人的生意都挤掉了。

百万大军走出温州的同时，温州的快速发展也需要劳动力，大量外地人到温州打工。费孝通重访温州时，听说外地工的人数已有五十万，他边作记录边念叨：“出去一百万，进来五十万，这里边意思很深。”

在费孝通这次访问的温州苍南县灵溪镇的专业市场中，有一处市场的大门两边写着大字楹联：百业振兴，四海升平。费孝通注意到了这个八个字，颇生感慨。看来，温州人想的不仅是家门口的百业振兴，还有更大天地里的四海升平。他们从小商品发展出来的大市场，从家门口直通五湖四海，与世界休戚相关。怀着过好日子的愿望，温州人闯出家门，遍布四海，要闯出一条丰衣足食、遂生乐业的路子。在这条路上，他们从个体走向群体，从家庭走向社会，从打工走向办厂，从养家立业走向更高的追求。表示祈愿的楹联，有意无意地流露出他们的心迹。“百业振兴”还能理解为是经济意义上的愿望，“四海升平”则是一个内涵丰富得多的社会理想了。

费孝通把重访温州的见闻和感想写成了文章。他初访温州的文章在《瞭望》周刊发表时，题目是“温州行”，但在广泛流传当中，被更多的人说成了“小商品，大市场”。温州的许多平民百姓都知道费孝通讲的“小商品，大市场”为他们发展个体和私营经济在关键时刻说了话。“温州行”是文人的说法，老百姓众口相传的是“小商品，大市场”。费孝通有文人的性情，也是为了呼应此前发表在《瞭望》周刊上的《甘南行》，所以用“温州行”作题。同时他也有平民的情怀，更乐于被大众认同，所以在很多场合提到这篇文章时，他不说“温州行”，而是说“小商品，大市场”。为了和这个题目接得上，费孝通经过反复斟酌，把重访温州的文章题目确定为《家底实，创新业》，发表于《瞭望》周刊 1995 年第 12 期和 13 期。当时正是温州完成原始积累、进入“第二次创业”的历史阶段，费孝通的文章又为温州人鼓了一把劲。

1998 年 10 月，费孝通三访温州。他首先注意到了温州企业的变革趋势。

1986 年时，费孝通初访温州，走进的是家庭作坊式的企业，看的是沿街摆摊的小商品市场。1994 年，他重访温州，走进了股份制、设备现代化的企业，看的是苍南、瑞安等地经营服装、药材、灯具的大型专业市场。到 1998 年三访温州时，接待他的是正泰、德力西、庄吉等企业集团，看到了更大规模的建材、家具等专业市场。

温州的企业规模在变，组织形式在变，运行机制在变。改革开放初期，温州靠个体企业形成推动力，筑起经济发展的第一个台阶。从 1980 年代中期开始，温州的个体企业开始向股份制合作企业转变，并形成气候，带动温州经济又上一个台阶。到费孝通三访温州时，温州的企业组织形式又有提高，正向现代企业制度转变。这一转变产生了把温州经济推向第三个台阶的力量。费孝通访问的几家企业集团，都已完成了资本结构、组织结构、产业结构的重组，进行了产权制度、董事会制度和企业家制度的改革。它们都非常重视质量、人才、科技以及市场扩张战略，趋向于专业化、标准化、科层化和法制化。

费孝通表示，他从听到、看到、问到的种种事实中，感受到了一种蜕变于传统、进入现代化社会的前景。他说：一步一个台阶，自己真像是走过了温州企业发展的真实历史。

他也注意到了温州市场的变化。过去是企业依赖专业市场推销产品，现在的销售渠道是专业市场和市场网络并存。过去是以温州本地市场为主，现在转向本地市场和外地市场并举。过去是以内销为主，现在是内销和外销并举。过去是以有形市场为主，现在是有形市场和无形市场并举。大约二十年里，温州的市场因素不断萌生，市场形态不断发展，市场机制不断加强，市场体系不断完善，尤其是最近几年的发展变化，表明温州经济正向现代市场经济靠拢，开始同国际经济接轨。费孝通提出了他心目中温州经济的下一个目标：筑码头，闯天下。这六个字也成为他三访温州所写文章的标题。该文发表于《瞭望》周刊 1999 年第 7 ~ 8 期（合刊）。在文章结尾处，费孝通写道：

> 我已经不是第一次被温州精神所感染、所激动。我体会到的温州精神就是不甘心落后，敢为天下先，冲破旧框

框，闯出新路子，并且不断创新。温州人从家庭作坊、摆摊叫卖、沿街推销、设店开厂发展到股份合作、企业集团、资产经营、网络贸易，我也似乎看到了中国的市场经济从初期的萌芽到和国际接轨全过程的演示，并且觉得可以从中捉摸中国市场经济发展过程中的一些内在逻辑和规律。[①]

五、追踪社区发展

1999 年 11 月，上海大学成立上海社会发展研究中心。费孝通出席了该中心揭牌仪式，并担任中心主任。此前，他于 1998 年除保留北京大学教授一职外，辞去了所有公职。在此情况下就任于该中心主任一职，说明了费孝通对这个中心的看重。

此事的背景，从宏观说，是中国城市化进程的加快，要求对社区建设的研究工作跟上来。从微观上说，是上海方面敏锐而诚恳地表达出了需求和邀请。当时主持浦东新区工作的赵启正当面对费孝通说：浦东需要社会学。时任上海市长的徐匡迪更具体地邀请费孝通到上海研究社区建设问题。上海具有相对悠久的工商业发展历史和市民社会传统，又较早提出“小政府，大社会”的新体制目标，并在实践上推动现代社区建设，有可能成为费孝通瞩望中的中国城市社会学的生根发芽之地。

在费孝通最后几年的实地调查中，专门用于社区研究的实

---

① 《瞭望》周刊 1999 年第 7 ~ 8 期，第 63 页。

地调查相当频繁。大致算来,他在2000年进行的九次外出调查中,有六次的主题是社区研究。在2002年的五次外出调查中,有四次是专题研究社区发展。很明显,这是费孝通九十岁以后重点研究的问题之一。联系他在晚年时常讲起的"开风气,育人才",费孝通对这个研究中心寄托的期望及其在社区研究上花费心血的用意不难领会。在一次小范围的谈话中,费孝通的一句话不妨看成点题之语:乡镇企业是"草根工业",社区发展就是"草根民主"嘛。

1990年代初,费孝通在实地调查中预感到,中国的城市化进程将会造成社会生活的大变化,带来很多新事物。例如,职业人口的流动,新经济组织的成长,外来劳动力的增加,居民生活区的重组,城市管理体制的变革,人际交往方式的变化,社区服务方式的创新,等等。几年后,预感成了现实。费孝通走访一些社区和居民家庭,约请社区、街道、居委会的干部作现场访谈,感到上海的社区建设为基层行政体制的现代化找到了一个办法。若能进一步完善,有可能促成一个适应于中国现阶段发展需要的社区生活系统。费孝通表示:

> 在这个从实求知的过程中,我对上海城市社区这个社会结构的基础有了一些初步的认识,感觉到社区相比于街道,它与市民日常生活各个方面有着更为广泛而深入的联系,包括政治、行政、经济、社会和文化等多种系统,其中最直接的联系是社区居民的衣食住行、生老病死。这个如同小社会的社区由于更注重自下而上的运行逻辑,因此它提

出的日常问题往往会超出街道组织管辖的范围。[1]

费孝通的社区研究,以上海为基地,扩展到国内许多地方。广东、福建、江苏、浙江、辽宁、吉林等省的许多城市社区建设情况,都成了费孝通研究社区问题的样本、素材。他看重社区"自下而上"的运行逻辑,看重社区建设带来的基层行政体制改革实践,看重社区建设在社会发生剧烈变革时期促进百姓安居乐业的重要功能。费孝通在1930年代迈进社会学门槛的时候就熟知"社区"概念,1950年代谋划国家建设时自称"最早热心于我国城市社区建设的人之一"[2],直到二十世纪即将结束的时候才有机会为社区发展提供智力成果。这也许可以部分地解释他何以在生命的最后一段时光中把社区调查的日程安排得那么频繁。

上海大学上海社会发展研究中心成立后,费孝通以社区建设为专题作调查的时间和地点如下:

1999年12月,深圳、惠州、东莞、顺德、南海。

2000年4月,上海、深圳。

2000年7月,上海、厦门。

2000年8月,沈阳、鞍山。

2000年9月,上海。

2000年10月,大连。

---

① 费孝通著:《九十新语·己集》,第22页。北京大学社会学人类学研究所ISA工作论文2001.003。

② 费孝通著:《九十新语·己集》,第22页。北京大学社会学人类学研究所ISA工作论文2001.003。

2000年11月，上海、广州、茂名、深圳、珠海、江门、顺德、佛山。

2001年3至4月，常州、苏州、吴江、太仓、上海。

2001年9月，上海。

2002年4月，上海。

2002年5月，上海、宁波、台州、杭州。

2002年7月，长春。

2002年9至10月，南京、苏州、吴江、张家港、常熟、太仓、昆山。

这是费孝通九十岁前后四年里专题研究社区建设问题的大致日程。[①]

伴随着中国城市化的步调，新型社区在较短时间内大量涌现，对城市公共管理与服务系统的改革提出了新的要求，也向人文和社会科学原有的相关理论和研究方法提出了新的要求。费孝通认为，中国的社会学研究者还没有为此做好充分的准备，实际工作者也碰到了很多具体问题。用过去管理街道的机构来管理社区，当然有经验可以借助，却也有不适应的地方。费孝通列举社区工作者面临的难处说：

> 比如他们要代表社区居民的利益，因为他们是由社区居民选举产生的；他们要对街道及其部门负责，因为他们的工资从属于街道财政支出；他们要善于与居委会书记协调

① 见《中央盟讯》2005年5月专刊。

工作关系，因为书记是由街道组织直接任命的。而且，社会有时也可以指使他们做一些超出他们职责范围的事情，因为他们的角色定位始终是模糊不清的。[1]

在深入观察与思考中，费孝通看到了社区发展将带来的居民自理和自治趋向。他勾画出一个引人入胜的图景——要动员更多的社会力量，组织广大社区居民，学习并参与社区生活的自理。社区生活自理就是让越来越多的居民自己来协调和管理他们在社区里的各种关系，从而在社区内创建一个适应于我国当前市场经济的、贴近居民具体生活的、满足居民日常需求的服务系统。简单地说，首先要培养和提高社区居民既服务于自己、又服务于他们社区的意识和能力。这是一个社区居民一起建设一个守望相助、尊老护幼、知礼立德的高尚精神文明的过程，也将是他们共同营造一个和睦成风、安居乐业、其乐也融融的美好生活环境的过程。

---

① 费孝通著:《九十新语·己集》,第 26 页。北京大学社会学人类学研究所 ISA 工作论文 2001.003。

第十四章

从“生态研究”到“心态研究”

我自从三十年代从事社会学和人类学以来，已经半个多世纪，除了由于政治原因停业了有二十多年外，我并没有放弃过实地观察的研究机会。但是现在回顾一下，我所接触的问题主要限于中国农民怎样解决他们基本物质需要的问题，通俗地说是解决农民的温饱问题，也可以概括说是人对资源的利用和分配的问题，人和人共同生存的问题。这些问题都属于人文生态的层次。这几年，也可能是因为我已进入了老年，越来越感到人的研究不能满足于这个层次了……

费孝通：《逝者如斯》(1993)[①]

一、重提“心态”问题

费孝通留意心态问题，其早期著述中就有记录。

《乡土中国》里曾出现很生动的文字。他把“穷教授”面对“乡下人”时的优越感和失落感放在乡村生活的场景上，作了有

① 费孝通著：《逝者如斯》，苏州大学出版社1993年版，第199～200页。

趣的对比。

当时,昆明城里的教授们为躲避日军空袭,疏散到农村。他们的孩子随去,被送进乡村小学读书。比起乡下孩子,教授们的孩子学得快,成绩好,样样强。教员见到这些孩子的家长,总是夸他们的孩子聪明,智力上有优势。费孝通也听到了类似夸奖,但他没有忘了课外:

> 对于这些恭维自然是私心窃喜。穷教授别的已经全被剥夺,但是我们还有别种人所望尘莫及的遗传。但是有一天,我在田野里看放学回来的小学生们捉蚱蜢,那些“聪明”而有种的孩子,扑来扑去,屡扑屡失,而那些乡下孩子却反应灵敏,一扑一得。回到家来,刚才一点骄傲似乎又没了着落。[①]

《乡土中国》中涉及心态问题的文字,在“乡土本色”、“文字下乡”、“差序格局”、“礼治秩序”、“长老统治”、“血缘和地缘”、“从欲望到需要”等话题中屡屡出现。写到最后一节时,费孝通表达了这样一个观点:

> 我常常觉得把“生存”作为人类最终的价值是不太确切的。人类如果和其他动植物有些不同的地方,最重要的,在我看来,就在人在生存之外找到了若干价值标准,所谓真善

① 费孝通著:《乡土中国》,生活·读书·新知三联书店 1985 年版,第 9 页。

美之类。[1]

费孝通曾表示，他在英国留学时学到的文化论，重视对人类衣食住行整个生活体系的研究。那段学术训练给他以深刻影响。同时，作为一个功能主义者，费孝通把自己的学术研究定位于“对人民实际情况的系统反映”[2]，通过可靠的情况进行常识性的判断，促成适当的政策。他写作《江村经济》时，指出中国“站在饥饿边缘上”，最严重的问题是农民吃饭问题。到《乡土中国》一书出版，十年过去，饥饿问题依然存在。在那种情况下，心态问题虽已成其话题，但要着力研究未免奢侈。当时，费孝通要研究的迫切问题，是中国人民怎样吃饱穿暖，即其所谓“生态研究”。

进入1990年代，中国的温饱问题大体解决。费孝通及身见梦，欣慰之余，他跟着社会发展步调，提出“富了以后怎么办”的问题，心态研究水到渠成。

1992年9月25日，费孝通在香港中文大学举办的首届“潘光旦纪念讲座”上发表学术讲演，讲演的题目是《中国城乡发展的道路——我一生的研究课题》。在概要回顾从江村调查之后50多年的研究历程时，费孝通表示：

……如果天假以年，在我这一生中还有一段生存的时间，还是极愿意在已有生态研究的基础上，更上一层次，把

① 费孝通著：《乡土中国》，生活·读书·新知三联书店1985年版，第86页。

② 费孝通著：《江村经济》，江苏人民出版社1986年版，第3页。

心态研究做一点破题和开路的工作。①

费孝通对自己的研究工作提出从生态层次上升到心态层次的要求,不仅有国内经济与社会发展的背景,也有国际事务中局部冲突持续不断的背景。

就国内背景而言,费孝通在1992年表示,"现在走到小康的路子是已经清楚了,我已认识到必须及时多想想小康之后我们的路子应当怎样走下去。……心态研究必然会跟着生态研究提到我们的日程时间来。"②

就国际背景而言,费孝通则早有论说。

由这次讲演前推四年,费孝通在《〈外访杂写〉前言》(1988)中说:

我这四五十年心里确是有一个疑问在烦恼我:这个世界上这么多人怎样能和平相处,各得其所,团结起来,充分发挥人类的潜力来体现宇宙的不断发展?这是个大题目。

……大大小小的群体之间,尽管生活上已你离不开我,我离不开你,但是心理上还是各有各的想法,各是其是,各美其美,甚至还要以我之是强人为是,以我之美强人为美,一句话,相互不理解,相互不容忍。这个"多元一体"还少一

---

① 费孝通著:《学术自述与反思》,生活·读书·新知三联书店1996年版,"序言"第2页。

② 费孝通著:《逝者如斯》,苏州大学出版社1993年版,第196~197页。

个共同的意识基础。怎样使人群间能相互理解是我要探索的课题。①

由这篇《〈外访杂写〉前言》前推四十年，费孝通在《美国人的性格》(1947)中说：

我总觉各种文化里长大的人不能相互了解是当前世界的一个严重的问题。以往，世界上各地的人民各自孤立地在个别的处境里发展他们的生活方式。交通不便，往来不易，各不相关。现在却因交通工具的发达，四海一体，天下一家，门户洞开，没有人能再闭关自守，经营孤立的生活了。在经济上我们全世界已进入了一个分工合作的体系，利害相联，休戚相关，一个世界性的大社会业已开始形成。但是各地的人民却还有着他们从个别历史中积累成的文化，不同的文化中有不少价值标准是不相同的……

很显然的，我们只有积极的促进这世界性社会的形成。我们也就得极力克服文化的个别性所造下的障碍。②

费孝通写在1947年的这段文字，相隔六十多年再读，其意义新鲜如初。在二十世纪行将结束时，从海湾战争，到南联盟的炮

---

① 费孝通著：《逝者如斯》，苏州大学出版社1993年版，第157～159页。

② 费孝通著：《美国与美国人》，生活·读书·新知三联书店1985年版，第213页。

火，证明局部性的“人类自相残杀”行为仍在继续。进入二十一世纪以来，美国9·11恐怖袭击事件、俄罗斯大规模人质危机事件、西班牙首都马德里大爆炸事件、英国首都伦敦连环爆炸恐怖袭击事件、印尼巴厘岛三年内两遭恐怖炸弹袭击……作为人类学家，费孝通不能不对这局面高度关注，不能不对事关人类安危存亡的问题发表意见。1992年，他重提当年话题，认为“人与人之间怎样相处，国与国之间怎样相处的问题，这本是第一位的问题。……看来人类在这个问题上还没有足够的觉醒。”[①]又过了十余年，在2003年的一次研讨会上，费孝通再次提出同一问题：

> “全球化”实际延续了自十九世纪就已经开始的、广泛的世界性文化接触，而且接触中的各方力量仍是不平衡的。更重要的是，过去的一百多年里发生的许多事件，本来应当已经引起了处于优势的文化的自我反思，但那些实际上应让全世界的人们惊觉的事件，实际却没有引起各方的充分关注……
>
> 在今天世界上那些“以暴易暴”的做法，还是在起着它们的作用，备受具有“征服世界”野心的势力的青睐。……那种以“己”为中心来看待人，以“天人对立论”来看待世界的看法正在得到“全球化”。[②]

---

① 费孝通著：《逝者如斯》，苏州大学出版社1993年版，第311页。

② 费孝通著：《对文化的历史性和社会性的思考》，见乔健、李沛良、李友梅、马戎主编：《文化、族群与社会的反思》，丽文文化事业股份有限公司2005年版，第13页。

费孝通表示,他个人对“全球化”中国概念并不反感。但是,他明显反感于“惟我独尊”、“征服世界”的强势心态和“以暴易暴”的行为。他希望中国传统中的“四海一家”、“和而不同”的文化思想能够在全球化过程中发挥融合作用,却在回顾中国历史的时候发现自身也有问题。他认为,从孔子、秦汉以来,我们忘了物,整天讲义理、谈心性。从清末开始,我们接受西方文化影响,跑到了另一个极端,重视了物,却又不见了人。一个重物轻人的世界是个危险的世界。

2003年,费孝通以书面发言方式参加了“第八届现代化与中国文化研讨会”。他在文章结尾处说:人文社会科学的发展,在今后二三十年要面对一个新的时代。这些年来,一系列世界性的事件表明,自然科学如何服务于人类,这个问题需要人文社会科学家的思考。并不是说我们不要自然科学,我的意思无非是说,在二十一世纪里,那种曾经产生广泛影响的、西方中心的“天人对立论”,有必要也有可能得到纠正,而在这个反思过程中,中国文化的研究者要承担起自己的责任。

二、重读《生育制度》

1993年10月,费孝通赴香港主持由中国大陆、香港、台湾的有关学者共同发起的“第四届现代化与中国文化研讨会”开幕式。这次会议的前后两阶段分别在香港和苏州举行。费孝通说:“1993年我利用两岸三地的学术研讨会在家乡苏州举行会议时,提出一篇《个人·群体·社会》论文。我对旧著《生育制度》

一书进行了反思。这篇论文也可以说是我为自己开创了一条写作的新路子，有一点近于思想自传方式的自我反省。”[①]

这篇论文的开场白，是一段古雅蕴藉、文人气十足的文字，明确地向学界同好传递出作者学术反思的初衷：

> 年近谢幕，时时回首反思多年来在学时园地里走过的道路，迂回曲折；留下的脚印，偏谬杂呈；究其轨迹，颇有所悟。趁这次老友会聚，略作自述，切盼指引，犹望在此生最后的尾程中勉图有所补益。[②]

费孝通的“自我反省”是从最基本的“社会”概念开始。他表示，自己把社会学看作是一门研究人的群体生活的学科。他认识国人生活的目的是改善国人的生活。正是这样一种社会观和求学动机，成了他有缘先后师从 Shirokogorov 和 Malinowski 的学术思想内在连线。

当年，由于 Shirokogorov 的中途离去，费孝通只完成了这位老师为他预定的三期学术训练的第一期。五十多年后，费孝通说，回想起来，当初从 Shirokogorov 那里“学到的也许就是比较严格的科学态度和对各个民族在社会结构上各具特点、自成系统的认识。所谓各有特点、自成系统就是指社会生活的各部门是互

---

① 费孝通著：《学术自述与反思》，生活·读书·新知三联书店 1996 年版，“序言”第 2 页。

② 费孝通著：《学术自述与反思》，生活·读书·新知三联书店 1996 年版，第 201 页。

相配合而发挥作用的，作为一个整体就有它独特的个性。”①在1935年的瑶山调查中，费孝通对社会生活各部门之间的密切相关看得更清楚，更具体，其间的体会就体现在《花蓝瑶社会组织》一书中。对花蓝瑶，费孝通以其社会基本细胞的家庭为出发点，把这个少数民族社区的政治、经济等各方面的生活作为一个系统予以叙述。费孝通后来的江村调查和《江村经济》一书的写作，这一思路和方法仍然贯穿其间。这是使他从 Shirokogorov 门下通往 Malinowski 门下的桥梁。费孝通说：

我根据这批开弦弓的调查资料写出的提纲，首先得到了当时我在伦敦的导师 Firth 的肯定，随后又得到 Malinowski 的注意，当即决定他亲自指导我编写以中国农民生活为主题的博士论文。当时我并不明白为什么我能获得这样顺利的学习机会。后来在有人看到我的论文后，向我提出了个问题：你怎么会在和 L. S. E 接触之前，就走上了功能学派的路子？那时我才明白我从 Shirokogorov 那里学来的这些东西，着重人的生物基础和社会结构的整体论和系统论，原来就是 Malinowski 的功能论的组成部分。当时我只觉得 Malinowski 所讲的人类学是我熟悉的道理。我们相见以

① 费孝通著：《学术自述与反思》，生活·读书·新知三联书店 1996 年版，第206页。

前，已经有了共同的语言。[①]

后来的事实说明，费孝通因有“共同的语言”而比较顺畅地从 Malinowski 那里吸取了丰富的学术营养，却没有被“共同的语言”所束缚。他接触到法国社会学家 Durkheim[②] 的著作后，对另一种社会观（即把社会看成有其自身存在的实体）发生了兴趣。费孝通说他在云南时期的许多著述中“很明显地贯穿着”“向社会实体的倾斜”，“涂尔干式的社会观已成了我这一段时间的主要学术倾向”。[③]

在《个人·群体·社会》一文中，费孝通追忆了他当年身处

---

① 费孝通著：《学术自述与反思》，生活·读书·新知三联书店 1996 年版，第 206～207 页。引文中的“L. S. E”是费孝通留学英国时所在学校伦敦经济政治学院的英文名称的缩写。

② 据《简明不列颠百科全书》有关辞条，Durkheim（1858. 4～1917. 11. 15）汉译名涂尔干，“第一个对日常生活的特定现象进行社会学研究并系统地形成一套富有生命力的方法论的社会学者。……涂尔干于 1896 年创办《社会学年刊》，之后，他研究关于澳大利亚、新几内亚及爱斯基摩人部落的情况提出了‘神圣’、‘图腾’等概念，其重要意义正如马克思发展了‘阶级’这一概念相似。……他确信科学和技术的发展不一定必然导致进步。他觉察到周围缺少道德规范，呈现颓废现象。他的社会学思想第一次发表于其博士论文《社会分工论》（1893）中。……1895 年他又完成了《社会学方法论》。……他的《法兰西教育学的发展》一书，于他死后的 1938 年出版。这部书是法国教育学中最有见识的著作之一。”

③ 费孝通著：《学术自述与反思》，生活·读书·新知三联书店 1996 年版，第 215～216 页。

一个社区的具体生活现实中观察社会角色时引人入胜的场面。[①] 他清醒地意识到,一个人类学者在实地调查中,通常观察到的是有规定的各种社会角色的行为模式。至于角色背后个人的内在活动,一般的人类学者则很难接触到。这使费孝通得出结论说:"我的社区调查不论在瑶山或在江村,现在回头来看,是不够深入的,还是满足于社会角色的行为模式,因而影响了我对社会的看法,把它看成了自成格局的实体,表达得最清楚的是我根据讲课内容编出的《生育制度》。"[②]

贯穿在《生育制度》中的一个基本观点,就是人类社会必须

① 费孝通说:"当我踏入一个社区时,我接触到的是一群不相识的人。我直接看到的是各个人在不同场合的行动举止。这一片似乎纷乱杂呈的场面里,我怎样从中理出个理解的头绪呢?这时我就想到了社会行为是发生在社会所规定的各种社会角色之间,不是无序的而是有序的。如果我从这个角度去看在我面前展开的各个人的活动,就有了一个井然的秩序。不论哪一家,我们如果用父母、子女、亲戚、邻居等社会角色去观察这些似乎是杂乱的社会行为,就可以看到在不同人身上出现重复的行为模式,比如不论哪一家,母亲对儿子之间相互的行为都是类似的,成为一种模式,而这套行为模式却不同于妻子对丈夫,甚至不完全相同于母亲对女儿之间的相互行为。我在实地调查中才理解到一个社区中初看时似乎是纷杂的众人活动,事实上都按着一套相关的各种社会角色的行为模式的表演。再看各种社会角色又是相互配合,关关节节构成一个网络般的结构。从这个结构去看这社区众人的行为就会觉得有条有理,一点不乱。而且这个有条有理的结构并不是当时当地的众人临时规定的,而是先于这些人的存在,就是说这些人从小在生活中向一个已存在的社会结构里逐步学习来的。这就是个人社会化的过程。"(《学术自述与反思》,第210页。)

② 费孝通著:《学术自述与反思》,生活·读书·新知三联书店1996年版,第210页。

有一套办法，来解决个人有生死、社会须继续这个矛盾。为讲透这个观点，费孝通专门创制了“社会继替”、“世代参差”等专有名词，从本质上分析社会新陈代谢的过程，把性爱—结婚—成家—生育这个一般认识上的传统程序颠倒了过来。他认为“生育制度并不是用来使个人满足其生物上性的需要，而是用婚姻和家庭等规定的制度来确定夫妻关系、亲子及亲戚的社会角色，使人人都能按部就班地过日子。”①

费孝通在“婚姻的确立”一章末尾举结婚仪式为例，通过有趣的描述表明，结婚不是私事，基于生物基础而要求结合的人们被生育制度摆布得服服帖帖。②

《生育制度》一书的编写工作完成于1946年“李闻事件”之后，当时费孝通和潘光旦一起住在苏州乡下。费孝通请潘光旦为该书作序，潘光旦为此写出了长文《派与汇》，指出《生育制度》

---

① 费孝通著:《学术自述与反思》，生活·读书·新知三联书店1996年版，第216页。

② 费孝通说:“婚姻的宗教色彩常是最引人注意的一方面。翻开一部记载着各地风俗的书本，五花八门，光怪陆离，花样最多的，也许就是各地结婚的仪式。以我自己的乡下来说，整个仪式都充满着宗教的意味，好像‘三灯火煌’，‘红丝牵经’，‘转米囤’，‘牵蚕花磨’，以及祭祖，拜天地，若要详细叙述起来可以有很长的一篇。……在西洋，婚姻仪式须在教堂里由牧师来主持，把婚姻视作一种向上帝负责的契约。在我们自己，一方有月下老人的暗中牵线，一方有祖宗的监视，一方还有天地鬼神来作证，这样把确立个人关系的婚姻弄成了一件热热闹闹的社会举动，更把这和生物基础十分接近的俗事，转变成了好像和天国相通的神迹。”(《生育制度》，天津人民出版社1981年版，第36～37页。)

固然不失一家之言,但忽视了生物个人对社会文化的作用,故“偏而不全,未能允执其中”。其时,潘光旦已从社会学理论的发展上提出了“新人文思想”,把生物人和社会人结合了起来,在一个更高的层次上回到了人是本位、文化是手段的根本观点。如果当时费孝通能就这一社会学的根本问题和潘光旦进行充分的讨论和会通,他的社会观可能那时就被潘光旦的新人文思想带入一次螺旋式的提升。但他们当时是在乡下躲避政治迫害和暗杀,那样的处境使他们没有条件和心情展开学术上的理论讨论,师生之间这场破了题却来不及展开的讨论被搁置起来。费孝通说:

> 我在前半生……按着我自己社会里所处的角色进行分内的活动。我知道我所作所为是在我自己社会所规定是行为模式之内的,我不需犹豫,内心不存在矛盾,我所得到别人对我的反映也是符合我的意料的。……我并不觉得自己是社会的对立物。
>
> 但是在解放之后的一段时间里,我自己所处的社会结构发生了革命性的变动,那就是说构成这个结构的各种制度起了巨大变动,在各个制度里规定各个社会角色的行为模式也发生了巨大变动。……在这不寻常的情景中,社会的本来面目充分显示了出来。我觉得仿佛是置身于一个目的在有如显示社会本质和力量的实验室里。在这个实验室里我既是实验的材料,就是在我身上进行这种实验。同时,因为我是个社会学者,所以也成了观察这实验过程和效果

的人……

为期十年的“文革”在人类历史上是一次少见的“实验”，一次震度极强烈的社会变动。我的学力还不够作更深入的体会和分析，但是我确是切身领会到超生物的社会实体的巨大能量，同时也更赤裸裸地看到个人生物本性的顽强表现。[①]

《个人·群体·社会》一文写于1993年，这使费孝通不仅看出《生育制度》表达的社会观中存在“见社会不见人”的缺点，也发现自己获得“第二次学术生命”后的十多年里仍然没有摆脱这一缺点——着眼于各地发展模式的同时，没有充分注意具体的人在发展中怎样思想，怎样感觉，怎样打算；看到了许多农民丰衣足食，居处宽敞，生活舒适，并注意用他们收入的增长表示他们生活变化的速度，但对他们的思想和感情、忧虑和满足、追求和希望都没有说清楚。费孝通认为自己的注意力主要还是在社会变化，忽视了人的相应的变化。

1994年11月，费孝通参加在南京召开的“小城镇，大问题”发表十周年座谈会，发表了题为“小城镇研究十年反思”的学术讲演。在这次讲演结束之前，他又一次提及一年前在《个人·群体·社会》一文中所作的自我批评，更为明确地表示：

---

① 费孝通著：《学术自述与反思》，生活·读书·新知三联书店1996年版，第218～220页。

……我过去有关社会学的研究工作最大的缺点是见社会不见人。我费了不少笔墨来描写社会结构，就是人们需要遵守的由社会约定俗成的行为规范，有如“君君、臣臣、父父、子子”那一类，而没有讲过一个个人怎样在这套规矩里生活。人的生活是有悲欢、有喜乐、有爱恨、有希望又有懊悔等极为丰富的内容，就这方面的生活内容讲，人各有别。我的缺点就在只讲了社会生活的共相而没有讲在社会里生活的人的个性，只画了乐谱，没有听到琴音，只看了剧本，没有看到台上演员的精彩表演。这个自我批评也适用于我过去十年的小城镇研究。①

费孝通的自责，说明他八十岁后学术思想仍在发展。他已认同并接受了潘光旦的新人文思想，把社会和个人看作辨证统一体的两面。费孝通表示：“我得回到潘光旦先生给我《生育制度》写的序言里所提出的中和位育的新人文思想。”②他说：

我回顾一生的学术思想，迂回曲折，而进入了现在的认识，这种认识使我最近强调社区研究必须提高一步，不仅需看到社会结构，而还要看到人，也就是我指出的心态的研究。而且我有一种想法，在我们中国世世代代这么多的人

① 费孝通著：《学术自述与反思》，生活·读书·新知三联书店1996年版，第287页。

② 费孝通著：《学术自述与反思》，生活·读书·新知三联书店1996年版，第224页。

群居住在这块土地上，经历了这样长的历史，在人和人中和位育的故训的指导下应当有丰富的经验。这些经验不仅保留在前人留下的文书中，而且应当还保存在当前人的相处的现实生活中。怎样发掘出来，用现代的语言表达出来，可能是今后我们社会学者应尽的责任。对这个变动越来越大，全世界已没有人再能划地自守的时代里，这些也许正是当今人类迫切需要的知识。[1]

三、重读《江村经济》

《江村经济》被费孝通视为一生学术道路上的第一块界标，自然会在其学术反思中占有重要位置。1995 年夏，北京大学社会学人类学研究所举办了“社会·文化人类学高级研讨班”。费孝通在班上表示，想结合重读《江村经济》的体会写一篇 Malinowski 论社会和文化变迁的文章。

为写该文，费孝通重读旧著。他显然是在阅读自己所写的正文之前就被 Malinowski 所写的序言深深吸引，“这篇短短八页的序言触及到社会人类学里许多至今还应当反复琢磨的基本问题”。[2] 费孝通从中挑出了一些问题，结合自己六十年中的实践

---

① 费孝通著：《学术自述与反思》，生活·读书·新知三联书店 1996 年版，第 224 ~ 225 页。

② 费孝通著：《逝者如斯》，苏州大学出版社 1993 年版，第 350 页。

与思考，写出了《重读〈江村经济·序言〉》一文。

费孝通重温了 Malinowski 在序言中提到的一个预言——“未来的人类学不仅对塔斯马尼亚人、澳洲土著居民、美拉尼西亚的特罗布里恩德群岛人和霹雳的俾格米人有兴趣，而且对印度人、中国农民、西印度群岛黑人、脱离部落的哈勒姆非洲人同样关注。”[①]当年的预言，如今早已成为现实，标志着人类学的进步。这一步迈得并不轻松。重读序言的费孝通意识到，Malinowski 提到这个预言时，他心里明白，要跨过文野之别，拨转人类学研究朝向文明世界，不是容易之举。事实上，当时已在研究现代民族关系、触及文野鸿沟问题的 Malinowski，对人类学跨越文野之别而提高一步不无信心，“他要为人类学更上这层楼，从对野蛮人的研究过渡到对文明人的研究，筑好一顶楼梯。但是由于寿命的限制，只遗下了一大堆残稿，后来，虽经他的门生于 1945 年整理成了 Dynamics of Culture Change 一书，但他想建立的这顶楼梯还只是一个初步设计的图稿，里面还有许多空隙没有填实”。[②]

《江村经济》可以说是 Malinowski 的设想在东方世界的回响与实践，所以得到了他的高度褒奖。但在费孝通这里，《江村经济》只是他“无心插柳”，老师的褒奖之言入耳，褒奖之意却一时还难体会到家。他当时还缺乏从人类学发展的历史要求这个大背景上判断和评价《江村经济》价值的知识储备，也就难以明察老师为这篇论文写序言时的用心。时隔近六十年，费孝通重读

① 费孝通著：《江村经济》，江苏人民出版社 1986 年版，“序”第 3 页。

② 费孝通著：《逝者如斯》，苏州大学出版社 1993 年版，第 354 页。

序言，对其老师看重《江村经济》的心思有了进一步的体会，却也看到了一个令人深思的事实——

> 马老师……明确反对的是“在异国的土地上猎奇而写作”，提倡的是“一个民族研究自己民族的人类学”。这样明确的态度却没有灌入他的一些学生耳中。由于我长期没有与国外社会人类学者有过深入的接触，对国外学坛不应凭传说任意作出议论。事实是我实在还没有听说过国外的人类学家中有对自己民族或国家的人民进行过严肃的研究。我希望我这样说是出于我的孤陋寡闻。但是反对研究自己社会文化的人却是有的，比如 Edmund Leach 教授在 1982 年出版的 Social Anthropology 里明确表示，他根本不赞成一个初学人类学的人能从研究自己的民族入手，就是说他怀疑本民族的人能从研究本民族进入社会人类学的堂奥。我实在不明白他这种成见是否能说还是欧洲人的种族优越感在作弄他，连人类学者都跳不出这个魔掌？[①]

Edmund Leach 是费孝通留学英伦时期同一师门的老同学，其爽直、明快、词锋尖锐、雄辩出众的风格，使费孝通有深刻印象，两人共同保持着多年的友谊，也各自保持着不同的学术见解。Malinowski 在《江村经济·序言》中“这样明确的态度”没有被他的包括 Leach 在内的一些门生接受，没有形成西方人类学者

① 费孝通著：《逝者如斯》，苏州大学出版社 1993 年版，第 356 ~ 357 页。

研究本民族社会文化的气候,也许是二十世纪人类学发展历史上最为引人注目的现象之一。若以一百年为一个时间单位,来观察这篇序言发表后将近六十年里的史实,应该看得更清楚。至少在费孝通的见闻范围内,尚未听说过 Malinowski 的主张和倡导成为国外人类学家的自觉实践。Malinowski 成功地实现了从书斋到田野的进步时,进入的是他民族的田野,不是研究者本民族的田野。也就是说,他转换的是研究空间,不是研究对象。

《江村经济》又走出一步,既转换了研究空间,也转换了研究对象,提供了一个人类学者可以在本民族的田野工作中进行有效研究的实例。Malinowski 在《江村经济・序言》中对此给予充分肯定,指出"本书的内容包含着一个公民对自己的人民进行观察的结果。这是一个土生土长的人在本乡人民中间进行工作的成果。如果说人贵有自知之明的话,那么,一个民族研究自己的民族的人类学当然是最艰巨的,同样,这也是一个实地调查工作者的最珍贵的成就。"[①]不过,"马老师死后,英国的人类学者中间对马老师这段预言的反响"却使人"另有一番滋味在心头"。[②] 事实上,费孝通研究本民族社会文化的学术实践曾受到怀疑甚至责难。

费孝通说:"责难是在一个包括人数众多、历史悠久、文化复杂的民族或国家,只研究其中的一个由少数人组成的小社区,能不能了解这个民族整体的社会文化?""Leach 教授责难我们从一

---

① 费孝通著:《江村经济》,江苏人民出版社 1986 年版,第 1 页。

② 费孝通著:《逝者如斯》,苏州大学出版社 1993 年版,第 356 页。

个小小农村入手研究中国社会文化时提出了一个问题，就是‘中国这样广大的国家，个别社区的微型研究能否概括中国国情？’”①

Leach 提出的“窥斑知豹”是否可能的问题，实质上是微型社会学是否足够有效的问题。为了答复这个问题，费孝通在 1990 年发表的《人的研究在中国》一文中说，他在写完《江村经济》时已经意识到，把一个农村看成是全国农村的典型，用它来代表所有的中国农村，是不对的。但是把一个农村看成是一切都与众不同，自成一格，也是不对的。体质人类学的学术训练，使费孝通对客观事物存有类型的概念。在条件相同的情况下，会发生相同的事物，相同条件下形成的相同事物就是一个类型。如果承认客观事物中存在着不同的类型，承认形成江村的条件也会形成其他一些农村，江村可以作为中国农村的一个类型，那就可以再去发现其他类型的中国农村。把中国农村的各种类型都找出来，用比较方法一一描述，应该可以不需要把千千万万个农村一一观察而逐步接近于了解中国所有的农村。也就是说，有可能用微型社会学的方法去搜集中国各地农村的类型，通过对这些类型的认识达到接近对中国农村社会文化的全面认识。费孝通认为，这个思路和自己在云南时期对禄村、易村、玉村的比较研究，以及在“第二次学术生命”中的农村—小城镇—区域发展—全国一盘棋这一步步扩展过程中的学术实践，可以回答 Leach 提出的“窥斑知豹”是否可能的问题。

① 费孝通著：《逝者如斯》，苏州大学出版社 1993 年版，第 362 页。

在《重读〈江村经济·序言〉》中,费孝通由温故而知新,对这个问题作了进一步的申说,并且明确了微型社会学的基本理论依据——

最近我在重温马老师的文化论时,又有所启发。在人文世界中所说的“整体”并不是数学上一个一个加起而成的“总数”。同一整体中的个体有点像从同一个模式里印刷出来的一个个糕饼,就是说这个别在整体的复制品。生在社会里又在社会里生活的一个个人,他们的行为以至思想感情的方式是从先于他存在的人文世界里学习来的。学习基本上就是模仿,再加上社会力量对个人发生的规范作用,即所谓教育,社会用强制压力把个人的行为和思想纳入规范中,一个社区的文化就是形成个人生活方式的模子。这个模子在满足个人生活需要上是具有完整性的,每个人生活需要的方方面面都要能从这个人文世界里得到满足,所以人文世界不能是不完整的……

……社会人类学者首先要研究的对象就是规范各个个人行为的这个“模子”,也就是人文世界。从这个角度去看,人文世界里的“整体”就必须和数学里的“总数”在概念上区别开来。这是“微型社会学”的基本理论依据。

Leach 认为我们那种从农村入手个别社区的微型研究是不能概括中国国情的,在我看来,正是由于他混淆了数学上的总数和人文世界的整体,同时忘记了社会人类学者研究的不是数学而是人文世界。①

Leach的责难还包括一个"自知之明"是否可能的问题，实质上是人类学者是否应该进入自家田野的问题。费孝通说："Leach公开认为中国人类学者不宜从本国的农村入手进行社会人类学的研究工作。这是他用委婉的语气反对马老师所赞赏的'本地人研究本地文化'的主张。他在批评若干本中国学者出版的研究中国农村的著作之前，有一段他自己的经验之谈。他说：'看来似乎是很可怪的，在亲自具有第一手经验的文化情境里做田野作业，比一个完全陌生的外客用天真朴素的观点去接近要观察的事物困难多得多。当人类学者研究他自己社会的一鳞一爪时，他们的视野似乎已被公众的甚于私人的经验得来的成见所扭曲了。'"②

费孝通用自己田野工作的具体经历说明，简单地用"本文化"或"异文化"的区别为他的社区研究定位，也许并不准确。他认为，自己生平里说得上是人类学田野作业的经历，只有三次。第一次是广西瑶山，第二次是江苏江村，第三次是云南禄村。费孝通说："如果把我这三次田野工作互作比较，我对所接触到的人、事、物能心领神会的程度确实是不同的。在江村，基本上我不必通过第三者的帮助就能和对方交往，在禄村就不能那么随心所欲了，在瑶山里我更是离不开能说汉话的人的帮助。如果

① 费孝通著：《逝者如斯》，苏州大学出版社1993年版，第363页。

② 费孝通著：《逝者如斯》，苏州大学出版社1993年版，第199～200页。

说社会人类学的田野作业离不开语言作为取得认识的工具,那么我实在不能同意 Leach 所说的在熟悉的田野里工作比在不熟悉的田野里工作更困难的说法。”①

费孝通回顾当年在瑶山调查中“用从自己比较熟悉的文化中得来的经验去认知一个不熟悉的文化”的经历和思路,表示自己田野作业的对象在实质上并没有所谓“本文化”和“异文化”的区别,只有田野作业者怎样充分利用自己或别人的经验作为参考体系在新的田野里取得新经验的问题。“如果要以研究者自己的文化出身来比较在工作上哪里方便?根据我的经验,只以传媒手段的语言来说,本土人研究本文化似乎稍胜一些。”②费孝通又说:“人类学者能不能研究别的社会依赖于他能不能参与别的社会的生活实际,首先要解决好是个‘进得去’的问题;而以自己社会为研究对象的人类学者能不能研究得好却依赖于他能不能超脱他所生活在其中的社会,是个‘出得来’的问题。由于研究的对象不同,出现了进和出的区别。参与的程度和超脱的程度不同,也就决定了研究成果的质量。Edmund Leach 所提到早年研究自己社会的中国人类学者有些著作不惬人意,我认为那是出于有些作者超脱的程度不足。这在初期尝试时是不可避免的。如果因质量不高而否定这种研究,那就过分了。”③

在《重读〈江村经济·序言〉》中,可以对中国社会人类学者

---

① 费孝通著:《逝者如斯》,苏州大学出版社 1993 年版,第 366 页。

② 费孝通著:《逝者如斯》,苏州大学出版社 1993 年版,第 367~368 页。

③ 费孝通著:《人的研究在中国》,天津人民出版社 1993 年版,第 13~14 页。

进行本土社会文化的微观社区研究的合理性和基本理论依据有一个积极的印象。这没有妨碍费孝通对微型社会学方法的限度进行反思。在这篇长文的后面几节，费孝通对他认为“微型社会学在空间、时间和文化层次上所受到的限制”作出了分析，发现自己“所指出的限制实在是出与我对自己所研究的要求超过了微观的范围。我一直想闯出微观的限制走出农村，逐步扩大我的研究范围和层次”。[①] 费孝通还以 Malinowski 在《江村经济·序言》里表达的期待为参照，反思“这种微型研究实际上存在着相当严重的不足之处”。Malinowski 的期待是这样表达的：

> 在本书中，费博士集中力量描述中国农民生活的基本方面。我知道，他打算在他以后的研究中说明关于祭祀祖先的详细情况以及在村庄和城镇中广为流传的关于信仰和知识等更复杂的体系。他还希望终有一日将自己的和同行的著作综合起来，为我们展示一幅描绘中国文化、宗教和政治体系的丰富多彩的画面。对这样一部综合性著作，像本书这样的专著当是第一步。[②]

费孝通说，如果把 Malinowski 的期待作为目标，《江村经济》只能看成是一部有关中国国情的综合长卷的起步工作。有这个目标在，不能不承认微型社会学的限度。承认限度不是否定限

① 费孝通著：《逝者如斯》，苏州大学出版社 1993 年版，第 382 页。

② 费孝通著：《江村经济》，江苏人民出版社 1986 年版，“序”第 4 页。

度内的成就及其价值。以微型研究为第一步,可以得到比较坚实的基础,在这个基础上更上一层楼。事实上费孝通确实是在这一基础上逐阶提升其学术水准的。

四、重释"美好社会"

1993 年初夏,费孝通接到了英迪拉·甘地国际学术会议(1993)的邀请函。该函由印度已故总理拉·甘地遗孀索尼亚·甘地签发,请费孝通莅会讲演。该会议创始于 1987 年,每两年开一次,每次一个主题。1987 年的会议主题是 Towards New Beginnings;1989 年的会议主题是 The Making of an Earth Citizen;1991 年的会议主题是 The Challenges of the Twenty-first Century;1993 年的会议主题是 Redefining the Good Society。

费孝通把受邀参加的这次会议主题译为"重释美好社会",利用在北戴河暑期休假的时间,认真准备讲稿。

费孝通认为,自从人类形成群体以来,"美好社会"总是群体生活不可缺少的意念。它是人类社会意识中必备的要素,表现在各个群体的神话、传说、宗教、祖训、哲学等多种样式的意识形态中,不仅体现了组成群体的各人在生活里追求的人生导向,也是群体用社会力量来维护人和人相处的规范。"美好社会"的内涵是不同群体在不同的客观条件下,经过不同的历史过程提炼出来的,这导致各群体内部对"美好社会"的理解是大体一致的,和其他群体所认为的"美好社会"则是有区别的。

不同群体之间的不同价值观念,可能造成费孝通提到的下述局面。任何一方触及到另一方的生存利益而发生冲突时,双方都会利用自己的价值观,对内作为团体的凝聚力量,对外作为指责对方的对抗力量,形成意识形态的纷争。这种纷争可能发展到兵戎相见的激烈程度。历史上不同群体之间以价值观念的歧异为借口而发生的战争史不绝书,至今未止。

费孝通对世界历史作了简要回顾。欧洲的文艺复兴和宗教革命,带来了现代经济和科技的发展,整个地球上的各大洲都紧密地联系了起来。原来分布在五大洲广大地域上的无数人类群体,从此不再相互隔绝。但是心态秩序的建设没有跟上经济和科技发展的步子。几百年下来,人类还没有形成一个和平共处的秩序,使大家能同心协力地建设共同认为的美好社会。相反的事情倒是常见。从海上掠夺、武装入侵、强占资源开始,进而建立殖民地,划分势力范围,形成了以强制弱、争霸天下、战争不绝的形势。

避免暴力,减少代价,社会改良,世界和平,是费孝通多年一以贯之的主张。在他看来,各群体之间不同的意识形态,不应成为冲突和战争的根据。如果能具体地分析人类各群体所向往的美好社会,基本上总是离不开安全和繁荣这两个愿望。这愿望是可以通过群体间的和平协作来实现的,没有理由一定要引起你死我活的对抗。那样反而离安全和繁荣越来越远。

费孝通同时也承认,意识形态的歧异之可以被利用来引起对抗,也有人类常有的心态作基础,那就是"非我族类,其心必异"的本位中心主义。这种惟我独美的心态,很容易导致强迫别人美我之美。别人不从,就会引起冲突乃至对抗。

以亲身经历为例，费孝通回忆说，他在20世纪里已经生活了80多年，从出生不久就发生的第一次世界大战算起，到20世纪末，可以说，一直生活在大大小小的战争阴影下。这使他感觉到，全球性的世界大战，可能就是20世纪在人类历史中的独特标志。在这个世纪之前，群体间的战争是常有的，但是没有包括整个世界那样大的范围。可以设想，如果20世纪的这个特点延续到21世纪，再来一次世界规模的战争，已有的人类文明，甚至整个人类历史，很可能将告结束。

为免除这种危险前景，费孝通提出了在当前情况下比较现实的思路：

> 20世纪最后10多年中所发生的这些新事物值得我们深入地进行理解……在群体间尚没有通过长期的交流达到自觉的融合之前，可以在求同存异的原则下取得和平共处并逐步发展为进入融合一致的大同世界准备条件。作为人类学者，入门的第一课就是要设身处地地从各群体成员的立场去理解各群体人们的实际生活。我们要学会“美人之美”，像各群体自己的成员那样欣赏和领悟他们所爱好的价值体系。“美人之美”并不要求“从人之美”，而是容忍不同价值标准的并行不悖。但要求摆脱本位中心主义，而采取了多元并存的观点。应用到经济上，是不要阻碍有利于双方的竞争，不采取只图单方面的短期利益的保护主义，而坚持相互开放和机会平等；应用到政治上，首先是不要干涉别的主权国家的内政，不以力服人，而以对话代替对抗，平等

> 协商来处理国与国之间的矛盾。这是在人类的各群体还没有融合成一体，而政治和经济已经密切联系的现阶段，也可能就是即将来临的21世纪，我们可以力求做得到的现实态度。①

在进一步的思考中，费孝通想到了中国传统文化中可以利用的思想资源。他举例说，中国古代的孔子从根本上否定本位中心主义。孔子提出“有教无类”，是说在可以教化这方面，人是不分类别的。他还主张“己所不欲勿施于人”，意思是，自己不愿意接受的事情，不要强加于人。人的价值观念可以通过教化趋向一致，但是强加于人就违反了人与人相处应遵循的道理。

费孝通想到了中国历史上的春秋战国时代。那是一个思想开放、百家争鸣、学术繁荣、知识分子在历史舞台上纵横捭阖、大显身手的时代。对于费孝通这样关注天下兴亡、志在经世致用的当代知识分子，那是一个足可追慕的大时代。1995年初，费孝通在接受《战略与管理》杂志的记者采访时曾说：冷战结束五年了，还没有看到全世界思想家活跃发言的景象。虽然不缺少合纵连横的苏秦张仪之流，如基辛格、布热津斯基等等，但还没有孔子、孟子、荀子、墨子、庄子，没有大家出现。费孝通热切地盼望中华民族的文化复兴，希望中国人在建设良好的心态秩序方面做出独特贡献，希望自己的“心态研究”课题不仅能破题，而且

① 中国民主同盟中央委员会、中华炎黄文化研究会编：《费孝通论文化与文化自觉》，群言出版社2005年版，第131页。

能开出一条路。他写道：

世界正在进入一个全球性的战国时代，是一个更大规模的战国时代，这个时代在呼唤新的孔子，一个比孔子心怀更开阔的大手笔。

我们这个时代，冲突倍出，海湾战争背后有宗教、民族的冲突，东欧和原苏联都在发生民族斗争，炮火不断。这是当前的历史事实，在我看来这不只是个生态失调，而已暴露出严重的心态矛盾。……看来当前人类正需要一个新时代的孔子了。新的孔子必须是不仅懂得本民族，同时又懂得其他民族、宗教的人。他要从高一层的心态关系去理解民族与民族、宗教与宗教、国与国之间的各种。目前导致大混乱的民族和宗教冲突充分反映了一个心态失调的局面。我们需要一种新的自觉。考虑到世界上不同文化、不同历史、不同心态的人今后必须和平共处在这个地球上，我们不能不为已不能再关门自扫门前雪的人们，找出一条共同生活下去的出路。这使我急切盼望新时代的孔子的出现。看来我自己是见不到这个新的孔子了，但是我希望在新的未来的一代人中能出生一个这样的孔子，他将通过科学、联系实际，为全人类共同生存下去寻找一个办法。

这个孔子需要培养，我们应当学会培养孔子。①

---

① 费孝通著：《逝者如斯》，苏州大学出版社 1993 年版，第 314 ~ 315 页。

五、重续"民族"篇章

费孝通在获得"第二次学术生命"之初,表示有"两笔老帐"要偿还。第一笔帐是农村调查,第二笔帐是民族研究。

费孝通对历史有浓厚的兴趣。他在读史的过程中读出了一个问题,即过去的史书是在以汉族为中心的观点下写出来的。他表示对这种写法"一直有反感"。在当年参与筹备中央民族学院的工作时,费孝通已经在具体考虑"怎样才能跳出这个观点来写中国历史"。他为此建议,聘请一批历史学家、语言学家、民族学家到中央民族学院执教,开设一门综合介绍各民族历史的基础课。建议虽得允准,却找不到愿意承担这门课的人。许多历史学专家没有讲授这门课的准备,过去也确实没有人从民族的角度有系统地讲过中国通史。无奈之余,费孝通决心自己登台尝试。他为此写了一本讲义,讲了一个学期。这本讲义没有发表,后来被束之高阁,应和了无用之用的道理,在文化大革命的浩劫中得以幸存。

"文革"结束后,1978年,广西壮族自治区为庆祝成立20周年,邀请费孝通重访瑶山。此时,距他初访瑶山已相隔43年。年近古稀的费孝通带着40多年前的记忆入山,看到了历史带给瑶山的变化。当年他和王同惠历尽千辛万苦,付出了生命的代价,也没能抵达瑶山的中心地带——金秀。重访瑶山,从南宁到金秀只用了6个小时。一段历史的两端对比过于悬殊,抚今追昔,很容易产生隔世之感。费孝通用"换了人间"概括自己的感受。

他当然还记得当年目睹的瑶族同胞日常生活情景。他们吃的是包米和野菜,穿的是破衣烂衫,住在简陋的竹棚里,一家人很少有一床完整的棉被。夜风紧时,寒气袭人,黑洞洞的屋里,只有灶膛里的燃柴有一点摇动的亮光。若想再亮一些,就得点燃松明,但满屋的油烟熏得人眼酸疼难耐。重访瑶山,费孝通是在傍晚时分到达金秀瑶族自治县,只见金秀河两岸灯光点点,如人间星斗。瑶族同胞家家有电灯,可以定期看到电影,一些现代化的生活用品如自行车、收音机、缝纫机等也进入了他们的家庭。

费孝通把重访瑶山的见闻写成了《四十三年后重访大瑶山》一文,发表于《中国建设》杂志(中文版)1980年第1期。这篇文章,使费孝通的许多老朋友获得了他重新焕发学术生机的信息,也引起了广西梧州两位普通中学教师的关注。这两位教师是一对夫妻,丈夫邱艾军在梧州市五中任教,“文革”中曾作为小“牛鬼蛇神”,整日要做体罚性质的劳动改造。一天,他在学校附近一处地方挖土,无意中挖出了一块石碑。碑上刻字清晰,全文如下:

吾妻王同惠女士于民国二十四年夏,同应广西省政府特约来桂研究特种民族之人种及社会组织。十二月十六日于古陈赴罗运之瑶山道上,向导失引,致迷入竹林。通误踏虎阱,自以为必死。而妻力移巨石,得获更生。旋妻复出林呼援,终宵不返。通心知不祥,黎明负伤匍匐下山,遇救返村,始悉妻已失踪。萦回梦祈,犹盼其生回也。半夜来梦,告在水中。遍搜七日,获见与滑冲。渊深水急,妻竟怀爱而终，伤哉！妻年二十有四，河北肥乡人，来归只一百零八日。人天无据，灵会难期，魂其可通，速召我来。中华民国二十五年五月费孝通立。

邱艾军从碑文得知是著名教授费孝通为以身殉职的爱妻所立墓碑，并为碑文中流露的人间至情深深感动。他希望把这石碑保护好，有朝一日告慰费教授。其时正值“文革”，他懂得，公开说明此事，石碑肯定在劫难逃。红卫兵们不一定知道费孝通是什么人物，不如暂不声张，干脆放在明处，也许更安全。邱艾军搬回石碑，放在自己宿舍门前，当石台用。红卫兵果然视而不见。这块石碑就这样安然度过10个春秋。1980年初，邱艾军的妻子刘志鹏在《中国建设》杂志上读到了费孝通重访瑶山的文章，夫妻两人喜出望外，立刻写信告诉费孝通，王同惠的墓碑保存完好，并征询费孝通的意见，由此开始了一位著名学者和一对普通教师的真挚友谊。书鸿往返之间，王同惠的墓碑得以重见天光。

重访瑶山，费孝通主要是想看看老朋友，事先并没有去做调查的打算。山里瑶族老朋友的热情温暖着费孝通，使他产生了再到瑶山作调查的念头。他打算以1935年的瑶山调查为基础，作进一步的深入研究。费孝通表示，这个打算使他“想到很多值得研究的问题”，第一个就是瑶族形成的问题。他认为：

各个民族的形成可能有不同的过程。在这里很清楚，不同语言、不同来源的人，大家认为自己是瑶族，而且组织成了一个共同体，互相合作，有了共同意识，可它里面还容许不同的个体存在。从这个实例里面可以看出一些规律来，不仅适用于金秀的瑶族，也可能适用于中华民族。①

1981年8月，费孝通三上瑶山。他利用参加广西龙胜各族自治县成立30周年庆典的机会，又一次到了金秀瑶族自治县。三天里边，他抓紧时间访问老乡。第一天，找了盘瑶、山子瑶的冯春香、赵德朝、黄金旺、李文柱等人，第二天又找了茶山瑶、坳瑶、花蓝瑶的陶胜和、苏道放、刘绍良、莫建华、覃庆光等人。两整天中，费孝通像是又一次披阅瑶族同胞的历史大书，举凡历史来源、迁徙路线、衣食住行、起居生产、宗教信仰、婚姻习俗等等，都有了新的了解和理解。老乡们口中所言，手头所指，既有从上辈人那里听来的历史传说，也有自己的亲身经历。这些鲜活生动的大量第一手资料，是对乐于深入实地调查的田野工作者的上好奖励。

1982年8月，费孝通四上瑶山。这次是参加金秀瑶族自治县成立30周年的庆祝活动。费孝通为表祝贺之情，上路时特意为瑶山深处的金秀老乡和老友们准备了礼物。

在庆祝活动中，费孝通与来自金秀之外的其他瑶族自治县的代表见面、座谈。都安瑶族自治县、巴马瑶族自治县等地代表，都成了费孝通的座上客。在他们介绍所在地的生产、生活、习俗、民族关系等基本情况时，费孝通特别注意不同地区和瑶族

① 费孝通著：《从事社会学五十年》，天津人民出版社1985年版，第94页。

不同支系的情况比较，始终关注瑶族同胞生产的发展和生活的改善。在和自治区民委的来宾交谈时，费孝通还了解到了南丹县白裤瑶的一些情况。这些收获使他感到高兴。他从1935年的瑶山调查开始接触花蓝瑶同胞的体质、日常生活和社会组织，后来了解到金秀瑶山各支系瑶胞的情况，四上瑶山又使他进入到对瑶山以外的瑶族情况的调查。一个来自瑶族调查的“多元一体”概念开始在费孝通的思索中成型。

1985年秋，六巷乡的瑶族群众要在六巷至古陈的路旁为王同惠修建一座纪念亭，树立纪念碑。他们自愿捐款献料，金秀县的部分公务员、知名人士和罗运村的村民也有捐款。纪念亭于当地传统中一年一度的修路节（农历八月十五）动工，1985年11月27日建成并树碑。碑文如下：

> 王同惠女士，系河北省肥乡县赵寨村人，生于一九一二年，燕京大学社会学系毕业。
>
> 一九三五年王同惠女士同其夫费孝通先生，应广西省政府特约，从北平来到广西象县东南乡（一九五二年后属金秀瑶族自治县六巷乡），进行瑶族社会历史调查，在工作中勇敢警奇，深入群众，夜卧土屋，日食淡饭，为瑶族人民所称道。十二月十六日，在由古陈村转移罗运乡途中，因迷路误入阴森竹林中，费孝通先生误踏虎阱，被石头压伤。王同惠女士奋不顾身把石头转开之后，即出林呼援，不幸失足坠崖，为国捐躯。时年二十三岁。有遗著《花蓝瑶社会组织》存世。

王同惠女士为调查少数民族社会历史，寻求救国救民之道，把芳年才华献给了瑶族人民。兰摧玉折，淑德常昭。我乡瑶族人民，为纪念其高尚精神，特建亭树碑铭志，以流芳千古。

金秀瑶族自治县六巷乡人民敬立

一九八五年十二月二十七日

1988年12月，费孝通作为中央代表团副团长参加广西壮族自治区成立30周年庆典，并第五次访问瑶山。他先到南宁参加了主要庆祝活动，随后访问了玉林、梧州、钟山等地。12月16日，在王同惠逝世53周年当天，费孝通来到梧州白鹤山，向王同惠墓碑敬献了花篮。众人垂首，群山肃立，一同祭奠王同惠女士的英灵。费孝通心中涌动着无尽思念。53年中，他未曾忘却写在《花蓝瑶社会组织》后记中“同惠在天之灵尚欲留我之生以尽未了之责”的沉痛之语，“勉力视息人间”，以一人之力行两人之责，荣辱沉浮，冷暖自知。如今满头华发的费孝通，挥笔写下了动人的诗章：

心殇难复愈，人天隔几许？
圣塘山下盟，多经暴风雨。
坎坷羊肠道，虎豹何所沮；
九州将历遍，肺腑赤心驱。
彼岸自绰约，尘世如蚁聚；

石碑埋又立，荣辱任来去。

白鹤展翼处，落日隈远墟。

五上瑶山，费孝通实现了多年的愿望，他终于又到了1935年和王同惠一起进行实地调查的六巷村，又见到了当年和王同惠合影的蓝妹国。九十多岁的蓝妹国老人迎来鹤发童颜的费孝通。两位老人，一居京华，一在深山，跨越千山万水和五十三年时光，又一次相聚。那天的六巷，如在节日之中。

费孝通一生民族研究历程的起点是瑶山，五上瑶山的经历流露出他对瑶山的感情。但他的民族研究课题并不局限在瑶山。在重访瑶山到五上瑶山的十年当中，他领衔承担“边区少数民族地区发展研究”的国家重点课题，先后到过内蒙古、宁夏、甘肃、青海、新疆、湖北、湖南、四川、广西、广东、吉林等地的少数民族聚居地区。在和少数民族同胞的频繁接触和往来的过程中，费孝通逐渐积累着对民族问题的认识。一个厚积薄发的想法接近成熟。

1989年夏，费孝通到山东威海暑休。他带上了那本写于“文革”之前并在十年浩劫中幸免于难的讲义，希望结合后来几十年里对民族问题的思考，整理出一篇文章。在将近一个月中，费孝通完成了《中华民族多元一体格局》的长文。该文观点主要有三：

其一，中华民族是包括中国境内56个民族在内的民族实体。这56个民族已结合成为相互依存的、统一而不能分割的整体。在这个民族实体中所有归属的成分都已具有高一层次的民族认同意识，即共休戚、共存亡、共荣辱、共命运的感情和道义多元一体格局中，56 个民族是基层，中华民族是高层。

其二，形成多元一体格局有个从分散到多元结合成一体的过程。在这个过程中，必须有一个起凝聚作用的核心。汉族是多元基层中的一元，由于汉族发挥凝聚作用而把多元结合成为一体。这一体不再是汉族而成了中华民族，一个高层次认同的民族。

其三，高层次的认同并不一定取代或排斥低层次的认同。不同层次可以并行不悖，甚至在不同层次的认同基础上可以各自发展原有的特点，形成多语言、多文化的整体。高层次的民族可以说实质上是个既一体又多元的复合体，其间存在着相对立的内部矛盾，是差异的一致，通过消长变化以适应多变不息的内外条件，而获得这个共同体的生存和发展。

费孝通表示，这几个论点，是他经过多年探索和思考得到的，是他从研究中国民族现状和历史的实践中形成的。也许不够全面，但值得提出来。在这种认识里，中华民族、汉族和少数民族各得其所，分属于不同层次的认同体。汉族和 56 个少数民族同属于一个层次，互相结合而成中华民族。如果把具有多元一体格局的中华民族的形成过程如实地讲清楚，就是一部从民族观点描述的中国通史。费孝通说，这是他“在民族研究领域中悬想已久而至今没有能力完成的一个目标”。

《中华民族多元一体格局》最初发表于香港中文大学设立的 Tanner 讲座。1990 年 5 月，国家民委民族问题研究中心以费孝通这篇文章的题目为中心议题，举办了国际学术研讨会。国内

外40多位学者出席该会,阐明各自对中华民族多元一体格局的见解。会议的“讨论综述”说:

与会的学者们一致的看法是,费孝通教授以八十高龄,提出了“中华民族的多元一体格局”这个重要的研究新成果,将民族理论研究与中国民族工作的实践结合起来,把对汉族的研究与少数民族的研究结合起来,对中华民族构成的全局和中国的民族问题作了高层次的宏观的新概括,从而提出了民族研究一个重大的新课题,具有对科研和实践的指导意义。它不仅是费先生几十年民族研究的一个重要方面的总结,也是他在进入成熟阶段树立的新的学术高峰;同时,也是自1978年以来,我国民族研究已得到新发展的集中表现和对中华民族进行新的探索的良好开端。①

费孝通的老同学、老同行林耀华在会上表示,对费孝通勤于探索的精神非常钦佩,对他在80高龄又取得重要成果格外兴奋。林耀华说:

在《中华民族多元一体格局》这篇文章里,费教授驾轻就熟地运用丰富的资料,特别是考古学、语言学、人类学、民族学和历史学等方面的资料,在几万年的文化史和近千万

① 费孝通著:《中华民族研究新探索》,中国社会科学出版社1991年版,第406~407页。

平方公里国土这一对时与空所构成的宏大坐标系统里纵横驰骋，举重若轻地娓娓而谈，深刻地追溯了中华民族格局的成因并指出了这一格局的最大特点……

依我的浅见，费教授这篇文章的最大贡献，在于它提出并通过论证而确立了“多元一体”这个核心概念在中华民族构成格局中的重要地位，从而为我们认识中国民族和文化的总特点提供了一件有力的认识工具和理解全局的钥匙。我最近反复研读费教授的这篇文章并潜心思索，深感“多元一体”这个概括确实高妙，相信它必能对我们今后开展的民族和文化研究产生巨大的启迪作用。[①]

① 费孝通著：《中华民族研究新探索》，中国社会科学出版社 1991 年版，第 9 页。

第十五章

从学术反思到“文化自觉”

童年时我看到过我祖母把每一张有字的纸都要拾起来，聚在炉子里焚烧，并教育我们说要“珍惜字纸”。……我长到了老祖母的年纪时我才明白“珍惜字纸”的文化意义。……应当自己回头看看我过去的文章和著作。当然不是想像托尔斯泰那样自己把一生的著作付之一炬。已经行世的著作，火是烧不尽的，但这样想至少表白了他个人的心迹。我也明白我写下这么多字纸，并不是我个人的作品，而是反映当时中国知识分子的心态。是非祸福自有历史去公断，不必由我去审定，我要审定也无此能力。但是我至少应当回头把这些旧著作为客观存在的东西，凭老来的眼光，反思一下，再花点字纸，写点反思文章，聊尽作为历史载体的责任。同时我也解决了怎样打点我余生的问题。这是我这几年下笔写反思文章的衷曲。

费孝通：《反思·对话·文化自觉》(1997)①

---

① 费孝通著：《从实求知录》，北京大学出版社1998年版，第395页。

一、回到老师那里

1996年,费孝通在其著述中选出属于学术自述性质的一些文章,编成《学术自述与反思》,交生活·读书·新知三联书店出版,作为自己从事社会学及人类学研究工作六十周年的纪念。在该书序言中,费孝通说:“年过八十之后,我开始想到身后之事,觉得应当对自己过去的学术思想整理一下,算算帐,有哪些发展,有哪些缺点,自己作个评估。”[①]

事实上,费孝通此前的著述中已有一些自我评估之类的文字。

1987年6月,他为天津人民出版社出版的《社会学文选》写自序时说:

> 文章千古事,并非虚语。一个人的思想一旦写下,通过文字的媒介,送入了别人的头脑,也就成了社会事实,发生社会影响,因而有功罪可论。自编文选,总是希望给后人留下一些美好的印象。这就带出了自我评估之意,真难为了我。
>
> 我对自己的作品估价是不高的。1982年答复为我写传的阿古什先生的信里曾说:“长得不那么好看的人,不大愿

---

① 费孝通著:《学术自述与反思》,生活·读书·新知三联书店1996年版,“序言”第2页。

意常常照镜子。”对他给我勾画的形象作了如下的自省:“我这一生所处的时代是个伟大的时代,对每个人提出了很高的要求,而又给人很苛刻的条件,像一个严格的老师在考验一个学生。我到目前为止,取得的分数是不高的。当然我还有不太多的时间,可以争取再增加几分。”说了这话又是五年,究竟增加了几分也很难说。真是“笑我此生多短促,白发垂年犹栖栖”。①

1988年6月,北京师范学院出版社开始出版计划中的10辑80种“中国当代社会科学名家自选学术精华丛书”,第1辑第6种是《费孝通学术精华录》。费孝通在该书自序中表示,既当不起“当代名家”的称号,又挑不出说得上“精华”的作品,甚至自以为学术成果的调查报告在有些人眼里并非学术。他说:“我的这些作品反正和当时甚至目前被认为是学术论文的是有区别,不仅形式不同,本质也不能一样。究竟应当怎样评估,我想还是留待后人去说的好。我反正已经年迈,要改变已经不容易了。我

---

① 费孝通著:《逝者如斯》,苏州大学出版社1993年版,第196~197页。引文中“笑我此生真短促,白发垂年犹栖栖”一句,是费孝通1984年与老友王艮仲同游武夷山后在归途列车上吟成的《武夷曲》之末句。全诗如下:“谁说造化无心计?武夷山水如此奇。兀兀独石成千峰,涓涓细流汇曲溪。溪浅筏轻浮石过,峰高拔地与天齐。人生难比九曲险,眼望东来筏向西。仰叹危岩飘仙舟,千年古骨壁上栖。传说从来多情意,仙境幻象亦可嘻。可羡玉女并肩立,鬓花丛丛从不稀。笑我此生多短促,白发垂年犹栖栖。”

还是本着说真话，写容易读的东西就是了。我行我素。”①

从费孝通后来写出的一系列反思文章中可以看出，他的“自我评估”似有两层意思。一层是类似考试后的打分，另一层是学术定位，即看看自己在人类学、社会学发展历史上处在什么位置，做了哪些事情，起了什么作用，应该怎样评价。对于打分，费孝通不愿多花心思，点到为止，留待后人评说。他把时间和精力用于撰写大量反思长文，希望借“温故”而“知新”，力图超越自己曾经达到过的思想高度，在“最后的评分发布之前”再增加几分，为后人留下更充分的评估依据。

1998 年 6 月 14 日，费孝通案头增加了一本新书，是北京大学出版社为其出版的新著《从实求知录》。第二天上午，他带上这本书，参加在北京大学勺园举行的“第三届社会文化人类学高级研讨班”开幕式，为学员讲课。讲题为《读马老师遗著〈文化动态论〉书后》。

按照费孝通的习惯，开讲前，把其讲稿分发给听众。讲课时不念讲稿，而是围绕讲稿正文说“旁白”。其旁白属于即席谈话，内容当然是思考有日，长年积累，表达上却是即兴发挥，畅所欲言。费孝通作旁白的初衷，是为听讲人提供更丰富的背景材料，并对讲题作进一步展开，同时呈现自己的思考过程，以助听讲人更深地理解讲稿要表达的思想，并能领悟字里行间的内容乃至韵味。

当时，费孝通从其学术反思讲起。他表示，自己一生所做的

---

① 《费孝通学术精华录》，北京师范学院出版社 1988 年版，自序第 5 页。

工作，是希望能认识中国社会和文化。文化即“人造的人文世界”。我们所处的这个人文世界造得怎么样？是怎么造的？为什么这么造？这是几个基本问题。追究这几个问题，是其所谓“文化自觉”的第一步。

费孝通拿起刚刚出版的《从实求知录》，把封面朝向学员，说，这本书可以作一个样本，里边讲的是自己一生求知的经过，从中也可以看出自己的思想在六十年里的发展脉络和变化过程。

从第二次学术生命开始，到85岁以前，费孝通憋着“十年夺回二十年”的心劲，做调查，搞研究，劲头十足，没有感觉到自己是个老人。85岁过后，他逐渐感到，“老”字找上门来了。虽然还想做不少事，可是体力跟不上了，路也走不远了。费孝通称这种状态为“老而未死”。这种情况下，还应该做些事情，老话叫“身后之事”。个体生命受生物规律限制，总有个尽头。但是，个体离世之后，群体还在，人文世界会延续下去。费孝通表示，想到这一点，会产生一个愿望，想再做点事情，给今后的世界留下点影响。

1995年以后，费孝通开始考虑，具体该做点什么事情，怎么做。他考虑的结果，是写学术反思文章。站在现在的位置上，回头去看，去想，看看自己的思想来路和过程，看看一辈子都写了点什么，想想为什么这么写，写得对不对，自己做点评判。

谈到反思的办法，费孝通介绍说，首先是回到老师那里。用他自己的话说，“就是拿我的老师开刀，在老师身上做文章”。对费孝通一生影响较大的老师，开始是吴文藻、潘光旦这两位中国学者，后来是Park、Shirokogorov和Malinowski三位外国老师。

关于吴文藻的学术贡献，费孝通写有一篇文章，即《开风气育人才》，认为吴文藻提出了两个重要思想，一是社会学中国化，二是把人类学和社会学结合起来，运用人类学的方法发展中国的社会学，从实际调查中出思想，出理论。关于潘光旦，费孝通写有更多文字。他认为潘先生比较重要的思想是提出了“两个世界”，一是人同物的世界，一是人同人的世界。费孝通说，自己提出的“文化自觉”题目是从潘光旦思想里出来的。

“回到老师那里”的费孝通发现，自己对几位老师的思想并没有吃透。他觉得，对中国的老师，只差了一代人，理解他们就不大容易了。对外国的老师，理解起来就更不容易。

例如，Shirokogorov 写了很多东西，费孝通也看过不少，领悟能力并不差，可是他到老都不能说自己懂得了这位老师。这位老师对费孝通的影响，从清华求学时期一直持续到暮年。费孝通承认，十年前，写文章提出“中华民族多元一体格局”的想法，觉得是自己的发明，还很神气。开始学术反思后，再看 Shirokogorov 的著作，发现他早就讲了这个道理了。

又如 Malinowski，费孝通连续写了三篇长文，谈自己对其学术思想的领悟。其中，1995 年写了《从马林诺斯基老师学习文化论》，3 万余字；1996 年写了《重读〈江村经济·序言〉》，近 3 万字；1997 年写了《读马老师〈文化动态论〉书后》，2 万余字。围绕这些文字的旁白，若也整理出文字，当又几倍于此。越是往深处去理解，费孝通越是觉得，“老师的东西没有学到家”。所以，他要“补课”，要反思自己所经历的这段“社会学中国化”的历史。

看清楚人类文化发展到了什么程度，找准自己从事的学科处在什么位置，明白自己在学科里的位置，确定要做的事情和努力方向——这是费孝通经常讲到的“定位”话题。在北大勺园的研讨班上，他引导学员再次回到这些问题上。他启发学员说，这个话的意思，还是自己反复强调的一条，就是不能脱离实际，需要从实求知。讨论这样的问题，也许可以回到中国社会学起步的时候，回到“社会学中国化”的主张。“社会学中国化”所讲的中国，不是孤立的中国，而是世界中的中国。这里边有一个深一层的考虑，就是中国文化在世界文化中的位置问题。

费孝通明确提出这个问题，最迟是在 1989 年。当年，他在“二十一世纪婴幼儿教育与发展”国际会议上作书面发言。他认为，对二十一世纪的展望，要从二十世纪说起。用一个自己曾经做过的比喻，二十世纪是个世界性的战国世纪。意思是说，在一个多元一体的国际社会形成之前，我们看到的是一个个文化集团的并存与对峙。在这样一个格局上，可以看出中国文化在世界上的地位。在世界上许多个不同的文化集团中，中国是其中的一个。重要的是，中国文化是世界上历史最悠久的几个文化集团中到现在还没有中断、还在发展中的一个。在目前激烈的竞争当中，中国一时还赶不上世界性的现代化潮流，不在最前边。这样一个地位，我们应该看清楚。做事情，首先要定位。中国文化正处在一个世界文化统一体形成的前夕，这是个要成而未成的时期，这个时期里，有个方向要看出来，就是多元一体的世界文化的出现。看不出这个方向和趋势，就不知道往这个方向努力，不知道为它创造条件。老是在那里打来打去，不知道什么时候、什么人扔个原子弹，毁灭整个人类社会，文化就得重新来一遍。要避免这种危险，就要想办法，让大家先能共同生存下来，和平共处。再进一步，能互相合作，促成一个既有多元文化、又有统一体的局面。为此，费孝通建议说：

> 我们是否可以从人的思想和意识方面积极地进行和平共处的教育，就是在精神文化领域里建立起一套促进相互理解、宽容和共存的教育体系。我称这种体系为 Cross-Cultural Communication。这个体系包括了21世纪人共同生存的根本规则，显然将联系到人对人、人对社会、人对自然等的基本意念，这些基本意念是每个人从小养成的。……我们要培养这种能适合于21世纪世界中生活的人，也主要是打下这种理性的态度……[①]

倡导这种理性态度，缘于费孝通对“美美与共，天下大同”局面的瞩望。他表示，自己虽然看不到这一天了，却可以想象那样一个局面，而且可以通过现在做的事情去促进这个局面的出现。自己的生命快要结束了，文化还在，地球上的人还要活下去。活下去就会碰到不同文化相处的问题，就得想办法解决这个问题。费孝通自认为有责任为后来的人多想想，做点准备。比如，要促成世界文化统一体的出现，先要知道有多少个文化集团，每个集团是什么样的，和平共处的关键在什么地方，等等。对于这类问

① 中国民主同盟中央委员会、中华炎黄文化研究会编：《费孝通论文化与文化自觉》，群言出版社2005年版，第109～110页。

题的讨论，费孝通说，可以回到自己的老师 Malinowski 那里去。Malinowski 在《文化动态论》里得出一个非常重要的结论：人类必须有一个共同的一致的利益。

顺着学术反思的途径，费孝通回到老师那里。老师留下的遗产却不仅是学术思想。1988 年，费孝通在《一代良师》一文中说：

> 我常常想到过去的很多老师，我觉得我自己今天的许多知识和思想，的确都是跟这些老师学来的。……特别值得提到的是吴文藻先生、潘光旦先生、杨开道先生。……我从燕京和清华这几位老师所学的不仅是做学问这一方面，更重要是的做人这一方面。我深切体会到他们脑子里经常在想的是怎么把中国搞好，人民怎么富起来，别的都是次要的事情。我相信这几位老师做学问的主要目的还是在这个地方。这是他们做人的精神支柱。①

二、回到亲友那里

晚年的费孝通在写作学术反思系列文章的同时，也写出不少怀念师友亲朋的文字，表达自己对当年洋溢着的“兢兢业业的学风”的神往，对“当时那种使人神往的气氛”的怀恋。

---

① 费孝通著：《逝者如斯》，苏州大学出版社 1993 年版，第 67 ~ 68 页。

吴文藻、王同惠、杨开道、潘光旦、吴景超、费达生、郑辟疆、闻一多、曾昭抡、储安平、顾颉刚、梁漱溟、汤佩松、吴泽霖……费孝通描述他们的文字，各有动人之处，字里行间又趋向于同一个主题：做人要做这样的人。这是费孝通晚年文章和谈话中频繁出现、反复说起的一个话题。

1988年，费孝通写出《做人要做这样的人——读〈蚕丝春秋〉书后》一文。该书是为他的姐姐费达生、姐夫郑辟疆作传，写了他们夫妇为中国蚕丝改良事业筚路蓝缕、呕心沥血的故事。费孝通写读后的感想说：

> 我总感到我的姐姐一直是走在我的前面，我想赶也总是赶不上的。她自律之严在我同胞骨肉中是最认真的，我不敢和她相比，但是我尽管自己做不到，对能这样做的人是从心底里佩服的，做人应当这样做。……我的确是在她后面紧紧追赶了一生。[①]

1996年9月19日，“费孝通教授学术活动60年欢聚会”在他家乡吴江举行。人间60年，几经沉浮，饱尝冷暖，老来回首，不免激动。费孝通讲话时，不由自主站了起来，话音里也出现了少有的颤抖。他手指左前方台下正侧耳聆听的一位银发老人，大声说：“是我的姐姐，把我引上了我走了一生的这条道路。”顿时，全场瞩目，众人肃然起敬。

---

① 费孝通著：《逝者如斯》，苏州大学出版社1993年版，第60～61页。

其时，费达生已93岁。她双耳重听，双眼仅余微弱光感，但身体仍然健朗，双手仍灵活，每天仍在摸索着剥茧、抽丝、捻线，并用捻出的粗线编织衣片，仍然快乐、认真地向来访者讲述自己的工作及成效，仍然关注民族工业中蚕丝业的发展。她从1923年开始的蚕丝改良事业，还在继续。

对费达生产生终身影响的，是其丈夫郑辟疆。他曾在二十世纪初到日本考察丝织业新技术，希望把新技术带回中国，变成千家万户蚕农的福利，振兴中国当时凋敝的丝织业。费孝通记述姐夫的笔调充满崇敬，他写道：

> 一个从蚕学馆里受国家培养出来的青年，有机会去日本看到了当时先进的社会面貌，首先想到的不是个人怎样摆脱落后的家乡，而是立志要去改变家乡的落后面貌。不要轻视了这一念之差，这一差却划出了国家兴亡的界线……
>
> 蚕丝的改革是一场艰巨的新旧斗争，不是少数人所能胜任的。但是一切改革都得有人倡导有人规划，有人切实工作，才能见效。郑先生可说是从头做起的一个人。他一生的记录是一部完整的中国蚕丝业改革史。他一步一个脚印地把改革的决心变成改革的成果。[①]

著名化学家曾昭抡是费孝通的“忘年之交”。费孝通说，他第一次见到这位名教授，是在昆明时期，在潘光旦家里。当时，

---

① 费孝通著：《逝者如斯》，苏州大学出版社1993年版，第56～58页。

潘先生向费孝通介绍说：这位就是曾昭抡先生，他和闻一多一起从长沙走到昆明，徒步三千里。费孝通注视着过去从传说中知道的英雄，只见他若无其事，脸无得意之色，身无好汉气概。随着日后交往，费孝通对曾昭抡所知渐多，印象最深的，是他全神贯注于国家的科学事业，个人得失从不上心，名誉地位之类也未左右过其人生选择。

曾昭抡早年毕业于美国麻省理工学院，得博士学位，甚得老师赏识，请他留校。他想为奠定中国的科学基础出力，回国任教。在北京大学化学系当主任时，曾昭抡开创了中国大学里做实验、搞研究、用汉语讲化学课的新风气。为推动化学事业发展，他于 1932 年发起成立中国化学会，创办《中国化学会会志》。曾昭抡担任该刊主编长达 20 年，用自己的收入大量补贴办刊费用。费孝通在《曾著〈东行日记〉重刊后记》一文中写道：

> 他省吃俭用，衣鞋破烂，别人不明白，当年教授的工资不低，他又无家庭负担，钱花到哪里去了呢？原来这个刊物就是他私人的一项重大负担。究竟为此他花了多少钱，现在谁也算不清了，这数目他从来也没有向人说过。他为这刊物花钱有点像父母为孩子交学费那样心甘情愿。他看到化学这门学科在中国逐年成长，心里比什么都感到安慰。[①]

平日里，曾昭抡知道同事或同学有难处，总是热心帮助。50

① 费孝通著：《逝者如斯》，苏州大学出版社 1993 年版，第 103 页。

年代初，受他召唤回国效力的留学生有不少。其中有一对夫妇从美国回来，到北大任教，暂住在沙滩红楼一间教室里。曾昭抡听说后，在自己住所留出一间自住，腾出大部分房间给这对夫妇住。

1957年"反右"运动中，时任高教部副部长的曾昭抡知道了费孝通会被划为"右派"的消息。他碰到费孝通时，没有像有些人那样尽量躲避，而是同情地趋前握手，告诉费孝通"看来会有风浪，形势是严重的"。费孝通说，他在握手的瞬间感受到了温情，也感受到了鼓励。但是他们谁都没有料到，曾昭抡后来也被划入右派之列，并被撤消了高教部副部长等职务，北大也待不下去了。一夜之间，云泥之别，常人难以忍受，曾昭抡处之泰然。费孝通记述其后来的情况说：

> 1958年，他应邀去武汉大学执教，他感觉到的是兴奋和鼓舞，绝不像其他人一样心存贬谪之苦。他高兴的是，他又回到了熟悉的讲台上，能为国家培养这门学科的接班人了。……他立刻成了学生敬爱的老师。他亲自讲课，下实验室，指导学生实验和查阅资料。不管严寒酷暑，不顾风雨霜雪，他每天步行到实验室，而且到得最早，离得最晚……
>
> 曾公在研究和教学工作上，事必躬亲，从来不掠人之美；别人由于他的指导和帮助取得的成绩，他从不居功。他不抢在人前自耀，又不躲在人后指摘，因为他不是以学科来为自己服务，而是以自己的一生能贡献给学科的创建和发

展为满足。[1]

1990年,费孝通写出《在人生的天平上——纪念吴泽霖先生》。在费孝通印象里,吴泽霖是个“一生谨慎,从不出格”的谦谦君子,没有任何名利之心,一直在为国家的民族博物馆事业勤恳工作。就是这样一个人,1957年“反右”时也被划为“右派”,而且是因为其供职单位的“右派”人数没有达到规定比例的定额,被凑数“补划”为“右派”。这个荒唐的错案在80年代得到改正时,70高龄的吴泽霖独身寄宿在4层高楼的单身宿舍。费孝通说,每见到吴先生在楼道里上上下下,心里总是不得平静。吴泽霖反而安慰费孝通,说这给了他很好的锻炼机会。

吴泽霖90周岁时,大家为他庆贺。吴先生谈起了“人生天平”的话题。费孝通借这个话题写文章说:

> 一个人的一生好像躺在一架天平上,天平的一头是我们的父母、老师、社会为培养我们放进去的砝码,天平的那一头是我们应当给社会所做的事情,所做的贡献。我们一个人要对得起人民,对得起国家,对得起父母,最低限度应当使天平的两头取得平衡。现在我估计一下自己。……国家和社会为了我,在天平上确实压下了很重的砝码,而我做出的贡献,作为砝码并没有把天平压平。……我仍然欠了人民的债。欠了债,必须还。还债是好事,做好事不怕晚。

---

① 费孝通著:《逝者如斯》,苏州大学出版社1993年版,第104~105页。

……只要一息尚存……争取使天平的两端基本上取得平衡。[①]

1994年,费孝通写《我的第二次学术生命》一文,又提到这个话题。他认为,评估一个人的学术贡献能得多少分,应当用"吴泽霖的天平"去衡量。一个社会,人们都是取用得多而产出得少,结果必然走向贫穷落后;反之则欣欣向荣,日趋进步。一个人也是这样,两端平衡才算及格。得多于出,不论出多少,还是不能给高分。费孝通表示,用这样的标准衡量自己,应该是"属于得多出少的人"。自己平时感觉得分不高,道理就在这里。

费孝通忆师念友的文章中,有一篇比较特殊,写的是胡耀邦。他们之间的交往,当然与胡耀邦曾任中共中央总书记的身份有关,但是在文章中,费孝通的真实心情明显是以之为友。他与自己经历过的中共中央历届最高领导人都有交往,用"良师益友"、"相识相知"、"亲密无间"、"坦心置腹"、"真情实意"、"以心换心"这类词汇表达交情者,唯有胡耀邦。

这篇文章写于2000年初。费孝通回忆说,他和胡耀邦应该早就认识,但在1980年以前,除了见面时点头握手之外,谈不到相识相知。真正说得上交心,是在自己的"右派"问题得到改正之后。虽已记不得确切日子,但对现场气氛印象犹新。当时,费孝通正在民盟中央客厅与盟内同志谈话,突然得到通知:耀邦同志来到。待见面,胡耀邦声明,一时兴起,来看望大家,想顺便谈

---

① 费孝通著:《逝者如斯》,苏州大学出版社1993年版,第116~117页。

谈。费孝通“至今还清晰记得”，就在这次谈话现场，胡耀邦“一锤定音为民盟定了性”。他说：“民盟是个党外知识分子的政党。这些知识分子第一是爱国的，第二是学有专长的，第三是为人正派的。”“我们就希望能发挥这些知识分子的作用，同我们合作，成为复兴中国的一个力量。”费孝通说：“这段话当时并没有用笔记下来，更没有录音，但口口相传，至今在老盟员中几乎念念不忘。”①

费孝通忆及胡耀邦读其《小城镇　大问题》的文章时作出批语的往事，说“他阅毕在小册子上顺手写下了自己的感想，表达了他的真情实意。就是这点坦心置腹的话感动了我。……现在回想起来，可以说对我其后二十年的生命起了决定性的作用。”②

---

① 费孝通著：《九十新语·丁集》，第40页，北京大学社会学人类学研究所、中国社会与发展研究中心ISA工作论文2000.001。《中央盟讯》1980年第3期刊载有一篇“根据记录整理，未经本人审阅”的胡耀邦讲话，发表于1980年2月12日下午人民大会堂陕西厅。其时，民盟中央和民盟北京市委联合举行盛大迎春茶话会。这篇讲话中的一段，可以与费孝通的回忆互证。摘录如下，仅供参考：“公公道道地讲，在许多问题上民盟有很大的优点。比如说，你们同中国人民，同中国共产党一道奋斗了几十年，有一个光荣的革命传统。这总是优点嘛。第二，你们盟内成员的大多数、绝大多数有知识，知识面是宽的，是有本事的。搞四个现代化，没有知识不行。你们的成员虽然数量少，但是从比例上说，有本事的人的比例比我们共产党大。我们有三千八百万党员，知识不够的可能占百分之七八十。你们虽然只有两万多盟员，知识比较多的，可能占百分之九十以上。你们许多同志有知识、有学问、有真才实学。这是你们的第二个优点。第三，你们的党作风比较好，比较诚实，比较正直。诚实、正直、俭朴，这总是中国人民应该发扬的品德嘛！”

② 费孝通著：《九十新语·丁集》，第41页，北京大学社会学人类学研究所、中国社会与发展研究中心ISA工作论文2000.001。

费孝通说:

> 我当时并没有想到我这篇文章会到达耀邦同志的手里,也没有想到他会愿意在百忙之中把它看完,而且还要推荐其他同志看看。他也不可能想到,他这短短几句话却打中了我这个知识分子的心,真正做到了古人所说的"人之相交,以心换心"。①

胡耀邦逝世当日,费孝通正在波兰访问。据陪同者说,费孝通听到消息,潸然泪下。

三、回到乡亲那里

1986年,费孝通当年的学术奠基之作 *Peasant Life In China* 一书汉译本由江苏人民出版社出版。面对隔着半个世纪沧桑的英文版本和中文版本,费孝通的思绪回到了家乡,回到了江村。文思涌动,他写下了动人的诗句:

> 愧赧对旧作,无心论短长。
> 路遥知马力,坎坷出文章。
> 毁誉在人口,浮沉意自扬。

---

① 费孝通著:《九十新语·丁集》,第41页,北京大学社会学人类学研究所、中国社会与发展研究中心ISA工作论文2000.001。

滑滴乡土水，汇归大海洋。

岁月春水逝，老来羡夕阳。

阖卷寻旧梦，江村蚕事忙。

1997 年春，费孝通环绕家乡的太湖走了一圈，调查主题是水资源保护和开发利用。

借这个机会，也依照费孝通历年的习惯，他又一次去了家乡的开弦弓村。这是他第 20 次访问江村。这一次，费孝通见到了 1985 年第 10 次访问江村时的一个女孩儿。当时的照片，印在汉译本《江村经济》所收 21 幅照片之首。12 年过去，故人重逢，费孝通欣喜地端详着眼前的少女，喃喃而语："这是历史的折叠啊！"

乡音绕耳，乡情暖心，乡思难收。费孝通对家乡人说他的想法：明年人大换届，我可以退下来了。退下来后，想为家乡再做点事情，做一篇"小"文章。题目是"以水兴苏"。江苏的"苏"，写成繁体字很有意思，有草，有禾，有鱼。鱼米之乡啊！鱼米之乡离不开水。我想多懂一点水。"小"文章就是水的文章。中间一竖是长江，左右两点是太湖、洪泽湖。我先把太湖跑一圈，有了一个点。下半年打算去洪泽湖。不能让"小"字少一点。少一点就成"卜"字了，就前途未卜了。我这些年一直在做"小"文章，小商品，小城镇，都是"小"。现在做水的文章，还是个"小"字。老小老小，人老了又变小了。这次围着太湖转，就是当小学生。一路请教，知道了很多新知识。

在无锡，环保部门的专家告诉费孝通，当地水资源的最大污染源,不是一般想象中的工业污水,而是居民的生活污水。

费孝通谈起了历史上的"马桶文化"。他说,过去我们苏南一带的文化中有一套好东西,形成了良性循环,周而复始,有一段很长的历史。当然,这主要是农业文明时期的循环。如今,现代化打破了这个老的循环。怎么办呢?退不回去,只有建立起新的循环。这是一篇大文章。20世纪里边,西方文化领了头,有很多成果,但是也造成了很严重的局面。中国文化与西方文化一个很不同的地方,就是讲协调,平衡,讲人与自然的平衡与合作。我们要建立新的循环,是在高水平上达到与自然的平衡与协调。

走到浙江湖州,考察间隙,费孝通参观了飞英塔。该塔附近有一座牌楼,上面的楹联引起了他的兴趣。上联为"自觉觉他觉性圆满即是佛",下联为"宏观观物观行结合成上人"。费孝通指着楹联,表示要在牌楼前留影。他对同行者说:"这和我的一生有贴合的地方。'自觉'就是我说的'文化自觉','观物'就是我的田野调查嘛!"

太湖边上的吴县有个镇,名叫"角直",是个千年古镇,又有"中华环保第一镇"之称。费孝通特意前往访问。座谈结束后,主人安排他乘车游览新区。一路上,住宅小区、工厂新区、高级别墅区、大型游乐场在车窗外一一闪过。最后,车队在游乐场"惊险大世界"门前调头回返。到达住处,待车停定,费孝通却一反平时习惯,并不起身下车。他不大满意这样的安排,大声说:"不到老镇心不死!"主人明白了他的心思,车队重新出发。

车到老镇,费孝通兴致顿生。他弃车而行,沿着一条小河边的老街漫步。指点枕河而居的老式民居，聊自己早年的小镇时光，享受难得的闲适和亲切。他信步走进一家路边小店，与店主攀谈。街坊邻居、随行助手、新闻记者、政府官员等挤满店堂，热闹异常。唯有一位服饰很有当地特点的老妇人，身在屋内，心在热闹之外。她仪容整洁，神态安详，倚着里屋门框，静观来人。拍摄电视素材的编导希望拍到她和费孝通聊天的场面，请她上前，她却任百般恳请而坚辞不出。费孝通打圆场说，她不想出来，不能勉强人家，我们走吧，他们也该吃饭了。

回到住处，费孝通还想着方才一幕，编导也遗憾那老妇人没能进入镜头。两人对话如下：

编：费老，我看您在进行户访的时候，特别喜欢和老人说话。

费：我去找老人说话，是想让他感到有人愿意找他。见有人乐意找他说话，他的反应很舒服，我也很舒服。我是研究人的，一个表情也有文化的意义在里边。

编：今天那个老太太不愿意出来，您是怎么看这个事的？

费：看到了一个文化的变化。我们诚心请她，老太太却不肯出面。我想到了一个题目，叫“文化的自卑感”。中国现在最怕的，就是文化的自卑。不肯出来的意思，是她要走了。文化要走了。自己觉得不能出来见人了。不是大家不要她，大家欢迎她出来，可是她自己觉得她那一套不行了。这样一来，她真的要走了。不是人家要淘汰你，是你自己要走了。你这文化要退出舞台了。老了，老到自己没有信心了。她对她的文化没有信心了。

编：我很想知道您觉得“文化要走了”时候的内心感受。

费：很惨哪！我是联系中国文化想这件事。这是个很惨的局面。我们不能走到这一步。真的弄到这一步,那就难了,就得整个换一套了。但实际上不是每个人都想换。现在时兴港式的东西了,很多年轻人的头发要披起来,这叫老太太怎么接受啊?她不可能接受这一套,可是又觉得自己这一套拿不出来了。你看多苦啊!

你看过我写的讲"文化自觉"的文章。我讲文化自觉,一个意思就是敢于拿出来。我们有好东西啊。可是老太太做不到了。不是她个人做不到,而是这套文化虚弱了几百年了。现在有个大问题,中国人不敢真正拿出自己的面貌来。对不对?本来好的东西,自己认为不好了,有时候,觉得自己还有好东西,可是只能自己看,不能拿给人家,不敢亮相。我们要敢于在世界上亮相。我就是这句话:文化自觉就是敢于在世界上亮相!

编:还是要敢于坚持自己。

费:首先是要有自信。你自己都没有信心了,怎么坚持啊?我们很友好,她家里人也希望她出来,可是她觉得她那一套装束不能出来。这个厉害啊!我知道,现在我们中国也有人觉得自己不行了的。这个很苦的。

编:费老,听您说出"文化要走了"这句话,我心里很震惊。从前我读您的《访美掠影》,您在一个美国教授家里,从东西方不同的饮食习惯里谈出了走什么样的现代化路子问题。今天老太太家里这一幕,您又从她不肯出来的心理,看出了文化的自卑感问题。

费:所以我后来说,不要叫她出来了。不要叫人家痛苦啊。假定她面前坐在我们这些人面前,就更痛苦了。她回到自己的世界里，梳妆一番，还是有快乐的，还有人欣赏她。可是叫她到我们面前，她不肯，因为她知道，我们不是她那个文化里的人。

编：平时没有外人来欣赏她，突然有一群人来到面前，有人欣赏她，她害怕了。如果经常有人来欣赏她……

费：不是这样。她还没有理解到我们欣赏她。她的理解，有点像我对你的理解一样，觉得其中有个目的。你来找我，我知道你是要拍电视。老太太觉得我是好奇，看看她，是要表示我对群众很好，而不是真正欣赏她。我们这批人里，真正欣赏她的没有几个，只是觉得今天这个场面里有这么一个老太太很好。

编：费老，我感觉得出来，您和这样的小镇有一种很深的感情。

费：我是从小镇上出来的嘛。我的心情很复杂。从小熟悉的小桥流水这种文化存在不下去了。旁边这个力量多强啊！那是个“惊险大世界”。这个东西厉害！它追求的是惊险，要这个世界整个惊险起来。中国文化不是这个样子。我们是讲人和自然的协调，讲人与人的和睦。这是祖宗传下来的好东西。我们要敢于拿出来，有文化的自觉，有文化的自信。

四、回到先贤那里

1998 年暑期，费孝通读的书中有一本他的美国老师 Park 的传记，还有一厚本当年燕京大学社会学系为送这位老师回国编印的文集。为了“补课”，费孝通一边读，一边写《温习派克社会学札记》。其中说：

我越来越感到自己在学术上需要好好补补课。特别是在听了北大100周年期间国外学者那系列讲演之后,更觉得自己有此需要。分析一下我这种自觉的迫切心情,看来是由于这几年来,特别是这一年来,我日益觉得所处的时代变动得太大和太快了……

这个盛事已为我提出了多少有意义的题目,但大多我却让它在手边滑过去了,至多也只能说掠得一点影子。为什么总是抓不住,吃不下?关键还在自己能力不足。能力不足是由于自己这一生里投下的工夫不够。这方面我有自知之明,总结一句话是求知之心还不够迫切和踏实,常满足于浅尝而止,难逃不深不透。

不管以后的日子还有多少,当前我的脑子似乎还抵用,于是自己提出了"决心补课"。①

"世变方激,赶快补课",是费孝通在生命的最后七八年里经常谈起的话题。补课的内容,一是社会学基础,二是中国传统文化。

Park传记存放多年,此时成为他补课的入门教材。费孝通跟随传记所述,看到了社会学的辽阔社会背景。在这背景上,有Park从一个密西西比河上的顽童成长为美国社会学一位领袖人物的历程,也有费孝通从太湖边上的小镇走向世界的路径。

从《温习派克社会学札记》的文字中,可以看出费孝通和这

---

① 载《万象》1998年创刊号。

位美国老师多方面的相通。

Park 认为,“我们自身的生活就是最好的社会学的素材”,“社会学就在自己的生活里”。费孝通时常从吃饭、穿衣、电视、球赛谈出社会学的话题和道理。

Park“要求自己能理解这个世界上在芸芸众生里生活的人们,懂得他们为什么这样行动和具有怎样的感受”。费孝通晚年把自己的研究从生态层次提升到心态层次,要求自己留意人们的欢乐、悲伤、追求、梦想……

Park“兼顾城乡两端探索人类社会发展”。费孝通在 1990 年代中后期的调查重点,从中国农村延伸到了城市,并研究社区问题。

Park 曾在 1910 年访问欧洲,“了解那些在欧洲农村里已待不住但又没有条件远走他乡的大批……城市劳工的人们的生活环境”,费孝通研究中国农民中大批富余劳动力“离土不离乡”的转业过程,建议把小城镇作为“人口的蓄水池”。

费孝通体会了他们之间的相通,也看出了差别和自己的不足。他写道:

> 派克是个好老师,而我不是个好学生,很多他早在 70 年前已就说过的东西,我要到老来才仿佛有点一知半解。……我只能理解到现在我们这个所谓的“后现代”时代,也许正是派克老师曾指出过的那个已形成了一个全球的共生体系还缺一个相配套的共识或道德体系的半完成状态。
>
> ……我想到了另一位老师,死在我怀里的潘光旦老师。

他在七十年前已经用中国语言表达了派克老师用拉丁语根拼出来的英文字表示的人文区位学，潘光旦老师用了我们两千年前老前辈孔孟的经典上的话来表达同样的意思，至少是相通的意思。[1]

对中国传统文化的补习，费孝通没有留下补习社会学那样的札记文字，却也用了相当的心力。他曾表示，自己从小接受的是西式"新学"教育，没有进过私塾。《三字经》、《百家姓》、《千字文》、《论语》、《孟子》等等都没有从小念过，对中国传统文化缺少基本训练。这样的好处，是不受旧思想束缚，可是缺陷也很大，该用的时候说不出，用不上。他很羡慕前辈学者对国学经典烂熟于心，该用的时候张口就来。费孝通为此感叹：到了八十岁的时候，想起了八岁时该读的书。

晚年的调查行程中，费孝通常把一本很小开本、买自孔庙的《论语》带在手边，以便闲时阅读。助手又帮他买来一些名家的著述，如钱穆的《国史大纲》、《中国文化史导论》、《中国近三百年学术史》，陈寅恪的《唐代政治史论稿》、《柳如是别传》，冯友兰的《三松堂自序》以及《梁漱溟全集》等等。费孝通翻阅群书，表示对这些学者心仪已久。

梁漱溟是费孝通一向敬重的前辈，他称梁漱溟"是当代中国一位卓越的思想家"，对梁的为人与治学"一直抱着爱慕心情"。

---

① 费孝通著：《师承·补课·治学》，生活·读书·新知三联书店 2001 年版，第 336 页。

费孝通认为，梁先生以“好用心思”和“误打误撞”概括自己的治学，“正道出了一条做学问的正确道路。做学问其实就是对生活中发生的问题问个为什么，然后抓住问题不放，追根究底，不断用心思。用心思就是思想。做学问的目的不在其他，不单是为生活，不是为名利，只在对自己不明白的事，要找个究竟。”

2003年，费孝通回忆说，自己1945年加入中国民主同盟的时候，梁先生是民盟的秘书长。他们接触不多，谈不上私交。自己当年从燕京毕业后，参加过梁先生在山东邹平主持的乡村建设工作，知道梁先生的心志。晚年又读他的书，发现自己有两条线和梁先生接上了，一条是对社区的研究，另一条是在中国现代化出路的想法上，主张尊重中国文化实际传统和需要，承认传统，从文化传统的基础出发，改造其中不合乎现代社会需要的元素，来适应新的社会要求和时代潮流。总体讲，要避免激烈的变革，不是走革命的路子，而是走渐进路线，逐步改良。在现代中国，改良主张者要有多大的历史担当，费孝通深有体会。为此，他由衷称赞梁漱溟说：

> 我认识到他是一个我一生中所见到的最认真求知的人，一个无顾虑、无畏惧、坚持说真话的人。我认为，在当今人类遇到这么多前人所没有遇到的问题的时候，正需要有更多的这种人，而又实在不可多得。什么是文化，文化不就是思想的积累么？文化有多厚，思考的问题就有多深。梁先生不仅是个论文化的学者，而且是个为今后中国文化进

行探索的前锋。[1]

在一次外出调查途中，费孝通谈起了陈寅恪。他深知这位前辈在史学研究上的卓著成就和名气，钦佩陈的身上那股旧知识分子“士可杀不可辱”的气节，赞叹其梗直、坦荡的性格。如他写《柳如是别传》，历十余年，其间经过“反右”，气节仍在。全书完稿时，陈寅恪写《稿竟说偈》道：“怒骂嬉笑，亦俚亦雅。非旧非新，童牛角马。刻意伤春，贮泪盈把。痛哭古人，留赠来者。”费孝通说起了读《柳如是别传》的感想——“我想看这本书，主要是想知道那个时代的知识分子的心情。那是一个过渡的时代，变革的时期。陈寅恪写这本书，我体会有很深的用意。他是借柳如是的心情说自己的心思。他们都是前朝人物，都有追求自由的心志，都要找到文化上的归宿。我读这本书，想到了三个字：归宿感。我觉得，陈寅恪有找归宿感的意思在里边。这种归宿感是文化的归宿感，有很深的感情寄托。柳如是的归宿是前朝。有的人的归宿是后朝。‘各领风骚数百年’就是各有归宿。哪里是我的归宿呢？我的归宿是什么样的？”说到这里，费孝通陷入了沉思。

钱穆及其著述，似乎为费孝通带来更多的亲切感。钱穆祖籍无锡，与费孝通故乡邻县。钱穆读书的苏州草桥中学，费孝通的父亲曾在那里教书。钱穆先后在燕京大学、清华大学、西南联

① 中国民主同盟中央委员会、中华炎黄文化研究会编：《费孝通论文化与文化自觉》，群言出版社2005年版，第50页。

大教书，费孝通正巧在这三所大学。但是，他们一直没有交往，用费孝通的话说，“好像被一层什么东西隔开了，相互间有距离。他没有进入潘光旦或吴文藻的圈子里”。后来，钱穆去香港创办新亚学院，离得更远了。

2003 年，费孝通作《暮年漫谈》时说：

> 一直到进入了 21 世纪我退休了，为了补课我才仔细读他的书，越读越觉得他同我近了。有很相通的地方。比如我觉得在社会和自然的关系上，最好的表达方式就是中国古代“天人合一”的说法。读了钱穆先生的书，仅从他所强调的，从“天”、“人”关系的认识上去思考东西方文化的差异这一观点，就使我……有了豁然开朗的感觉。[①]

费孝通认为，“钱穆、陈寅恪的东西都是反思出来的”。陈寅恪认识世界的一个办法，叫“神游冥想”，讲究“心有灵犀一点通”。费孝通对此方法兴致很高，他表示，陈寅恪、钱穆的东西，加上胡适、杜威的东西，综合起来，应该可以讲出点道理。自己的国学底子差，老来补课，越补越觉得缺得厉害，补不胜补。费孝通感叹道：要想真的把这个世界说出点道理，不容易啊！司马迁那时候就讲“天人之际”，我们现在还是说不清楚。

一次和助手谈话，费孝通又说到“天人之际”。他说：我脑筋里边的“天人之际”是从钱穆那里来的。钱穆去世前对他夫人

---

① 《费孝通在 2003》，中国社会科学出版社 2005 年版，第 59 ~ 60 页。

说,“天人之际”还有新的意思,可是他没能讲出来就走了。我想写一篇文章,题目叫“有朋自远方来”,写写我读钱穆的感想。对于他,我曾经觉得很远。读了他的书才知道,他对事物的看法,有些地方和我很接近,有些想法更觉得亲切。我想在文章里发挥这些看法。现在对“天人之际”,我有一套看法,就是世界观和人生观的问题。首先要确定一个基本命题:人是自然的一部分。自然发展到一个时候,有了人这样一种生物。这种生物具有一个特点,这个特点是智力。智力使人有别于其他动物。动物有记忆,有条件反射。人除了这些之外,还有创造性,有历史的积累和连续性,有过去、现在和未来。这是人类社会的特点。现在还没有把这个特点讲清楚。人对于人文世界还缺乏自觉。天人之际、古今之变究竟只怎么回事,并不清楚。司马迁的父亲叮嘱儿子,要研究这个东西。这才是真正的人的学问。在我看来,天人之际就是自然界和人文世界的关系。人文世界是自然界在一定阶段上的异化。有了人文世界,自然世界就出现了一个对立面,可是这个对立面仍然在自然世界里边。复杂性就在这里。人文世界有延续性,所以在天人之际中又出来了一个古今之变。人类学是研究人文世界的学问,是人的学问。研究人是怎么从自然界里异化出来的,这是天人之际里边的大学问。钱穆是抓住这个题目了。这个题目不是哪个人要讲,而是人文世界发展的需要。无论经济、科技怎么发展,还是要回来的,回到天人之际的问题上来。要有人能讲清楚天人之际。现在还讲不清楚,所以还要补课。

五、回归文化问题

“文化自觉”是费孝通在回首来路的学术反思中逐渐形成并明确提出的一个前瞻性课题。费孝通对这一课题的提出和论述，或许可以看成是他学术反思工作取得的一个最重要的成果，是他力争通过晚年的不懈努力使一生的研究格局有所突破的成功尝试。

关于文化自觉的含义，费孝通在《人文价值再思考》(1997)一文中说：

> 文化自觉只是指生活在一定文化中的人对其文化有“自知之明”，明白它的来历、形成过程、所具的特色和它的发展趋向……自知之明是为了加强对文化转型的自主能力，取得决定适应新环境、新时代时文化选择的自主地位。文化自觉是一个艰巨的过程，首先要认识自己的文化，理解所接触到的多种文化，才有条件在这个正在形成中的多元文化的世界里确立自己的位置，经过自主的适应，和其他内外后一起，取长补短，共同建立一个有共同认可的基本秩序和一套与各种文化能和平共处、各抒所长、联手发展的共处守则。[①]

① 载《读书》杂志1997年第10期。

关于文化自觉这一概念的成型过程和契机，费孝通提到了两件事。一是他重读《江村经济·序言》时的一个自问，二是他在北京大学社会学人类学研究所举办的第二届社会文化人类学高级研讨班上的讲话。

重读《江村经济·序言》时，费孝通曾自问：在不少西方学者那里一时还难于跨越的“文野之别”鸿沟，自己怎么会似乎毫不经心地跨过了呢？Malinowski对这个问题的回答是，作者的态度尊严、超脱、没有偏见。费孝通认为，“他替我所做的答复是归根于中国和欧洲在文化上的差别，即他所说的道德态度上的基本差别。中国人在马老师看来并不像欧洲人那样心存民族偏见和仇恨。……欧美人类学里反映出来的‘文野之别’历来被认为是文化本质之别，甚至在三十年代还有人怀疑土著民族的头脑是否具备欧美白种人所认为人之所以为人的理性。……在我们的传统文化里也有夷夏之别，但孔子一向主张‘有教无类’。教就是可以学习得到文化，类是本质上的区别。……有教则夷即入华，人的本质是一致的，并没有不能改变的本质上的区别。通过我的行为和思想，在马老师眼中看出了我们中国人和欧美人在道德素质上的不同，也许就是这种不同，使我在进入人类学的领域时，很自然地闯过了‘文野’这一关。这一点认识使我更感觉到要理解一门学科的发展绝不能离开学者所有的文化素质。我们中国人要认真地去研究人和文化，就不能不警惕各种理论的历史背景和从事这门学科的人的文化修养。”①

① 费孝通著：《从实求知录》，北京大学出版社1998年版，第389～390页。

1997年1月5日至12日，北京大学社会学人类学研究所主办的第二届社会文化人类学高级研讨班在北京大学举行。费孝通闭幕发言中说："我们当前的社会人类学走向何处？也就是我们从四面八方、五湖四海来到这里参加这个研讨班，所为何事？在这个班刚开始时，我自己也回答不了这个问题，但经过了实践，我开始觉得有点明白了。我们大家一起回顾了几代人对人类文化的研究经过，大家都亲自参加了'田野工作'，对我们切身参与的社会生活进行了观察和思考，总结了个人的心得，又在这班上互相对话、讨论。到最后一刻，我想总结一下，问一句：我们大家在搞什么？心头冒出四个字'文化自觉'。这四个字也许正表达了当前思想界对经济全球化的反应，是世界各地多种文化接触中引起人类心态的迫切要求，要求知道：我们为什么这样生活？这样生活有什么意义？这样生活会为我们带来什么结果？也就是人类发展到现在已有开始要知道我们的文化是从哪里来的？怎样形成的？它的实质是什么？它将把人类带到哪里去？这些冒出来的问题不就是要求文化自觉么？"

费孝通由这次闭幕发言中提出的"文化自觉"话题追溯到自己早年的经历，使这个概念的形成和一生经历联系了起来。费孝通举例说，童年时，他的祖母有个习惯，每一张有字的纸都要拾起来，聚在炉子里焚烧，并告诉费孝通要"敬惜字纸"。费孝通记得住这话，却不明白其中的意思，稍长几岁后还曾笑祖母是个老迷信。他从十四岁开始发表文章，在相当一段时间里没有意识到发表出来的文章会对别人发生一定影响，也没有感觉到文章对别人影响的好坏是作者的问题。费孝通说：

我长到了老祖母的年纪时我才明白"敬惜字纸"的文化意义。纸上写了字,就成了一件能为众人带来祸富的东西,不应轻视。我一旦理解了祖母的行为和教训,我心头相当沉重,因为我一生对对字纸太不敬惜了,想写就写,还要发表在报章杂志上,甚至还编成了书,毫不经意地在国内外社会上流行。文化大革命时期,大字报上攻击我到处放毒,罪该万死。事后想来,不无道理。如果我确是发表了一些有害于人民的文章,不能不说是遗害了人。文革结束了,别人不再批判我了。我却想到了祖母的遗教,应当自己回头看看我过去的文章和著作。……我也明白我写下这么多字纸,并不是我个人的作品,而是反映当时中国知识分子的心态。是非祸福自有历史公断,不必由我去审定,我要审定也无此能力。但是我至少应当回头把这些旧著作为客观存在的东西,凭老来的眼光,反思一下,再花点字纸,写点反思文章,聊尽作为历史载体的责任。①

费孝通表示,上述引文中的想法,是他晚年下笔写反思文章的衷曲。费孝通觉悟到自己可以作为一个历史载体,是因为他在对自己的超脱与反观中看到了有关历史信息的交汇与浓缩。"衷曲"也仍然是自己亲历的这段历史的产物。在这里,费孝通把自己在这段历史中的经历表述为"是在不同文化的接触、矛盾中求安身立命"的过程。旧的文化已不能给人以心安理得的生

① 费孝通著:《从实求知录》,北京大学出版社 1998 年版,第 395 页。

活方式,新的文化又在错综复杂的历史变迁中迟迟没有定型(也许新文化的形态正是不再定型?)。处在这样一种“上不着天,下不着地”的状态里,想要活得明白的人不能不去想,自己身处的这种尴尬状态究竟是怎么来的?今后的人类是否还能找得到他们的祖先在过往历史中安身立命那种意义上的“天”和“地”?如果有可能找到,应该在哪个方向?怎么才能接近?如果“失乐园”之后的“复乐园”在历史逻辑上只是一种幻想,“上不着天,下不着地”状态本身就是未来人类的“天”和“地”,那么人类自身的发展对于宇宙的演化究竟具有什么样的意义?

在第二届社会文化人类学高级研讨班上,费孝通谈到他新近读过的一本美国畅销书《塞莱斯廷预言》。他认为“这本书实际上是一本西方文化的反思录”,并从中听出了“文化自觉”四个字。费孝通说,这本没有惊险场面的小说激动了在电影中见惯惊险场面的美国读者,两年里销售了六百万册。一叶知秋,“预言”值得我们深思。作者从第一个千年的西方文化说起,前一个五百年里,欧洲正是所谓中世纪。人们在“原罪意识”控制下,把自己交给上帝支配,浑浑噩噩过了半个千年。经过宗教革命。人们推倒了神的权威,却被世俗追求所控制。对个人生活的关切,把人带进物质生活的小天地,只求舒适地生活,不问为什么活着。随着科技大为发达,人类利用资源的能力猛增,对地球上有限的资源肆意进行掠夺式开发。这样又过了五百年,众生所依赖的大地已经亏损到了日暮途穷的地步,“可持续发展”的自救之声不绝于耳。西方世界出现“千年忧患”的情结,其中有对西方文化的反思。费孝通对研讨班的学员说:

我觉得作者主张在跨入21世纪之前，西方文化应当清理一下自己的过去，认清自己的真实面貌，明确生活的目的和意义，这不也正是我这一段时间里所想到的“文化自觉”嘛？看来文化自觉是当今世界共同的时代要求，并非哪一个人的主观空想。

在座的都是有志于研究人类学的学者，对当前人类的困惑自然会特别敏感，对当前新形势提出的紧迫问题自然会特别关注。……希望大家能致力于我们中国社会和文化的科学反思，用实证主义的态度，实事求是的精神来认识我们有悠久历史的中国社会和文化。①

耄耋之年的费孝通再三呼吁“文化自觉”，尤其是说到“实证主义的态度，实事求是的精神”这句话，隔着六十多年的时空，回应着他初出茅庐时说过的那句话。1936年，费孝通为研究中国社会和文化，带着实证主义态度与方法走进瑶山。在付出新婚妻子殉职、自己身负重伤的代价之后，他在《花蓝瑶社会组织》编后记中说：“我们只希望同情于我们的朋友能不住地在这道路上走，使中国文化能得到一个正确的路径。”

这两句话，连接起费孝通的早年和暮年，贯通其学术生命的全程。沧桑一世，费尽心力，历遍坎坷，是为中国文化找到出路。用当年吴文藻的话说：何等正大！

---

① 费孝通著：《从实求知录》，北京大学出版社1998年版，第398页。

六、“汇归大海洋”

2003 年 12 月底，费孝通因病住进北京医院。

这年夏天，他去了甘肃，对定西作了第七次考察。

这是费孝通实地调查的最后一个年份。甘肃定西之外，他还去了江苏、上海、黑龙江、山西、广东等地。很巧，东部、西部、南边、北边，还有家乡，都走到了，很有点谢幕的意味。

从 1935 年费孝通走进瑶山，到 2003 年纵横东西南北，他坚持一生的实地调查前后延续了六十九年。

费孝通在这段时间里的遭际，随着中国历史起伏，被分为三个段落，每段的时间大致在二十三年上下。

1935 年到 1957 年，为其学术早年。费孝通由广西调查进入学界，凭著述水准走到学科前沿，声名鹊起，成果迭出。

1957 年到 1980 年，为其学术中年，是一段可悲、可叹的空白。

1980 年到 2003 年，为其学术晚年，自称“第二次学术生命”。晚年的费孝通恢复实地调查，以老迈之躯追踪中国社会变迁步调，提炼改革发展在其大脑中不断激荡出的命题——苏南乡镇企业（“草根工业”）、温州小商品经济、珠江发展模式、小城镇建设、城乡协调发展、区域经济发展、生态与环境保护、农村基层直选（“草根民主”）、城市社区建设、中华民族多元一体格局、现代化与中国文化、洲际经济、地缘政治、学术反思、文化自觉……对这些问题，费孝通皆予以追踪观察、思考和阐发，留下了丰富的著述。

其晚年行迹、话题和思想,体现出了中国传统中“慎终追远,谨始怀来”的文化内涵。

1980年,费孝通的“右派”问题得到“改正”,已年届七十。他用“最先下水,最后出头”表达了解脱感,也透出紧迫感。这一时期,他说的另一句话流传更广:还有十块钱。这话的意思是,估计还有十年时间可以做事情。语气虽然轻松,紧迫感却表达得异常强烈。来日无多,不知上帝什么时候就发请帖。十块钱怎么用法,须慎之又慎。费孝通表示,不能零花,打算整体换一件东西,即中国农民的丰衣足食,中国社会的小康局面。他的支付方式,是实地调查,是力所能及的“行行重行行”。

费孝通跟踪现实的调查有两条主线,一曰农村,二曰民族。这两条线,费孝通早年标出,皆有创获,且属国际前沿水准。中年被迫中断,遂成伏笔。晚年获改正时,想起“两笔老账”。1935年的瑶山调查,使其形成了对家庭和社会的一些基本观点。1936年的江村调查,使其得出结论:中国的基本问题,是广大农民的饥饿问题。两者合一,是费孝通从实际生活认识中国社会的开始。

近半个世纪过去,社会变迁更趋剧烈,当年的认识有待深化,农村的温饱问题也还没有全面解决。用费孝通的话说,这两篇文章都没有写完,要接着写。为此,他席不暇暖,奔波于南北东西。这样做,是为百姓,也是为一个私愿。

费孝通说:“我到目前为止,取得的分数是不高的。当然我还有不太多的时间,可以争取再增加几分。”

晚年实地调查的第一站，是他曾经在1936年和1957年两次访问过的江村。这是费孝通学术生命的起点。把连接两次学术生命的空间选在江村，意味深长。调查过程中，他手书白居易一首《忆江南》，表达出对家乡的情感、对江村的看重。

江村的专门档案记录这次访问说："由于时间紧迫，费孝通一行在开弦弓村只耽了四天。他们向干部群众询问农业、多种经营、乡村工业、土地、人口、文化教育、经济收入、家庭结构和生活方面的情况。"从调查数据中，费孝通敏感地捕捉到一个变化，在经济总量中，农业比例下降，工业比例上升。对此，他已瞩望了近半个世纪。这是中国农村工业化的曙光。

费孝通称乡村里的工业为"草根工业"。他认为草根工业会有大发展、大出息。一是因为它和中国农村几千年来农工相辅的历史传统接得上，有基础；二是它能为农民大大增加收入，得民心。三是它既可以增加工业在国民经济里的比重，人口分布上又不至于过于集中，有利于避免农村人口过多涌进城市。总之，合乎中国实际。费孝通觉得，这是今后中国经济特点的一个苗头。他像是看到了一场历史大戏的开演，主角是中国农民。他要做个称职的场记，做个为农民说话的人。

1982年1月，费孝通第四次访问江村。当年10月，第五次。1983年5月和10月，第六次、第七次。到1985年7月，他已是第九次访问江村。这期间，"乡镇企业"的称呼逐渐为人们所知，对它的评价则差别很大。有人叫好，有人认为它"挖社会主义墙角"。费孝通在连续数年的实地调查中，见证了其强大生命力，也深化着自己的认识。当初他看重的是，农民找到一条增加收入的出路。到80年代中期,他看出了一条更大的出路,即中国实现工业化的独特道路。

在费孝通一步接一步的追踪调查中,草根工业从星星之火顽强发展到燎原之势,创造出巨量物质财富,增强了地方经济实力,增强了综合国力,提高了农民生活水平。费孝通也跟随着乡镇企业的风声雨声,从家乡苏南追踪到浙江温州,从长江三角洲追踪到珠江三角洲,从东南沿海追踪到西北山区。

《故里行》、《温州行》、《南岭行》、《闽东行》、《海南行》、《包头行》、《甘肃行》、《临夏行》、《凉山行》……费孝通一边走,一边写行程报告,向他的读者及时讲述见闻和感悟。走一趟,写一篇,成了他晚年研究工作的习惯。从研究乡镇企业,到研究小城镇,无不如此。

1992年,费孝通把这个系列的文章集中起来,出了一本书,书名为《行行重行行——乡镇发展论述》。费孝通一生著述等身,这是他字数最多的单本著作。该书目录给人的最强烈印象,就是“行”者意象的回环往复。

读万卷书,行万里路。费孝通的读书和行路,实不可分。在他年复一年南来北往的公务车上,最常见的场景就是他在读书或隔窗眺望。每次外出,几乎必带最新一期《读书》杂志,此外就是他当时集中阅读的书。《文化论》、《稷下学史》、《中国文化史纲》、《钱穆与七房桥世界》、《陈寅恪评传》、《顾颉刚年谱》、《潘光旦文选》、《思痛录》……

放下书时,费孝通时常看着窗外的沃野、村庄和城镇出神。那时,他是在休息,也是在工作。眼神儿在休息,大脑已经换了

“频道”,或者说,他的阅读从手上的书本跳进了无字大书。他能从一个地方的水塔和烟囱的疏密状况大体判断出当地的工业发展程度,从村镇民居的模样估计出当地农民的人均收入水平。他也注意耕田农民的衣着,思考怎么开发农村的服装市场。

不止一个朋友问:费老每年跑这么多地方,不累么?他怎么那么喜欢跑啊!

费孝通跑了很多路,这是事实。若说他喜欢这样,则未必。

1985年,费孝通在《社会调查自白》中说:“我是小镇上生长大的人,还是很喜欢镇上的茶馆。到那里坐着,喝一碗茶,下一盘棋。”

1996年,就在访问山东的行程中,在泰山脚下,费孝通谈到自己天性倾向的生活方式,还是本性难移。他说,如果能选择,我宁可回到农民的世界,享受和平的心境,稳定的生活和友好的环境。我会生活在一个熟悉的世界里,在宁静的环境、熟悉的人中找到和平和安全。

这才是费孝通天性喜欢的生活。人们看他好动,实则好静。只是他早就明白,生逢大时代,一介书生怎么活法,不是个人定位,是时代定位。

“我怎能不心急呢?我们这一代处在这一代历史的考验里!”这是费孝通写在《初访美国》一书的最后一句话。

“我怎么能安心在茶馆里吃茶呢?时代变了,时代对我们的要求也变了。”这是费孝通在《社会调查自白》中表示喜欢小镇茶馆之后所说的话。

“中国的生产力还不高,底子还不够厚,还有几千万农民处在温饱线以下,世界上还不安宁,有战争,有难民,想到这些,就坐不住了。”这是费孝通在泰山脚下说的话。

心志如此,自然不再去想“悠然见南山”的生活。费孝通的晚年,当过一届全国政协副主席,两届全国人大常委会副委员长,要说享清福,条件再好没有。一次闲聊天,他说,“我的好处是没有把副主席、副委员长当成个官。有的人就真的有当官的感觉了。我是利用可以到处走走的条件搞我的研究,而且还有点劲道。”

善有善报。费孝通当初只指望“十块钱”,所以拼命跑路。上帝见其慎之又慎,特意嘉许,奖励的寿数超过本钱。他的晚年日程不仅因此从容了许多,更重要的是,他在有生之年看到了中国根治贫困的希望和现实,看到了梦寐以求的百姓小康局面。

及身见梦的费孝通,借来霭理士在《我的生平》序言中诗一般的语言描述自己的心情说:

> “我的一生有时像是用流血的双脚走向基督受难的圣地,凡是我的双脚踏过的地方都盛开了芬芳的玫瑰。我已在任何一个方面都尝到了天堂里的愉快。胜于理解的宁静牢住我心。青年时代所打算的一生事业在半个世纪里能得到完成和它所给我的安慰,不能不说是已超出了我的梦寐所求。”当然,我不是基督徒,也不信上帝和天堂。但是在我的第二次生命……我有时也得到了超过梦寐所求的安慰。[1]

---

① 费孝通著:《从实求知录》,北京大学出版社 1998 年版,第 22 页。

这段话，费孝通写于1995年。是时，其第二次学术生命已延续十五年，大为超出他的十年预期。其后，尽管他不信上帝，上帝还是嘉奖其“超过梦寐所求”的又一个十年。

最后一个十年里，费孝通越来越接近了自己比较理想的调查、思考和生活状态。

1997年，费孝通作太湖调查时，在无锡紫砂村走进一个农户。他饶有兴致地观看紫砂壶的制作过程，边看边问：“这里收不收老徒弟呀？我想学学，这工作多好啊。”他留在壶身上“陶然忘机”四个字，表达心情。

1998年春，《读书》杂志一位编辑到他住所拜访。费孝通说：再过几天，全国人大开会换届，我就到站了。这样我就可以回归知识分子队伍了，就可以多看点书，多写点文章了。

2004年秋，家人编辑了一本反映费孝通一生行迹的图册。出版之前，他为这本大书定名为《老来依然一书生》，并题写了书名。他是要告诉世人，自己始终是书生本色。

此前，在民盟中央一次常委会上，费孝通希望大家同意自己提前退出主席职位。他说：“生命的最后一段时间，该做点总结的事了。一生中看到许多事情，有很多想法，不写出来，心里不舒服。写文章不是自己的事情，是一份社会工作。我现在这点知识和感悟，是在很多人的帮助下、社会做了很多投入的情况下换来的，来得很不容易！也不属于我自己。应该把它留下来。愿我这滴乡土之水，汇归大海洋。”

“乡土之水，汇归大海洋”，水乡里出生的费孝通，要回到水里去了。

在太湖的船上，他对当地乡亲说：我想多懂一点水。

在回北京的列车上，太湖水还在他脑海里浮动。费孝通说：我在想太湖精神，想了八个字，“汇纳百川，润泽万民”。上善若水呀！润泽万民，并不一定要人家感激你。让别人都懂你，哪里可能啊！太湖就是这样。过去湖水多好啊，润泽万民，没有想让人感激。有时候，不光没有感激，还要污染它。可太湖并没有因为污染而停止润泽万民。水的品行多好啊！

九十岁前后，一个更大的题目在费孝通心中酝酿：文化的生与死。他的学术思考潜到了更深一层。这是他设想中一本书的名称。1980 年代，他想过写一本《江村五十年》，没能如愿。1990 年代，他想过写一本《传外杂俎》，也没来得及动笔。《文化的生与死》或许是他想写的最后一本书。他表示，已经想好了十几个题目，要一个一个地写。围绕“学术反思”、“文化自觉”、“跨文化对话”等话题写出的系列文章，应该是属于这本书的篇章。

费孝通有个特殊本领，晚上躺下后，能把当天写出的文字在大脑屏幕上完整地重现一遍，琢磨哪里欠缺，需要补充；何处不妥，有待修改。同时，他还能把尚未落笔的腹稿也回想出来，推进运思。在这个可以自由自在的天地里，他劳作，他快乐，他年轻，他灵动，他涌思如潮，他下笔有神，真正是乡土之思汇归了思想的海洋。

2005 年 4 月 24 日，费孝通在北京病逝，享年九十五岁。

终篇:应是鸿蒙借君手

从出生到谢世,费孝通享寿将近百年,衔接两个世纪。一生中,伴随着中国历史进程,应和着世界潮流所向,他不断提出相应的时代话题,如1930年代中后期的乡土重建问题,1940年代中后期的民主政治问题,1950年代中后期的知识分子问题,1980年代中后期的乡镇企业问题,1990年代中后期的文化共处问题……其中,“为中国文化寻找出路”的心绪与思考贯穿始终。在“普遍饥饿”、“志在富民”、“富了以后怎么办”这样的阶段性话题背后,费孝通一生中持续时间最长、思考解说最力的命题,是他的思想起点兼落点:文化自觉。

这一命题,在费孝通心中活跃了整整八十年。

如下文字,是传主一生中围绕这一命题所现场景的一次简略“回放”。

“我哪有这许多心情来回味酸苦!”

费孝通十四岁上开始发表文章,十五岁那年写下《新年的礼物》时,已提到关于“全人类”的话题,认为“新年的快乐,本来不是少数人的,应该使得全人类都快乐。尤其是穷人和老人,因为他们辛苦了一年,在一年的开始,应该特别地使他们快乐……”

十七八岁的费孝通,已萌生了“从毫末辨流向,由现象看本质”的自觉意识。所言“流向”,当指社会变迁流向;所说“本质”,当是人类发展本质。

他在1927年写作的《圣诞节续话》中表示:“我很怕我在‘为人’的最后一刻时仍和现在一般的未认识人类究系何物,因为我实在为了人类的行为双目已眩了。”

刚刚踏进青年门槛的费孝通,已考虑到自己生命终点上对人类的认识程度,内心深处已产生出非常真实的紧迫感。1928年的春节初二晚上,他写《年终》一文说:“过去的事究竟是悲多乐少,这是人人都能体会的。……我哪有这许多心情来回味酸苦!……人们本来有多少岁月供你不尽地虚空的回忆的消磨呢?……在这荆棘蔓蔓的人生道上,随处都给你看见许多值得留意的事情,同时启示你了宇宙人生的意义。我这愚蠢的笔,固不能在道上随处记出一些给后面很努力赶来的同类们作一些参考,但是我却又不愿这许多值得留意的东西,在未经人注意的时候,随着无名无声的浪花流星般的息灭。我自己认为这是我惟一的责任。”

费孝通的文化自觉由此正式破题。自觉“惟一的责任”便是一个标志。

“人们要在痛苦流离中逼出一个转变来。”

费孝通对文化变迁、历史关节有一种超常的感应，随之而来的，是超常的理解和响应。他幼年早慧，青年成名，中年成器，盛年成“鬼”，晚年成仁，著述等身，一生的立言、立德、立功，从大处看，几乎都在历史关节点上表现得更充分，在文化变迁过程的临界线上看得更清楚。

《花蓝瑶社会组织》、《江村经济》响应的是人类学研究对象由他民族文化向本民族文化的转变。

《江村经济》、《乡土重建》响应的是中国社会从农业文明向工业文明的转变。

《乡土中国》、《小城镇四记》响应的是中国社会从传统性质向现代性质的转变。

《反思·对话·文化自觉》响应的是人类社会从民族国家向地球村落的转变。

1934年，费孝通发表《“知我，罪我”》一文，其中说：“个人在社会中是那么渺小，社会着眼的是大众生活的维持……而人类自从有了共生共活，办法须得大家通行，变易顿觉不易，不免时常发生处境已非，而办法依旧。在这个时节，人们要在痛苦流离中，逼出一个转变来。”

费孝通看出,中国的转变是被逼出来的。逼迫之下,难免有人慌乱无措,故须有人冷静从容。他不仅知道必须转变,也懂得怎么转变代价较小,过度较平顺。

“社会科学应该在指导文化变迁中起重要的作用。”

1935年后半年的瑶山调查,使费孝通付出了新婚妻子殉职、自己身负重伤的天大代价,却引出了他的江村调查。

开弦弓村虽小,村民却处在中国农村里生长工业的前沿地带,是生产与生活变革的实践者。

费孝通带着江村调查素材到英国留学,专攻社会人类学。他的导师马林诺斯基是当时国际人类学的领军人物。这位导师一眼就看出了费孝通江村调查的非凡价值:“我敢于预言费孝通博士的《中国农民的生活》(又名《江村经济》)一书将被认为是人类学实地调查和理论工作发展中的一个里程碑。……它有意识地紧紧抓住现代生活最难以理解的一面,即传统文化在西方影响下的变迁。……费博士看到了科学价值在于真正为人类服务。……此书的某些段落确实可以被看作是应用社会学和人类学的宪章。”

这本以英文初版于1939年的书,后来果然成为国际人类学界的一本经典著述。其主要价值,应是其中的成果使人类学研究实现了从“野蛮”向“文明”的跨越。马林诺斯基甚至因此期待出现“社会学中国学派”。而在费孝通,属无心插柳,当时也确实没有其导师那样的眼光和用心,但是他以学术服务社会进步的态度是明确而尊严的，他在文化上的自觉是延续着、提升着的。在《江村经济》前言中，他说：“社会科学应该在指导文化变迁中起重要的作用。……对人民实际情况的系统反映将有助于使这个国家相信，为了恢复广大群众的正常生活……真正需要的是一种以可靠的情况为依据的常识性的判断。”

“没有法子可以相互完全了解，只求能相安共处就得。”

费孝通眼中，历史是生动、延续、有血肉的，文化是具体、实在、有生命的。费孝通对自己一条终生不渝的要求，就是进入到普通人的生活中，了解他们，理解他们，把他们生活的道理讲出来。他从英国学成归国后在西南联大任教时期写出的《乡土中国》，就是一本好看、耐读的、小中见大、卓尔不群的书。

这本书像一幅中国农村社会、传统文化的素描，且属中国笔法，散点透视，写意兼工笔。费孝通用通俗易懂的语言，描述生动有趣的日常生活细节，驾轻就熟地叙述百姓身边发生的故事。他探讨的虽是理论和学术问题，但其所讲则在平易中接通了普通民众的生活感受，能引起他们的广泛共鸣。

这本著作的深刻性毋庸置疑，其语言一如既往的平实。其中，说到文化的异同，费孝通从每个人都会有的具体经验说起：“没有两个人是有完全相同的经验的……没有一个人真正地能充分地尝到另外一个人的甘苦，感到另外一个人的休戚,想到另外一个人的思想,完全懂得另外一个人的语言。……不同的语言,不同的服式,不同的信仰,不同的礼貌和不同的癖尚。他们没有法子可以相互完全了解,只求能相安共处就得,于是造成了……共生现象。”

这里所说的“共处”之共、“共生”之共,与费孝通晚年多次说起的“共存”之共、“共荣”之共、“美美与共”之共,是相通的,是融通的,更是贯通的。曾有人让梁漱溟谈他欣赏的学者,梁先生迅疾说到费孝通,说“他这个人,通啊”。

“我怎能不心急呢?我们这一代处在这一代历史的考验里!”

1943年,费孝通第一次访问美国,为期一年。作为这一年见闻与思索的记录,他写下《初访美国》一书。读读这本书,便知他的心境在这一年里发生了很大变化。

费孝通又一次念叨起“相安共处”的话题说:“世界缩小得太快,快到我们心理上竟赶不上有此准备。”过去,不同文化里的人各自偏居一隅,几无往来,不需要有什么“准备”。二十世纪前半叶的两次世界大战却把全人类搅和到了一起,此后大概没有多少国家可以闭关自守了。于是,不同文化里的人频繁碰面,带来了能否相互适应、理解、尊重的新问题。

费孝通内心画着成串的问号:“这是每一个认真为中国文化求出路的人,说得更狭小一点,每一个认真要在现代世界里做人的中国人,多少会发生彷徨的一个课题:我们是维持着东方的传统呢，还是接受一个相当陌生的西洋人的态度？东方和西方究竟在什么东西上分出了‘东’和‘西’？这两个世界真是和它们所处地球上的位置一般，刚刚相反的吗？……它的黑暗时代是我们的唐宋文采，它们俯视宇内的雄姿是我们屈辱含辛的可怜相？历史会和地球一样有个轴心在旋转，东西的日夜、东西的盛衰是一个循环吗？我们有没有一个共同的光明？”

“我怎么能不心急呢？我们这一代处在这一代历史的考验里！”这是他写在《初访美国》一书的最后一句话。时值1945年8月。

“对于自己文化的传统、处境和发展方向是必须要有一个全盘清理。”

两年后，1947年7月，费孝通继续以美国为镜，表达自己的文化思考。他为《美国人的性格》写“后记”说：“在经济上我们全世界已进入了一个分工合作的体系，利害相联，休戚相关，一个世界性的大社会业已开始形成。但是各地的人民却还有着他们从个别历史中积累成的文化，不同的文化中有不少价值标准是不相同的。同样一件事，一句话，可以在不同文化中引起不同的反应……进入价值的冲突……如果我们不愿意人类自相残杀，以致消灭，很显然的，我们只有积极地促进这世界性社会的形成。我们也就得极力克服文化的个别性所造下的障碍。”

费孝通为此心急，并有持续的实际行动。留学英国之前走进广西瑶山，走进江苏江村，学成归国后一头钻进云南易村、禄村和玉村……就是要接触实际，观察实况，积累实例，了解事实是怎么回事。

那段时间，抗战与内战连绵，国家危难，百姓涂炭。闻一多那样的名教授，穷到在家里刻图章卖钱买粮食，费孝通则去茶摊替人写信写文章补贴家用。国事家事，他看得越多，经历得越多，感触越深，越能看到根子上。他说："为什么中国会有这些人，为什么这些人会在这紧要关头把我们的船触礁在混乱的水里，这原因显然不是我们中国人命运不佳，或是偶然的被一辈群魔所害，而是我们累积下的文化和这个现代国际局面发生了冲突。"

也就是说，中国的危机表象上是战争，根子上在文化。

为此，费孝通呼吁道："我们对于自己文化的传统、处境和发展方向是必须要有一个全盘清理一次。"

"一个富于生命的大千世界庄严地在我面前展开，一切使我低头。"

1949年9月21日晚，费孝通参加中国人民政治协商会议第一届全体会议。在中南海怀仁堂，毛泽东说："我们的民族再也不是一个被人侮辱的民族了，我们已经站起来了。"

毛泽东的宣言，意味着费孝通可以全神贯注地投入"科学认识中国社会"、"为中国文化寻找出路"的工作中去了。

但是,历史向他提出了新的问题。他仍然勤于动笔,仍在记录自己的经历和思索,只是能让读者体察其文化自觉程度的文字在这一时期不大见了。在《我的一年》中,他写道:“一个富于生命的大千世界庄严地在我面前展开,一切使我低头。”那个环境,使他觉得自己“究竟还是个旧时代的知识分子”,甚至“觉得自己百无是处”。他描述心情说:“恨不得把过去的历史用粉刷在黑板上擦地干干净净,然后重新一笔一笔写过一道。”

此后,院系调整中,社会学被取消,费孝通失去了安身立命的学术岗位。

“三反”运动把他拖进了再二再三的检讨与自我批判之中。他写下了题为《清洗自己,站进人民队伍》的沉痛长文。

“反右”运动,更使他一向自信、常有神助的头脑发生了前所未有的混乱。“所有的人都说自己错了,自己怎么可能站得住呢?”“为什么我会犯下这样大罪?”

及至“文革”,终于把费孝通的精神世界几近彻底摧垮,使他想到自杀……

随着历史起伏,费孝通的学术生命可悲地被中断了二十多年,“文化自觉”遂成伏笔。这段历史对他的社会观和文化思想的影响烙进了灵魂。

“我觉得仿佛是置身于一个显示社会本质和力量的实验室里。”

学术生命虽被中断,费孝通对社会的感知和思索却在延续。

“改造”、“三反”、“五反”、“反右”、“大跃进”、“四清”、“社教”、“文革”等一系列政治运动,都有具体可感的巨大迫力,使他能切身体会在寻常状态中体会不到的社会实体的巨大能量。

费孝通说:“在这不寻常的情景中,社会的本来面目充分显示了出来。我觉得仿佛是置身于一个目的在有如显示社会本质和力量的实验室里。在这个实验室里我既是实验的材料,就是在我身上进行这种实验。同时,因为我是个社会学者,所以也成了观察这实验过程和效果的人。”写出这段文字时,费孝通已开始其“第二次学术生命”。

他恢复了社会调查和学术工作,提出“苏南模式”、“温州模式”和“珠江模式”,鼓励乡镇企业发展;写出《小城镇四记》,倡导城乡统筹发展;建议作黄河上游多民族聚居区的开发,促进东西协调发展……这么大一个国家,从实现温饱到基本小康之间,需要做多少事,该怎么去做,自己能做多少,费孝通心里大致有数。他给自己提出了要求:“脚踏实地,胸怀全局,志在富民,皓首不移。”

费孝通的“全局”里边,有农村、有城市,有内地、有边区,有东部、有西部,有汉族、有少数民族,有温饱、有小康,有经济、有文化,有中国、有世界,有生态、有心态……

在一次学术讲座上,他对朋友们表白说:“我所接触的问题主要限于……解决农民的温饱问题……人和人共同生存的问题。……这几年,也可能是因为我已进入了老年,越来越感到人的研究不能满足于这个层次了……”

“在培养美人之美的容忍和观摩精神上还需要作进一步的努力。”

1988年,费孝通借其《外访杂写》出版的机会,在“前言”里旧话重提:“我这四五十年心里确是有一个疑问在烦恼我:这个世界上这么多人怎样能和平相处,各得其所,团结起来,充分发挥人类的潜力,来体现宇宙的不断发展?……大大小小的群体之间……心理上还是各有各的想法,各是其是,各美其美,甚至还要以我之是强人为是,以我之美强人为美,一句话,相互不理解,相互不容忍。……怎样使人群间能相互理解是我要探索的课题。”

同一年,费孝通当年翻译出版的《人文类型》一书经修订再版。

在《人文类型》“译者的话”中,费孝通再次表达其文化自觉主张:“引导在封闭式小院里培养出来的各美其美的文化观逐步开放,进入美人之美的相互容忍的文化观,来削弱以至消灭原有的文化排他性……当前的世界,多元一体的格局日益深化。但是在人们的意识上还没有走出各美其美的境界。为了人类能继续生存下去,我们在培养美人之美的容忍和观摩精神上还需要作进一步的努力。至于怎样稳定多元一体的格局并预见它的发展前景,已是应当及早提到日程上的课题了。今天的人类学似乎还没有赶上这历史的要求。”

最迟是在1980年代后期，费孝通明确把人类共处的愿景从共存、共生提升到了共美、共荣的层次。费孝通日后提出的“各美其美，美人之美，美美与共，天下大同”，这时已初成格局，呼之欲出。

这以后，费孝通对“文化自觉”命题的思索、解说、强调和呼吁日见高调。

“一个全球性的战国时代……在呼唤新的孔子。”

在一系列的高规格、高层次学术活动中，费孝通的发言明显集中于这一命题。

1989年7月，费孝通出席“二十一世纪婴幼儿教育与发展国际会议”。他在演讲中说：“二十一世纪要解决的主要问题之一是：各种不同文化的人……怎样能在这个经济上越来越息息相关的世界上和平共处。”

1990年，生日里的费孝通积六十余年深长思考、水到渠成地说出“各美其美，美人之美，美美与共，天下大同”。他比过去更注意去中国传统文化中寻求思想资源。这在他此后的“补课”过程中得到确认。

1992年10月，费孝通参加“北京大学社会学十周年纪念会”。他把当今世界比喻为“全球性的战国时代”，认为这个更大规模的战国时代在呼唤新的孔子，呼唤比孔子心怀更开阔的手笔。

1993年7月，费孝通出席“英迪拉·甘地国际学术会议”。他引述孔子“己所不欲，勿施于人”的宽宏主张，表示“作为人类学者，入门的第一课就是要设身处地地从各种群体成员的立场去理解各群体人们的实际生活。”

1996年2月，费孝通在“国际幼儿教育会议”发表演讲说：“中国的历史经验教训说‘以力服人者霸，以德服人者王’。……在人际关系中推己及人，老吾老以及人之老，幼吾幼以及人之幼。”“我们的古训主张王道而反对霸道。”

1997年3月，费孝通出席第五届“中国文化与现代化”研讨会。他为这个会议准备了《人文价值再思考》一文。“文化自觉”被他以接近定义式的语言在会议上解说。

“世变方激，赶紧补课。”

1998年，北京大学百年纪念活动中，安排有“第三届社会文化人类学高级研讨班”。这是费孝通非常看重的一次学术活动。用他自己的话说，是把世界同行中的一流学者请过来，同台讲学，比试比试，看看差距。

这个差距，费孝通早就清楚。他更希望大家清楚，后学清楚，才安排和参与这种比试。

学术交流现场实况，证明了费孝通二十年前那句话：一个学科挥之即去是做得到的，要呼之即来却不那么容易。

在研讨班闭幕式上，费孝通说：“我们这个学科还没有建立起来。……实在不能掉以轻心。说老实话,我是很着急,就是天天看书还来不及……我们基础知识还是差,讲起来东也不知道,西也不知道,还得要补课。”

接下来的话,带有明显的警告色彩了——“不能我们自己关上门说我们不错了,我们很好了,国内那个杂志上面登了我的文章了。不希奇。你到国际上边去比一比,抵用不抵用啊……要有自知之明,还是自己要一个自觉,自己知道缺的是什么,应当怎么补课。……现在还是要补课、追上去的问题,还不是比他们好,要一下子超过他们的问题。说老实话,我们还不行,我自己也还是不行。”

费孝通把话落在自己身上,想到一句话:但开风气不为师。

他扎扎实实地开始补课,认认真真地写下“补课札记”。在这个闭幕式上即席讲话的文字稿整理出以后,他确定题目为《世变方激,赶紧补课》。

“谢谢大家为我上了一课!”

费孝通当众表示,他要补的课主要是社会学基础课,当与其早年读预科的经历有关。

1930 年,他由东吴大学医预科转到燕京大学社会学系就读,该系的一年级课程已经讲过。类似“社会学概论”那样的讲授社会学基本概念与框架的基础课,费孝通没有在课堂上听过,而是靠自学补上的。他因此认定自己“半路出家”。

他开始重读社会学概论，重读人类学经典著作。同时，要补的还有中国传统文化知识。为此读起了《论语》、《孟子》、钱穆、陈寅恪、梁漱溟、冯友兰……

费孝通对学术价值的理解，对治学方法的主张，及其“行行重行行”的生活方式，决定了他的“补课”必然会跃出书本。在实地调查中，在社会课堂上，凡是初次见到的新鲜事物，凡是他认为自己早该知道的，都被他由衷地看作补课的收获。

每到一个地方，了解到当地的历史、现状、经济与人文特点，下一步打算及可预见的前景，费孝通都会真挚地感谢当地群众和干部为他“补了一课”。

许许多多的乡镇长、县市领导、村民、企业家、环保专家等，都经历过类似场面：他们多数是带着“汇报”的心情和姿态去和费孝通对话的，但往往在讲完之后出乎意料地成了费孝通的一课之师或一事之师，亲耳听到了“首长”的真心感谢：“谢谢大家为我上了一课！”“谢谢各位为我补了一课！”

“把一代知识分子带进‘文化自觉’的大题目里去！”

李慎之是费孝通晚年里比较谈得来的一位朋友。一次聊天中，李慎之问：“费孝通”这篇文章怎么结尾？这话问到了费孝通心上。

费孝通终究是“通”的。他当然理解这问号里的意思，说:“我从这个问题领悟到,现在一些知识分子对我有一个冀望,希望我最后回到早年民主运动的位置上。前浪已经退潮,后浪即将跟上。形势既然已经形成,谁去浪尖上当弄潮儿的角色,在历史进程中实在是个次要问题,而且并非个人主观愿望能决定。”

他油然想起清朝诗人黄仲则凭吊李白诗中的一句“醒时兀兀醉千首,应是鸿蒙借君手”,一边以铅笔刷刷写于纸上,一边自语:“我这篇文章怎么结尾,结束语是什么,生命的句号画在什么地方,不是我自己能定的,是要由整个时代来定的。是时代定位,不是个人定位。眼前是个什么时代,正在发生的变化有什么意义,我这样一个人应当采取什么态度,做些什么事情,最终能给答案的只能是时代,是历史,而不是我自己。”

此时的费孝通,年届望九。眼前是历史烟云舒卷,耳边有沉沉乡音缭绕——

我这一生不容易,现在有了“轻舟已过万重山”的感觉,但还在船上做事情。中国正在走一条现代化的路,不是学外国。要自己找出来。我为找这条路子所做的最后一件事,就是做“文化自觉”这篇文章,破题,开路。

中国人几千年来的理想,就是要实现一个人类和平共处并共同发展的世界,不同文化之间不应是互相冲突的，而应是相互协调的。

“五四”这一代知识分子生命快过完了。我想通过我个人画的句号，把这一代知识分子带进“文化自觉”的大题目里去。这是我要过的最后一重山……

作者　2011年2月11日

于京西北厢黄旗

引用、参考书目

1.《吴江县志》,吴江市地方志编纂委员会编,江苏科学技术出版社,1994。

2.《山水·人物》,费孝通著,江苏人民出版社,1987。

3.《盘村瑶族》,胡起望、范宏贵著,民族出版社,1983。

4.《花蓝瑶社会组织》,费孝通、王同惠著,江苏人民出版社,1988。

5.《茶山瑶研究文集》,苏德富、刘玉莲编著,中央民族学院出版社,1992。

6.《清华园日记·西行日记》,浦江清著,生活·读书·新知三联书店,1999。

7.《清华大学校史稿》,中华书局,1981。

8.《国立西南联合大学校史》,西南联合大学北京校友会编,北京大学出版社,1996。

9.《闻一多年谱长编》,闻黎明、侯菊坤编,湖北人民出版社,1994。

10.《西南联大教育史》,杨立德著,成都出版社,1995。

11.《清华大学史料选编》,清华大学出版社,1994。

12.《燕大文史资料》(第二辑),燕大文史资料编委会编,北京大学出版社,1991。

13.《燕大文史资料》(第六辑),燕大文史资料编委会编,北京大学出版社,1992。

14.《文化论》,[英]马林诺斯基(Malinowski)著,费孝通等译,中国民间文艺出版社,1987。

15.《江村经济》,费孝通著,江苏人民出版社,1986。

16.《往事重重》,费孝通著,辽宁人民出版社,1998。

17.《实业之梦——张謇传》,隗瀛涛著,四川人民出版社,1995。

18.《吴江丝绸志》,周德华编,江苏古籍出版社,1992。

19.《爱我家乡》,费孝通著,群言出版社,1996。

20.《费孝通禄村农田五十年》,钱成润、史岳灵、杜晋宏著,云南人民出版社,1995。

21.《云南三村》,费孝通、张之毅著,天津人民出版社,1990。

22.《走出江村》,费孝通著,人民日报出版社,1997。

23.《皇权与绅权》,吴晗、费孝通等著,天津人民出版社,1988。

24.《中国的内战》,[美]胡素珊(Suzanne Pepper)著,王

海良等译，中国青年出版社，1997。

25.《乡土中国》，费孝通著，生活·读书·新知三联书店，1985。

26.《社会学的由来与发展——各国〈百科全书〉社会学条目释文集》，商务印书馆，1987。

27.《人文类型》，［英］雷蒙德·弗思（Raymond Firth）著，费孝通译，商务印书馆，1991。

28.《文化模式》，［美］露丝·本尼迪克特（Ruth Benedict）著，王炜等译，生活·读书·新知三联书店，1988。

29.《想象的异邦——社会与文化人类学散论》，王铭铭著，上海人民出版社，1998。

30.《作为文化批评的人类学——一个人文学科的实验时代》［美］乔治·E·马尔库斯（George G. Marcus）［美］米开尔·M·J·费彻尔（Michael M. J. Fischer）著，王铭铭、蓝达居译，生活·读书·新知三联书店，1998。

31.《社会人类学与中国研究》，王铭铭著，生活·读书·新知三联书店，1997。

32.《社会学中国化》，徐经泽主编，山东大学出版社，1991。

33.《西方社会思想史》，于海著，复旦大学出版社，1993。

34.《甘肃土人的婚姻》［比利时］许让神父（Schram L. L）著，费孝通、王同惠译，辽宁教育出版社，1998。

35.《费孝通选集》（华人著名人类学家丛书），海峡文艺出版社，1996。

36.《费孝通选集》（中国现代社会科学家选集丛书），天津人民出版社，1988。

37.《费孝通民族研究文集》，民族出版社，1988。

38.《中华民族研究新探索》，费孝通主编，中国社会科学出版社，1991。

39.《潘光旦文集》（第三卷），潘乃穆、潘乃和编，北京大学出版社，1995。

40.《建国以来毛泽东文稿》（第六册），中央文献出版社，1992。

41.《建国以来毛泽东文稿》（第七册），中央文献出版社，1992。

42.《中国民主同盟历史文献（1941～1949）》，中国民主同盟中央文史资料委员会编，文史资料出版社，1983。

43.《中国民主同盟历史文献（1949～1988）》，中国民主同盟中央文史资料委员会编，文物出版社，1991。

44.《若干重大决策与事件回顾》（上、下），薄一波著，中共中央党校出版社，1993。

45.《中国各民主党派人物传》，彦奇主编，华夏出版社，1991。

46.《回忆与研究》（上、下），李维汉著，中共党史资料出版社，1986。

47.《统一战线问题与民族问题》，李维汉著，人民出版社，1981。

48.《周恩来统一战线文选》，人民出版社，1984。

49.《历史不再徘徊——人民公社在中国的兴起和失败》，凌志军著，人民出版社，1996。

50.《批判我的资产阶级思想》，陈撷英、费孝通等著，五十年代出版社，1952。

51.《储安平文集》（上、下），张新颖编，东方出版社，1998。

52.《费正清自传》，［美］费正清（J. K. Fairbank）著，黎明、贾玉文等译，天津人民出版社，1993。

53.《西南联大与中国现代知识分子》，谢泳著，知识出版社，1985。

54.《教育在清华》谢泳著，百花文艺出版社，1999。

55.《社会调查自白》，费孝通著，知识出版社，1985。

56.《民族与社会》，费孝通著，天津人民出版社，1985。

57.《从事社会学五十年》，费孝通著，天津人民出版社，1985。

58.《社会学的探索》，费孝通著，天津人民出版社，1985。

59.《论小城镇及其他》，费孝通著，天津人民出版社，1985。

60.《小城镇四记》，费孝通著，新华出版社，1985。

61.《杂写甲集》，费孝通著，天津人民出版社，1982。

62.《杂写丙集》，费孝通著，天津人民出版社，1985。

63.《杂写丁集》,费孝通著,天津人民出版社,1986。

64.《杂写戊集》,费孝通著,天津人民出版社,1988。

65.《旧燕归来》,费孝通著,江苏人民出版社,1991。

66.《边区开发与社会调查》,费孝通著,天津人民出版社,1987。

67.《从沿海到边区的考察》,费孝通著,上海人民出版社,1990。

68.《城乡和边区发展的思考》,费孝通著,天津人民出版社,1990。

69.《社会学在成长》,费孝通著,天津人民出版社,1990。

70.《美国与美国人》,费孝通著,生活·读书·新知三联书店,1985。

71.《逝者如斯——费孝通杂文选集》,费孝通著,苏州大学出版社,1993。

72.《芳草天涯——费孝通外访杂文选集》,费孝通著,苏州大学出版社,1994。

73.《言以助味——费孝通杂文选集》,费孝通著,苏州大学出版社,1995。

74.《社区研究与社会发展》(上、中、下),潘乃谷、马戎主编,天津人民出版社,1996。

75.《社会文化人类学演讲集》(上、下),周星、王铭铭主编,天津人民出版社,1997。

76.《学术自述与反思》,费孝通著,生活·读书·新知三联书店,1996。

77.《从实求知录》,费孝通著,北京大学出版社,1998。

78.《人的研究在中国》,费孝通著,天津人民出版社,1993。

79.《中国农村社会变迁》,王春光著,云南人民出版社,1996。

80.《吴文藻纪念文集》,王庆仁、马启成、白振声主编,中央人民大学出版社,1997。

81.《中国学术界大事记(1919～1985)》,王亚夫、章恒忠主编,上海社会科学院出版社,1998。

82.《社会学思想名家》,[美]刘易斯·A·科瑟(Lewis A Coser)著,石人译,中国社会科学出版社,1990。

83.《1957年的夏季:从百家争鸣到两家争鸣》,朱正著,河南人民出版社,1998。

84.《我们为什么有文化:阐释人类学和社会多样性》,[英]麦克尔·卡里瑟斯(Micchael Carrithers)著,陈丰译,辽宁教育出版社/牛津大学出版社,1998。

85.《费孝通传》,[美]戴维·阿古什(R. David Arkush)著,董天民译,时事出版社,1985。

86.《费孝通学术精华录》,鲍霁主编,北京师范学院出版社,1988。

87.《乡土重建·乡土中国》,费孝通著,上海观察社,1948。

88.《生育制度》,费孝通著,天津人民出版社,1981。

89.《行行重行行——乡镇发展论述》,费孝通著,宁夏人民出版社,1992。

90.《行行重行行(续集)》,费孝通著,群言出版社,1997。

91.《城市与乡村——中国城乡矛盾与协调发展研究》(国情研究第3号报告),中国科学院国情分析研究小组著,科学出版社,1994。

92.《中和位育——潘光旦百年诞辰纪念》,潘乃穆编,中国人民大学出版社,1999。

93.《文化、族群与社会的反思》,乔健、李沛良、李友梅、马戎主编,丽文文化事业股份有限公司,2005。

跋

在《民盟历史人物》和《民盟历史文献》丛书付梓之际，掩卷回首，民盟先贤们的音容笑貌挥之不去，不绝如缕，久久难忘。在编辑此丛书的过程中我们每每被他们为信仰、为理想奋斗的坚定精神所感召和感动。

人不能没有理想和信仰，一个民族也不能没有自己的理想和信仰。我们的先辈们，正是怀揣民族富强、人民福祉的赤诚之心，身先士卒、鞠躬尽瘁；凭借自身高尚的人文品格和社会良知，与共产党团结合作，为中国社会的前途和命运探索了一条新的宪政之路；和平、民主是人类社会的两大主题，也是中国共产党人和各民主党派所共同追求的理想。

如今，面对着他们的拳拳之心和丰功伟绩，我们感叹！赞叹！怀念！更要继承！

《民盟历史人物》和《民盟历史文献》在整个创作和出版过程中，得到了来自社会各界人士的关注和厚爱。我们要特别感谢为此丛书孜孜不倦的考证、核实、梳理、完善的各位专家、学者，是他们的认真严谨，才使此丛书能够客观地展现历史的真貌；更要特别感谢中共中央统战部与民盟中央给予我们的鼎力支持和重视，没有他们的指导和帮助，我们不可能完成如此厚重的出版工作任务；还要感谢各省、市、地区的民盟组织，为搜集、挖掘、抢救民盟的历史文献资料做出的不懈努力和贡献；感谢每一本书的作者，是他们的辛勤笔耕和一点一滴的忠实记录，才集成了民盟历史的全貌；感谢为此丛书付出辛劳的编辑以及所有工作人员，感谢你们辛勤的劳动和无私的奉献。

谨以此丛书献给所有伟大的民主革命先驱者；献给为共和国诞生抛洒了智慧和热血的先贤们；献给那一段筚路蓝缕、以启山林的峥嵘岁月。

《民盟历史人物》
《民盟历史文献》 编委会

图书在版编目(CIP)数据

费孝通/张冠生著.—北京:群言出版社,
2011.1
(民盟历史人物)
ISBN 978-7-80256-213-4
Ⅰ.①费… Ⅱ.①张… Ⅲ.①费孝通(1910~2005)—传记 Ⅳ.①K825.4

中国版本图书馆 CIP 数据核字(2010)第 259943 号

出版人 范 芳
责任编辑 樊 伟 陈 佳
封面设计 齐立娟
出版发行 群言出版社(Qunyan Press)
地 址 北京东城区东厂胡同北巷 1 号
邮政编码 100006
网 站 **www.qypublish.com**
电子信箱 qunyancbs@126.com
总编办 010-65265404 65138815
编辑部 010-65276609 65262436
发行部 010-65263345 65220236
经 销 全国新华书店
读者服务 010-65220236 65265404 65263345
法律顾问 中济律师事务所
印 刷 北京画中画印刷有限公司
版 次 2011 年 6 月第 1 版 2011 年 6 月第 1 次印刷
开 本 880×1230mm 1/32
印 张 20.75
字 数 430 千字
书 号 ISBN 978-7-80256-213-4
定 价 46.00 元